青岛西海岸新区高层次人才团队项目（RCTD-JC-2019-06）和山东省自然基金
（ZR2020ME096）项目资助

宁杭客运专线预应力混凝土桥梁施工关键技术

孙宗军　段宝福　著

中国建材工业出版社

图书在版编目（CIP）数据

宁杭客运专线预应力混凝土桥梁施工关键技术／孙宗军，段宝福著．--北京：中国建材工业出版社，2021.10

ISBN 978-7-5160-3311-1

Ⅰ．①宁… Ⅱ．①孙… ②段… Ⅲ．①客运专线—预应力混凝土桥—桥梁施工—华东地区 Ⅳ．①U448.35

中国版本图书馆 CIP 数据核字（2021）第 192137 号

内 容 摘 要

本书介绍了中水四局承建的宁杭客运专线 NHZQ-2 标段土建工程桥梁修建中所采用的施工关键技术与方法，以及特殊部位处的数值模拟与计算分析。

全书共 9 章：第 1 章和第 2 章分别介绍了项目的工程概况、技术难点、施工组织安排和施工质量管理；第 3 章介绍了桥体下部结构施工，包括桩基础、桥墩、承台的施工，特别是跨既有铁路段桥墩的施工设计与计算，提出了专项施工方案及相应的安全防护措施；第 4 章从梁场的选址、设计、生产工艺与验收标准等几个方面，介绍了 NHZQ-2 标段箱梁预制场从筹建到正常生产的相关工作；第 5 章介绍了 NHZQ-2 标段大跨度简支梁支架法施工关键技术；第 6 章介绍了整孔箱梁吊装施工关键技术与支座施工工艺；第 7 章、第 8 章分别介绍了连续梁悬臂浇筑法和支架现浇法施工关键技术；第 9 章介绍了连续梁施工测量与施工监控技术。

本书可供从事铁路桥梁设计、施工等领域科研人员、技术人员和高等院校相关专业师生阅读参考。

宁杭客运专线预应力混凝土桥梁施工关键技术
Ninghang Keyunzhuanxian Yuyingli Hunningtu Qiaoliang Shigong Guanjian Jishu
孙宗军　段宝福　著

出版发行：	中国建材工业出版社
地　　址：	北京市海淀区三里河路 1 号
邮　　编：	100044
经　　销：	全国各地新华书店
印　　刷：	北京鑫正大印刷有限公司
开　　本：	787mm×1092mm　1/16
印　　张：	19.75
字　　数：	460 千字
版　　次：	2021 年 10 月第 1 版
印　　次：	2021 年 10 月第 1 次
定　　价：	128.00 元

本社网址：www.jccbs.com，微信公众号：zgjcgycbs
请选用正版图书，采购、销售盗版图书属违法行为
版权专有，盗版必究。本社法律顾问：北京天驰君泰律师事务所，张杰律师
举报信箱：zhangjie@tiantailaw.com　　举报电话：（010）68343948
本书如有印装质量问题，由我社市场营销部负责调换，联系电话：（010）88386906

作者简介

孙宗军，山东青岛人，博士，现为山东科技大学土木工程与建筑学院副教授，硕士研究生导师。2004年毕业于东南大学交通学院道路与铁道工程专业，获博士学位，主要从事桥梁工程、岩土工程、结构工程等领域的教学与科研工作。主持或参与多项桥梁与隧道工程岩土工程方面的重大课题，在桥梁与桩基检测及加固领域成果丰硕。积累了大量工程监测检测数据，开拓性地使用大数据处理方法进行工程结构健康诊断研究，在工程设计和施工处理中取得较好效果。

段宝福，甘肃武威人，博士，现为山东科技大学土木工程与建筑学院教授，硕士研究生导师。2004年毕业于北京科技大学工程力学专业，获博士学位，主要从事桥梁与隧道工程、岩土工程、爆破理论与应用方面的教学与科研工作。主持或参与国家科技支撑计划、国家自然基金、省自然基金等多项课题，主持并完成横向科研项目40余项，多次获省部级科技进步奖，授权国家发明专利2项，出版学术专著2部，主编教材1部，在国内外核心期刊发表学术论文60余篇。

前 言

预应力混凝土的研究在第二次世界大战以前尚处于萌芽阶段,战争使很多国家的基础设施遭到破坏。第二次世界大战后,大量的基础设施与桥梁工程亟待修复,而当时钢材奇缺,间接地为预应力混凝土的发展创造了客观条件。预应力概念的逐步成熟,突破了混凝土不能受拉和抗裂的约束,大大扩展了其应用范围。目前,预应力技术已经成功应用到型钢、砖、石、木等各种建筑材料中,用于处理结构设计与施工中常规技术难以解决的疑难工程问题。其中,预应力混凝土已成为国内外桥梁工程建设中最常用的一种结构材料。近二三十年来,我国预应力混凝土桥梁的发展速度,在桥型、跨度以及施工方法与技术方面都有突破性进展,修建技术已经达到国际先进水平。

宁杭铁路客运专线是原铁道部、江苏省、浙江省为满足长江三角洲城际轨道交通网的快速形成而修建的一条高速铁路,是国家战略性重大交通工程。线路起讫里程为DK1+852.41~DK250+097.266,全长248.963km,设计速度350km/h,投资总额约237.5亿元。第二标段(NHZQ-2标)地处江苏省溧阳市、宜兴市境内,路基全长19.405km;大、中、小桥梁24座,总长49.612km;隧道3座,总长3.77km;车站2座(溧阳站、宜兴东站)。在中水四局宁杭客专指挥部坚强有力的领导下,各项目部克服工期紧、工作量大、施工干扰大等困难,保质保量地按期完成了所有土建工程。NHZQ-2标施工期间,山东科技大学承接了该标段内24座连续桥梁的施工监控任务,见证了不同类型预应力混凝土桥梁从基础、桥墩到上部结构的所有施工环节。精心组织、科学管理和严格控制是取得精品工程的关键,中水四局项目部成员不畏艰辛、齐心协力,历经四年在宁杭客运专线取得了优异成绩。项目竣工多年,在领导和朋友的鼓励下,我们最终决定对项目的关键技术加以提炼和整理,希望同行对不当之处予以指正。

本书在撰写过程中,侯伟、古丽、张正欣、徐伟善和于昭文等研究生对资料收集和内容整理做了大量的工作。青岛西海岸新区高层次人才团队项目基金(RCTD-JC-2019-06)和山东省自然基金(ZR2020ME096)资助了本书的出版。中国水利水电四局张文山、龙海兵等领导在项目实施和书稿撰写过程中给予了大力帮助。在此,衷心感谢所有对本书的出版做出贡献的人员和给予支持的单位。

编 者
2012年8月

目 录

1 工程概况与技术难点 ·· 1
　1.1 工程简介 ··· 1
　1.2 工程概况 ··· 1
　1.3 主要技术标准 ·· 8
　1.4 重点（关键）桥梁工程和难点工程分析及主要对策 ······························· 8

2 施工组织安排与质量管理 ·· 12
　2.1 施工管理目标 ·· 12
　2.2 施工管理组织机构和施工作业区段划分 ··· 12
　2.3 施工组织方案 ·· 14
　2.4 主要临时工程规划及总平面布置 ··· 21
　2.5 施工管理 ··· 28
　2.6 工程创优及质量保证体系 ·· 35
　2.7 工程质量管理制度 ··· 40
　2.8 桥涵工程质量保证措施 ·· 41

3 桥体下部结构施工 ·· 47
　3.1 简支梁桥下部结构施工 ·· 47
　3.2 丁蜀特大桥跨新长铁路1号、2号墩施工 ·· 72
　3.3 跨既有铁路新长线路大桥310号、311号墩施工 ································ 98
　3.4 施工准备、工艺及安全防护 ··· 112

4 简支箱梁预制场 ··· 122
　4.1 梁场总体规划 ·· 122
　4.2 梁场设计 ··· 124
　4.3 制梁生产工艺 ·· 126
　4.4 箱梁的验收标准 ·· 140

5 大跨度简支梁支架法施工 ··· 144
　5.1 施工方案及施工工艺 ··· 144
　5.2 支架施工方法 ·· 145
　5.3 安全保证措施 ·· 157

6 整孔箱梁吊装施工 ... 159
6.1 工程特点与总体施工方案 ... 159
6.2 施工机械配置 ... 159
6.3 箱梁架设施工方法 ... 160
6.4 支座砂浆施工工艺 ... 164

7 连续梁悬臂浇筑法施工 ... 166
7.1 徐舍特大桥跨钟张运河工程概况 ... 166
7.2 永久支座安装 ... 170
7.3 0号块施工 ... 172
7.4 悬臂浇筑梁段施工 ... 193
7.5 边跨现浇段施工 ... 229
7.6 合龙段施工 ... 234

8 连续梁支架现浇法施工 ... 239
8.1 跨甬宁石油管道段南河特大桥工程概况 ... 239
8.2 施工组织安排 ... 243
8.3 施工方法与工艺 ... 245
8.4 施工质量保证措施 ... 276
8.5 安全施工保证措施 ... 279

9 连续梁桥施工监控 ... 285
9.1 施工测量 ... 285
9.2 连续梁施工监控 ... 292

1 工程概况与技术难点

1.1 工程简介

宁杭铁路客运专线是原铁道部、江苏省、浙江省为满足长江三角洲城际轨道交通网的快速形成需求，而修建的一条高速铁路，是国家战略性重大交通工程。线路起讫里程为 DK1+852.41～DK250+097.266，全长 248.963km，其中江苏省境内 146.873km，浙江省境内 102.090km。线路起自南京南站，沿宁杭高速公路西侧向南，跨在建宁常高速公路，后沿宁杭高速公路东侧向东南，跨南河、中河、在建杨溧客运专线公路，沿宁杭高速公路西侧进入宜兴市，跨新长铁路及 104 国道南折经丁蜀镇，进入浙江省长兴市，线路继续向南，经堠溪进入德清县，向南经下渚湖湿地保护区东侧，经余杭区西侧跨京杭大运河，经崇贤镇，跨绕城客运专线公路，并行既有宣杭线经杭州北站，引入杭州东站。

NHZQ-2 标段地处江苏省溧阳市、宜兴市境内，起讫里程 DK075+213.16～DK148+000，全长 72.787 正线公里，其中溧阳市境内 25.41km，宜兴市境内 47.377km。路基全长 19.405km；大、中、小桥梁 21 座，总长 49.612km；隧道 3 座，总长 3.77km；车站 2 座（溧阳站、宜兴东站）；铺板 140.588km。主要有南河特大桥、林家坝特大桥、茶亭河大桥、徐舍特大桥、紫云山大桥、大汉芥特大桥、馆官特大桥、跨新长铁路大桥、陶都路特大桥、丁蜀特大桥、大港河大桥、大港河林场大桥、大朝山隧道、景台山隧道、黄梅山隧道、溧阳站、宜兴东站及相应路基、涵洞等。

1.2 工程概况

1.2.1 自然地理特征

1. 沿线地形地貌

本标段主要经过长江二级阶地区、低山丘陵区及冲湖积、湖沼积平原区。二级阶地区主要分布在南京南及溧水—溧阳，呈垄岗、坳谷相间地貌，地面高程 10～40m，地表波状起伏，相对高差 10～25m。低山丘陵区主要为茅山山脉西端及天目山山脉东端，主要分布在溧水至溧阳及宜兴。茅山山脉呈北东走向，海拔 100～300m；天目山山脉多呈东西走向，海拔 100～350m。该区地势起伏较大，山坡自然坡度 25°～45°，地表植被较发育，局部基岩出露。冲湖积、湖沼积平原区分布在溧阳北—宜兴沿太湖以西的低山丘陵之间，地势平坦，地表水发育，沟渠纵横、水塘密布，地表高程多在 1.5～5m。

2. 沿线工程地质

本标段主要为粉质黏土、黏土（下蜀黏土），层厚5～20m；局部坳谷区分布淤泥质粉质黏土、淤泥质黏土，间夹腐殖物，厚2～8m。下伏基岩为第三系泥岩、泥质粉砂岩、泥灰岩，白垩系粉砂岩、砂砾岩，侏罗系安山岩等。软基、松软土地基路堤地基需进行加固；下蜀黏土路堑需加强边坡防护及基床处理。地下水为孔隙潜水，埋深1～6m。

在溧阳北—宜兴低山丘陵之间连续分布湖积、滨海积平原区。地层为：上部为灰色、灰黄色黏土、粉质黏土0～4m；中部为淤泥、淤泥质粉质黏土，夹腐殖质及贝壳，层厚4～35m不等；下部为灰黄色粉质黏土、粉土等，厚10～20m不等，局部地段分布有粉细砂、圆砾土、角砾土等。该区软土、松软土发育，地基需加固；部分地段路基浸水，需采取相应措施。区内河沟纵横、水塘密布，地表水较发育；地下水为孔隙潜水，埋深0.5～2.0m，与地表水水力联系密切。

在溧水—溧阳一带的茅山山脉及宜兴一带的天目山山脉的低山丘陵，主要为石英砂岩、粉砂岩、灰岩、凝灰岩、安山岩、花岗岩、花岗斑岩等，局部夹有泥岩。受褶皱及断裂影响，岩体节理一般较为发育；谷地区主要为粉质黏土、粉土、角砾土、中粗砂等，局部分布有软土及松软土。该区地下水一般不发育，但在储水条件较好的破碎带及岩溶发育带地下水较丰富。

3. 沿线河流、水文

沿线水系流域非常发达，河网密布，河流渠网纵横交错，水塘星罗棋布，南溪为主要水系，发源于苏、浙、皖三省交界处的界岭和茅山丘陵地区，主流由南河、宜溧河、北溪组成，经西沇、团沇、东沇，于夹浦港注入太湖。

4. 沿线地震动参数

根据《中国地震动参数区划图》（GB 18306—2015），本标段地震动峰值加速度如下：

DK075+213.16～DK124+000 段　　　　　　　　0.1g

DK124+000～DK147+900 段　　　　　　　　　0.05g

5. 沿线所经过的主要城镇、河流、管道、铁路和公路

沿线主要经过的城镇有溧阳市、宜兴市。沿线所经过的主要河流及管道、铁路、公路如表1-1所示。

表1-1　沿线所经过的主要河流及管道、铁路、公路表

序号	管道、河流、道路名称	跨越里程	管道、河流、道路等级	备注
1	甬宁石油管道	DK75+834	管道	斜交角度33.5°采用32m+48m+32m
2	甬宁石油管道	DK76+016	管道	斜交角度29°采用40m+64m+40m
3	水西线	DK75+891.4～DK75+906.6	公路	沥青路面，双车道，采用孔跨32m
4	新北河	DK78+205.4～DK78+248.6	Ⅶ级航道	32m+48m+32m
5	老北河	DK79+926.5～DK79+988	等外级航道	32m
6	中河	DK81+521.7～DK81+570.5	Ⅵ级航道	40m+56m+40m
7	川气东输管道	DK82+024.88	管道	32m

续表

序号	管道、河流、道路名称	跨越里程	管道、河流、道路等级	备注
8	杨溧高速	DK82+584.8～DK82+763	高速公路	沥青路面，三车道，60m+2×80m+60m
9	239省道	DK83+560.5～DK83+591.8	公路	40m+56m+40m
10	南河	DK84+978.6～DK85+043.7	Ⅲ级航道	60m+100m+60m
11	104国道	DK87+932～DK87+976.2	公路	沥青路面，40m+64m+40m
12	溧阳西互通匝道	DK88+833.9～DK88+871.9	公路	沥青路面，48m+80m+48m
13	湾里河	DK092+712	等外级航道	32m
14	小区水泥路	DK093+033	公路	路宽4.5m，32m
15	新建S241省道	DK093+335	公路	40m+56m+40m
16	原S241省道	DK093+420	公路	改道
17	茶亭河	DK96+678.9～DK96+725	等外级航道	20m+4×24m+20m连续钢构
18	溧戴路	DK97+843.8～DK97+855.1	公路	沥青路面，12m+16m+12m连孔框架桥
19	溧戴河	DK99+235	Ⅴ级航道	40m+56m+40m
20	西气东输管道	DK100+966.9	管道	ϕ800mm，32m梁
21	宜溧河	DK101+348.6～DK101+379.4	河流	32m
22	丰张公路	DK111+096.6～DK111+112.3	公路	32m梁
23	钟张运河	DK112++025	Ⅴ级航道	60m+100m+60m
24	河流	DK113+527	河流	32m+48m+32m
25	甬宁石油管道	DK113+828.5	公路	ϕ800mm，改移管道
26	宁杭高速公路	DK113+900	高速公路	沥青路面，双向六车道70m+125m+70m
27	西气东输管道	DK114+006.7	管道	ϕ800mm，70m+125m+70m
28	堰径河	DK115+380	Ⅶ级航道	40m+64m+40m
29	342省道	DK117+140	公路	水泥路面，48m+80m+48m
30	碎石路	DK117+884.5～DK117+889.6	道路	路面宽度4m，采用32m梁跨越
31	沥青路	DK118+092～DK118+098	公路	路面宽度6m，采用32m梁跨越
32	碎石路	DK120+946～DK120+950	道路	路面宽度3.5m，采用32m梁跨越
33	水泥路	DK125+865.8～DK125+870.9	公路	路面宽度5m，采用32m梁跨越
34	部队通道	DK126+885	公路	沥青路面宽度8m，采用9m斜框架跨越
35	新长铁路	DK126+954	铁路	采用32m梁跨越
36	104国道	DK127+168	公路	沥青路面宽度32m，双向六车道，采用32m+48m+32m连续梁跨越

续表

序号	管道、河流、道路名称	跨越里程	管道、河流、道路等级	备注
37	陶都路	DK130+134.30	公路	沥青路面，双向四车道，采用32m简支跨越
38	水泥路	DK130+357.95	公路	路面宽6m，采用32m简支跨越
39	天然气管道	DK133+920～DK133+935	管道	40m+56m+40m
40	水泥路	DK133+930	公路	路面宽6m，采用40m+56m+40m连续梁
41	蠡河	DK134+485	Ⅴ级航道	70m+125m+70m
42	天然气管道	DK135+254～DK135+266	管道	采用32m梁跨越
43	通蜀路	DK135+727	道路	采用40m梁跨越
44	天然气管道	DK135+874～DK135+884	管道	采用32m梁跨越
45	方溪河	DK137+500	Ⅴ级航道	60m+100m+60m
46	河流	DK139+495	Ⅴ级航道	40m+64m+40m
47	河流	DK139+910	河流	40m+64m+40m
48	104国道	DK141+586	公路	路面宽度30m，采用48m+80m+48m连续梁
49	新长铁路	DK141+940	铁路	采用32m梁跨越
50	水泥路	DK145+285.5～DK145+290.5	道路	路面宽度5m，采用32m梁跨越
51	河沟	DK145+436.5～DK145+447.8	河沟	采用32m梁跨越
52	碎石路	DK147+154.4～DK147+156.8	道路	采用32m梁跨越

6. 沿线气象条件

本标段所经区域属亚热带季风气候，四季分明，温暖湿润，雨量充沛，湿度大，无霜期长。沿线全年平均气温在15.0～18.0℃，全年无霜期230d左右，每年7—8月气温较高，1—2月气温较低，极端最高气温38.8～43.0℃，极端最低气温－14.0～－10.1℃。多年平均降雨量为1027～1600mm，山区稍多，年降雨日数在150～160d，年最大降雨量2356mm，年最小降雨量570mm，年蒸发量1130～1380mm，年平均相对湿度81%。春末夏初易生梅雨，7—9月为台风活动期，常形成大风大雨的灾害性天气，沿线河流5～9月为主汛期，一般由梅雨及台风雨形成。

1.2.2 工程建设条件

1. 交通运输条件

铁路：线路区间有新长铁路、宣杭铁路与本线交汇，为本线的材料运输提供了极为便利的条件。

公路：本段线路所经地区为经济极发达的地区，沿线公路交通发达，国道、省道、县道基本成网，沿线路走向主要有104国道、扬溧高速公路、宁杭高速公路、239省道、342省道、241省道，其中104国道以及纵横交错的省、县、乡级公路为本工程的材料运输提供了方便。

水运：本标段范围河流纵横交错，线路跨越多条河流，其中新北河、老北河、中河、南河、湾里河、溧戴河、钟张运河、堰径河、蠡河、方溪河等均具备通航能力，可为本线工程运料提供方便。

2. 沿线建筑材料分布

砂：江苏省境内工程用砂主要来源为上游的湖北、安徽及江西等地，通过长江运至溧阳、宜兴各码头，再通过水路或公路运至工地。本工程用砂可在岸边砂石码头就近购买，汽车运输至工地。本工程用砂来源为宜兴张诸和溧阳朱兰金。

石料：经现场调查，沿线石料资源较为丰富，主要为花岗岩、石灰岩、石英砂岩等。线路附近分布有众多的采石场，混凝土施工用粗骨料来源于宜兴张诸和溧阳朱兰金，路基填筑用级配碎石和A、B组骨料主要靠就近购买、充分利用隧道弃渣或自行开采。

石灰：沿线石灰生产厂家分布较多，能够满足铁路施工的要求。本线所需的石灰可就近购买。

砖：本标段沿线分布有一些规模大小不等的砖厂，均可生产标准机制砖和其他不同类型的砖，距公路较近，交通运输便利，可满足工程需要。

土源情况：本标段处于江苏省境内，为岗地、洼地及湖沼积平原区，地形平坦、开阔，路基填方段填料需求量大，在灰石山（DK89+600线路左侧）设一取土场，自卸汽车运输至工地。

3. 沿线水、电、燃料等可利用资源情况

施工用水：线路所经地区河网密集，水塘众多，水系发达。根据对全线主要河流地表水及地下水的水质分析，本标段地区水质对混凝土无侵蚀性，施工用水可采取利用地表水（或打井取水）与地方供水企业供水相结合的方式。沿线经济发达，村镇密集，并且距溧阳市、宜兴市及城镇较近，自来水网可引接至工地生活区满足生活用水。

施工用电：沿线用电来源于华东电网，电力资源丰富。3.5kV、10kV、35kV等高压电力线或交错或平行分布，施工用电可就近引入。由于本地属经济极发达地区，当地对电力需求量亦较大，为确保工程施工用电，对重点工程及临时设施建设用电采用地方电源与自发电相结合的方式。小桥涵等分散工点，无条件地考虑采用分散自发电方式。

施工用燃料：本段线路沿线燃料供应比较充足，施工机械使用的燃料可就近购买。

4. 施工场地及沿线通信条件

施工场地：本段线路位于经济发达地区，各级道路网密集，城镇、村庄密集，农田密布，土地资源相对紧张，梁场等大型临时设施的施工场地布置比较困难，地基处理难度及工程数量较大，施工场地条件总体情况一般。

通信条件：本标段处于经济发达地区，通信网发达，程控电话、无线通信覆盖全境。互联网网络系统完善，接入方便。

1.2.3 工程特点

1. 本标段总体特点

①拆迁工程量大、难度大。线路位于经济发达的江苏省溧阳市、宜兴市，沿线城镇、工厂、村庄较密集，路网四通八达、电网线路密布、地下管线众多、经济作物区间多。需拆迁的建筑物、需迁改的管线不仅数量大，而且迁改施工难度也大。宁杭客运专线铁路工期紧，顺利拆迁、按时开工与否直接制约建设工期。需要铁路方和地方共同努力，并且在施工组织中充分利用有效时空。

②工程任务重、工期紧张。本项目工程量大，桥梁桩基础、特殊结构桥梁、软土路基、断层破碎带隧道等工程数量大，并受到架梁及无砟轨道施工制约，工程任务重与施工工期短的矛盾尤为突出。为满足工期要求，应对各专业工程进行周密组织、合理安排、协调施工，确保工期目标。

③桥梁工程数量大，结构型式多样。本标段桥梁长度占线路长度的68.2%，桥梁桩基水中部分施工比例大。由于沿线多次跨越通航的河流和铁路、公路、城镇等，桥梁上部采用简支梁，跨度多样的连续箱梁、连续钢构、框架桥等结构型式，施工难度大。并且多次跨越主要河道、通航河道、高等级公路和城镇，施工场地布置困难，施工干扰大。

④无砟轨道施工技术标准高。无砟轨道施工精度要求高，工期紧，施工控制和质量必须具备高平顺性、高可靠性和高稳定性，以确保高速行车的安全性、平稳性和舒适性。

⑤各专业接口多、协调组织复杂。本项目集路基、桥涵、无砟轨道、站场、部分站后接口工程于一体，各专业接口工程方案的选定和方案的实施将是整体工程施工组织的重点，必须高度重视。

⑥环保要求高。线路所经地区城镇、村庄、工厂密集，河流较多，尤其是溧阳市、宜兴市均为旅游城市，所以施工中必须做好各类环保设施，最大限度减小施工对环境的影响，特别是跨河桥梁施工，应做好水源保护，努力将本线路建成绿色、环保之路。

2. 桥梁工程

本标段大部分为桥梁工程，占线路总长的比重达68.2%，桥梁工程具有地质条件复杂、工程数量巨大、特殊结构多、技术含量高、技术标准高、施工难度大等特点。

①地质条件复杂。本标段范围内地基多为软土及松软土地区，桥梁基础一般采用桩基础，桩长较长，钻孔过程中易缩颈、易坍孔，成孔质量较难控制，桩基沉降控制难度大。

②特殊结构多、技术含量高。本标段内桥梁特殊结构较多，主要采用了跨度多样的连续梁、连续钢构、框架桥等，技术含量高，桥梁设计技术体现了当前世界高速铁路桥梁工程技术水平。

③技术标准高。宁杭客运专线设计速度目标值为350km/h，高速行车要求线路具有高平顺性，正线设计采用无砟轨道，对桥梁结构施工中梁部线形控制、工后徐变上拱及基础沉降控制提出很高的要求，工后沉降和混凝土徐变控制标准高，施工控制难度大。

④简支箱梁数量大，合理组织制架梁施工相当关键。本标段桥梁大量采用预制 24m 和 32m 双线整孔简支箱梁，预制架设箱梁数量大，现浇连续梁段落多。合理划分制架梁施工区段，选择适宜的箱梁预制场地，合理配备大型机械设备，合理确定架梁顺序和施工工艺，才能保证箱梁架设与上一工序（桥梁下部结构、特殊结构梁施工）之间的衔接，才能保证箱梁架设与下一工序（桥面系及无砟轨道道床施工）之间的衔接，因而制架梁施工组织相当关键。

3. 路基工程

线路纵向刚度均匀性要求高。为保证路基的纵向刚度均匀性变化，在轨道基础竖向刚度出现突变的路基与桥台、路基与涵洞、路基与路堑、路基与隧道等分界处均设置了相应的过渡结构。

软土路基处理工程量大。本标段地处江苏省溧阳市、宜兴市，多为湖积、滨海积平原区，地势平坦，软土、松软土发育，地基处理工程量大，如采用预应力混凝土管桩处理本项目设计达 34.6 万延米、CFG 桩达 48.4 万延米，施工时必须尽早安排，保证路基填方施工和运梁正常进行。

与站后工程接口多。路基工程与综合接地、电缆沟槽、管线过轨、接触网支柱基础、声屏障基础等站后工程的接口复杂，须统一设计、统一施工，加强组织和协调，保证接口合理、施工有序、质量可控。

工后沉降控制标准高。为满足无砟轨道工后沉降控制技术要求，路基工程须严格控制地基和路堤的工后沉降。

4. 隧道工程

地质复杂，浅埋地段多。本标段隧道地质构造复杂，不良地质和特殊地质多，隧道 Ⅳ、Ⅴ级围岩所占比例较大，对超前地质预报、监控量测及施工过程控制要求高。

隧道工程结合本标段架梁、铺板进度尽早完成，以便留有时间进行洞身整修、场地整理和无砟轨道基础的施工，同时便于隧道弃渣的综合利用。

5. 站场工程

车站设计标准高。车站设计体现了"绿色环保，以人为本"的理念。车站设计不仅在功能上要满足高速铁路运输的需要，而且要和所处城市的建筑风格相协调，融入城市的交通运输体系。

专业接口多，建设工序复杂。车站是路基、桥梁、轨道、站房、四电的结合点，在时间短、工程量大的前提下，需要各专业通力合作，强调计划的严肃性，保证各专业各工序按施工组织设计有序推进。

征地拆迁工作量大。沿线车站地处经济发达地区，人口密集，建筑林立，给征地拆迁带来很大难度，征地拆迁工作量大。

6. 轨道工程

施工工期非常紧张。无砟轨道施工工序的限制条件严格，架梁与无砟轨道施工之间，无砟轨道施工各工序之间，各专业施工之间的衔接十分紧凑，工期十分紧张。

施工组织协调困难。本标段全部采用 CRTS Ⅱ型板式无砟轨道，一个架梁区段内的架梁施工分为两个阶段进行，向一个方向架设完成以后调转方向再向另一个方向架设，先完成的区段则可进行无砟道床施工。必须做好各专业之间接口组织。

确保实现无砟轨道施工的高精度要求，关键在于其最基本的高精度测量系统的建立。

1.2.4 主要工程量

桥梁工程量见表1-2。

表1-2 桥梁工程量

桥梁	特大桥	延长米/座	47517.615/7
	大桥	延长米/座	1546.87/5
	中桥	延长米/座	527.65/7
	小桥	延长米/座	20.8/2
制架梁	32m	孔	1410
	24m	孔	104

1.3 主要技术标准

主要技术标准见表1-3。

表1-3 主要技术指标

铁路等级	客运专线
正线数目	双线
速度目标值	350km/h
正线线间距	5.0m
最小曲线半径	7000m
最大设计坡度	12‰，局部地段20‰
到发线有效长度	650m
牵引种类	电力
机车类型	电动车组
列车运行控制方式	自动控制
行车指挥方式	综合调度集中

1.4 重点（关键）桥梁工程和难点工程分析及主要对策

重点（关键）桥梁工程和难点工程分析及主要对策见表1-4。

1 工程概况与技术难点

表 1-4　桥梁工程重难点分析及对策表

工程重难点及分析		主要应对措施
预制箱梁梁体外观及线形控制	为了满足线路的高平顺性要求，对预制箱梁梁部线形控制、工后徐变上拱要求很高，其施工控制难度大	(1) 外观质量控制：外模采用整体钢模，增加钢板刚度，减少变形，对模板交角处采用圆弧过渡，以便于脱模，避免梁体损伤；内模采用液压整体内模，钢模板纵、横向采用角钢和槽钢加密横肋和纵肋来加强模板刚度，以确保梁体棱廓和几何尺寸。 (2) 严格控制钢筋的配料尺寸及绑扎质量，确保钢筋保护层，杜绝露筋现象的出现。绑扎钢筋的扎丝多余部分应向构件内侧弯折，以免因外露形成锈斑，影响梁体混凝土观感质量。 (3) 对保护层垫块进行改进，平板的垫块改为正四棱台形；侧面的垫块，改卡口为半圆形，可将钢筋卡在半圆内，再加扎丝牢；保护层垫块采用与梁体混凝土同强度等级、同使用寿命的 C50 细石混凝土。 (4) 做好各工种间配合协调工作，在浇筑混凝土的过程中，混凝土工、钢筋工、木工、电工各负其责，在施工过程中实施跟踪管理，发现异常及时处理，确保梁体混凝土连续一次浇筑完成。 (5) 线形控制：施工中，将根据设计要求和试验依据，适当提高混凝土的强度；选用水化热较低的水泥，加强混凝土养护工作。 (6) 梁体架设前确保梁体有充足的静置时间，最大限度减少架设后的徐变上拱。 (7) 在满足混凝土强度设计的前提下，严格控制混凝土的水泥用量和减小水灰比，最大限度减少混凝土的收缩。 (8) 严格控制预应力张拉时间以及二期恒载施加期限，施加预应力要严格实行"双控"，严禁超张拉。 (9) 设置合理的负拱度等来最大限度减小混凝土的收缩、徐变、挠度变化
梁体混凝土早期防开裂控制	梁体混凝土属高标号混凝土，配合比中水泥用量大，施工时水化热大。施工处理不当极易产生温度应力，引起梁体开裂	(1) 选用低水化热、低碱含量且细度适中的硅酸盐水泥，降低水化热。 (2) 在混凝土中掺加优质磨细复合矿粉及优质粉煤灰，夏季施工时，增掺柠檬酸缓凝剂。 (3) 优化配合比，确定不同环境温度条件下的配合比。 (4) 采用附着式和插入式振捣器联合振捣工艺，必要时采取二次振捣，确保混凝土密实。 (5) 控制混凝土的入模温度和模板温度，避免温度太高、温差太大而产生早期开裂。 (6) 采取具有全自动控制的蒸汽养护温控系统进行蒸汽养护，控制梁体内外混凝土温差，有效防止混凝土开裂。 (7) 进行早期预张拉，有效地控制混凝土早期开裂。 (8) 遵循双向左右对称、上下均衡、先中间后两边的张拉顺序进行张拉，以保证整个张拉端面受力均衡，防止箱梁因受力不均造成开裂

续表

工程重难点及分析		主要应对措施
整孔箱梁运输架设	宁杭客运专线铁路桥梁采用时速350km客运专线铁路无砟轨道后张法预应力混凝土简支箱梁，32m箱梁重850t，本标段整孔箱梁分3个区段架设，数量大，工期紧，箱梁架设的进度直接影响后续无砟轨道的施工，因此整孔箱梁运输架设是施工重点	（1）采用先进的走道梁式双向架桥机和与之配套的900t运梁车，完全能满足大吨位的32m和24m箱梁架设。 （2）在每个箱梁预制场配相应数量提、运、架设备进行分区段架设箱梁，以便尽早地为无砟轨道施工提供作业面。 （3）走道梁式双向架桥机可以自行完成过孔，可以无解体式利用900t运梁车驮运转场，速度快。当架完一个方向桥梁后，只需在提梁机处调换前、后支腿即可实现架桥机快速调头，达到双向架梁的目的，不需解体或场地调头，极大地提高了功效。 （4）加强设备维修管理，并制定保障措施，确保在施工过程中，各种设备始终处于正常工作状态。 （5）如果因为桥梁下部工程影响单向的架梁，架桥机完全可以在提梁机处快速调头，先行完成另一个方向的箱梁架设，确保总工期的实现
特殊结构桥梁	众多大跨连续梁，桥梁跨度较大，悬臂施工周期长，受架梁通过时间控制，工期紧张	（1）本合同段大跨预应力混凝土连续箱梁采用菱形挂篮悬灌或支架施工，加强监控监测。 （2）尽早开工，争取施工时间，确保不影响架梁通过。 （3）根据工期要求，配足施工挂篮等设备，确保工期。 （4）与交通部门签订安全协议，对路基及行车进行安全防护。采用挂篮法悬臂作业跨越既有公路时，采取棚架防护措施，设警示标志，安排专人指挥疏导交通，确保通车安全。 （5）对跨河施工桥梁与航道局签订有关协议，水中墩避开汛期
大跨度连续箱梁悬灌施工线形控制	无砟轨道对大跨度连续箱梁成桥线形及工后徐变上拱要求较高。影响大跨度连续箱梁悬灌施工线形的因素较为复杂，施工中精确控制成桥线形及内力比较困难	（1）成立大跨度连续箱梁施工控制小组，研究解决大跨度连续箱梁悬灌施工线形控制的技术方案及组织措施。 （2）制定大跨度连续箱梁悬灌施工线形控制实施细则，施工中及时设置观测点或埋设观测元件。 （3）在施工中通过监控量测获取线形变化数据和信息，便于施工中进行动态调整。 （4）对0号块墩旁托架进行超载预压。 （5）混凝土对称浇筑，缩短底板与腹板的浇筑时间。 （6）控制预应力张拉、压浆质量。 （7）采用"内拉外撑"措施锁定合龙段，选择一天中温度最低时间段灌注混凝土

续表

工程重难点及分析		主要应对措施
软土地区长钻孔钻进施工	软土地区钻孔桩孔深较大，钻孔过程中易缩颈、易坍孔，成孔质量控制难度大。成桩后易发生沉降，基础沉降控制难度大，是本标段的施工难点	（1）试验选用适宜的钻机及钻头直径。 （2）加强钻孔工艺控制，优化泥浆性能指标，控制孔壁泥皮厚度。 （3）严格控制孔底沉渣厚度。 （4）进行桩底后压浆

2 施工组织安排与质量管理

2.1 施工管理目标

我们要遵循"整体设计、系统建设、优质高效、一次建成"的方针,坚持设计高标准、高科技、高起点及工程高质量的要求,实现科技创新、管理创新、制度创新,达到"一流的设计、一流的工程、一流的技术装备、一流的运营管理"的建设目标,全线建成世界一流的客运专线,实现精品工程、安全工程的目标。

质量目标是工程合格,主体工程质量"零缺陷",确保实现桥隧主要承重结构100年、无砟轨道60年的使用期要求,竣工验收一次合格率100%,实车试验速度达到设计速度的1.1倍,开通速度达到设计速度。

消灭安全事故,杜绝较大及以上安全事故。环境整洁、纪律严明、设备完好、物流有序、信息准确、生产均衡,创部级文明施工样板及安全标准工地。

严格遵照职业安全健康管理体系的标准建立本项目职业健康体系,制定实施职业健康等各项制度和措施。保证职工生活及工作场所干净整洁、施工现场粉尘及有害气体不超过国家规定标准、劳动保护符合有关规定;防止食物中毒、区域性传染病扩散及职业病的发生。

2.2 施工管理组织机构和施工作业区段划分

2.2.1 施工管理组织机构

依据招标文件、指导性施工组织设计及本工程的特点,以"确保工程施工质量、安全为前提,协调配合、突出重点、确保工期"为施工组织部署的总原则,投入足够施工资源,积极准备,尽早开工。针对本工程管段长、工期紧的特点,路基、桥梁、隧道、车站工程分段全面展开,按大平行、小流水的方式组织施工,为箱梁架设和无砟轨道铺设创造条件,加强管理,按业主要求优质地完成该工程的施工任务。

本工程按项目组织施工,根据本标段工程特点及工程分布情况,成立"中水四局宁杭客运专线工程指挥部"(指挥部设在溧阳市)。本工程分3个作业区段,共设15个分项目部,施工架子队组建严格按照《宁杭客运专线架子队管理办法》执行。沿线布置制梁场3座、轨道板场1座、路基级配碎石拌和站2座(路基改良土拌和站利用级配碎石站)、混凝土搅拌站12座(包括制梁场和轨道板预制场内的混凝土拌和站,拌和站内设材料中心库)、移动沥青混凝土拌和站1处等。

指挥部各部室及主要管理人员职责见表2-1。

2 施工组织安排与质量管理

表 2-1 指挥部各部室及主要管理人员职责表

序号	部门或人员	管理职能或职责
1	指挥长	建立健全组织机构，督促检查工程项目的管理和落实情况，组织制定本工程的项目管理实施规划。根据工程情况，合理配置所需资源。主持全面工作，确保全面履行项目合同。定期组织安全、质量大检查，主持制定改进方案和各项措施
2	总工程师	全面负责工程项目的技术、质量管理工作，主持编制实施性施工组织设计。督促检查采购物资、设备的控制，加强施工全过程的工序控制，主持对不合格品的评审和处置。组织推广和应用"四新"技术，编写有关成果报告、技术工艺总结报告，组织竣工文件的编制及验收交接工作
3	副指挥长	负责安全生产、施工协调、物资设备供应管理、督促监督等方案和措施的具体落实，积极配合建设单位、设计及监理单位展开工作，及时解决出现的各种问题
4	工程管理部	（1）负责工程项目施工的技术指导工作，负责图纸核对、岗前培训、技术交底、测量，编制施工组织设计、施工方案及作业指导书，为每道工序生产合格产品提供可靠的技术保证，并做好资料记录与管理。 （2）负责本工程项目的安全及环保管理，进行岗前安全教育培训、施工中日常安全检查及事故分析，严格安全操作程序。定期进行安全和环保检查。 （3）负责本工程的生产调度、施工组织设计的实施及调整，协调指挥部各部门、各区段的关系。及时与建设、设计、监理、地方等相关单位沟通，做好工程项目的组织和协调工作
5	安全质量部	（1）负责本工程项目的质量管理，检查、落实、监督施工方案、工艺及操作规程的执行情况，严格按照工程施工的实施细则和相关规范，检查各工序的成品、半成品，保证上道工序为下道工序提供合格的产品并完成各种质量记录。 （2）负责本工程的试验检测工作，为保证合格的建筑材料及现场工程项目检测提供正确、完整的技术资料。 （3）负责本工程的测量控制网的建立和检测、重点工程和工程重点部位的复测，指导检查各队的测量检测工作，建立收集及检查原始测量资料，保证工程定位准确和工程顺利进行
6	计划财务部	负责工程合同、计划统计、验工计价和财务等管理工作，编制施工预算，组织整理有关资料，保证资料的完整性、连续性和可追溯性，负责研究和开展项目成本核算工作，指导和监督资金的合理使用，进行财务分析
7	物资设备部	负责工程的物资采购供应，机械设备的调遣、维修、管理。负责对采购的物资、机械进行控制，做到采购、订货、验收、搬运、贮存、发放和使用手续完备、记录齐全，具有可追溯性。组织好物资储备，确保物资供应
8	综合管理部	负责处理人事劳资、后勤保卫、日常行政事务、职工生活保障及文明施工、消防、治安、环保措施执行与监控等综合管理，为正常施工提供良好的内外环境
9	对外协调部	负责本标段施工范围内的永久、临时征地的拆迁协调工作，负责指挥部与地方政府、当地村委会及村民的对接协调工作，负责工程施工用水、用电等事务的协调，为工程施工提供良好环境

2.2.2 施工作业区段划分

根据本标段沿线桥梁、路基、隧道工程分布情况，综合桥梁上部工程的工程量，遵循工程量均衡以及结合大型制运架梁设备的作业效率及经济性原则进行制架梁段落划分，并以此为基础结合轨道工程专业进行施工作业区段的划分。具体划分见表2-2。

表2-2 施工作业区段划分表

施工区段名称	里程范围	正线长度（km）	主要工程内容
第一作业区段	DK75+213.16～DK98+502.27	23.289	区段内桥梁下部、南河梁场建设，580孔箱梁预制及架设，特殊结构梁及桥面系、路基工程及填料拌和站建设、涵洞、无砟轨道铺设及溧阳车站等
第二作业区段	DK98+502.27～DK125+553.51	27.051	区段内桥梁下部、徐舍梁场建设，584孔箱梁预制及架设，特殊结构梁及桥面系、轨道场建设，22570块轨道板预制及区段内铺设等
第三作业区段	DK125+553.51～DK148+000	22.446	区段内桥梁下部、丁蜀梁场建设，350孔箱梁预制及架设，路基工程及填料拌和站的建设、隧道、宜兴东车站及无砟轨道铺设等

2.3 施工组织方案

2.3.1 总体施工方案

本标段工程桥梁比重大、结构类型多、结构变形和刚度要求标准高、工后沉降控制严格。路基工程为确保工后沉降满足规范要求，地基处理量大，路基自然沉落或堆载预压4～6个月。桥梁下部及特殊结构桥梁、箱梁制架工期很紧张。隧道工程工期紧，地质条件复杂。无砟轨道施工技术难度大。

施工以保证基础设施设计速度350km/h、一次开通速度300km/h目标值为指导思想，以线下各项工程保证无砟轨道稳定性和高平顺性为核心，成立精干、高效、指挥协调有力的指挥部，由其精心安排、精心组织，全面贯彻高速铁路客运专线施工和验收标准，实现招标文件要求的各项目标。

本标段工程划分成3个作业区段，每个区段以特大桥、跨河跨路的特殊结构桥梁、隧道、软土路基处理为施工控制重点，组织分段平行施工。施工安排以确保箱梁制架设、无砟轨道施工工期为控制线，统筹规划，合理组织各专业施工，确保实现阶段性工期和总工期目标。

1. 测量和试验检测

测量和试验检测是工程质量和施工过程控制的重要手段，强化测量和试验检测在工程施工中的地位，建立满足客运专线铁路高标准建设要求的测控体系和试验检测体系，人员、设备满足工程施工需要。

2. 路基工程

路基工程施工以路基基底处理、土工构筑物、土工填料及填筑质量控制为重点，以工后沉降控制为核心，组织专业化、机械化施工，贯彻信息化施工原则，结合当地水文、气象的特点和与其他专业的衔接，精心安排，分区段组织机械化流水施工。

路基工程施工中，认真进行工程地质资料现场核查，报请设计单位修正地基加固处理参数，采用成熟的施工工艺进行CFG桩、钢筋（预应力）混凝土管桩等地基加固处理。改良土、级配碎石采用集中拌制，并设置填料骨料场，路基工程结构物材料实现集中供应化、工场化、标准化生产。路基填料执行成熟的"三阶段、四区段、八流程"施工工艺，通过工艺试验确定各项施工参数，形成"监测—分析—调整"循环，动态管理信息化施工。将地基处理、填料施工设计、路基填筑、路堑开挖、支挡结构、边坡防护、路基排水及沉降变形监测、分析等作为系统工程，并与相关工程、附属设施密切配合。

3. 桥梁工程

桥梁工程以严格控制上部结构变形、基础沉降，保证结构耐久性，提高整体刚度为核心；以特殊结构桥梁、箱梁制架为重点；紧邻或跨越既有铁路、高速公路、重要河流的桥梁必须确保行车、通航安全；按无砟轨道施工方向、箱梁架设方向分段进行大平行、小流水作业。

桥梁水中基础施工视情况分别采用草袋围堰、筑岛围堰、钢板桩围堰和钢围堰，钻孔桩基础施工采用冲击钻机、回转钻机和旋挖钻机等施工的成熟工艺，施工前通过工艺性试桩取得合理的施工参数指导施工，陆上承台基坑采用放坡开挖方式，对路临近公路、河流旁基坑采用钢筋混凝土板桩、钢板桩等措施加强支护，桥梁墩台施工采用整体钢模。为提高结构整体刚度，高度20m以下的实心墩台一次灌注成型，空心墩采用翻模施工，除设计结构界面外，墩台不留和少留施工缝。大跨连续梁分别采用挂篮悬臂灌注法和支架原位现浇等成熟工艺；预制架设法施工箱梁，采用移梁机场内移梁，提梁机提升或运梁车便线上桥，运梁车运至桥位，架桥机架设。

为保证主体结构设计使用寿命达到100年，混凝土按高性能混凝土设计，分别在箱梁预制场、轨道板预制场以及沿线建立混凝土拌和站集中拌和高性能混凝土，罐车运输，泵送灌注。

4. 隧道工程

本标段共有3座隧道，总长度3770m，占线路总长的5.2%。根据本标段隧道施工任务、地形地貌及工期要求，隧道工程安排3个施工队组织施工。其中，大朝山隧道双向掘进。

隧道开挖断面大，隧道内轮廓均设计采用单洞双线断面，开挖断面约150m²，有效净空面积不小于100m²。施工针对围岩情况采取短进尺分部开挖和初期支护，二次衬砌及时跟进，确保施工安全。

隧道均采用无轨运输，装载机配合自卸汽车运输出渣。Ⅲ级围岩段落采用台阶法施工，Ⅳ级围岩地段用三台阶临时仰拱法；Ⅴ级围岩地段用三台阶七步开挖法施工，Ⅴ级围岩浅埋或偏压地段采用双侧壁导坑法施工，暗挖洞口处设置长管棚超前支护。

针对不同类别围岩地段，分别采用喷、锚、网、钢架等施工支护。混凝土衬砌采用12m长的全断面液压钢模衬砌台车、泵送混凝土灌注。

5. 轨道工程

本标段设1个轨道板预制场。预制场提前建成生产轨道板，以加大轨道板生产储备，确保无砟轨道道床施工按期开工。

根据本标段无砟轨道工程工作量和工期要求，结合现场施工条件，消化吸收国外无砟轨道施工先进经验，研制无砟轨道施工成套设备，完善无砟轨道施工工艺，正线无砟轨道道床施工分10个作业队伍组织施工。由专业施工队配备成套的施工机械和工装设备进行专业化作业，板式无砟道床采用"移动门吊法"进行。每个工作面按照施工顺序进行左线、右线并行施工。充分利用线下工程临时设施和运输通道，确保各种施工用料物流有序和经济合理，底座施工采用立模灌注混凝土，轨道板采用龙门吊安装，CA砂浆采用移动式搅拌车供应，重力压注方式灌注。

2.3.2 总体施工顺序

针对本工程管段长、工程量大、工期短的特点，为箱梁架设和无砟轨道铺设创造条件，根据箱梁架设顺序和无砟轨道铺设方向，路基、桥梁工程分段全面展开，按大平行、小流水的方式组织施工，隧道和隧道间桥梁合理安排，不得互相干扰。具体顺序如下：施工准备→试验、原材料检测→箱梁预制场、轨道板预制场建设→建立施工测量体系→路基地基处理，涵洞、桥梁桩基施工→路基填筑及预压、隧道施工、桥梁下部结构施工→特殊结构桥梁施工、箱梁预制、轨道板预制→箱梁架设及桥面系施工→沉降及变形观测、分析评估→路基基床表层施工→路基、隧道、桥梁总体评估和验收→无砟道床施工→相关配合工程→竣工验收。

1. 路基工程

路基总体施工顺序根据架梁及无砟轨道施工顺序确定。预压段路基、控制运架梁和无砟轨道施工的区间路基和站场路基优先安排施工。

软土、松软土段路基工程优先安排施工，在不影响无砟轨道的前提下，尽可能地留足路基沉降稳定的时间。过渡段施工的地基处理与桥台基础或路基基底处理同步。路基工程优先安排在旱季施工。路基两侧的排水工程应优先施工，并做到永临结合。

站场路基优先安排施工，为站场路基预压、无砟轨道和道岔铺设等提供条件。路基相关设施声屏障基础、接触网立柱基础、电缆槽在基床表层施工完成后进行。沥青混凝土封闭层和线间集水井在基床表层完成后施工。

路基施工顺序如下：施工准备→清表和地基处理→路堤挡土墙施工→基床底层及以下路堤填筑→预压→基床表层级配碎石填筑施工→无砟轨道施工→沥青混凝土防水层施工→整理验收。

2. 桥梁工程

桥梁工程按照桥梁铺架的先后顺序及重点桥梁工程先行的施工顺序安排桥梁工程施工。

桥梁施工顺序为：施工准备→钻孔桩、承台→墩台基础施工、特殊桥梁施工→箱梁预制→桥梁运架→桥面系施工→竣工验收。

（1）桥梁下部工程及特殊结构梁。本标段桥梁工程数量巨大，根据结构型式及工程量大小分多个施工区段进行多工作面流水施工。各区段桥梁下部及特殊结构梁按架梁方向进行钻孔桩、承台、墩台、特殊结构梁的流水施工。

（2）制梁、架梁工程。预制梁采用边预制边架设，尽量减少制存梁台座，各梁场制梁能力要适当大于架梁能力要求。线下施工、制架梁和无砟轨道铺设三大工序在施工顺序、技术质量要求、工效配合、工期分配、资源配置上有着密切的关系，每个上道工序均为下道工序的载体，其中架梁是三大工序的核心，施工组织设计中坚持统筹策划、整体设计、合理布局的原则。施工顺序见表2-3。

表2-3 架梁施工顺序表

架桥机编号	运架梁范围及施工顺序	制梁场
架01号	杭向：DK075+000→DK093+843.54 （架桥机调头） 宁向：DK075+000→DK52+303	南河梁场
架02号	宁向：DK111+000→DK098+502.27 （架桥机调头） 杭向：DK111+000→DK121+323	徐舍梁场
架03号	宁向：DK131+100→DK125+553.51 （架桥机调头） 杭向：DK131+100→DK147+186	丁蜀梁场

3．隧道工程

隧道工程施工顺序为：施工准备→测量→洞门施作→隧洞开挖及支护→洞身混凝土衬砌→附属工程。

各隧道施工顺序如下：

隧道一队：从进口、出口相向施工大朝山隧道（2110m）。

隧道二队：景台山隧道（934m，宁→杭）、黄梅山隧道（726m，宁→杭）。

4．站场工程

站场施工顺序为：施工准备→测量地基处理→地下通道→基床填筑→路基附属工程→路基预压→沉降监测→基床表层→站台墙、综合管沟、房屋→车站剩余配套工程及配合工程。

5．轨道工程

Ⅱ型板式无砟道床施工工序为：控制基桩测设→底座混凝土施工→底座板上加密基桩测设→轨道板铺设→轨道板精调→CA砂浆灌注。

6．物流组织

本标段各类建材需求总量巨大。本工程的物流组织有三大特征：一是大量的材料需远运；二是本工程混凝土和钢筋混凝土箱梁、轨枕板等需在现场运输的成品和半成品建材量大；三是本工程范围河沟纵横，城镇道路、省道、高速公路多次穿越新建铁路，交通干扰极大。因此，材料运输组织的成败将是工程能否顺利实施的前提。为此，本标段专设材料场负责建筑材料的供应。

（1）地材供应。就近和与发包人签订了砂、石、粉煤灰、矿渣粉意向书的生产（供应）商协商签订采购合同，同时做好运输组织，确保地材供应。

（2）建筑主材。根据实地调查情况，结合当地运输条件，为确保工程物资及时地由生产厂家运送至物资供应点，再由物资供应点顺利地转运至施工现场，保障工程物资及时、有序供应，由各材料厂专业人员对物资供应进行管理，从物资的计划、发运安排、检查验收、装卸、仓储保管、供应、管理等各个环节进行精心组织、科学管理，建立完善的符合项目运作的规章制度，优质高效地为本工程建设服务。

本标段在沿线拌和站内设材料库，运输方式以铁路运输为主，铁路运输与汽车运输相结合。

（3）混凝土和成品与半成品建筑材料的物流组织。本工程混凝土和成品与半成品建筑材料的运输由各架子队自行负责，各作业区段架子队现场所需材料的运输则统一安排。

2.3.3 施工组织措施

1. 施工准备阶段组织措施

（1）施工调查。组织施工调查，进一步获取有关原始资料的第一手数据。重点收集以下数据：

①本标段地形、地貌、地质等情况及气象、不良地质对建场的影响。

②本标段地表水、地下水分布情况，对生活用水和施工用水水源进行规划、水质分析。

③本标段房屋拆迁及管线调查，对红线内的拆迁房屋做好登记，对各种管线会同有关部门做好保护或搬迁工作。

④进一步调查施工环境、交通运输、通信条件及修建各项临时工程的条件。

⑤对于采用新技术、新材料、新型结构的设计，根据工程结构的特点及拟采取的工程措施收集相关数据。

⑥在设计提供的数据的基础上，为提高地质特征准确度和工程质量，进行必要的补充勘探。

⑦可利用的地方材料状况、生活物资供应状况等。

⑧当地有无地区性的病疫和卫生防疫状况、风俗习惯、社会治安以及其他应注意的事项等。

（2）技术准备。

施工前的图纸会审。在图纸会审中，认真领会工程设计依据、意图和功能要求的说明，全面复核各工程结构尺寸，了解结构物的结构形式，使用材料及设备的品名、规格、质量标准，以及对新结构、新材料、新工艺和新技术的要求。然后根据研究图纸的记录及对设计意图的理解，提出对设计图纸的疑问、建议和优化，并与设计人员取得联系，完善设计文件，使设计更加符合施工现场的实际，确保施工安全、工程质量和按期完成工程任务。

编制实施性施工组织设计。全部掌握设计文件和设计图纸，正确理解设计意图和技术要求，进行详细的施工调查，根据进一步掌握的情况和资料，对投标施工组织计划优化，编制实施性施工组织计划，以制定出更符合设计与现场实际情况的施工方案，报批后组织实施。

搞好施工技术交底。在实施性施工组织设计报监理审批的同时做好设计、施工和施工组织设计"三交底"工作。应详细、逐级进行技术交底，包括本项目的工程概况、工程规模、工程工期、结构类型、施工方法、施工工艺、操作要求、施工重难点和安全防护、质量目标等，使参建员工心中有数，能预见性指导施工，避免出现安全质量事故。

做好岗前培训。结合本工程的特点及施工重难点做好施工人员的岗前培训工作，使参建人员全面、系统地了解客运专线铁路各项技术环节，做到心中有数。

(3) 实验室规划、材料检测。

实验室组建。工程试验检测是工程控制的主要手段之一。本标段建立一个试验中心，同时在各拌和站和部分分项目部设置分实验室，承担本项目工程施工的工程试验检测项目。

所有试验、检测仪器、仪表、计量用具都在开工前经有关部门标定，工地实验室为试验中心派出机构，从属于试验中心，具有独立行使部分项目试验检测的能力，业务上受试验中心指导。实验室必须具有经批准的试验计划，在投入使用后保证充分服务，允许业主代表随时进入实验室。按照承担的工程试验任务配备足够的持证上岗试验人员。

材料检测。根据施工图纸及设计意图，及时到原材料产地进行材料取样试验和检测。所有材料的取样及送样工作都必须在实验室专业人员或监理工程师的监督下进行，只有检测合格的材料才准使用于本项目中，对检验不合格的材料坚决不予使用。

正式施工前进行路基填筑试验、配合比设计试验以及试桩施工，作为正式施工时的参考数据，指导施工。

(4) 施工资源筹集。

人员准备。提前进行施工前的开工动员，首先由工程指挥长召集指挥部人员和各分项目部负责人进行管理层施工动员，其次由各分项目部负责人对其管辖范围内的架子队施工队（组）长、工程技术人员、专业施工人员进行施工动员；随后组织人员、设备按计划分批进驻现场。

物资准备。在工程开工前，根据施工组织设计所确定的工程施工进度计划制定切实可行的材料供应计划，提前进行抽样试验，合格后签订供应合同并按物资供应计划组织好供应。在施工中根据实际的施工进度计划按每月计算出的所需材料用量，提出相应的供应计划，对材料供应实行动态管理，主要材料如钢筋、水泥，视冬季、雨季情况至少按一个月进行材料储备。

机械设备准备。拟调入的各类施工机械设备按施工组织设计和计划需要及时到场，进场前进行全面检查维修，经试运转合格后方可调入施工现场。

2. 施工阶段组织措施

根据工期计划，合理安排劳、材、机的投入。积极推广应用新技术、新工艺、新材料、新设备，并建立一套完整、系统、科学的现代工程建设管理制度。做好施工过程的技术交底，明确施工项目的工艺、特点、注意事项等。

针对工程特点，定期进行安全质量教育，重点对专职安全员、质检员、工长及特殊工种从业人员进行培训和考核，使其学习必备的生产基本知识和技能，提高安全质量意识。未经培训的管理人员及施工人员不准上岗。

变换工种或采用新工艺、新工法、新设备及技术难度较大的工序的操作人员必须经过技术培训，并经考试合格者才准予上岗。建立健全安全、质量管理机构和体系，按期组织相关的技术、安全、质检、试验等人员成立现场值班小组到现场检查、监督安全质量计划的落实，积极开展创优竞赛活动。

执行质量责任制，各施工工点责任到人并做好施工记录，对每道工序均有质量检查的内容和方法。质检人员随时跟班监督，杜绝质量事故的发生。在项目范围内，加强对突发事件的预防工作，根据现场实际情况，制定针对性预防措施，当事件发生时，能够及时处理或将损失减小到最小程度；加强管理人员及工人对突发事件的认识，选择有代表性的事件，对全体员工进行教育，增强职工对突发事件的辨别及处理能力；对可能存在突发事件的分项工程施工，注意做好班前交底。

加强试验检测手段。在混凝土施工中，严格按配合比施工，所有材料必须经抽样检验并符合规范、设计要求。

严格执行隐蔽工程检查制度。任何隐蔽工程须在监理工程师检查验收合格签认后，方可进行下道工序的施工。

按照制定的质量管理制度和全面质量管理要求，分 QC 小组和 TQC 整体实行分项分部质量控制并定期以图表的形式上报。强化群体质量意识，定期对全体人员进行质量教育，各项工程从开始就按全优工程标准考核各项指标。

加强施工技术管理，全面认真审阅合同要求、技术规范、设计文件、业主和当地行政主管部门有关部门文件、法规，确保施工主体部署，制定施工方案、工艺细则、工艺和工程质量控制计划；选定机具、设备、仪表、仪器，对现场进行监控，严格按设计及相关规范和验收标准施工。

加强材料、设备采购制度。明确所采购的设备有关规范，设计规定的规格型号、等级，索取供方质量保证标准和工序控制记录，并出具检验合格证，做好进货质量记录。物资、材料采购中，由供方提供质量保证和检验、试验数据，并做好进料后的现场检验和试验，在驻地监理监督下取样、验证，杜绝不合格产品进入本项目。

为保证混凝土质量，必须加强施工过程控制，按工艺要求严格组织施工，保证混凝土工程质量。在指挥部的领导下，按照施工组织设计要求及时安排、合理组织施工生产，确保施工进度顺利进行。

加强组织纪律、文明施工、爱护设备，杜绝野蛮施工，注意环境保护，抓好"双文明建设"。搞好环保、水保工作，加强职业健康卫生知识的教育。维护交通秩序，避免对公众的出行和施工范围内的道路造成干扰。做好与相关各方的沟通、协调工作，确保施工顺利进行。

3. 竣工验收阶段组织措施

（1）成立竣工验收领导小组，由工程指挥长任组长，总工程师、工程副指挥长任副组长，各部门负责人、各分项目部的相关人员为组员。

（2）工程指挥部制定施工数据编写记录责任制，并派专人从事工程施工过程中的数据的收集、管理工作。为本项目交工验收提供详尽、真实的数据记录。

（3）参加工程施工质量验收的人员具备规定的任职资格。

(4) 工程施工质量的验收均在自行检查评定合格的基础上进行。

(5) 工程施工质量符合设计文件的要求以及相关专业验收标准。

(6) 严格按要求进行竣工试验，所用的试块、试件以及有关材料，按监理要求取样。

(7) 按照建设单位要求及相关规定，及时与后续施工单位办理交接手续。

(8) 竣工资料严格按照建设单位和铁道部门相关要求来编制。

(9) 搞好场地清理，清除剩余材料、垃圾和各种临时设施，做好施工弃渣的处理工作，保持整个现场及工程的整洁，平整临时征用的施工用地，做好复耕工作，满足合同及当地政府的要求。

(10) 按工程合同以及工程保修协议书的承诺制定保修计划。

(11) 合理安排退场计划，做到不扰民、不扰乱地方治安。

2.4 主要临时工程规划及总平面布置

施工场地按"方便施工、便于管理、驻地共建、少占地、环保、经济"的原则进行布置，在满足施工的条件下，做到文明施工和环境保护达标。

场地布置时，预制场、拌和站、砂石料场等尽量远离城镇、村庄或采取防噪措施，避免噪声、扬尘扰民。施工便道各专业共用，尽量避开居民区，不能避开时，改善路况减少道路扬尘。选择地势平坦、地基承载力高且稳定、顺桥的位置布设电脑自动计量混凝土搅拌站，为路基构造物、桥涵、隧道、无砟轨道道床等工程提供混凝土；改良土、级配碎石拌和站场地共用，集中供应。施工流程图如图 2-1 所示。

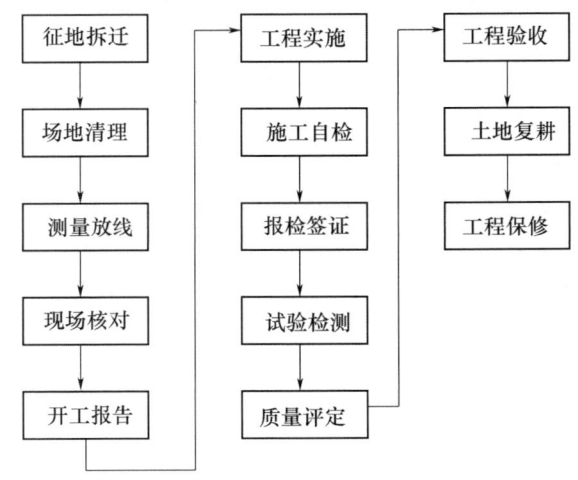

图 2-1 施工流程图

2.4.1 生产、生活房屋

接到进场通知后，立即组织人员进驻施工现场，在征地拆迁尚未解决之前，租赁房屋建设驻地。在征地拆迁解决后，平整场地，建设各施工队生产区和驻地办公生活区，驻地办公生活区设办公室、职工宿舍、职工食堂等办公生活设施，生产区设配电房、发电房、空压机房、钢结构加工车间、钢筋加工车间、木工车间等生产房屋。

生活办公房屋统一采用彩钢板式结构,生产房屋采用砖混、砖瓦结构。生活区统一规划、集中布置,营区周围设围护,围护采用铁丝网或波纹板,涂以明显色彩及标志。

工程指挥部租用溧阳市安顺燃气有限公司办公楼、单元楼作为办公生活驻地,各分项目部驻地在有条件的情况下尽量采取租用、共建的形式,以减少临时用地数量。

2.4.2 施工便道

本标段所在区域公路、河网发达,跨越扬溧高速公路、104国道、239省道、342省道及241省道等,宁杭高速公路在部分段落大致平行分布,为大宗材料的运输提供了方便。为保证场内施工运输方便,拟在DK075+213.29～DK148+000全标段内沿线新建线路左侧修建贯通道路;各拌和站、制梁场修建在贯通便道附近,避免重复修建施工便道;各隧道从洞口修便道至弃土场。省道、城道及乡村公路可作为辅助通道,施工贯通便道及各主要工点施工便道由上述道路引入。各便道具体工程量详见临时工程量表。

本标段共需新建汽车运输便道49.2km,便道宽度≤4.5m;其他改(扩)建便道约17.5km。

主干便道按三级公路标准进行修建:便道路面按照单车道设计,宽度≤4.5m,横向双侧排水,横坡2%。原地面排水清理平整后先碾压,然后施工40cm厚片石铺底+碎石土填筑路基+10cm厚泥结碎石路面,以确保大型机械设备安全通过。

贯通便道沿红线内分段贯通,尽量利用与新线平行的既有道路,减少临设的费用。本标段贯通便道长度为49.2km。一般段落的贯通便道路面按主干便道标准修建,在穿越无法绕行并且较长的鱼塘或水田时,通过加强便道基层或搭设便桥,保证便道正常使用。便道路基加固为:原地面排水平整后进行地面掺灰处理+碎石土填筑40cm+土工格栅+40cm厚碎石土+10cm厚泥结碎石路面。

2.4.3 施工便桥、便涵

本标段线路范围内河流纵横、河沟交错,线路多次跨越江河、灌溉干渠和溪沟。在主便道上尽量利用既有公路桥跨越南河、溪河及其主要支流。为方便施工组织,在线路跨越灌溉干渠和溪沟处采用修建便桥、便涵,加固既有乡村道路小桥的方案跨越。当河宽大于20m时采用便桥跨越。在修建主要河道中水中墩的时候采用施工栈桥,栈桥分别从两岸修至水中墩施工点,便于正线桥梁水中桩墩施工。

栈桥具体参数如下:

桥面宽度:栈桥按单向行车道设计,桥面宽4.5m。

车辆荷载等级:汽-超20,履-100,挂-120。

施工栈桥采用$\phi 600$(双排桩)～$\phi 800$(单排桩),$\delta 10$钢管桩基础(桩长根据水深及地质条件决定),I30c工字钢做横梁,梁部为321型贝雷桁架,6片间距0.9m贝雷桁架,桥面宽4.5m。桥面系为正交异性板桥面系型钢纵横梁和钢板组成。当河沟宽度小于20m且河沟较浅时采用便涵通过。便涵采用$\phi 1.0m$钢筋混凝土预制管并排埋设。

2.4.4 施工供水、供电

施工用水和生活用水经检验合格后就近取用。在城市附近生活用水采用自来水。本标段水网交错纵横、河和水塘星罗棋布,施工用水采用自来水,或从临近水源点抽取。

从水源点铺设施工用水干管路至预制场、隧道和主要工点的蓄水池，供水干线采用 $\phi100$ 钢管，至各用水点根据用水量大小采用 $\phi25\sim\phi75$ 钢管做供水管。

施工用电采用以地方电源供电为主、自发电为辅的方案。根据本标段重点工程及其他大临工程的分布情况，大部分地段由地方既有变电站引入或就近"T"接，并用发电机以备应急供电，用电量小的工点采用当地农机电或自发电。

根据本标段桥梁、隧道等结构物分布特点，计划在桥梁分布地段，桩基集中部位，按照实际用电量拟每3km布设1台变压器的原则进行现场布置，同时在各隧道作业面洞口外设2台变压器，在各混凝土拌和站各安装2台变压器。本标段计划安装变压器34台，临时用电线路沿线路一侧纵向布置，灰杆架立，并配备发电机备用。本标段共架设电力线路35km，铺设给水干管路5.5km。

2.4.5 桥梁预制场及运梁通道

1. 选址原则及制梁场布置

选址原则如下：

依据地质、地形，减少土方工程和基础加固工程，尽量利用正式工程用地；

利于大型设备进出场和大宗材料运输；

便于房屋防洪、排涝，确保雨季施工安全；

满足制运架梁技术要求；

适应本标段设计要求、工期计划、架梁均衡的需要、隧道分布等情况。

拟在本标段布置3个桥梁预制场。根据地形地貌、梁场与桥位的关系、架梁计划及场地条件，梁场生产的箱梁上线方式采用便线供梁和提升供梁与桥上运梁。

各制梁场布置形式及位置见表2-4。

表2-4 制梁场规划表

序号	制梁场名称	正线里程	供梁孔数	占地面积（亩）	布置形式
1	南河制梁场	DK075+000	594	168	搬运+便线
2	徐舍制梁场	DK111+000	583	180	搬运+提梁
3	丁蜀制梁场	DK131+100	371	156	搬运+便线

注：1亩=666.67m²，下同。

2. 制梁场布置原则与平面布局

制梁场布置原则为：尽量少占用农田，减少用地；满足物流需要，方便箱梁预制施工，节约运输架设成本；充分考虑环境保护的要求，文明布置场地；满足生产、生活的基本需要，注重卫生条件和消防条件。制梁场布置依据为：箱梁预制周期、产量和制架梁工期；箱梁预制工艺流程。布置方式为搬运+提梁的制梁场，场内采用轮胎式移梁机和2台提梁机提梁上桥的作业方式；布置方式为便线的制梁场，采用轮胎式移梁机移运箱梁，运梁车便线运梁上桥。

制梁场平面布局为：各制梁场布置形式为横列式。制梁场按使用功能划分为六个区，分别为混凝土拌和区、箱梁预制区、箱梁存放区、提梁区、小型构件加工区和生活办公区，其生产能力为1.5~2孔/d。南河制梁场最大存储能力为128孔；徐舍制梁场最大存储能力为160孔;丁蜀制梁场最大存储能力为108孔。

箱梁预制区主要有制梁台座、钢筋绑扎台座、内模组拼台座、锅炉房、钢筋房和各种加工车间等;箱梁存放区主要有存梁台座和静载试验台座;混凝土拌和区主要有2座120m³/h拌和站以及砂石料场等;装梁区主要有提梁机。

各梁场征地拆迁完成后,利用推土机和压路机对制梁场区域进行场地平整。制梁场跨既有沟渠,需考虑埋设管涵或取土填筑后将灌溉沟渠改移。

梁场内的施工道路考虑大型机械通过,其路面宽设为6.5m,转弯区的最小半径满足有关规定。考虑到预制场的施工车辆通行,施工设备的安装运行,材料的存放和人员的施工,在预制场的箱梁预制区、混凝土拌和区、小型构件加区段的地面采用砂夹碎石垫层+20cm厚的C15混凝土进行场地硬化,砂石料仓及拌和站周围地面采用20cm厚C15混凝土硬化。

3. 运梁通道

采用900t轮胎(轨)式移梁机进行场内移梁的制梁场内,每一列制梁台座和存梁台座两端均设置移梁机运梁通道,在存梁区中间设置一条纵移大通道,以便移梁机进行90°转向。

根据运梁通道的受力情况,充分考虑制梁、存梁台座在满布荷载情况下,制梁场地基基础的位移和应力响应,拟订轮胎式移梁机运梁通道路面结构方案为:横移通道路面宽度8m,纵移通道路面宽度19m,通道均分为2层,上层为20cm厚C20钢筋混凝土,下层为30cm厚砂夹碎石,其具体构造见图2-2;轮轨式移梁机采用轨道基础,基础形式参见450t龙门吊轨道基础形式。本标段制梁场运梁通道长度为2965m,运梁轨道长度为4328m(单线)。

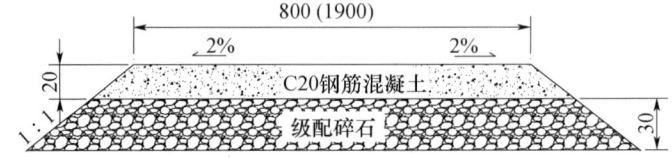

图2-2 运梁通道断面

注:1. 本图尺寸以cm计。
    2. 括号内为纵移通道尺寸。

2.4.6 沿线混凝土搅拌站

根据本标段工程设置情况,混凝土采用集中搅拌。根据各工点混凝土用量、运送距离、搅拌站生产能力,沿线共设置混凝土集中拌和站12座,具体见表2-5。

表2-5 混凝土拌和站设置表

序号	拌和站名称	设置里程	供应范围	生产能力(m³/h)
1	南河梁场拌和站	DK75+000	梁场	2×120
2	1号混凝土拌和站	DK77+600	DK75+213～DK80+000	2×120
3	2号混凝土拌和站	DK83+600	DK80+000～DK89+542	2×120

续表

序号	拌和站名称	设置里程	供应范围	生产能力（m³/h）
4	3号混凝土拌和站	DK94+450	DK89+542～DK98+497	2×120
5	徐舍梁场拌和站	DK111+000	梁场	2×120
6	徐舍板厂拌和站	DK121+050	轨道板预制	1×60
7	丁蜀梁场拌和站	DK131+100	梁场	2×120
8	4号混凝土拌和站	DK101+100	DK98+497～DK106+287	2×120
9	5号混凝土拌和站	DK114+500	DK106+287～DK117+306	2×120
10	6号混凝土拌和站	DK127+400	DK117+306～DK131+443	2×120
11	7号混凝土拌和站	DK137+000	DK131+443～DK142+059	2×120
12	8号混凝土拌和站	DK146+000	DK142+059～DK148+000	2×120

2.4.7 填料堆场、改良土及级配碎石拌和站

根据路基土石方工程量、分布特点和段落，设置2座改良土及级配碎石拌和站，路基施工前期为改良土拌和站，后期为级配碎石拌和站。具体情况见表2-6。

表2-6 改良土及级配碎石拌和站

序号	拌和站名称	设置里程	主要供应范围
1	灰石山拌和站	DK89+600	DK75+213～DK118+700
2	宜兴拌和站	DK130+000	DK118+700～DK148+000

2.4.8 桥梁钢构件制造加工场

为满足本标段桥梁工程施工需要，在特殊结构桥梁相对集中地段的桥梁下部和特殊结构梁架子队驻地处设桥梁钢构件制造加工场。

本标段共设置桥梁钢构件制造加工场3座。各钢构件加工场在施工中根据实际地形及施工情况做调整，详见表2-7

表2-7 桥梁钢构件制造加工场

序号	加工场名称	布置位置	主要供应范围
1	1号加工场	DK87+900	南河特大桥钢构件
2	2号加工场	DK105+050	徐舍特大桥钢构件
3	3号加工场	DK133+010	丁蜀特大桥钢构件

2.4.9 小型构件预制场及钢筋加工场

在DK117+200线路左侧设置一小型构件预制场，主要用于预制路基、桥梁、隧道工程的排水沟盖板、电缆沟（槽）盖板及护坡预制块等。另各桥梁施工架子队生产区及特殊结构桥梁施工场地设钢筋加工场，各隧道架子队在生产区设钢筋加工场和钢拱架加工场，钢筋场建设标准满足施工技术规范要求。

2.4.10 材料中心库

沿线路各拌和站内分别设置材料中心库,各梁场、板场内设置中心材料库,其他不另设。利用既有铁路、高速公路及水运等便利运输优势,确保工程物资及时供应。各材料场(库)设置符合各类物资存放标准的仓库和场地,确保施工需用量及安全库存。

2.4.11 火工品仓库

火工品仓库严格按照公安部门管理要求和安全标准建设,远离居民区和施工生产生活区域,并设专人看守。火工品仓库包括炸药库、雷管库、发放室和看守房,按安全要求呈三角形布置。每处火工品仓库占地面积按 300m² 考虑,本标段共设火工品仓库 2处,设置方案报当地公安部门核准。

2.4.12 取土场、弃土场设置

本标段沿线设置 1 个灰石山取土场,位置为 DK89+700(线路左侧),占地约 44 亩,主要用于 A 组、B 组或 C 组填料。本标段内共设置弃土场 10 个,主要位置及占地面积详见表 2-8。

表 2-8 弃土场设置情况统计表

序号	弃土场名称	正线位置	占地面积(亩)	总弃方量(m³)
1	1号弃土场	DK89+700 线路左侧	30	119454
2	2号弃土场	DK94+000 线路右侧	13	50225
3	3号弃土场	DK95+700 线路右侧	17	66976
4	4号弃土场	DK117+800 线路右侧	86	402086
5	5号弃土场	DK121+150 线路右侧	97	453755
6	6号弃土场	DK130+800 线路左侧	12	46469
7	7号弃土场	DK142+060 线路左侧	8.16	35545
8	8号弃土场	DK144+531 线路右侧	12.4	97052
9	9号弃土场	DK147+110 线路右侧	3	13410
10	10号弃土场	DK147+164 线路右侧	14.39	61729

2.4.13 生产、生活排污及垃圾处理和环境保护设施

生产污水和生活区四周设通畅的排水系统,污水集中进行处理排放,生产、生活区各修建 1 个污水处理池,达到国家排放标准后排放。生产生活垃圾分类集中存放,定点、定期运至垃圾场。

跨大江、大河段桥梁其桥墩及基础施工设栈桥贯通,承台采用钢围堰施工,最大限度减小施工对江河的污染。

各施工营地,施工现场设化粪池,生活污水就近排入城市下水道或农田灌溉沟;食堂污水经隔油池处理后排入化粪池,严禁直接排入河流、湖泊;施工人员的生活垃圾及施工物料垃圾等尽量分类收集,交环卫部门处理。

2.4.14 施工现场通信

建立指挥部信息管理系统并覆盖各分项目部,自成网络后通过互联网相连。对本标段内的重点和控制工程建立视频监控网络,视频图像采用相对集中储存,各监控点的图像储存满足48h。

工程指挥部和各分项目部安装程控电话并接入互联网,主要工作人员均配置移动电话。

2.4.15 安全设施

在各主要交通路口和各施工工点设置安全警示标志、防护栏杆等,必要时派专人守卫,保证施工安全。隧道洞口设值班室,安排专人24h值班,进洞人员必须按要求接受检查,闲杂人等不得擅自进洞。

隧道施工应加强洞内外消防、报警设施。分别在开挖掌子面、仰拱及二衬施区段配置消防柜及警报系统,并随工作面的前移而移动。在重要的施工设备如衬砌台车、作业台架等悬挂灭火器材。洞内每25m安装一盏应急灯。洞外堆放灭火砂及灭火器等消防器材。

各临时施工驻地和施工工点按要求备齐防火、防汛、防地质灾害的机械、工具和物资,雨季和汛期派专人巡视,发现异常情况及时向有关部门汇报,及时处理,做到防范周全、预报及时、处理快速。

按照消防部门和相应的法律法规规定,在施工现场的各个生产、生活区设置足够数量的消火栓、干粉灭火器、消防水源及其他专用灭火设备。各级安全员负责检查和更换过期灭火器材,并安排专人负责消防监督检查工作。

2.4.16 主要临时工程数量

本标段主要临时工程数量见表2-9。

表2-9 主要临时工程数量表

序号	工程项目	单位	数量	备注
1	贯通便道	km	49.2	10cm厚泥结碎石路面,路面宽6.5m
2	栈桥	m	4690	南河特大桥、徐舍特大桥、丁蜀特大桥跨河部分及跨主要河流位置设置栈桥
3	轨道板预制场	座	1	徐舍板场占地120亩
6	制梁场	座	3	南河制梁场占地168亩,徐舍制梁场占地180亩,丁蜀制梁场占地156亩
7	电力主干线	km	35	本标段共设变压器34台,其中轨道板预制场及制梁场8台,各作业面26台
8	钢构件加工厂	处	3	每作业区段设1处
9	给水干管路	km	5.5	ϕ100钢管

续表

序号	工程项目	单位	数量	备注
10	蓄水池	个	21	其中 50m³ 的 7 个、80m³ 的 6 个、150m³ 的 8 个
11	材料场	处	3	每作业区段设 1 处，分别占地 7500m²
12	生活及办公用房	m²	10000	租用及新建彩钢板房相结合
13	生产用房	m²	12000	新建砖混结构房屋
14	混凝土搅拌站	处	9	包括制梁场和轨道板预制场内的拌和站
15	级配碎石拌和站	处	2	共占地 20 亩
16	火工品仓库	座	2	分别占地 300m²

2.5 施工管理

2.5.1 施工进度安排原则

响应招标文件及指导性施工组织设计工期要求，依据资源配置情况，结合施工条件，合理、统筹安排，满足标段总工期、阶段工期及重点工程工期要求。

坚持经济、合理与实用相结合的原则。采用先进的施工技术和管理技术，应用科学的组织方法，合理安排路基、桥涵、隧道及无砟轨道的施工顺序。

坚持整体推进、均衡生产、确保工期的原则。在充分响应招标文件及指导性施工组织设计规定本标段总工期及各节点工期要求的前提下，确保各专业工程分部、分项工程施工作业衔接合理、切实可行。同时充分考虑年施工期、气候条件以及交叉施工对施工进度可能带来的影响，采取多段平行流水作业、均衡施工、优化资源配置，进行施工进度的安排。

坚持保证重点、突破难点、质量至上的原则。根据本项目、本标段工程工期紧迫、技术标准高、施工质量高、科技含量高、开通速度快的特点，优先安排重点工程的施工，统筹安排其他项目的施工进度。

2.5.2 项目总体形象进度

本标段总工期 33.7 个月。其中，施工工期（含征地拆迁及施工准备）23.3 个月，联调联试 6 个月。2009 年 3 月 12 日进场，2009 年 5 月 31 日施工准备结束，2009 年 5 月底主体工程开始施工，2009 年 11 月 1 日徐舍梁场开始箱梁架设，2010 年 3 月 10 日开始铺设无砟轨道板，2011 年 3 月 10 日完成土建工程（包括无砟轨道），2011 年 7 月 1 日开始联调联试，2011 年 12 月 31 日全线竣工开通。

2.5.3 各专业工程施工进度安排

综合考虑冬季施工要求及各项工程交叉施工的可能性，主要工程计划工期如表 2-10 所示。

表 2-10 主要工程计划工期表

工程项目名称	计划开始时间	计划完成时间	备注
路基主体工程	2009年5月20日	2010年8月20日	
桥梁工程	2009年6月1日	2010年7月31日	含箱梁制架、桥面系
隧道工程	2009年5月1日	2010年7月31日	
无砟轨道工程	2010年3月10日	2011年3月10日	无砟道床铺设
铺轨	2011年3月24日	2011年4月11日	配合施工
站房工程	2009年4月1日	2010年11月30日	
联合调试、试运行	2011年7月1日	2011年12月31日	配合施工

具体分阶段工期如下：
施工准备：2009年3月12日—2009年5月31日；
三电迁改：2009年4月1日—2010年5月31日；
征地拆迁：2009年3月12日—2009年10月1日；
路基主体工程：2009年5月20日—2010年8月20日；
桥梁下部及特殊结构梁：2009年6月1日—2010年7月31日；
梁场建设及试生产、取证：2009年4月1日—2009年9月30日；
箱梁预制：2009年9月1日—2010年9月30日；
箱梁架设：2009年11月1日—2010年9月18日；
桥面系：2010年1月31日—2010年3月31日；
轨道板场建设及试生产：2009年4月1日—2009年12月31日；
轨道板预制：2010年1月1日—2010年11月30日；
无砟轨道道床：2010年3月10日—2011年3月10日；
铺轨：2011年3月24日—2011年4月11日；
站房工程：2010年1月1日—2011年2月25日；
联调联试：2011年7月1日—2011年12月31日；
竣工验收：2011年12月16日—2011年12月31日。

1. 主要工程施工项目进度指标及进度分析

(1) 路基工程
地基处理：预应力混凝土管桩：500m/台班，CFG桩180m/台班；
路堑开挖：4万 m^3/月；
路基及基床底层填筑：6万 m^3/月；
基床表层：1.6万 m^3/月。

(2) 桥梁工程（表2-11至表2-15）

表 2-11 桥梁下部施工

项目名称	进度指标	备注
钻孔桩（旋挖钻）	1.5d/根	有效工作日25d/月
钻孔桩（循环或冲击）	7d/根	有效工作日25d/月

续表

项目名称	进度指标	备注
承台	10d/座	有效工作日 25d/月
墩台	10d/座	有效工作日 25d/月

表 2-12 现浇梁

项目名称	进度指标	备注
支架法现浇简支箱梁及非标梁	25d/孔	有效工作日 28d/月
支架法现浇小跨连续梁	90d/联	有效工作日 28d/月
移动模架现浇箱梁	15d/孔	有效工作日 28d/月

表 2-13 不同跨度连续梁悬灌施工

施工工序	施工时间 (d)					
	40+56+40	40+64+40	48+80+48	60+100+60	70+125+70	48+2×80+48
0 号梁段	35	40	45	45	45	45
挂篮安装调试	15	20	20	20	20	20
节段悬灌	70	80	100	120	150	150
合龙段	25	25	25	25	25	40
合计	145	165	190	210	240	255

箱梁预制。箱梁 5d 下制梁台座，存梁周期 28d。

表 2-14 箱梁预制制梁台座占用时间表

序号	名称	时间（h）		内容与说明
		单项	累计	
1	底模、侧模整理	6	6	含底模整理、侧模整理及闭合安装
2	底腹板钢筋吊装	8	14	含吊装及各预埋管（件）的安装、调整
3	端模、内模吊装	6	20	含端模、内模吊装，及连接固定
4	顶板钢筋吊装及报检	6	26	含吊装、绑扎及各种预埋件的安装、自检与报检
6	混凝土浇筑	6	32	含浇筑前的准备及浇筑
7	蒸汽养护	48	80	含静停、升温、恒温、降温
8	脱模	6	86	含蒸养棚的移出与内外模的脱模
9	预拉、初张与移梁	12	98	含穿线与初张及箱梁搬运机吊梁
10	工序交接与设备强检	12	110	含工序交接及设备强检分摊时间
11	合计	110 (h) ≈ 5 (d)		终张与管道压浆时间不占循环时间

表 2-15 箱梁架设

序号	施工项目	进度指标	备注
一	架梁作业有效天数	26d	
二	箱梁架设		
1	运梁半径 0~10km	2.0 孔/d	
2	运梁半径 10~15km	1.5 孔/d	
3	运梁半径 15km 以上	1.0 孔/d	
三	运、架设调头	15 天/次	

（3）隧道工程

一般隧道：Ⅲ级围岩为 130m/月；Ⅳ级围岩为 70m/月；Ⅴ级围岩为 40m/月。

（4）轨道工程

板式无砟道床施工：双线 100m/d；

预制场轨道板：81 块/d。

2. 路基工程

路基总工期 15 个月。具体工期为：2009 年 5 月 20 日—2010 年 8 月 20 日。其中，地基处理约 3 个月，2009 年 5 月 20 日开始，2009 年 8 月 30 日基本完成。

路基填筑 3 个月。根据架梁进度要求，2010 年 1 月底基本完成主体填筑，架梁通道路基堆载预压在进行 4~6 个月后，提供运架梁通道，2009 年 8 月 1 日进行，2010 年 7 月 20 日完成。其余地方根据无砟轨道板和架梁施工进度要求于 2009 年 8 月开始进行预压，2010 年 7 月完成。路基基床表层填筑于 2009 年 12 月 10 日开始，2010 年 8 月 20 日完成。站场路基填筑控制在 4 个月以内，为站后工程及无砟道岔施工提供条件。施工作业进度综合指标见表 2-16

表 2-16 主要工程计划工期表

项目	时间（d）
地基加固	90
下部及基床底层	60
预压	180（困难地段结合地质条件和地基加固措施适当缩短）
基床表层	25（包括卸载预压土方时间）
整理验收	5

3. 桥梁工程

桥梁工程总工期 14 个月，具体为：2009 年 6 月 1 日—2010 年 7 月 31 日。

桥台、架梁比较集中地段和重点特殊结构桥梁在 2009 年 6 月 1 日开工，桥梁下部结构在 2010 年 4 月底全部完成，大跨度连续梁及特殊结构在 2010 年 7 月底全部完成。

梁场建设于 2009 年 4 月 1 日开工。南河梁场、徐舍梁场在 2009 年 8 月底完成梁场建设及取证，9 月开始进行批量预制；丁蜀梁场于 2009 年 9 月底完成梁场建设及取证，10 月开始进行批量预制。徐舍梁场满足 2009 年 11 月 1 日架梁要求，至 2010 年 7 月底箱梁预制全部完成。

桥面系在每个架梁区段完成架梁后进行施工。

4. 隧道工程

隧道工程总工期15个月。具体工期为：2009年5月1日—2010年7月31日。隧道明洞及洞门施工应及时完成，于2009年5月1日开始进行，2009年6月1日完成。根据设计文件和现场围岩揭示情况及时调整超前支护手段、开挖方法等，二次衬砌及时跟进，于2009年6月20日开始进行二次衬砌，2010年7月31日前完成。仰拱考虑后于二衬15d左右施工完毕，仰拱于2009年7月1日开始进行施工。附属工程和CPⅢ布设在开挖贯通后两个月内完成。

5. 轨道工程

无砟轨道板铺设具体工期为：2010年3月10日—2011年3月10日。路基在完成预压和基床表层填筑后留1个月进行路基附属及CPⅢ的测设，然后铺无砟轨道板；桥梁在简支梁架设完成后预留不少于2个月的沉降评估、桥面系施工和CPⅢ测设时间，连续梁、钢构梁等特殊结构在完成后留6个月的徐变观测时间后进行无砟轨道板的铺设；隧道在二衬完成后留1个月进行CPⅢ测设和水沟等附属工程施工时间，之后进行无砟轨道板的铺设。具体施工作业指标见表2-17。

表2-17 无砟轨道施工作业指标（双班制）

序号	工序名称	指标
1	沉降评估、控制基桩测设	30d
2	底座板混凝土浇筑	160m/d（双线）
3	底座张拉及后浇带施工	8d
4	轨道板铺设及精调、灌注	130m/d（双线）
5	轨道板张拉	10d

注：每月按25d考虑。

6. 站场工程

站场工程工期26个月。具体为：2009年5月1日—2011年6月30日。

7. 站房工程

站房工程工期14个月。具体为：2010年1月1日—2011年2月25日，达到设备安装条件。

2.5.4 控制性工程施工进度安排

本标段桥梁工程中，工程量大且有较高的施工难度，结构新颖特殊，控制区段架梁通道、影响无砟轨道连续铺设且施工工期较紧的桥梁工程均为重点桥梁工程。隧道工程中，大朝山隧道长2110m，为本标段最长、地质情况最复杂的隧道，为控制性工程。根据总体施组设计，本标段有3个重点桥梁工程和1个隧道工程。以下针对3个最长和控制跨最多的特大桥和1个隧道的重点控制性工程进行施工进度分析安排。

1. 南河特大桥

南河特大桥中心里程DK082+377.917，桥全长14329.69m，施工总工期为22.3个月,其中桥梁下部结构于 2009 年 6 月 1 日开工,2010 年 3 月 10 日完工;连续梁施工于 2009 年 7 月 1 日开工,2010 年 5 月 31 日完工;箱梁架设开始时间为 2009 年 11 月 10 日,结束时间为 2010 年 7 月 7 日;桥面系施工开始时间为 2010 年 9 月 1 日,结束时间为 2010 年 12 月 31 日;无砟轨道板铺设时间为 2010 年 10 月 1 日,结束时间为 2011 年 3 月 10 日。在 DK84+901.460~DK85+123.160 处跨越南河,采用 60m+100m+60m 连续梁,该跨连续梁梁体施工工期为 2009 年 7 月 20 日—2010 年 3 月 20 日。该桥主墩基础位于水中,连续梁跨度大、施工工艺复杂,而且施工期间受通航条件限制,施工工期紧,因此作为重点工程施工(表 2-18)。

表 2-18　60m+100m+60m 连续梁各工序工期表

序号	项目名称	工期(d)	备注
一	施工准备	30	
二	下部工程		
1	桩基础(旋挖钻)	70	含钻孔平台
2	承台施工	40	含钢板桩围堰安拆
3	墩身及 0 号块支架	15	
三	上部结构		
1	0 号段	40	
2	挂篮安装	20	含预压
3	标准段施工	120	每个节段按 10d 考虑
4	边跨合龙段	15	
5	中跨合龙段及体系转换	15	
6	桥面	15	
	总计	380	

2.徐舍特大桥

徐舍特大桥位于江苏省宜兴市徐舍镇,中心里程为 DK107+902.07,桥梁全长 18803.39m。施工总工期为 21.3 个月。其中,桥梁下部结构于 2009 年 6 月 1 日开工,2010 年 4 月 30 日完工;连续梁施工于 2009 年 9 月 1 日开工,2010 年 6 月 30 日完工;箱梁架设开始时间为 2009 年 11 月 1 日,结束时间为 2010 年 8 月 12 日;桥面系施工开始时间为 2010 年 6 月 1 日,结束时间为 2010 年 11 月 31 日;无砟轨道板铺设时间为 2010 年 7 月 1 日,结束时间为 2011 年 3 月 10 日。在 DK113+770.920~DK114+037.820 处跨越宁杭高速公路 70m+125m+70m 连续梁,施工压力巨大,根据工期安排及现场实际情况采用悬臂法进行施工。

基础施工分 2 个平行作业面,分别施工 2 个主墩。主墩完工后施工边墩。梁部共开 6 个平行作业面:4 部挂篮各为一作业面,两边跨现浇段各为一作业面。

70m+125m+70m 连续梁施工进度安排如下:

计划工期 14 个月 (425d),其中基础、承台、墩身施工分别为 125d、40d、20d,0 号块 40d,挂篮施工 185d,中、边跨合龙各 15d。施工期为 2009 年 6 月 1 日—2010 年 5 月 31 日,满足运架梁通过工期。

3. 丁蜀特大桥

丁蜀特大桥桥梁中心里程为 DK136+753.608,起讫里程为 DK131+448.41～DK142+058.81,全桥长 10610.40m。施工总工期为 20.5 个月。其中桥梁下部结构于 2009 年 6 月 1 日开工,2010 年 3 月 30 日完工;连续梁施工于 2009 年 9 月 1 日开工,2010 年 7 月 31 日完工;箱梁架设开始时间为 2010 年 4 月 1 日,结束时间为 2010 年 9 月 1 日;桥面系施工开始时间为 2010 年 10 月 1 日,结束时间为 2011 年 1 月 31 日;无砟轨道板铺设时间为 2010 年 11 月 1 日,结束时间为 2011 年 2 月 20 日。本桥在 DK134+367～DK134+633 处跨越淮蠡河,采用 70m+125m+70m 连续梁。该跨连续梁梁体施工工期为 2009 年 6 月 1 日—2010 年 4 月 30 日。该梁主桥墩基础位于水中,连续梁跨度大、施工工艺复杂,而且施工期间受通航条件限制,施工工期紧,因此作为重点工程考虑(表 2-19)。

表 2-19 70m+125m+70m 连续梁各工序工期表

序号	项目名称	工期 (d)	备注
一	施工准备	25	
二	下部工程		
1	桩基础(旋挖钻)	70	含钻孔平台
2	承台施工	40	含钢板桩围堰安拆
3	墩身及 0 号块支架	15	
三	上部结构		
1	0 号段	45	
2	挂篮安装	20	含预压
3	标准段施工	180	每个节段按 10d 考虑
4	边跨合龙段	15	
5	中跨合龙段及体系转换	15	
6	桥面	15	
	总计	440	

4. 大朝山隧道

大朝山隧道为本标段最长隧道,全长 2110m,该隧道Ⅲ级围岩长度为 1289.00m,Ⅳ级围岩长度为 391.00m,Ⅴ级围岩长度为 430m。采用进出口 2 个工作面掘进施工。大朝山隧道总工期 12 个月,2009 年 5 月 1 日开工,2010 年 4 月 28 日完工。其中,2010 年 2 月 25

日全线贯通,隧道明洞及洞门施工于 2009 年 5 月 1 日开始,2009 年 6 月 1 日完成;2009 年 6 月 15 日开始进行二次衬砌,2010 年 4 月 28 日前完成。仰拱 2009 年 7 月 1 日开始进行施工;附属工程和 CPⅢ 布设在开挖贯通后两个月内完成。

2.5.5 关键线路

根据总体工期安排和分项工程安排,通过对施工进度网络图、形象进度图、横道图的分析,关键线路为:施工准备→徐舍特大桥(南京向)下部结构工程施工→徐舍特大桥连续梁施工→徐舍特大桥(杭州向)箱梁架设→徐舍特大桥(杭州向)桥面系施工→徐舍特大桥(杭州向)轨道板铺设→铺轨、配合四电→配合联合调试及试运行。

2.6 工程创优及质量保证体系

按铁道部门现行质量验收标准执行,坚持"百年大计,质量第一"的方针,制定完善的工程质量管理制度,建立质量保证组织机构,针对本标段工程特点和质量目标的要求,对各管理部门的工作进行分解,在分部分项工程施工工序上严格把关,从根本上保证工程质量目标的实现。

2.6.1 创优规划

本标段工程全部达到铁道部门优质工程标准,争创国优(表 2-20)。

表 2-20 新建南京至杭州客运专线站前工程 NHZQ-2 标段创优规划表

序号	工程名称	里程	规模(m)	创优目标
1	南河特大桥	DK075+213.16～ DK089+542.61	14329.69	部优
2	徐舍特大桥	DK098+502.27～ DK117+305.66	18803.29	部优
3	丁蜀特大桥	DK131+450.57～ DK142+058.84	10608.27	部优
4	大朝山隧道	DK142+470～ DK144+580	2110	部优
5	整孔箱梁预制、架设	全标段		国优
6	无砟轨道	全标段		国优

2.6.2 创优保证措施

为实现本标段的创优目标,结合工程特点和创优要求,由工程指挥部对各管理部门的工作进行分解,执行工程质量终身负责制,做到质量管理机构完善,质量保证体系健全,落实工作质量保证措施有力。针对工程技术难点开展全面质量管理活动,优化施工工艺，确保工序质量优良，确保整体工程优良。

由工程指挥部成立创优领导小组，组织机构见图 2-3。由指挥长任组长，项目副指挥长和总工程师任副组长，指挥部各部室负责人和各分项目部负责人、架子队队长、技术负责人为成员，负责全面质量管理工作。施工中由各作业架子队负责人、主管工程师具体落实创优措施，并定期召开质量分析会，制定不同时期的不同工程项目的质量对策措施，督促落实，实现全面创优局面。

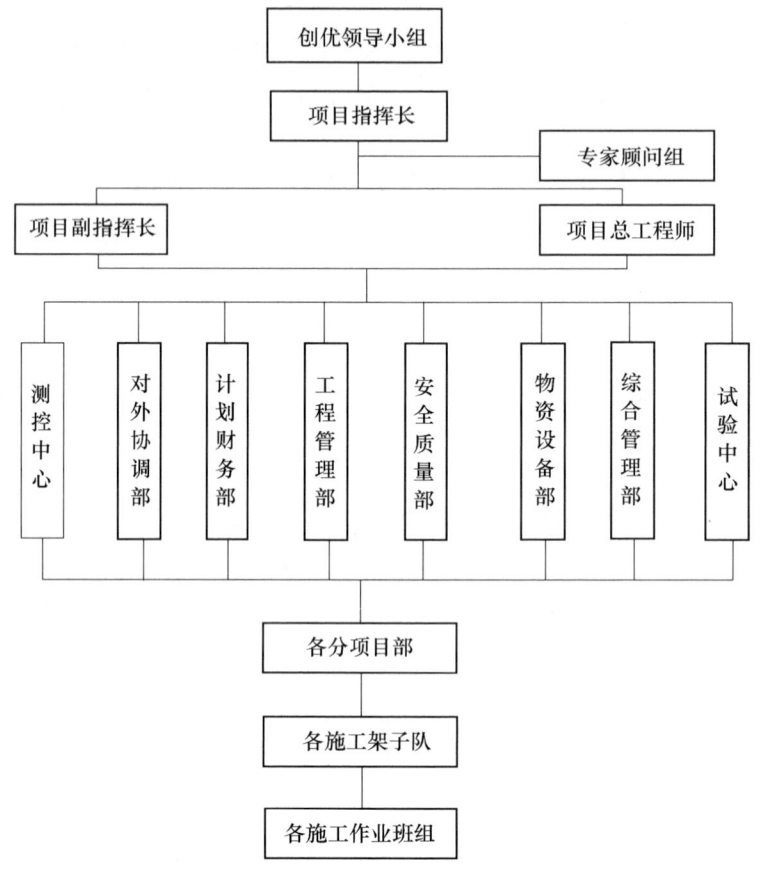

图 2-3　创优领导小组组织机构框图

每单元工程建立工程质量创优体系，详见图 2-4。成立以项目指挥长为代表的全面质量管理领导小组，安全质量部根据工程规模，制定创优计划和详细的创优措施，成立相应的创优措施，成立相应的创优攻关小组，定期或不定期举行活动，分析质量、工期、安全、管理成本存在的问题，制定对策，采取措施不断提高工程质量。

全面推行 ISO 9000 质量管理体系，编制执行项目质量计划，广泛开展群众性的 QC 小组技术攻关活动，严格按照质量保证体系和质量保证措施进行施工过程控制。组织作业架子队进场施工，科学组织、合理配置资源，强化质量标准化工地建设，实行现场标准化管理，做到文明施工。

实行样板引路，抓好各类工程的施工质量，树立工程样板，以点带面。主要工序编制施工作业指导书，从工艺、工序的每个环节控制工程质量，把各项措施落到实处。

2 施工组织安排与质量管理

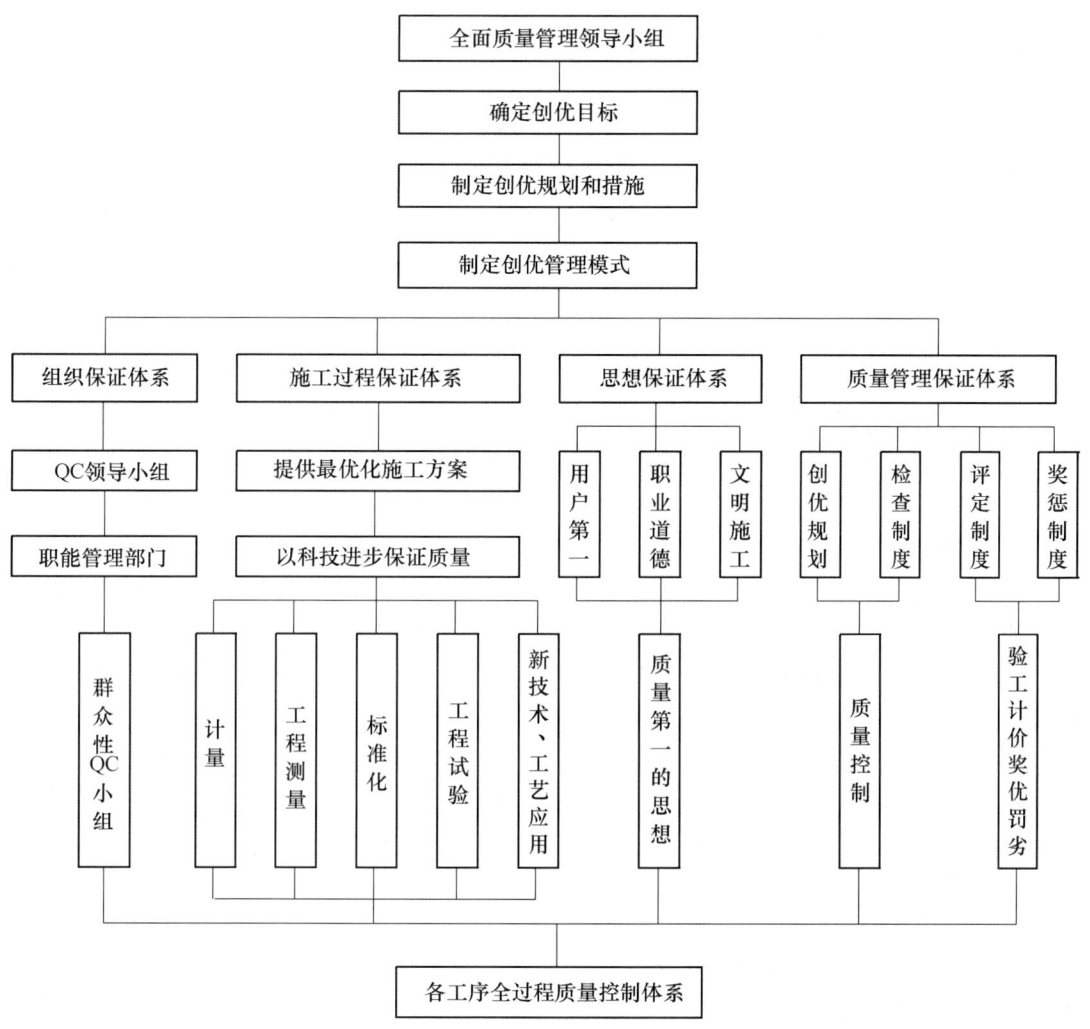

图 2-4 工程质量创优保证体系框图

2.6.3 质量保证体系

推行全员、全过程、全方位"三全"质量管理，从影响工程质量的人、机、料、法、环、测等方面入手，严格源头把关、过程控制，实施精细化管理，做到高起点准备、高标准建设、高质量验收，形成自下而上、一环扣一环的质量控制链；采用信息化质量控制手段，使质量控制标准化、质量评价数据化，保证工程质量始终处于可控状态，实现建设世界一流客运专线目标。

针对本标段工程特点和质量目标，每单元建立工程质量保证体系。

2.6.4 质量管理的主要措施

质量管理的主要措施有：组织保证措施、思想保证措施、工作保证措施、试验与检验保证措施、管理制度保证措施等。

1. 组织保证措施

在本标段建立专职质检体系，形成安全质量部、专职质检工程师、专职质检员、兼职质检员构成的体系完善、功能齐全、责任明确的质量控制及检查体系。

建立健全各级质量管理组织，分工负责，做到以预防为主，预防和检查相结合，形成一个有明确任务、职责、权限，互相协调和相互促进的有机整体。

建立和健全各级质量管理小组。由安全质量部、工程管理部的专业人员及施工班组生产人员分别组成重点、难点工程及技术复杂工程QC小组，以施工质量为目标，运用科学的管理方法，开展攻关活动。

健全质量管理规章制度，主要是技术管理制度、质量责任制度、QC小组活动条例。以技术责任制、质量责任制、岗位责任制等为核心，重在落实。

确定各职能部门主管人员和施工人员在保证和提高工程质量中所承担的任务、职责和权限，做到各尽其职、各负其责。

主动接受地方质检站的监督、业主监察及监理工程师的随时抽查和重点检查，并为之提供必要的检查条件。

建立质量管理信息系统。配备完善的计算机的硬件和软件，全面使用计算机进行进度、质量、试验检测、计量与支付等工程管理工作，形成一个高效、准确、灵敏的信息传递及反馈系统，确定各种质量信息传递的程序，及时掌握外部和内部的质量动态，以便及时做出相应的对策。

2. 思想保证措施

对全体参建职工进行相关质量目标、创优规划、法规及措施的学习教育，增强全员的质量责任观念，牢固树立"百年大计，质量第一"的思想，使创建优质工程、实现质量目标真正成为每位建设者的自觉行为。

用全面质量管理的思想、观点和方法，使全体人员树立起强烈的质量意识，树立"质量第一"的观点。加强职业道德教育和业务技术培训，把工程质量作为工作考核的主要内容，努力提高施工人员的基本素质。

重实效，树立"一切为用户服务"的观点。外部用户是业主，内部用户是后一道工序。为用户服务，就要面向、了解、研究用户，全心全意使用户满意，以达到提高施工质量的目的。

3. 工作保证措施

工作保证措施主要内容是产品形成过程的质量控制，强化工程质量控制系统。质量控制的策略是：全面控制施工过程，重点控制工序质量。做到施工项目有方案；技术措施有交底；图纸会审有记录；配制材料有试验；工序交接有检查；质量预控有对策；隐蔽工程有验收；器具校正有复核；设计变更有手续；材料替换有制度；质量处理有复查；成品保护有措施；质量监控有否决；质量文件有档案。

依靠思想保证措施，做好教育工作；依靠组织保证措施，完善组织机构、责任制、规章制度等项工作；依靠工作保证措施，做好质量控制工作，以保证质量计划的执行。

4. 试验与检测保证措施

本标段抽调具有丰富的铁路施工经验的试验工程师负责试验工作，调配相应试验设备，并达到业主指定实验室的资格。指挥部试验中心主要负责现场原材料进货检验、标识、抽样检验，负责分项工程的取样、制作试件、试验、出具检测试验资料。对计量设备、器具定期检测和校核。

加强试验文件、资料的管理，设专人负责。认真落实各项管理制度，强化检测工作。严格执行试验工作的公证性。严格检验程序和试验程序。坚持对检测试验人员定期进行培训教育，提高职业道德和业务技术水平。

5. 管理制度保证措施

为确保实现质量目标，将针对本标段工程特点，加强对关键工序的技术攻关与技术指导，加强施工全过程质量控制，严格执行以下制度。

（1）现场核查和施工技术交底制度。施工前，由总工程师主持，全体相关技术人员参加，对施工图进行详细的复核，并对施工图中的构筑物在现场进行放样核对，对施工图错误之处及与现场实际情况有出入的按程序书面上报监理工程师、设计院及业主。施工技术交底资料经复核并签认手续齐全后方可进行技术交底。

（2）物资、设备、配件采购制度。采购前必须对供应方进行资质审查，经审查合格后方可进行采购。工程所需的所有物资、设备、构配件必须经过严格的质量检验，验收合格后方可进场。由试验、质检、物资三个部门派人现场验收，对不合格的产品坚决拒收；对进场物资、设备、构配件分类别、批号进行堆放、编号，并按规定分批号进行取样试验，对检验不合格的予以标识并清退出施工现场。

（3）工艺流程设计及试验制度。施工的每道工序都必须进行详细的施工工艺流程设计，尽可能采用新技术、新材料、新工艺、新方法，经试验确定其可行性、工艺参数及技术指标后，方可进行实施。通过试验验证工艺流程的可行性与实施性，采用 PDCA 循环，不断改进优化施工工艺流程，提高工程质量。

（4）分项分工序实施专职质量管理制度。从指挥长至操作者，均制定岗位责任制，签订质量保证书。做到指导工程施工者负责质量；施工操作者保证质量；检查质量者评定质量。把质量管理的每项工作、每个环节，具体落实到每个部门、每个人。坚持"三服从、五不施工、一个坚持"的制度，即进度、工作量、计价支付服从工程质量；准备工作不充分不施工，设计图纸没有自审和会审不施工，没有进行技术交底不施工，必需的试验项目未达到标准不施工，施工方案和质量措施未确定不施工；坚持质量一票否决制。落实优质优价制度，验工计价要与质量等级挂钩，职工的收入与操作质量挂钩，实行优质优价、质优多得的分配制度。

（5）隐蔽工程检查签证制度。即所有隐蔽工程在隐蔽前，必须经自检合格后，报请驻地监理工程师验收、签证后方可进行下一道工序施工。

（6）质量检测制度。包括工序自检、互检及交接检，施工过程试验检测，原材料、成品、半成品现场验收制度。

（7）定期检查及例会制度。包括检测设备定期检验和标定，工程质量定期检查评比，机械设备定期维修、保养评比，质量评定，工程质量观摩，质量奖惩，质量报告，工程质量事故报告及处理制度。

（8）质量监督制度。无条件接受业主和监理工程师的质量监督管理，为其质检人员提供检测仪器，创造检测条件。配合做好工程质量复检工作，提供准确的技术数据和自检数据。

2.7 工程质量管理制度

2.7.1 坚持质量标准，进行质量策划

坚持各项质量标准，严格执行国家标准和铁道部门有关施工规范和验收规范，认真落实贯彻质量方针和目标，确保本工程项目质量目标的实现。加强所辖人员的质量意识，把质量控制放在工作的首位。制定合理的施工生产计划，确保施工处于受控状态。

2.7.2 建立内部质量"三检"制度

建立各级质量检查制度，指挥长每季度检查各分项目部的质量控制情况。各架子队专职质检员每周检查各班组施工质量控制情况。班组兼职质检员随时跟踪检查班组施工过程中的质量控制情况，及时反馈，及时改正。质量检查由主要领导组织有关部门人员参加，外业检测、内业检查分别进行。外业检测对照验收标准对工程中线、水平及工程结构尺寸和检测项目进行实地量测，做出记录，作为评定质量等级的依据之一；内业按管理部门对口检查各项资料、记录、台账、报表、签证、质保书、设备状况等是否清楚、齐全、完整、符合标准，按检查办法做出检查评定结果。

各级设立专职质检人员，持证上岗，对施工过程的质量实施检查控制，做好隐蔽工程的自检工作。分级进行分项、分部和单位工程的质量评定。在分项工程施工过程中，采取定期检查与自检、互检、交接检相结合的"三检"制度。

加强与建设、监理、设计单位的密切配合，服从质量监督和建设、监理单位对工程质量的检查。严格执行隐蔽工程检查制度，对监理工程师和甲方代表进行的随时抽查和重点检查提供必要的检查条件，对检查提出的质量问题，必须及时采取有效可靠的措施进行返工或返修。

2.7.3 坚持图纸审核、技术交底制度

接到设计图纸后，由指挥部总工程师组织参建有关技术、质量管理人员认真熟悉审核图纸，并积极参加建设单位组织的施工技术交底，领会设计意图，确保施工设计图的正确性和有效性，编制周密的实施性施工组织设计。

实施性施工组织设计送审确认后，由指挥长牵头、总工程师组织全体人员认真学习施工方案，并进行单项工程技术、质量、安全的书面交底，找出质量重点监控部位和监控点，按照施工任务划分，各分管的主管工程师负责对所担负的工程任务，向分项目部、架子队、班组分项进行书面交底，施工过程中全程实行技术指导，做到质量重点人人心中有数，全员参与质量管理。

2.7.4 建立测量复核制度

加强施工技术管理，坚持技术和测量复核制。指挥部设测控中心，负责管段内的控制测量布网与施工阶段复测工作。各分项目部、作业架子队设现场测量组，配备专职测量工程师和测量工，以精密导线网控制管段内路、桥、隧道工程，确保建筑物定位准确

无误。

现场工程测量坚持闭合复核和换手复核制,测量放样资料必须由技术主管审核后方能交付施工。

2.7.5　建立教育、培训、持证上岗制度

组织参加本工程施工的全体工作人员学习施工规范、规则、规定和验收标准,尤其是特殊结构要在专业技术人员指导下进行培训后方可施工,要求所有参建员工理解工程特点,熟悉施工的程序和质量要求,了解并掌握易产生质量隐患的重要工序及重要环节,定期安排技术培训,并进行技术考核。特殊工种的人员进行上岗前培训,执行持证上岗率100%的制度。就施工过程中遇到的新问题、新材料、新工艺及时组织参建人员学习,保证工程质量。

2.7.6　质量事故报告制度

建立质量事故报告制度。凡工程在建设过程或竣工后,由于施工原因造成工程质量事故的,立即用电话或传真上报建设单位及主管监理工程师,如涉及设计问题的,还要告知设计代表,共同参加分析处理,不得隐瞒不报,不得拖延处理,否则应追究单位领导责任。工程质量重大事故,3d内向建设单位提出书面报告。

2.7.7　建立质量回访制度

工程交付后采取电话、传真、电子邮件等方式回访和实地回访相结合的方式,由专人进行回访,发现问题及时反馈,确保用户满意,实现质量终身负责的宗旨。

2.8　桥涵工程质量保证措施

2.8.1　搅拌质量控制

采用强制性搅拌机、电子计量系统、含水率实时监测系统拌制混凝土。高温季节搅拌混凝土时,采取加冰降温等措施,保证混凝土拌和物的温度。对拌和物测定坍落度、扩展度、泌水率、含气量等进行测定,保证良好的工作度和可泵性。

2.8.2　混凝土运输条件

运输道路平顺畅通,选用与生产、浇筑能力相匹配的专用混凝土运输车。夏季对运输车采取保温隔热措施。

泵送混凝土时,输送管路起始水平管段长度不应小于15m。除出口处可采用软管外,输送管路的其他部位均不得采用软管。输送管路应用支架、吊具等加以固定,不应与模板和钢筋接触。高温环境下,输送管路应分别用湿帘覆盖。

2.8.3　混凝土浇筑质量

浇筑混凝土前,应针对工程特点、施工环境条件与施工条件事先设计浇筑方案,包

括浇筑起点、浇筑进展方向和浇筑厚度等；混凝土浇筑过程中，不得无故更改事先确定的浇筑方案。

浇筑混凝土前，应仔细检查钢筋保护层垫块的位置、数量及其紧固程度，并指定专人做重复性检查，以提高钢筋保护层厚度尺寸的质量保证率。构件侧面和底面的垫块至少应为 4 个/m²，绑扎垫块和钢筋的铁丝头不得伸入保护层内。

混凝土入模前，应测定混凝土的温度、坍落度和含气量等工作性能指标；只有拌和物性能符合本技术条件要求的混凝土方可入模浇筑。

混凝土的浇筑应采用分层连续推进的方式进行，浇筑间隙时间不得超过 90min，不得随意留置施工缝。

在炎热季节浇筑混凝土时，砂石料场、制梁台应设遮阳棚，避免模板和新浇混凝土直接受阳光照射，保证混凝土入模前模板和钢筋的温度以及附近的局部气温均不超过 40℃，并尽可能安排在傍晚避开炎热的白天浇筑混凝土。

预应力混凝土梁应采用快速、稳定、连续、可靠的浇筑方式一次浇筑成型。保证每片梁的浇筑时间不超过 6h，在预应力混凝土梁体浇筑过程中，应随机取样制作混凝土强度和弹模试件，试件制作数量应符合相关规定。其中，梁混凝土试件应从底板、腹板及顶板分别取样。

混凝土振捣可采用插入式高频振动棒、附着式振捣器振捣设备。振捣时不得碰撞模板、钢筋及预埋铁件。预应力混凝土梁采用底振加侧振，确保振捣质量。混凝土振捣应按事先规定的工艺和方法进行，混凝土浇筑过程中及时均匀振捣密实，每点的振捣时间以表面泛浆或冒大气泡为准，一般不超过 30s，避免过振。在振捣混凝土过程中，加强检查模板支撑的稳定性和接缝的密合情况，以防漏浆。混凝土浇筑完后，仔细将混凝土表面压实抹平，抹面时严禁洒水。

2.8.4 混凝土养护质量

混凝土振捣完毕，及时采取保湿措施对混凝土进行养护。当新浇混凝土具有暴露面时，先将暴露面混凝土抹平，再用麻布将暴露面覆盖，并及时采取喷雾洒水等措施对混凝土进行保湿养护 14d 以上。当混凝土采用带模养护方式养护时，保证模板接缝处混凝土不失水、不干燥。

当混凝土强度满足拆模要求，且芯部混凝土与表层混凝土之间的温差、表层混凝土与环境之间的温差均不大于 20℃时，方可拆模。拆模后，迅速采用塑料布或帆布对混凝土进行后期养护。

预制梁蒸汽养护分静停、升温、恒温、降温四个阶段。静停期间应保持棚温不低于 5℃。灌注完 4~6h 后方可升温，升温速度不得大于 10℃/h。养护期间混凝土内部温度应不超过 65℃，恒温养护时间根据结构脱模强度要求、混凝土配合比情况以及环境条件等通过试验确定。降温速度不得大于 10℃/h。蒸汽养护结束后，待梁体芯部混凝土与表层混凝土之间的温差、表层混凝土与环境之间的温差均不大于 15℃（箱梁腹板内外侧混凝土之间的温差也不大于 15℃）时方可拆模。

混凝土养护期间，对有代表性的结构进行温度监控，定时测定混凝土芯部温度、表层温度以及环境气温、相对湿度、风速等参数，并根据混凝土温度和环境参数的变化情况及时调整养护制度,严格控制混凝土的内外温差,以满足施工要求。

2.8.5 模板质量

预制箱梁模板采用液压控制技术,和知名厂家合作研制,满足工厂化施工要求,模板要高精度制造、高标准验收。桥墩模板采用厂制大块钢模,突出整体性,减少接缝。

模板接缝采用先进可靠的技术工艺,确保接缝满足外观质量要求和混凝土耐久性需要。加强模板的维修与保养,拆模后及时清理、整修、涂刷脱模剂。加强模板液压系统保养,及时更换滤芯和液压油。

2.8.6 预应力质量

提高波纹管绑扎质量,保证管道坐标和成孔质量。加强预施应力各项基础数据的测量,根据测试结果及时调整张拉控制应力,确定预应力筋伸长量,确保箱梁有效预应力度的准确。

预应力张拉实行"以应力控制为主,伸长量作为校核"的双控标准,出现异常情况要立即分析原因,采取对策。张拉千斤顶校正系数不应大于1.05,油压表精度不得低于1.0级。千斤顶校正有效期不得超过1个月,油压表不得超过1周。

2.8.7 钻孔桩质量保证措施

确保钻孔桩的地基承载力。桩基施工在每一根桩位处做地质补充勘探,确定端承桩的持力层,复核桩长。成孔检查时从设计深度、钻速及浮渣取样的情况来综合判定地基承载力是否满足要求。减少对摩擦桩周边土体的扰动,缩短成孔时间,确保摩擦桩的承载力。

严格控制钻孔桩的垂直度。在钻机就位时将其调整平整、垂直,在钻进过程中做必要的检测,特别是钻进过程中碰到孤石、坚土时需及时复查。

严格控制钻孔桩的孔径。做好地质观测,根据地质情况及时调整泥浆比重,孔内水位必须高出地下水位1m以上,防止孔壁坍塌。施工过程中应对钻锥的磨损情况进行检查,并及时给予补焊。当因地层中有遇水膨胀的软土、黏土泥岩时应使用失水率小的优质泥浆护壁。已发生缩孔时宜在该处用钻锥上下反复扫孔,以扩大孔径。

做好清孔工作。混凝土浇筑前还需对孔底沉渣厚度进行复查、二次清孔,确保沉渣厚度小于规范要求。

桩的检测。桩基施工完后,按照设计及规范要求对桩基进行无损检测,合格后方可进行下道工序。

2.8.8 连续梁质量保证措施

现浇直线段膺架及0号段支架严格按承重支架设计搭设,使用前全面检查膺架各部连接、支垫状况及整体稳定性,并根据设计荷载进行预压。

挂篮根据施工荷载和结构要求进行施工设计,保证其强度、刚度和总体稳定性符合标准,满足各工况的要求;挂篮拼装成型后,经荷载预压试验,确保满足各项设计指标后方可使用。

根据桥梁及施工荷载预留上拱度，保持梁部外观线形与设计一致。

连续梁模型的平整度、模型接缝严格控制，确保混凝土外观平顺光滑。连续梁0号块构造复杂，预应力管道及钢筋分布密集，0号块混凝土浇筑时按平面分层，纵向分块，由内而外、由下而上进行。混凝土输送采用两台混凝土泵车由两端向墩中心对称进行，加强振捣。外侧设专人检查模板是否松动，同时敲击模板，检查混凝土是否密实。

各悬臂浇筑块的重点是线形控制，按照信息化施工，对各工况应力和变形跟踪监测和偏差分析，及时采取纠正措施，以使梁体线形流畅，符合设计要求。安排富有经验的技术人员现场指导预应力张拉作业，按双控指标，确保施加预应力值的准确。

2.8.9 箱梁预制质量保证措施

1. 桥梁配件检验控制

试验中心对自制支座板、聚丙烯纤维网、泄水管、泄水管盖等按照标准进行严格检验，不合格的配件不得投入使用。

2. 胎模具检查控制

质量检查人员对用于绑扎钢筋的胎具、制定定位网的胎具、加工支座板的胎具、梁体灌注成型的胎具，在投入使用前均按胎模具验收标准进行严格检查，填写检查记录表，经检查合格的胎模具才能投入使用。并按标准要求，定期对所用胎模具进行检查，超过误差标准的胎模应进行返修，以达到使用标准。

3. 计量准确有效控制

用于制梁使用的计量器具如油压表、计量秤按检定规程要求进行检定，使计量器具保持在有效期内使用。

4. 混凝土性能试验及过程控制

对箱梁生产的高性能混凝土进行控制，经试验的混凝土配合比，经总工程师批准，才能投入使用。按照标准要求进行混凝土试件的力学性能试验。

5. 预应力施工质量控制措施

用于预应力张拉的设备，应经监理工程师同意的校准设备检验校准后，方可用于箱梁张拉工作。

用于测力的千斤顶压力表其精度不低于1.0级。

预应力筋张拉应在混凝土强度及弹模不低于设计规定标准下进行。

张拉预应力束应严格按照规范的要求进行，张拉时采取张拉力和伸长量双控，预应力材料的断丝、滑丝数量不得超过限制数。

预应力束张拉时做好张拉记录，填写张拉报告，报送监理工程师。

为了有效控制简支箱梁的徐变上拱度，适当增长张拉预应力筋龄期来保证铺轨后轨道的平顺性。

按设计要求进行预张拉、初张拉、终张拉三个阶段简支箱梁预应力束张拉。

6. 真空压浆的质量控制措施

钢绞线束终张拉完毕，在24h内进行管道压浆。压浆材料为高性能无收缩防腐灌浆剂。

压浆前管道真空度稳定在$-0.10\sim-0.06$MPa。当压浆管口流出的浆体浓度与压浆泵中的浓度一致时,连接管道的压浆口,开启压浆口阀门进行压浆。

水泥浆用水泥强度等级不低于42.5级低碱硅酸盐水泥或低碱普通硅酸盐水泥。水泥浆要掺入高效减水剂、阻锈剂;高效减水剂掺量由试验确定;阻锈剂掺量宜为12kg/m³或按产品使用说明掺加。严禁掺氯化物或其他对预应力筋有腐蚀作用的外加剂。水泥浆要饱满密实,体积收缩率<2%。

拌和水要不含对预应力筋或水泥有害的成分。可采用清洁的饮用水。如采用非饮用水,事先要经过检验,并达到混凝土拌和用水的要求。

冬期压浆时应采取保温措施,水泥浆应掺入防冻剂。

7. 承重基础沉降测量控制

质检人员对制梁的承重基础——制梁台位、移梁轨道、存梁台位等在使用前应进行测量检查,做好记录,进行控制,使其达到使用要求;经过一个循环过程后,应对其沉降情况进行再测量。

8. 简支箱梁存放标准化措施

箱梁落下后采用测力千斤顶作为临时支点,保证其四角高差,支承垫石顶面与支座底面间隙采用压力注浆或石棉板填实。

9. 箱梁徐变上拱度的质量控制

控制箱梁徐变上拱度,特别是降低其离散性,是保证箱梁预制质量的重要措施。除精确计算弹性上拱度值和通过收缩徐变试验,统计制梁资料,做好预设反拱并精心做好施工组织,增加铺轨混凝土龄期外,还将着重在精选混凝土原材料(包括外加剂)、降低水胶比、优化级配、严格执行制梁工艺,以及延长养护期、适当增长张拉预应力筋龄期及存放条件等多方面采取有力措施实现优质指标。

2.8.10 箱梁架设质量保证措施

运架设备严格按照通过技术监督部门审查认证的产品使用说明书和操作手册进行安装、架梁和转场操作。

架梁前,应编制架桥机和运梁车施工作业细则,认真组织实施,并建立完善的检修、保养制度。

落梁时,应采用测力千斤顶作为临时支点,并在保证每支点反力与四个支点的平均值相差不超过±5%后才能进行支座灌浆作业。同一梁端的千斤顶油压管路应采用并联,以保证同端的支座受力一致。

箱梁对位时,应利用架桥机的调整油顶进行纵、横向微调,并精确对位,确保箱梁的对位误差不超过允许范围。梁体安装就位后,方可拆除盆式橡胶支座上下连接板。

根据线路坡度,严格按设计要求选用支座类型。支座安装前,应对墩台锚栓孔进行检查,合格后方可进行安装。支座上下板螺栓的螺帽应安装齐全,并涂上黄油,确保无松动现象,支座与梁底应保证密贴、无缝隙。

支座灌注的注浆材料的强度不应低于垫石混凝土的设计强度,注浆压力不小于1.0MPa。待浆体填实并达到强度后,方可落梁。箱梁就位后,四个支座应受力均匀。

箱梁架设后,应对外观进行检查,保证梁端面平齐,梁缝符合要求,两侧外缘平直圆顺。如不符合要求,应将箱梁提升,重新进行对位落梁。

2.8.11 涵洞质量保证措施

涵洞地基处理严格按设计文件进行，如地质情况与勘查报告不符，则报请变更设计，经相应部门批准后实施。

框架涵的钢筋混凝土施工严格按施工图要求进行施工，保证其钢筋加工安装质量、混凝土浇筑质量符合设计及规范要求。涵身防水层封闭完整、无渗漏。

3 桥体下部结构施工

3.1 简支梁桥下部结构施工

3.1.1 总体施工工序

下部结构施工，以跨越河道最多的丁蜀特大桥为例进行介绍。丁蜀特大桥属于单一的桥梁工程施工，其施工内容主要有桩基础、承台、扩大基础、墩台身、连续梁和现浇大跨度简支梁等，其总体施工顺序见图 3-1。

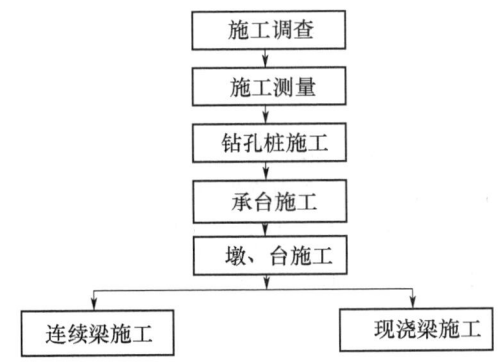

图 3-1 丁蜀特大桥工程总体施工顺序

丁蜀特大桥跨蠡河连续梁 4 个墩全部处于蠡河河道中，因 90 号墩承台处于河川底部 6.0m 左右，考虑到承台的施工，计划采用钢围堰方式进行施工。

90 号墩先采用在船上用振动锤进行拉森桩钢围堰施工，施工完毕后采用回填土，为钻机施工提供作业平台。桩基施工完毕后采用一边开挖一边支撑的方式进行承台开挖。用打桩船将钢板桩按图纸尺寸进行施打，根据设计图要求桩顶面超过最高水位 50cm，因常水位 1.17m，承台底标高 -7.334m，所以要求钢板桩选用长 18m、宽 50cm、厚度不小于 1.5cm，可以保证桩体在承台底以下 9m 左右。考虑承台实际尺寸及钻机作业平台的关系，采用钢围堰的平面长度为 25m，宽度为 16m，然后在桩顶用 40 号 H 工字钢距钢板桩桩顶 1.5m 的地方，沿钢板桩四周进行井字撑支撑，竖向在 3.5m、5.5m 的地方分别设置一道井字撑，桩基作业完毕，承台开挖采用高压水枪配合泥浆泵将其降到承台底往下 40cm，用 C25 快硬混凝土将基底浇筑 40cm 厚，进行封闭地下水，为承台钢筋施工提供作业平台，同时也保证钢围堰底部的整体性。后在基坑底部到顶部中间用 40 号工字钢进行加强，在承台顶 50cm 处用 40 号工字钢做井字撑进行加固（井字撑数量和位置根据现场情况定），保证基坑作业的安全，同时基坑抽出的泥浆用船只及时运走。

3.1.2 钻孔桩施工

1. 桩基主要工程量

丁蜀特大桥设计共有 315 个墩台，除 140 号墩为扩大基础外，其余全部为桩基础。钻孔桩施工主要工程量见表 3-1。

表 3-1 本桥钻孔桩施工主要工程量表

序号	名称		单位	工程量	
				数量	混凝土（m³）
1	钻孔灌注桩	φ1.00m	根/m	2518/85228.5	66938.31
		φ1.25m	根/m	108/4228	5188.54
		φ1.50m	根/m	64/2405	4249.99
		φ2.00m	根/m	44/2698	8476.02
		合计	根/m	2734/94559.5	84852.86
2	钢筋制安		t	4935.42	

2. 施工进度指标

施工进度指标可以分成两个方向：第一个是施工功效选择。根据本段钻孔桩所处地层和以往施工经验，选择旋挖钻机造孔：第四系覆盖层 80m/d；冲击钻机造孔：5.0m/d。钢筋加工、混凝土浇筑与钻孔作业交叉同步进行，不占用造孔作业时间。第二个是施工进度计划。根据本桥工程量所选择的施工工效及施工总进度计划。本工程钻孔桩施工时间共计 230d。

3. 钻孔桩施工

（1）钻孔桩施工工序流程如图 3-2 所示。

（2）成孔方法。

①钻机选型。本桥钻孔桩主要使用冲击钻机、回旋钻机、旋挖钻机造孔施工，泥浆护壁。施工组织时，根据地质条件情况，优先使用旋挖钻施工。

桩基施工队应配有具有地质核对能力的地质工程师判定桩基地质情况，并根据钻进过程中的渣样判断地质情况，确定钻进方法是否合理。

②施工准备。在桩基施工之前，要先进行工艺性试验。通过试验：a. 确定本段工程地层特点的钻孔设备及其在相应地层的施工工效；b. 确定适合本段工程造孔方法的固壁材料及其配合比；c. 确定适合于本工程地层条件的清孔方法及清孔结束标准；d. 总结钢筋笼保护层措施的可靠性和下设的最优方法。

通过试验，确定适合各成孔工艺的各项施工控制参数，在保证质量、安全、工期和节能环保的前提下，更好地指导桩基施工。

在"三通一平"的基础上，钻孔的准备工作主要有：桩位测量及放样、制作和埋设护筒；泥浆备料调制、泥浆循环系统设置及准备钻孔机具等。

场地平整及修筑钻机平台工序为：旱地场地平整及修筑钻机平台→水中桩钻机平台施工→桩位测量放样→埋设护筒→钻机就位→泥浆的制备及循环净化。

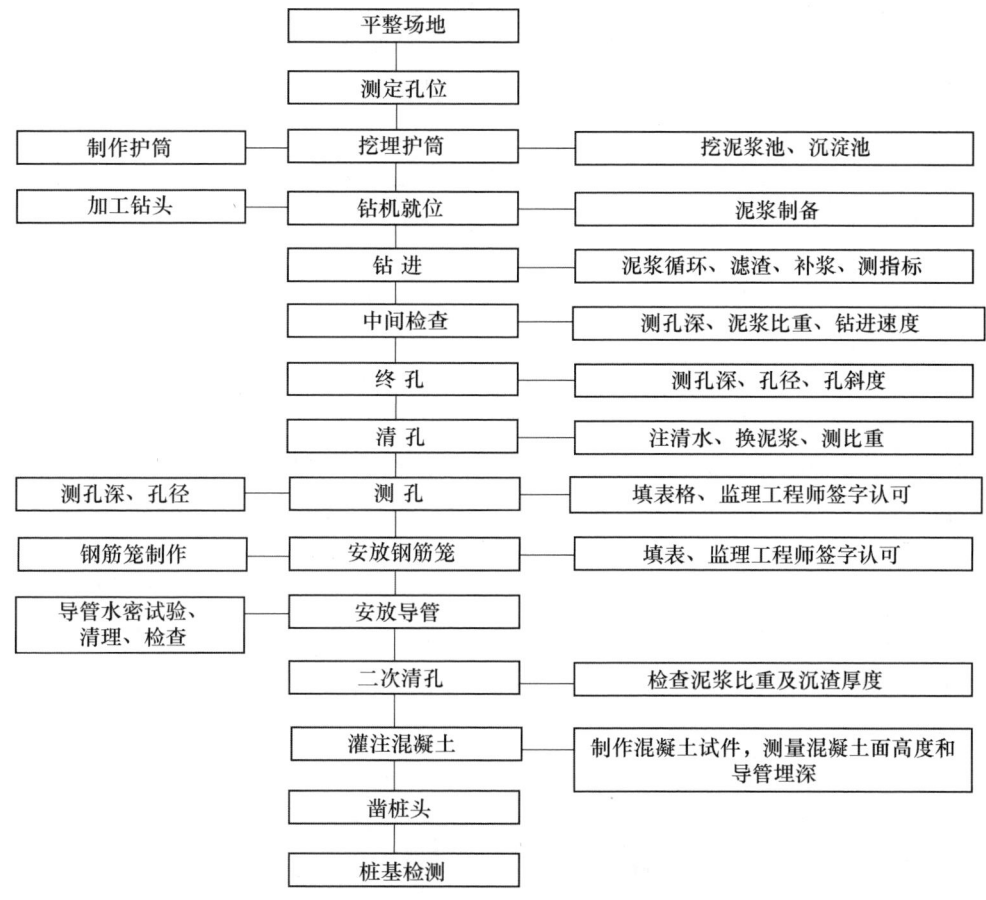

图 3-2 钻孔桩施工工序流程图

(3) 钻孔。钻孔前检查钻头保径装置、钻头直径、钻头磨损情况，依据规范的要求，施工过程发现钻头磨损超过 15mm 时应及时更换。

参考施工图地质剖面图所提供的地质资料，若存在岩溶或夹泥层时，钻机手在钻至接近溶洞区或夹泥层 0.3～0.5m 时，应放慢钻进速度，控制冲程在 1.0m 以内，同时还要向孔内回填黏土加片石，采用小冲程钻进，将片石挤进孔壁进行加固，防止孔壁坍塌和泥浆流失。钻头在冲击高低不平的岩面时，或一面有岩一面悬空时，也应抛填片石和黏土，用低冲程施打挤密，反复循环多次，保证冲孔质量，防止卡钻或斜孔事故。回填必须有监理工程师进行旁站。

在钻孔过程中，要设专职记录员记录成孔过程中的各种参数，如加钻杆、钻进深度、地质特征、机械设备损坏、障碍物、事件处理等情况。

成孔达到设计深度时，要测量机上余尺，并经对孔径、孔深、孔位、竖直度进行检查，确认钻孔合格后，报请监理工程师进行验收，监理工程师验收合格后，方可进行清孔。旋挖钻机适用于各种土质地层、砂性土、砂卵砾石层和中等硬度以下基岩的施工。根据不同的地质情况选用与设计孔径同直径的桶钻头和小一级别的螺旋钻头进行施工。

钻孔时，孔口护筒要高出地面 0.5cm。钻孔采用泥浆护壁法施工。钻孔作业过程中，必须观察主机所在地面和支腿支承处地面变化情况，发现下沉现象及时停机处理。

(4) 清孔。清孔采用掏渣筒掏渣或换浆法清孔。清孔结束并自检合格后，报请监理工程师进行浇筑前的验孔。首先用探笼进行桩径、桩基垂直度的检测，桩径及垂直度检验合格后，用测锤进行桩底沉渣的检测。清孔时孔内泥浆面应不低于孔口下 1.0m，且高出地下水位 1.5～2.0m。

浇筑水下混凝土前应清底，孔底沉渣厚度应满足相关设计规范及设计文件提出的要求。严禁采用加深钻孔深度的方法代替清孔。

在清孔完毕后还要测定泥浆比重、含砂率和 pH。其参数值符合表 3-2 所示要求。全部检测合格且监理工程师同意转入下道工序后，再进行钢筋笼的下设。

(5) 钢筋笼加工及吊放。

①钢筋骨架制作。钢筋骨架在钢筋加工场内分节制作，每 18～22m 加工为一节。先焊接好加强箍筋和十字护筋，再把三根或者四根主筋等分绑焊在加强箍筋上，并利用钢筋笼制作卡具，依次焊接好所有主筋。利用钢筋笼滚笼机将箍筋固定在主筋上，并采用绑扎或焊接的方式将箍筋与主筋进行固定。需要安装声测管的钢筋笼固定声测管。根据客运专线施工要求，按照设计图纸布设接地钢筋。

②钢筋骨架保护层的设置。钢筋骨架的保护层可用焊接钢筋"耳朵"或转动混凝土垫块，见图 3-3。设置密度按竖向每隔 2m 设一道，每一道沿圆周布置 8 个。

保护层采用圆饼垫块接在主筋上，沿钻孔竖向每隔 2m 设置一道，每道沿圆周对称设置 4 个。

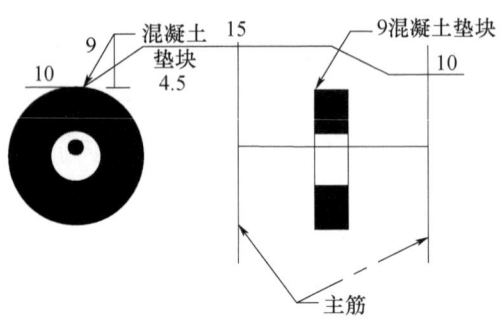

图 3-3 钢筋骨架保护层

③钢筋骨笼的存放、运输与现场吊装。钢筋笼临时存放的场地必须保证平整、干燥。钢筋笼存放时必须上盖、下垫，严禁将钢筋笼露天存放。每个钢筋笼制作好后要挂上标志牌，便于使用时按桩号装车运出。

无论采取何种方法运输骨架，都不得使骨架变形。当骨架长度在 6m 以内时可用两部平板车直接运输。当长度超过 6m 时，应在平板车上加托架。如用钢管焊成一个或几个托架用翻斗车牵引，可运输各种长度的钢筋笼，或用炮架车采用翻斗车牵引或人工推，也可运输一般长度的钢筋笼。

钢筋骨架在转运至墩位的过程中必须保证骨架不变形。采用汽车吊装时要保证采用四点起吊法进行吊装。前两个吊点设在骨架的上部，后两个吊点设在骨架长度的中点到上 1/3 点，左右对称起吊。在加强箍筋上加焊十字护筋，保证钢筋笼在起吊时不致变形，在钢筋笼下放的过程中要依次把十字护筋全部取出。吊放钢筋笼入孔时应对准孔径，保持垂直，轻放、慢放入孔，入孔后不宜左右旋转，严禁摆动碰撞孔壁。若遇阻碍应停止下放，查明原因并进行处理，严禁高提猛落和强制下放。

骨架最上端的定位，必须由测定的孔口标高来计算定位筋的长度，为防止钢筋笼掉笼或在灌注过程中浮笼，钢筋笼的定位采用螺纹钢筋固定在钢护筒上。钢筋笼中心与设计桩中心位置对正，反复核对无误后再固定于钢护筒上，完成钢筋笼的安装。钢筋笼定位后，再次测量沉渣厚度。

(6) 下设导管。钻孔桩混凝土采用导管法灌注施工，选用圆形螺旋接头导管，其上端接浇筑漏斗。导管直径≥250mm，壁厚3mm，中间节长2.0~2.5m，最上面配1~2节长1.0m、1.5m短管，底节配一节4m长的导管。

在本特大桥钻孔桩工程中，第一次使用导管前必须检查导管是否漏气、漏水和变形，接头连接是否牢固可靠。同时，要定期进行接长水密性试验，试水压力宜为孔地静水压力的1.5倍，导管间连接要安放密封圈。

导管下设要按照导管配置米数依次下放，并记录好导管下设顺序、导管根数、每根导管的长度。

下设导管时应防止导管碰撞钢筋笼。导管支撑架用型钢制作，支撑架支垫在钻孔平台上，用于支撑悬吊导管。导管全部下入孔内后，应将导管先放到孔底，用来核对导管长度及孔深，然后重新固定在原位，使导管下端距孔底25~40cm，开始浇筑水下混凝土。混凝土灌注期间使用起重机吊放拆卸导管。

(7) 二次清底。导管下设完毕后，用无收缩水文测绳、标准测锤测沉渣厚度，超出控制范围的桩孔需要做二次清底。二次清底采用掏渣筒清渣，合格之后要报请监理工程师对桩底沉渣进行重新量测，合格后立即组织进行水下混凝土灌注。

(8) 灌注水下混凝土：水密性试验→安装导管→一次清孔→二次清孔→箭球、拔栓或开阀→水下混凝土浇筑。

在灌注混凝土前，要请监理工程师对桩基的桩径、桩长、桩斜、桩底沉渣进行检查，等监理工程师检验合格后，方可灌注混凝土。

混凝土拌和采用两台HLS120混凝土拌和楼，配料采用PLD800自动配料系统。混凝土水平运输采用$8m^3$搅拌运输车由拌和站运至各桩浇筑点直接入仓进行浇筑。

在灌注过程中，当导管内混凝土不满，含有空气时，后续混凝土要徐徐灌入，不可整斗地灌入漏斗和导管，以免在导管内形成高压气囊，挤出管节间的橡皮垫，而使导管漏水。

①当混凝土面升到钢筋骨架下端时，为防钢筋骨架被混凝土顶托上升，可采取以下措施：尽量缩短混凝土总的灌注时间，防止顶层混凝土进入钢筋骨架时混凝土的流动性过小；当混凝土面接近和初进入钢筋骨架时，应使导管底口处于钢筋笼底口3m以下和1m以上处，并慢慢灌注混凝土，以减小混凝土从导管底口出来后向上的冲击力；当孔内混凝土进入钢筋骨架4~5m以后，适当提升导管，减小导管埋置长度，以增加骨架在导管口以下的埋置深度，从而增加混凝土对钢筋骨架的握裹力；混凝土灌注到接近设计标高时，要计算还需要的混凝土数量(计算时应将导管内及混凝土送泵内的混凝土数量估计在内)，通知拌和站按需要数量拌制，以免造成浪费。

②灌注混凝土测深方法。灌注水下混凝土时，应经常探测孔内混凝土面至孔口的深

度，以控制导管埋深。如探测不准确，将造成埋深过浅，导管提漏，埋管过深拔不出或发生断桩事故。因此，这在钻孔灌注桩中是一项非常重要的工作，一定要由具有高度责任心的人来操作。

测深多用重锤法。重锤的形状是锥形，底面直径不小于10cm，质量不小于5kg。用绳系锤吊入孔内，使之通过泥浆沉淀层而停留在混凝土表面（或表面下10～20cm），以测绳所示锤的沉入深度作为混凝土灌注深度。本方法完全凭探测者手中所提测锤在接触顶面以前与接触顶面以后不同质量的感觉而判别。测锤不能太轻，而测绳又不能太重，否则，探测者手感会不明显。在测深桩时，测锤快接近桩顶面时，由于沉淀增加和泥浆变稠的原因，就容易发生误测。探测时必须仔细，并以灌注混凝土的数量校正以防误测。

③泥浆清理。钻孔桩施工中，产生大量废弃的泥浆，为了保护当地的环境，这些废弃的泥浆经泥浆分离器处理后，运往指定的废弃泥浆的堆放场地，并做妥善处理。

④质量检测。验桩径大于或等于2m或桩长大于40m或复杂地质条件下的基桩，按设计要求在钢筋笼安装时预埋声测管，成桩后采用声波透射法进行检测。对于桩长小于或等于40m的钻孔桩全部采用小应变检测。对质量有问题的桩，钻取桩身混凝土鉴定检验。

钻孔桩钻孔允许偏差如表3-2所示。钻孔桩钢筋骨架允许偏差如表3-3所示。

表3-2 钻孔桩钻孔允许偏差

序号	项目		允许偏差（mm）
1	孔径		不小于设计孔径
2	孔深	摩擦桩	不小于设计孔深
		柱桩	不小于设计孔深，并进入设计土层
3	孔位中心偏心	群桩	≤50
4	倾斜度		≤1%
5	浇筑混凝土前桩底沉渣厚度	摩擦桩	≤100
		柱桩	≤50

表3-3 钻孔桩钢筋骨架允许偏差

序号	项目	允许偏差（mm）
1	钢筋骨架在承台底以下长度	±100
2	钢筋骨架外径	±20
3	主钢筋间距	±0.5d
4	加强筋间距	±20
5	箍筋间距或螺旋筋间距	±20
6	钢筋骨架倾斜度	1%

(9) 特殊情况处理与预防措施。

常见的钻孔（包括清孔时）事故及处理方法分述如下：

①坍孔：各种钻孔方法都可能发生坍孔事故。坍孔的特征是孔内水位突然下降，孔口冒细密的水泡，出渣量显著增加而不见进尺，钻机负荷显著增加等。

坍孔原因：泥浆相对密度不够及其他泥浆性能指标不符合要求，使孔壁未形成坚实泥皮。由于出渣后未及时补充泥浆（或水），或河水、潮水上涨，或孔内出现承压水，或钻孔通过砂砾等强透水层，孔内水流失等而造成孔内水头高度不够。护筒埋置太浅，下端孔口漏水、坍塌或孔口附近地面受水浸湿泡软，或钻机直接接触在护筒上，由于振动使孔口坍塌，扩展成较大坍孔。在松软砂层中钻进进尺太快，提出钻锥钻进，回转速度过快，空转时间太长。水头太高，使孔壁渗浆或护筒底形成反穿孔。清孔后泥浆相对密度、黏度等指标降低，用空气吸泥机清孔泥浆吸走后未及时补浆（或水），使孔内水位低于地下水位。清孔操作不当，供水管嘴直接冲刷孔壁、清孔时间过久或清孔停顿时间过长。吊入钢筋骨架时碰撞孔壁。

坍孔的预防和处理：在松散粉砂土或流砂中钻进时，应控制进尺速度，选用较大相对密度、黏度、胶体率的泥浆或高质量泥浆。发生孔口坍塌时，可立即拆除护筒并回填钻孔，重新埋设护筒再钻。如发生孔内坍塌，判明坍塌位置，回填砂和黏质土（或砂砾和黄土）混合物到坍孔处以上 1~2m，如坍孔严重时应全部回填，待回填物沉积密实后再行钻进。清孔时应指定专人补浆（或水），保证孔内必要的水头高度，供水管最好不要直接插入钻孔中，应通过水槽或水池使水减速后流入钻中，可免冲刷孔壁。应扶正吸泥机，防止触动孔壁。不宜使用过大的风压，不宜超过 1.5~1.6 倍钻孔中水柱压力。吊入钢筋骨架时应对准钻孔中心竖直插入，严防触及孔壁。

②钻孔偏斜：各种钻孔方法可能发生钻孔偏斜事故。

偏斜原因：钻孔中遇有较大的孤石或探头石。在有倾斜的软硬地层交界处，岩面倾斜钻进或者粒径大小悬殊的砂卵石层中钻进，钻头受力不均。扩孔较大处，钻头摆动偏向一方。钻机底座未安置水平或产生不均匀沉陷、位移；钻杆弯曲，接头不正。

预防和处理：安装钻机时要使转盘、底座水平，起重滑轮缘、固定钻杆的卡孔和护筒中心三者应在一条竖直线上，并经常检查校正。由于主动钻杆较长，转动时上部摆动过大，必须在钻架上增设导向架，控制杆上的提引水龙头，使其沿导向架对中钻进。钻杆接头应逐个检查，及时调正，当主动钻杆弯曲时，要用千斤顶及时调直。

③掉钻落物：钻孔过程中可能发生掉钻落物事故。

掉钻落物原因：卡钻时强提强扭，操作不当，使钻杆或钢丝绳超负荷或疲劳断裂。钻杆接头不良或滑丝。电动机接线错误，钻机反向旋转，钻杆松脱。转向环、转向套等焊接处断开。操作不慎，落入扳手、撬棍等物。

预防措施：开钻前应清除孔内落物，零星铁件可用电磁铁吸取，较大落物和钻具也可用冲抓锥打捞，然后在护筒口加盖。经常检查钻具、钻杆、钢丝绳和联结装置。

处理方法：掉钻后应及时摸清情况，若钻锥被沉淀物或坍孔土石埋住应首先清孔，使打捞工具能接触钻杆和钻锥。

④糊钻和埋钻：糊钻和埋钻常出现于正反循环回转钻进中。糊钻的特征是在细粒土层中钻进时进尺缓慢，甚至不进尺出现憋泵现象。

预防和处理办法：对正反循环回转钻，可清除泥包，调节泥浆的相对密度和黏度，适当增大泵量和向孔内投入适量砂石解决泥包糊钻，选用刮板齿小、出浆口大的钻锥；严重糊钻，应停钻，清除钻渣。对钻杆内径、钻渣进出口和排渣设备的尺寸进行检查计算。

⑤扩孔和缩孔：扩孔比较多见，一般表现为局部的孔径过大。在地下水呈运动状态、土质松散地层处或钻锥摆动过大，易于出现扩孔，扩孔发生原因与坍孔相同，轻则为扩孔，重则为坍孔。若只是孔内局部发生坍塌而扩孔，钻孔仍能达到设计深度则不必处理，只是混凝土灌注量大大增加。若因扩孔后继续坍塌影响钻进，应按坍孔事故处理。

缩孔即孔径的超常缩小，一般表现为钻机钻进时发生卡钻、提不出钻头或者提外鸣叫的迹象。缩孔原因有两种：一种是钻锥焊补不及时，严重磨耗的钻锥往往钻出较设计桩径稍小的孔；另一种是由于地层中有软塑土（俗称橡皮土），遇水膨胀后使孔径缩小。各种钻孔方法均可能发生缩孔。为防止缩孔，前者要及时修补磨损的钻头，后者要使用失水率小的优质泥浆护壁并须快转慢进，复钻二三次；或者使用卷扬机吊住钻锥上下、左右反复扫孔以扩大孔径，直至使发生缩孔部位达到设计要求为止。对于有缩孔现象的孔位，钢筋笼就位后须立即灌注，以免桩身缩径或露筋。

⑥梅花孔（或十字孔）：常发生在以冲击锥钻进时，冲成的孔不圆。

形成原因：锥顶转向装置失灵，以致冲锥不转动，总在一个方向上下冲击；泥浆相对密度和黏度过高，冲击转动阻力太大，钻头转动困难；操作时钢丝绳太松或冲程太小，冲锥刚提起又落下，钻头转动时间不充分或转动很小，改换不了冲击位置；有非匀质地层，如漂卵石层、堆积层等易出现探头石，造成局部孔壁凸进，成孔不圆。

预防办法：应经常检查转向装置的灵活性，及时修理或更换失灵的转向装置。选用适当黏度和相对密度的泥浆，并适时掏渣。用低冲程时，每冲击一段换用高一些冲程冲击，交替冲击修整孔形。出现梅花孔后，可用片石、卵石混合黏土回填钻孔，重新冲击。

⑦卡锥：常发生在以冲击锥钻进时。

形成原因：钻孔形成梅花形，冲锥被狭窄部位卡住。未及时焊补冲锥，钻孔直径逐渐变小，而焊补后的冲锥大了，又用高冲程猛击，极易发生卡锥。伸入孔内不大的探头石未被打碎，卡住锥脚或锥顶。孔口掉下石块或其他物件，卡住冲锥。在黏土层中冲击冲程太高，泥浆太稠，以致冲锥被吸住。大绳松放太多，冲锥倾倒，顶住孔壁。

处理方法：当为梅花卡钻时，若锥头向下有活动余地，可使钻头向下并转动直径较大方向提起钻头。也可松一下钢丝绳，使钻锥转动一个角度，有可能将钻锥提出。卡钻不宜强提以防坍孔、埋钻。宜用由下向上顶撞的办法，轻打卡点的石头，有时使钻头上下活动，也能脱离卡点或使掉入的石块落下。用较粗的钢丝绳带打捞钩或打捞绳放进孔内，将冲锥钩住后，与大绳同时提动，或交替提动，并多次上下、左右摆动试探，有时能将冲锥提出。在打捞过程中，要继续搅拌泥浆，防止沉淀埋钻。用其他工具，如小冲锥、小掏渣筒等下到孔内冲击，将卡锥的石块挤进孔壁，或把冲锥碰活动脱离卡点后，再将冲锥提出。但要稳住大绳以免冲锥突然下落。用压缩空气或高压水管下入孔内，对准卡锥一侧或吸锥处适当冲射一些时候，使卡点松动后强行提出。

⑧外杆折断：常见于旋转钻机。

折断原因：用水文地质或地质钻探小孔径钻孔的钻杆来作桥梁大孔径钻孔桩用，其强度、刚度太小，容易折断。钻进中选用的转速不当，使钻杆所受的扭转或弯曲等应力增大，因而折断。钻杆使用过久，连接处有损伤或接头磨损过甚。地质坚硬，进尺太快，使钻杆超负荷工作。孔中出现异物，突然增加阻力而没有及时停钻。

预防和处理：不使用弯曲严重的钻杆，要求各节钻杆的连接和钻杆与钻头的连接丝扣完好，以螺丝套连接的钻杆接头要有防止反转松脱的固锁设施。钻进过程中应控制进尺速度。遇到坚硬、复杂的地质，应认真仔细操作。钻进过程中要经常检查钻具各部分的磨损情况和接头强度是否足够。不合要求者，及时更换。在钻进中若遇异物，须予以处理后再钻进。如已发生钻杆折断事故，可按前述打捞方法将掉落钻杆打捞上来。并检查原因，换用新或大钻杆继续钻进。

4. 岩溶区钻孔桩基础施工

(1) 岩溶区桥梁钻孔桩基础施工注意事项。

在岩溶地区成桩选用冲击钻孔，控制的冲能必须在 2.5~5.0t·m。冲能小对孔壁沿隙和孔壁周边的溶洞挤压能力小，孔壁不够密实易渗漏。同时冲能小破碎能力小，钻孔速度进尺慢。但冲能过大通过顶板速度快，易于卡钻，同时所成孔径较设计大得多。

在钻孔前必须保证每台钻机的负责班长有施工的墩位钻孔展示图，熟悉墩桩位地质情况。施工顺序先外围桩而后中间桩。先安排含有较深、较大、较多溶洞的桩孔施工。先外后内，溶洞处先开工，长桩处后开工，桩位之间交叉开工、步步包围、隔开和封闭的原则。

冲孔至离溶洞顶板 1m 左右时，加大泥浆比重，选用小冲程进尺，逐渐将顶板击穿，防止卡钻。同时在击穿顶板之前，安排专人密切观察孔内泥浆的变化，发现漏浆时马上提锤、补泥浆、抛填片石、黏土混合物，等泥浆面不再下降并稳定后，采用小冲程冲锤轻打挤压形成泥石孔壁成孔。若桩孔仍继续漏浆，则改抛片石、黏土、袋装水泥混合料，采用小冲程冲锤轻打，慢慢将片石、黏土、水泥挤压到溶洞中，堵塞溶洞通道，如此反复操作，直到不再漏浆为止，转入小冲程冲孔固壁成孔，顺利穿越溶洞。

冲锤击穿溶洞顶板后，不论是否漏浆，不论溶洞原来是空溶洞或半填充还是溶洞内填充物为柔软黏性土或淤泥，进入溶洞后必须向孔内投入片石、黏土，填超过溶洞顶面 2.5~3.0m，然后用小冲锤方法冲击投下的混合物，不取渣，使其挤入裂隙、溶洞内，如此反复操作，多次堵塞溶洞通道固壁，大大减少灌桩时混凝土扩散流失量，降低溶洞处理费用。

依据墩位钻孔展示图，当钻进接近板顶进入斜面岩层时，在孔内回填片石和黏土块 1.55m 左右，同时调整钻机冲程于 0.6m 左右，然后继续冲孔，混合填料经反复冲刷在孔内高出顶板处形成一个较坚硬的混合柱体，具有足够传递冲击能，达到破碎斜面之目的。同时形成坚实、竖直、圆顺的过渡孔口，为以下的钻孔作业起到良好的导向作用。当斜面倾斜严重或桩位置于溶洞边缘时，在钻进中钻头偏向软土一侧，遇到这种情况经检测发现偏移量不大，继续在孔内抛片石、碎石和黏土，将弯孔或偏孔修正。如偏移量过大将弯孔或偏孔部分填充不分散混凝土至偏移起点位置以上 0.5m 处，3d 后重钻。

(2) 岩溶区桥梁钻孔桩基础施工预防措施及处理措施。

① 斜孔、弯孔。

预防措施：在对基岩冲击时，特别要注意各地段的基岩埋深，石芽、溶沟、溶槽、溶蚀裂隙、溶洞等发育情况。放慢冲击速度，改变冲击频率，用低频率低落距冲击。

处理措施：回填硬质片石或块石至斜孔、弯孔处，采用低锤密击的作业方式，减少或防止偏锤孔斜和卡钻事故的发生。

如仍未能纠正斜孔、弯孔，用低标号混凝土灌填，待混凝土达到一定强度后，再进行冲击，直到孔位纠正为止。

②埋锤、卡锤、掉锤。

预防措施：根据地层情况，控制冲程、冲击速度；严格按规范控制泥浆浓度，避免塌孔发生；在进入岩溶洞隙后，投入块石、碎石、黏土，然后密集冲击，使洞隙填满。施工时严禁在溶洞范围内打松锤，应绷紧钢丝绳，采用小冲程进行低打紧击。一旦发现漏浆或异常情况，马上提锤到孔口。穿越溶洞时，同时要密切注意钢丝绳的情况，以便判断是否斜孔。

处理措施：埋锤、卡锤、掉锤后及时摸清情况，不能强行提拔，以避免发生塌孔埋没冲锤事故。若被沉淀物或塌孔土石埋住，应首先清孔。若在砾砂层中发生卡锤，可用冲、吸的方法将冲击锤周围的冲渣松动后提出。因梅花孔卡锤，松动钢丝绳，使冲击锤转变角度；或把防水炸药（少于1kg）沿冲击锤滑槽放入锤底，然后引爆，震松卡锤。对严重的塌孔埋锤、卡锤，可采用比原锤直径大的冲击锤将塌落在原锤上的土、石清除掉，接触原锤后，再用比原锤直径大的空心锤冲击至原锤底部使原锤与孔壁分离；打捞过程中要继续搅拌泥浆，以防止泥浆沉淀埋锤；若冲击锤仍不能打捞，将造成孔桩报废，可以经设计变更。

③塌孔。

预防措施：根据不同地层，选配相应的泥浆；严格按规范及相关工艺要求进行施工，并经常注意孔内泥浆高度，监控泥浆质量。因裂隙或泥浆置换后而少量漏浆的，采用抛填袋装水泥，用冲击锤小冲程反复冲捣的办法；若没有停钻，留守人员要密切注意孔内情况，并备有装载机1台。一旦遇到土洞、溶洞时孔内泥浆水位迅速下降，应立即补充大量泥浆以保持孔内水位，防止塌孔、埋钻头事故发生，并投放片石和黏土，用冲击锤小冲程慢慢冲挤形成人造孔壁。进入岩层后，应继续注意观察，防止人造孔壁不坚，倒塌时补救不及。当出现一根桩碰到一连串溶洞时，要求在溶洞间的岩层用冲击锤小冲程冲进。

处理措施：若孔口坍塌，应立即拆除护筒并回填桩孔，重新埋设；若发生孔内坍塌，判明坍塌位置，回填片石和黏土到塌孔以上1～2m，如果塌孔严重，全部回填至孔口，再重新冲击。

④桩身缩紧与扩径。

预防措施：根据地层情况，随时调整泥浆质量；在饱和黏性土及砾砂层中控制冲击进尺速度及冲程大小；随时校正冲击锤锤头有效直径。

处理措施：在孔内抛填纯黏土块和片石反复冲击造壁，稳定孔壁；始终保持泥浆浓度和足够的孔内泥浆面，确保孔内泥浆对孔壁有足够的压力；成孔后尽快清孔和灌注水下混凝土，减少孔壁在低浓度泥浆中浸泡的时间；随时校正冲击锤锤头有效直径，并检查锤头焊接的合金块是否松动，发现问题，及时补焊，避免产生达不到设计桩径或掉落合金块而影响冲击进尺。

⑤断桩、夹泥、离析、蜂窝、桩头松散。

预防措施：严格按水下混凝土配合比配料。开始灌注时，第一槽混凝土在储备充足后方可进行灌注，以保证混凝土把管口埋住，避免泥浆回灌，否则，桩底与基岩胶结差，产生离析、蜂窝。整个灌注过程中，必须仍维持冲击时的孔内水头，以免发生塌孔，导管在提升过程中不能超出混凝土面，始终保持导管埋入混凝土中 2.0m 以上，以保证混凝土连续排挤泥浆，否则泥浆混入混凝土就形成了断桩、夹泥的质量事故。在有较大岩溶洞隙的桩孔中，在浇筑混凝土时，保证导管埋入混凝土的长度大于 3.0m，并随时测量桩孔内混凝土面的高低，避免混凝土在岩溶洞隙内流失或坍落的过程中产生断桩事故。

5. 钢板桩施工

(1) 总体说明。丁蜀特大桥多处跨越河道、航道，且多处穿越鱼塘、沼泽地等。为了保证水中墩施工的安全，根据施工条件和政府部门的施工许可，计划在跨蠡河连续梁的主墩 90 号墩、91 号墩及跨芳溪河连续梁的主墩 179 号墩、180 号墩采用拉森钢板桩围堰、内填黏土的方式为钻孔桩施工提供作业平台，其余水中墩均采用筑岛加钢板桩的方式进行施工。

(2) 钢板桩选用及设计。

①钢板桩的选用。根据工程所在地场地特点，结合钢板桩的特性、施工方法等方面进行考虑，选用拉森Ⅴ号钢板桩，拉森Ⅴ号钢板桩宽度适中，抗弯性能好，依地质资料及作业条件决定选用钢板桩长度 18m。

②钢板桩打设范围。用打桩船将钢板桩按图纸尺寸进行施打，根据设计图要求桩顶面超过最高水位 50cm，因常水位 1.17m，承台底标高 -7.334m，所以采用钢板桩进行加固，钢板长 18m、宽 50cm、厚度不小于 1.5cm，确保钢板桩体伸入承台底部以下 9m。承台尺寸为 18.8m×13.6m，考虑钻机作业及作业人员的安全，确定打设钢围堰的尺寸为 25m×16m。

③钢围堰作业平台施工。在距桩顶 75cm 的地方，在 40cm 定位钢管桩内侧用 40H 型钢焊接作业平台，拉森桩紧贴着 40H 型钢进行打设。拉森桩打设完一面后，再将 40H 型钢和拉森桩焊接在一起，为作业人员提供施工平台。同时在用钢绞线和倒链在拉森桩顶部进行围裹加固，确保拉森桩的侧向刚度。

④内围檩设计：钢板桩打设完成后，在拉森桩内侧距桩顶 1.5m、3.5m、5.5m 的地方，分别沿钢板桩四周，用 40 号工字钢焊接井字撑进行加固。

桩基作业完毕，承台开挖时，采用高压水枪配合泥浆泵将土层降到承台底以下 40cm 处，用 C25 快硬混凝土浇筑 40cm 厚将基底封闭。为承台钢筋施工提供作业平台，同时也保证钢围堰底部的整体性。

(3) 钢板桩设计计算。假设河床以上水的受力为均布力，钢围堰周围水深取 3m，则作用在河床底水的均布力为 $q=37.5 kN/m^2$。由设计图纸知基坑从河床底开挖深度 h 约 9m，根据图纸取 $\gamma=18 kN/m^3$，$\varphi=30°$。其中：γ—土的重度；φ—土内摩擦角。

$k_p=\tan^2(45°+30°/2)=3$

$k_a=\tan^2(45°-30°/2)=0.33$

$e_{ah}=\gamma h k_a=18×9×0.33=53.46$ （kN/m^2）

$e_{aq} = qk_a = 37.5 \times 0.33 = 12.38$ (kN/m^2)

其中：k_a—主动土压力系数；k_p—被动土压力系数；e_{ah}—主动土压力；e_{aq}—被动土压力。

$p_b = e_{ah} + e_{aq} = 53.46 + 12.38 = 65.84$ (kN/m^2)

$y_q = 1.0 \times \tan(45° + 30°/2) = 1.732$ (m)

其中：y_q—上部恒载作用力到桩中心距离。

$y = p_b / [\gamma(kk_p - k_a)] = 65.84 / [18 \times (1.8 \times 3 - 0.34)] = 0.72$ (m)

其中：k—修正系数，经查表得 $k = 1.8$。

假设钢板桩不动，即 $\sum m = 0$，则按照简支梁计算有：

$p_o = [1/2 \times h \times e_{ah} \times (2/3h - 0.5) + (h - y_q) \times e_{aq} \times [(h - y_q)/2 + y_q - 0.5) + p_b$
$\quad \times y \times (h - 0.5 + y/3)] / (h - 0.5 + y)$
$= \{1/2 \times 9 \times 53.46 \times (2/3 \times 9 - 0.5) + (9 - 1.732) \times 12.75 \times [(9 - 1.732)/2 +$
$\quad (1.732 - 0.5)] + (65.84 \times 0.72) \times (9 - 0.5 + 0.72/3)\} / (9 - 0.5 + 0.72)$
$= 290.97$ (kN)

$\sum Q = 0$

则：

$R_a = 1/2h \times e_{ah} + (h - y_q) \times e_{aq} + 1/2 \times y \times p_b - p_o$
$= 1/2 \times 6 \times 53.46 + (6 - 1.732) \times 12.38 + 1/2 \times 0.72 \times 65.84 - 290.97$
$= -54.04$ (kN)

桩最小入土深度：

$X = \sqrt{h \times p_o / (\gamma \times (k \times k_p - k_a))}$
$= \sqrt{9 \times 290.97 / 18 \times (1.8 \times 3 - 0.33))}$
$= 5.4$ (m)

桩总长为：

$t_0 = y + x = 0.72 + 5.4 = 6.12$ (m)

$t = 1.2 t_0 = 1.2 \times 6.12 = 7.34$ (m)

$L_1 = h + t = 9 + 7.34 = 16.34$ (m)（取 16m）

水面到土为 2m。

所以有：$L = L_1 + 2 = 18$ (m)，考虑受汛期影响取 $L = 18$m。

选择钢板桩截面：

钢板桩所受最大弯距为 M_{max}，最大弯距即为剪力为 0 处，假设剪力为 0 处距桩顶为 x，则：

$R_a - 1/2x^2 \gamma k_a - (x - y_q) qk_a = 0$

$54.04 - 1/2x^2 \times 18 \times 0.33 - (x - 1.732) \times 37.5 \times 0.34 = 0$

$X = 3.36$m

$M_{max} = R_a \times (x - 0.5) - [1/2\gamma x^2 k_a \times x/3 + (x - y_q)^2/2 \times q \times k_a]$
$= 54.04 \times (3.36 - 0.5) - [1/2 \times 18 \times 3.36^2 \times 0.34 \times 3.36/3 + (3.36 -$
$\quad 1.732)^2/2 \times 37.5 \times 0.34]$
$= 98.97$ (kN·m)

查表得：V号拉森钢板桩截面面积 $S=0.74\text{cm}^2$，截面矩 $w=1600\text{cm}^3$。

$f_1 = M_{max} \times S/w$
$= 98.97 \times 10^3 \times 0.74 / (1600 \times 10^{-6}) = 45.16$（MPa）

而V号拉森钢钢板桩 f 查表得 $[f] = 200\text{MPa}$。

$f_1 < 1/2\ [f]$，所以采用V号拉森钢板桩是安全的，设计满足要求。

（4）钢板桩施工的具体要求。

①钢板桩的打设要按照设计图纸施工。

②钢板桩的平面布置形状应尽量平直整齐，避免不规则的转角，以便标准钢板桩的利用和支撑设置。各周边尺寸尽量符合拉森钢板桩模数。

③整个基础施工期间，在挖土、吊运、绑扎钢筋、浇筑混凝土等施工作业中，严禁碰撞支撑，禁止任意拆除支撑，禁止在支撑上任意切割、电焊等。

（5）钢板桩打设计。钢板桩打设一般采用振动锤和液压锤进行施工，我们选择采用振动锤结合浮吊进行施工。钢板桩施工完毕后要保证打设后的钢板桩墙有足够的刚度和良好的防水作用，且钢板桩墙面平直，以满足基础施工封水和安全作业的要求。

由测量人员定出钢板桩围堰的轴线。先在钢围堰四周施打导线桩，导线内侧焊接40号H型钢作为导线梁，拉森桩紧靠导线梁进行打设，打桩时要确保钢板桩的垂直度。由运输船将拉森桩运到指定地点，用浮吊将拉森桩吊起，向振动锤喂桩。振动锤接桩后，用人工将拉森桩扶正，确保垂直，开始钢板桩的打设工作。单桩逐根连续施打，注意桩顶高程不宜相差太大。在插打过程中随时测量监控每根桩的倾斜度不超过2%，当倾斜度过大无法调正时，拔起重打。四周拉森桩全部打设完毕后，再进行封口拉森桩的施工，封口拉森桩施工要确保封边严密，防止漏水。

（6）钢围堰基坑开挖。在施工完毕围檩支撑后，对剩余土体采用泥浆泵配合高压水枪松动的方式进行开挖。地面及坑内设排水措施。开挖过程中注意支护体系的变形观察。基坑内作业时，有专职安全员负责。

3.1.3 扩大基础设施

1. 施工机械及工艺装备

基坑开挖可根据地质情况和边坡防护类型，采用人工开挖、人工配合机械开挖、挖掘机开挖等。

基坑抽水设备为抽水机。

2. 施工准备

基坑开挖前必须做好施工测量，测定桥墩的中心桩、基础纵横边线、中线和临时水准基点。同时还必须做好断面测量，放出基坑边桩，经核对无误后，方可施工。

按照基坑施工要求，清除地面堆土及妨碍基坑开挖的障碍物；对受影响的架空线和地下管线，应采取迁改或保护措施。

根据施工图标示的地质、水文资料，结合现场具体条件，确定基坑的开挖方案，包括开挖方法、放坡形式或边坡防护方案、机械设备、基坑尺寸，以及安全、环保、水保、质量措施等的制定。

基坑开挖前还必须搞好防水、排水工作，应在基坑顶部边缘外四周挖好防水排水沟拦截雨水。对作业人员进行安全、技术培训和交底工作。

3. 基坑开挖及安全质量保证措施

（1）基坑开挖。基坑根据设计及现场情况可采用垂直开挖、放坡开挖、支撑加固开挖等。基坑开挖以前应做好以下工作：

根据提供的设计文件，测定基坑中心线、方向和高程，并在基坑旁设定开挖控制桩。

根据设计文件提供的地质、水文资料以及环保要求等，结合现场情况，确定基坑开挖方案，对开挖坡度、支护方案、开挖范围、弃土位置和防水、排水措施等在方案中做出具体安排。

在基坑顶缘四周适当距离设截水沟，防止地表水流入坑内，冲刷坑壁，造成坍方破坏基坑。坑缘边留有护道，静载距坑缘不少于0.5m，动载距坑缘不少于1.0m。

在天然土层上挖基，如深度在5m以内，施工期较短，基坑底处于地下水位以上，土的湿度接近最佳含水量、土层构造均匀时，则基坑坑壁坡度可参照表3-4选定。基坑深度大于5m或有其他不利条件时，应将坑壁坡度适当放缓，或加作平台。如土的湿度过大，能引起坑壁坍塌时，坑壁坡度应采用该湿度下土的天然坡度。

表3-4 基坑坑壁坡度

坑壁土	坑壁坡度		
	基坑顶缘无载重	基坑顶缘有静载	基坑顶缘有动载
砂类土	1:1	1:1.25	1:1.5
碎石类土	1:0.75	1:1	1:1.25
黏性土、粉土	1:0.33	1:0.5	1:0.75
极软岩、软岩	1:0.25	1:0.33	1:0.67
较软岩	1:0	1:0.1	1:0.25
极硬岩、硬岩	1:0	1:0	1:0

注：①挖基通过不同的土层时，边坡可分层选定，并酌留平台；②在山坡上开挖基坑，当地质不良时，应防止滑坍。

施工时注意观察坑缘顶面上有无裂缝，坑壁有无松散坍落现象发生并采取必要的措施，确保安全施工。基坑顶有动载时，坑顶缘与动载间应留有大于1m的护道，如地质、水文条件不良，或动载过大，应进行基坑开挖边坡检算，根据检算结果确定采用增宽护道或其他加固措施。

对于天然湿度接近最佳含水量、构造均匀且不易发生坍滑、移动、松散或不均匀下沉的土质，基坑开挖可采取垂直坑壁的形式。不同土类状态垂直坑壁容许深度见表3-5。

表3-5 无支护开挖垂直坑壁容许深度

土类	容许深度（m）
密实、中密的砂类土和砾类土（充填物为砂类土）	1.00
硬塑、软塑的低液限粉土、低液限黏土	1.25
硬塑、软塑的高液限黏土、高液限黏质土夹砂砾土	1.50
坚硬的高液限黏土	2.00

（2）基坑开挖的安全保证措施。基坑开挖前应做好下列工作：测定基坑中心线、方向、高程。按地质水文资料，结合现场情况，决定开挖坡度和支护方案、开挖范围和防水、排水措施。基坑顶有动载时，坑顶缘与动载间应留有大于1m的护道，如地质、水文条件不良，或动载过大，应进行基坑开挖边坡检算，根据检算结果确定采用增宽护道或其他加固措施。弃土不得妨碍施工。弃土堆坡脚距坑顶缘的距离不宜小于基坑的深度，且宜弃在指定地点。无水土质基坑底面，宜按基础设计平面尺寸每边放宽不小于50cm。适宜垂直开挖且不立模板的基坑，基底尺寸应按基础轮廓确定。有水基坑底面，应满足四周排水沟与汇水井的设置需要，每边放宽不宜小于80cm。基底应避免超挖，松动部分应清除。使用机械开挖时，不得破坏基底土的结构，可在设计高程以上保留一定厚度由人工开挖。

基坑宜在枯水或少雨季节开挖。基坑开挖不宜间断，达到设计高程经检验合格后，应立即砌筑基础。如基底暴露过久，则应重新检验。

基坑宜用原土及时回填，对桥台及有河床铺砌的桥墩基坑，均应分层夯实。台后两侧基坑回填所用的材料和混凝土强度应满足设计要求。台后两侧基坑回填应密实、稳定。若以碎石分层填筑，其压实质量应满足设计要求。台后两侧基坑回填顶面高程允许偏差为±50mm。

明挖基坑，可采用汇水井或井点法排水、降水，应保持基坑底不被水淹。粉、细砂土质的基坑，宜用井点法降低水位。当用汇水井排水时，应采取防止带走泥砂的措施。水下挖基时，抽水能力应为渗水量的1.5~2倍。基坑排出的水应以水管或水槽远引。

岩层基底应清除岩面松碎石块、淤泥、苔藓，凿出新鲜岩面，表面应清洗干净。倾斜岩层，应将岩面凿平或凿成台阶。易风化的岩层基底，应按基础尺寸凿除已风化的表面岩层。混凝土应在坑底无水情况下施工。水下混凝土基础终凝后，方可停止抽水。

开挖基坑时，如对邻建（构）筑物或临时设施有影响时，应采取安全防护措施。采用桅杆吊斗或皮带运输机出土时，应检查吊斗绳索、挂钩、机具等是否完好牢固。吊斗升降时，坑内作业人员应躲离吊斗升降移动范围。吊斗不使用时，应及时摘下，不得悬挂。

在水中挖基，应备有便于出入基坑的爬梯等安全设施。开挖中，当坑沿顶面裂缝、坑壁松塌或遇有涌水、涌砂影响基坑边坡稳定时应立即加固防护。

基坑需机械抽排水开挖时，须配备足够的抽排水设备，抽水机及管路等要安放牢靠。基坑开挖需要爆破，应按国家《爆破安全规程》（GB 6722—2014）办理。

4. 基底清理

（1）基底清理应符合下列规定：

①基础底面不得置于软硬不均的地层上。

②岩层基底应清除岩面松碎石块、淤泥、苔藓，凿出新鲜岩面，表面应清洗干净。应将倾斜岩面凿平或凿成台阶。

③碎石类土及砂类土层基底承重面应修理平整，黏性土层基底整修时，应在天然状态下铲平，不得用回填土夯平。

④砌筑基础时，应在基础底面先铺一层5~10cm水泥砂浆。

⑤基础浇筑前的基坑不得泡水。如发生基坑泡水现象,应采取措施进行处理并满足设计要求。

(2)基坑开挖的质量标准和检验方法。基坑开挖到设计标高后应尽快进行自检、报检,验收合格后立即进行后续施工。基坑质量标准及检验方法见表3-6。

表3-6 基坑质量标准及检验方法

项目	质量标准和检验方法			
基本要求	1. 基坑开挖不得扰动基底土壤,防止超挖,严禁用土回填。 2. 边坡坡度符合工艺设计要求,平整,局部超挖嵌补牢固,无裂纹。 3. 基底不得浸水或冰冻。 4. 基底上的淤泥必须清除干净。其他不符合的杂物和旧桩必须清除。 5. 基底必须置于同一土层上。 6. 当发现基底地质不一样时,应该采用钻孔探测的方式进行检验。			
基坑开挖允许偏差	检查部位	允许偏差(mm)		检测方法
	基底高程	±50(土);+50,−200(石)		水准仪测量
	纵横轴线	50		经纬仪测量,纵横各测1点
	基坑尺寸	不小于施工图标示值		尺量,每边各1点

5. 挖基础施工注意事项

基础开挖中应注意核实地质岩层情况。基底持力层软硬差异较大,及时联系设计单位,做出相应变更后方可施工。墩台处纵横桥向地形陡峭时,注意扩大基础底纵横桥向外缘至岩石安全坡线的最小水平距离应≥3.0m,施工前应核实墩台的实际地形和地质资料,如有差异应及时向设计单位汇报,待设计比较后方可施工。

基础混凝土浇筑应及时,以免基坑暴露过久或受地表水浸泡而影响地基承载力。松动爆破石质基础时,应严格控制装药量以保证基础的完整性不被破坏。

6. 模板、钢筋安装

(1)模板安装。

①本标段桥梁扩大基础均埋置在地面线以下,故扩大基础外观并没特殊要求。施工用模板拟采用2.0m×1.0m或1.0m×0.5m规格的定型钢模拼装而成。采用$\phi 50$钢管作为模板的横、竖加劲肋。模板内侧用预制的同标号混凝土垫块垫于扩大基础钢筋与模板间,以保证保护层厚度;外侧用型钢或方木与基坑壁撑紧,保证位置准确。在扩大基础四周用$\phi 50$钢管搭设脚手架,便于模板安装及混凝土浇筑。

②在浇筑混凝土前以及浇筑过程中,应对模板、支架、钢筋骨架、预埋件等加以检查。当发现问题,应及时处理,并做记录。

③模板、支架的安装精度应符合设计要求。当设计无要求时,可按表3-7的要求进行检验。检验结果不满足要求时,应及时调整或返工。

表3-7 模板安装允许偏差和检验方法

序号	项目	允许偏差(mm)	检验方法
1	轴线位置	15	尺量每边不少于2处

续表

序号	项目	允许偏差（mm）	检验方法
2	表面平整度	5	2m靠尺和塞尺不少于3处
3	高程	±20	测量
4	相邻两板表面高低差	2	尺量

④浇筑混凝土前应检查模板内是否存在杂物，钢筋上是否存在油污，木模板是否用水湿润，模板之间是否存在缝隙和孔洞等，否则应及时清除模板内杂物或钢筋上的油污。当模板有缝隙和孔洞时，应予堵塞，不得漏浆。

（2）钢筋工程。钢筋的下料及加工在钢筋加工场进行，然后运至施工场地内。在绑扎扩大基础接地钢筋和墩身预埋钢筋前，先进行扩大基础的平面位置放样，在基底岩层上标出每根底层钢筋的平面位置，准确安放钢筋。

顶层基础竖向增设一些钢筋作为扩大基础顶面钢筋的支承筋，保证顶层钢筋的标高，以免钢筋网变形太大。在绑扎扩大基础网钢筋时，将墩身的钢筋预埋，预埋件的位置采用型钢定位架定位，确保预埋位置，经复测无误后方可进行混凝土浇筑。

3.1.4 承台施工

1. 施工方法

承台基坑采用人工配合挖掘机进行开挖，人工清底、凿除桩头，受条件限制时先支护再开挖。

部分承台的石质基坑在桩基施工前采用手风钻掏槽钻孔松动爆破成型后再进行桩基施工，爆破参数根据基坑岩层情况经爆破试验后确定。

承台采用大块组合钢模板，钢管、方木支撑加固体系，混凝土泵送入模。为减小混凝土内外温差，控制混凝土表面裂纹，承台表面用无纺布包裹养护，并指派专人对其进行洒水养护。

水中承台采用沙袋围堰或钢围堰法施工。对于池塘等水深较浅且基底较硬的采用沙袋围堰的方法施工。沙袋围堰在桩基施工前即已经形成，在桩基施工前形成的沙袋围堰时，沙袋围堰平面尺寸即应充分考虑承台开挖大小、承台基坑边坡及沙袋围堰自身稳定几何尺寸，以保证承台基坑开挖时有足够的施工空间和基坑内的施工安全。钢围堰施工的水中墩，即在桩基施工时所形成的筑岛平台上，施作钢围堰，钢围堰采用方形，平面尺寸和深度根据水中墩承台的大小和底部淤泥的厚度来确定；平面尺寸为承台尺寸外扩至少1.5m，以便开挖后的承台基坑满足承台施工所需的空间；其深度与承台施工时的开挖深度有关，通过专门计算确定，以确保承台基坑内的施工安全。

钢筋在钢筋加工场加工车间加工，平板车运到现场，基底检查合格后，精确放样定位，现场绑扎。承台模板采用厂制大块钢模，面板厚6mm，外壁加竖向、横向加劲肋，外加环向槽钢加劲肋，在现场拼装，螺栓联结。承台模板支撑方式为外加固，支撑点放置在基坑和支护模板内侧。

2. 施工工艺流程

承台施工工艺流程见图3-4。

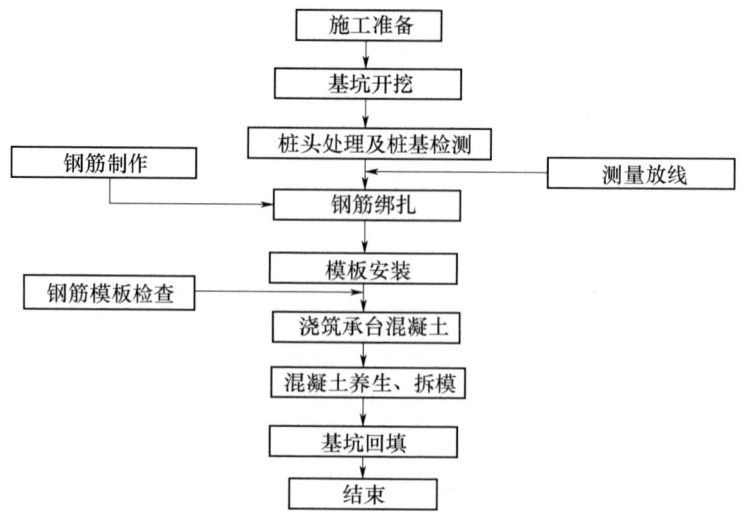

图 3-4 承台施工工艺流程图

3. 测量放线

根据导线控制点测设出承台中心及四边后,根据承台开挖深度及承台基坑开挖边坡大小放出地表开挖线,用角桩和生石灰做出标记,同时测出承台基坑需开挖的深度。

根据现场原地面的标高,在打桩时就要及时提出变更抬高承台标高,以减少承台开挖量。

4. 基坑开挖

基坑采用挖掘机开挖、人工配合施工,当开挖至离基底 300mm 时,停止机械开挖,改为人工配合小机械进行开挖,以保证基底不被扰动。

深基坑开挖防护采用先打设钢板桩进行防护,再在内侧加设围檩进行加固。防护工作完成后再进行承台基坑开挖。

在基坑顶缘四周适当距离设截水沟,防止地表水流入坑内,冲刷坑壁,造成坍方破坏基坑。坑缘边留有护道,静载距坑缘不少于 0.5m,动载距坑缘不少于 1.0m。基坑开挖自上而下水平分层进行,每层 0.3m 左右,边挖边检查坑底宽度,宽度不够时及时修整,每 3m 左右修一次坡,至设计标高后,再统一进行一次修坡清底,检查坑底宽和标高。施工时注意观察坑缘顶面上有无裂缝,坑壁有无松散坍落现象发生并采取必要的措施,确保安全施工。

基坑施工必须尽快完成,自基坑开挖至基础完成,每道工序衔接紧凑,连续不间断施工。

对于地下水位较高的地区,必要时采用真空井点法降水。井点法降水应符合下列规定:安装井点管,应先造孔后下管,不得将井点管硬打入土内,造孔应垂直,深度宜比滤管底深 0.5m 左右。滤管底应低于基底以下 1.5m。井点管四周,应以粗砂灌实,距地面 0.5～1m 深度内,用膨润土填塞严密。集水总管与水泵的安装应降低,集水总管向水泵方向宜设 0.25%～0.5% 的下坡。井管系统各部件均应安装严密,不得漏气。降水过程中,应加强井点降水系统的维护和检查,保证不间断抽水。对水位降低区域建筑物可能产生的沉降,应进行观测,并采取防护措施。拆除多层井点应自底层开始逐层向上进行,在下层井点拆除期间,上部各层井点应继续抽水。

5. 凿除伸入承台的超灌桩头混凝土

采用手工和风镐相结合的方式进行凿除桩头施工。首先画出设计桩顶的位置，使用风动工具将桩头破除至距设计桩顶 20~30cm 的位置，改为手工凿除比设计承台底标高高 15cm 伸入承台。最后将桩身变形的钢筋整修复原。并通知桩基检测单位，对桩基质量进行检测，检测合格后再进行承台钢筋的绑扎。

验桩径大于或等于 2m 或桩长大于 40m 或复杂地质条件下的基桩，按设计要求在钢筋笼安装时预埋声测管，成桩后采用声波透射法进行检测。对于桩长小于或等于 40m 的钻孔桩全部采用小应变检测。对质量有问题的桩，钻取桩身混凝土鉴定检验。

6. 绑扎承台钢筋

钢筋制作在钢筋加工场内进行，然后将制作成型的钢筋运至现场进行绑扎。钢筋绑扎采用人工和电焊两种方法。特别注意桩身钢筋和承台钢筋的焊接。因承台为一次性浇筑，故必须按照设计图绑扎好墩身钢筋或墩身接茬筋。同时要按照图纸设计要求焊好接地钢筋。

钢筋绑扎完毕后，报请监理工程师对钢筋质量、焊接质量、钢筋数量、钢筋间距等做出检查，等监理工程师同意进入下道工序后，再进行下道工序的施工。

7. 模板安装

承台采用整体钢模进行拼装。拼装之前先用全站仪放出承台的轮廓线，拼装完成后用全站仪复核并调整其位置，同时用水准仪测其高程，使其与设计高程相符合。

模板安装完毕后，要报请监理工程师对模板平面位置、钢筋保护层等作出检查，等监理工程师检验合格后，再进行混凝土浇筑。

8. 浇筑混凝土

承台混凝土按大体积混凝土施工工艺进行，其混凝土由 11 号拌和站供应，混凝土搅拌运输车运抵至浇筑现场，混凝土输送泵泵送浇筑。

为确保混凝土后期冷却温度，在施工时按间排距 1.0m（水平）×2.0m（垂直）铺设冷却水管，冷却水管采用 ϕ25 焊接钢管，接头采用钢接头，拐角处采用弯头。先将钢管按冷却水管安装图下料及攻丝并运至围堰内，钢筋绑扎完毕后，按设计位置安装，接头处先涂上油漆再拧紧，可防止混凝土浇筑过程中漏浆堵管及通水过程中漏水。安装完毕后，进行试通水，检查管路通水正常方可进行下一道工序。具体如图 3-5 所示。

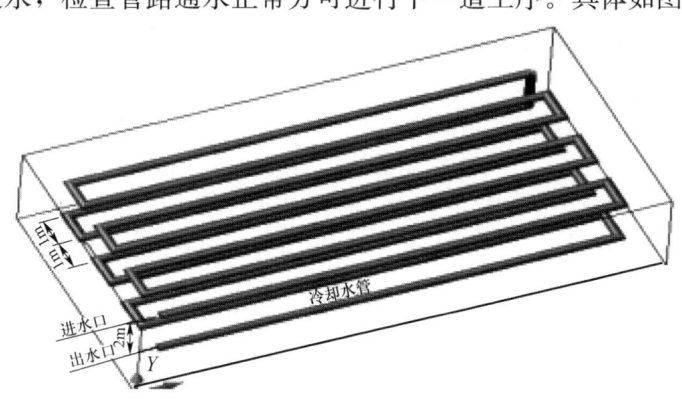

图 3-5　承台冷却水管布置图

9. 基坑回填

承台混凝土浇筑完毕并达到拆模条件时应及时拆模并进行基坑回填（在混凝土浇筑完 24～48h 后，略微松开模板，并继续洒水养护，继而拆除模板）。混凝土拆模时的强度应符合设计要求。当设计未提出要求时，应符合下列规定：

（1）侧模在混凝土强度达到 2.5MPa 以上，且其表面及棱角不因拆模而受损时，方可拆除。

（2）混凝土与环境的温差不得大于 15℃。当温差在 10℃ 以上但低于 15℃ 时，拆除模板后的混凝土表面宜采取临时覆盖措施。

（3）采用外部热源加热养护的混凝土，当养护完毕后的环境气温仍在 0℃ 以下时，应待混凝土冷却至 5℃ 以下且混凝土与环境之间的温差不大于 15℃ 后，方可拆除模板。

基坑回填填料应符合设计和规范要求，按照 30cm 一层，对称回填，分层夯实，碾压采用汽油夯或者小型压路机，回填高度以低于承台顶面 10cm 为宜，以便于墩身施工时支立模板及支架，剩余部分待墩身混凝土施工完成后再行施工。

10. 质量保证措施

承台采用在基坑内设集水井，用水泵抽排的办法来排除地下水对承台施工的影响。

在钢筋绑扎前，基底应铺设一层 5～10cm 的 M10 水泥砂浆，作为绑扎钢筋的作业平台。混凝土浇筑过程中确保无水情况下浇筑，混凝土终凝前不得浸水。

承台混凝土按大体积混凝土施工工艺进行，其拌和、运输、浇筑、养护等均按高性能混凝土的标准要求进行。

严寒天气停止混凝土的施工。为避免大体积混凝土施工水化热过高现象，另外为减少封底混凝土所承受的压力，承台按不同几何尺寸分层浇筑；同一几何尺寸的承台，则须一次浇筑成型。

为了减小混凝土表面温度裂纹，承台混凝土采用连续斜面薄层推移式浇筑方法浇筑，每层厚度控制在 40cm 以内，以充分利用混凝土层面散热。

承台混凝土拆模后，基坑及时用原土分层回填夯实，桥台台背处基坑则用级配碎石进行回填。

承台的钢筋、模板、混凝土允许偏差和检验方法见表 3-8、表 3-9、表 3-10。

表 3-8 钢筋安装及钢筋保护层的允许偏差和检验方法

序号	项目	允许偏差（mm）		检验方法
1	受力钢筋排距	±5		尺量，中间、两端各 1 处
2	同一排中受力钢筋间距	±20		
3	分布钢筋间距	±20		
4	箍筋间距（绑扎/焊接骨架）	±20/±10		尺量，连续 3 处
5	弯起点位置（含加工偏差±20mm）	30		尺量检查不少于 5 处
6	钢筋保护层厚度 C	C≥35mm	+10/−5	尺量，中间、两端各两处

表 3-9 承台模板安装允许偏差表

序号	检查项目		允许偏差（mm）	检验方法
1	轴线位置	承台	15	尺量每边不少于 2 处
2	表面平整度		5	2m 靠尺和塞尺不少于 3 处
3	高程	承台	±20	测量
4	相邻两板表面高低差		2	尺量

表 3-10 承台混凝土的允许偏差和检验方法

序号	项目	允许偏差（mm）	检验方法
1	尺寸	±30	尺量长、宽、高各 2 点
2	顶面高程	±20	测量 5 点
3	轴线偏位	15	测量纵横各 2 点
4	前后、左右边缘距设计中心线尺寸	±50	尺量各边 2 处

3.1.5 墩、台身部分工程施工

1. 施工方案

在丁蜀特大桥分项工程中桥墩皆为矩形实体墩。

模板：对于本单位工程的实体墩墩身混凝土采用整体式钢模板，以 10m 为一个浇筑段，10m 以下一次浇筑成型，10m 以上分两层浇筑（最高墩身高 16.5m）。采用整体钢模，托盘顶帽采用整体定型钢模。

钢筋、混凝土施工：墩身钢筋，实心墩按模板分节高度，分节绑扎成型，现场焊接，焊接接头分布满足规范要求。混凝土拌和站集中生产，混凝土输送车运输，混凝土地泵或泵车入仓，连续灌注。

支承垫石施工前实测墩顶标高，并根据实测标高，调整垫石高度，支承垫石在支座安装前再安排浇筑完成。

混凝土养护：根据季节不同分别选用混凝土的养护施工方法，夏季主要采用降温法养护，冬季主要采用保温法养护。

2. 施工工艺流程

施工工艺流程图如图 3-6 所示。

3. 模板工程

墩台身模板拟采用厂制定型无拉杆整体钢模。采用汽车运输至墩位附近，现场拼装成整体，用汽车吊吊装就位。模板拼装时要求错台＜1mm，拼缝＜1mm。安装完成后，利用全站仪复核其平面位置与垂直度。墩身模板安装允许偏差如表 3-11 所示。

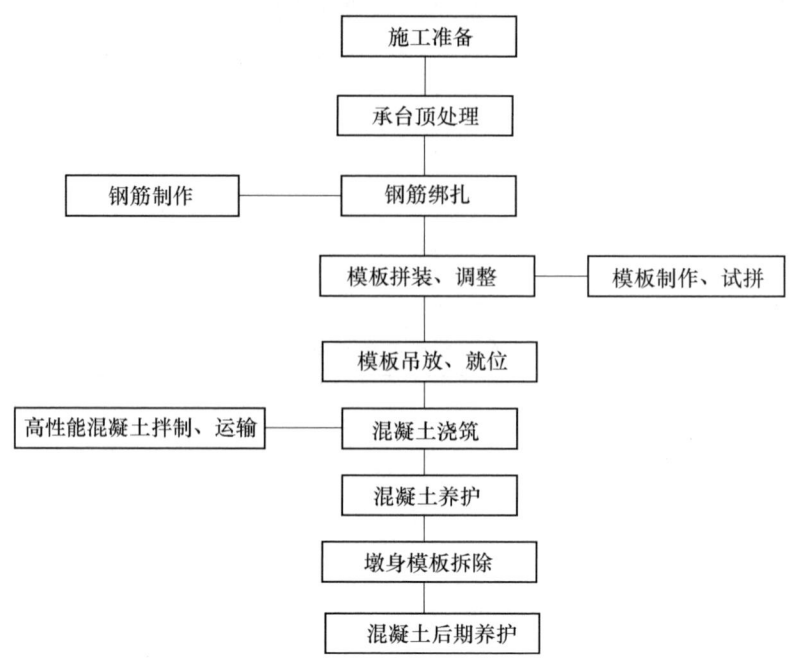

图 3-6 墩台身施工工艺流程图

表 3-11 墩身模板安装允许偏差表

序号	检查项目	允许偏差（mm）	检验方法
1	前后、左右距中心线尺寸	±10	测量检查每边不少于2处
2	表面平整度	3	1m靠尺检查不少于5处
3	相邻模板错台	1	尺量检查不少于5处
4	同一梁端两垫石高差	2	测量检查
5	墩台支承垫石顶面高程	0，−5	水准仪测量
6	预埋件和预留孔位置	5	纵横两向尺量检查

4. 钢筋制作安装

钢筋在钢筋场加工车间按设计图纸集中下料，分型号、规格存放、编号，平板车运到现场，在桥墩钢筋骨架定位模具上绑扎。其质量应符合表 3-12 的规定。

表 3-12 钢筋安装及钢筋保护层的允许偏差和检验方法

序号	项目	允许偏差（mm）		检验方法
1	受力钢筋排距	±5		尺量，中间、两端各1处
2	同一排中受力钢筋间距	±10		
3	分布钢筋间距	±20		
4	箍筋间距（绑扎/焊接骨架）	±20/±10		尺量，连续3处
5	弯起点位置（含加工偏差±20mm）	30		尺量
6	钢筋保护层厚度 C	C≥35mm	+10/−5	尺量，中间、两端各两处

结构主筋接头采用搭接焊，主筋与箍筋之间采用扎丝进行绑扎。绑扎或焊接的钢筋网和钢筋骨架不得有变形、松脱现象。并要按设计图纸要求焊好接地端子和接地钢筋。钢筋保护层采用混凝土垫块支立。

钢筋绑扎完毕后，报请监理工程师对钢筋质量、焊接质量、钢筋数量、钢筋间距等进行检查，等监理工程师同意后，再进行下道工序的施工。

5. 混凝土浇筑

混凝土采用 6m³ 或 8m³ 混凝土运输车运输，地泵或汽车泵泵送入模，分层浇筑，连续进行，插入式振捣器振捣。施工时尽量减少暴露的工作面，防风、防晒、防冻、防雨，浇筑完成后立即抹平进入养护程序。在浇筑混凝土以前，要报请监理工程师对钢筋绑扎和模板平面位置进行检查，等监理工程师验收后再进行混凝土浇筑。混凝土墩台允许偏差表如表 3-13 所示。

表 3-13 混凝土墩台允许偏差表

序号	检查项目	允许偏差（mm）	检验方法
1	墩台前后、左右距设计中心线尺寸	±20	测量检查不少于 5 处
2	桥墩平面扭角	2°	
3	空心墩壁厚	±5	
4	表面平整度	5	1m 靠尺检查不少于 5 处

6. 混凝土养护

根据施工对象、环境、水泥品种、外加剂以及混凝土性能不同提出具体的养护方案。当新浇结构物与流动水接触时，采取防水措施，保证混凝土在规定的养护期之内不受水的冲刷。拆模后的混凝土立即使用塑料薄膜裹护，进行保温保湿封闭养护，养护时间不少于规范要求。

养护期间混凝土强度未达到规定强度之前，不得承受外荷载。当混凝土强度满足拆模要求，且芯部混凝土与表层混凝土之间的温差、表层混凝土与环境之间的温差均≤15℃时，方可拆模。

7. 混凝土温度控制

混凝土测温工作分为混凝土拌和物的测温、混凝土施工测温、养护期测温。根据构造物尺寸、环境温度及浇筑工艺不同，选取有代表性的结构使用测温仪，及时掌握混凝土内部温度、表层温度。并绘制温度曲线图，当发现混凝土浇筑温度、内外温差或降温速率出现异常时，应及时处理。

混凝土养护期间，混凝土内部最高温度不宜超过 65℃，混凝土内部温度与表面温度之差、表面温度与环境温度之差不宜大于 20℃（墩台梁体混凝土不宜大于 15℃），养护用水温度与混凝土表面温度之差不得大于 15℃。

拆模时混凝土芯部与表层、表层与环境之间的温差不得大于 20℃（墩台、梁体芯部混凝土与表层混凝土之间、表层混凝土与环境之间以及箱梁腹板内外侧之间的温差均不得大于 15℃）。混凝土内部开始降温前不得拆模。

混凝土入模温度宜控制在 5～30℃；新浇筑混凝土与邻接的已硬化的混凝土或岩土介质间浇筑时的温差不得大于 15℃。养护时混凝土的芯部与表层、表层与环境之间的温差不宜超过 20℃（截面较为复杂时，不宜超过 15℃）。混凝土的内表温差应小于 25℃；混凝土的浇筑温差小于 $T+4℃$（T 为浇筑期平均气温），混凝土最高温升不超过 35℃；控制降温速度在 2℃/d 左右。

8. 施工缝处理

为提高混凝土耐久性，具备条件的墩台身应尽量一次浇筑完成，在每个工作段施工前必须做好意外停水、停电的应急措施，尽量避免由施工原因造成在混凝土浇筑过程中出现施工缝。当不可避免施工缝时，按规范要求进行混凝土施工缝处理。

施工缝处理按相关规定进行，当施工缝处于水平状时，浇筑上层混凝土前应首先浇筑 50～100mm 厚的水泥砂浆，以提高接缝处混凝土的密实性。

9. 墩台墩帽

施工方法：顶帽及托盘采用在墩四周搭设碗扣式支架，模板采用大块定型钢模，用地泵或泵车入仓灌注混凝土。

①搭设支架：搭设支架前，对地基进行平整夯实，铺垫 20cm 厚碎石垫层。有条件处可直接搭设在承台顶面上。支架立柱间距 90cm，用 ϕ48 钢管斜向加固支撑。

②模板及钢筋安装：模板安装采用汽车吊辅助作业，并与墩顶模型连接牢固。钢筋在加工现场统一下料，汽车运到施工现场绑扎成型，钢筋焊接、绑扎牢固。埋设好预埋件并固定。同时报请监理工程师检查，做出明确批示后再进入下道工序。

③混凝土浇筑：混凝土由拌和站拌制，混凝土运输车运至墩位，地泵或泵车连续灌注混凝土，采用插入式振捣棒振捣密实。混凝土浇筑完毕后洒水养护。

托盘（顶帽）施工工艺流程：测量放线→墩柱（托盘）混凝土顶面凿毛清洗→绑扎托盘（顶帽）钢筋→模板安装就位→报监理工程师验收→灌注托盘混凝土→养护墩台。

墩台帽施工质量保证措施：将墩台顶面冲洗干净，凿除墩台混凝土顶面浮浆，整修连接钢筋。检查模板、钢筋及预埋件的位置和保护尺寸，确保位置正确不发生变形。钢筋骨架绑扎、焊接牢固，在灌注混凝土过程中不发生任何松动。墩台帽模板采用大块定型钢模，模型由专业生产厂家制作，模型表面粗糙度高，接口缝隙严密、不漏浆，满足设计及有关规范要求。墩台混凝土配合比、坍落度、和易性符合规范要求。成型混凝土表面达到清水混凝土要求。墩台身混凝土一律采用抗侵蚀混凝土。

10. 墩台身施工质量保证措施

施工前必须做好停水、停电的应急措施，尽量避免施工缝的出现。施工时尽量减少暴露的工作面，防风、防晒、防冻、防雨，浇筑完成后立即抹平进入养护程序。

混凝土拌和阶段通过降低材料温度、改进搅拌机投料顺序等措施来降低混凝土出机温度。浇筑阶段通过降低运输容器温度、适当选择浇筑时间、分层浇筑等技术措施来降低混凝土温度。养护阶段通过内部降温或外部升温、保温及提高养护水温等措施，使混凝土核心温度、表面温度、外界温度差值控制在规定的范围内。

采用大块钢模，保证混凝土外观质量。

11. 墩台身混凝土裂缝的预防措施

（1）干缩裂缝及预防。干缩裂缝多出现在混凝土养护结束后的一段时间或是混凝土浇筑完毕后的一周左右。水泥浆中水分的蒸发会产生干缩，且这种收缩是不可逆的。干缩裂缝的产生主要是由于混凝土内外水分蒸发程度不同而导致变形不同的结果：混凝土受外部条件的影响，表面水分损失过快、变形较大，内部湿度变化较小、变形较小，较大的表面干缩变形受到混凝土内部约束，产生较大拉应力而产生裂缝。相对湿度越低，水泥浆体干缩越大，干缩裂缝越易产生。混凝土干缩主要和混凝土的水胶比、水泥的成分、水泥的用量、骨料的性质和用量、外加剂的用量等有关。

主要预防措施：一是混凝土的干缩受水胶比的影响较大，水胶比越大，干缩越大，因此在混凝土配合比设计中应尽量控制好水胶比的选用，同时掺加合适的减水剂。二是严格控制混凝土搅拌和施工中的配合比，混凝土的用水量绝对不能大于配合比设计所给定的用水量。三是加强混凝土的早期养护，并适当延长混凝土的养护时间。冬季施工时要适当延长混凝土保温覆盖时间，并养护。

（2）塑性收缩裂缝及预防。塑性收缩是指混凝土在凝结之前，表面因失水较快而产生的收缩。其产生的主要原因为：混凝土在终凝前几乎没有强度或强度很小，或者混凝土刚刚终凝而强度很小时，受高温或较大风力的影响，混凝土表面失水过快，造成毛细管中产生较大的负压而使混凝土体积急剧收缩，而此时混凝土的强度又无法抵抗其本身收缩，因此产生龟裂。影响混凝土塑性收缩开裂的主要因素有水胶比、混凝土的凝结时间、环境温度、风速、相对湿度等。

主要预防措施：一是选用干缩值较小、早期强度较高的硅酸盐或普通硅酸盐水泥。二是严格控制水胶比，掺加高效减水剂来增加混凝土的坍落度和和易性，减少水的用量。三是浇筑混凝土之前，将基层和模板浇水均匀湿透。四是及时覆盖塑料薄膜，保持混凝土终凝前表面湿润，或者在混凝土表面喷洒养护剂等进行养护。五是在高温和大风天气要设置遮阳和挡风设施，及时养护。

（3）温度裂缝及预防。温度裂缝多发生在大体积混凝土表面或温差变化较大地区的混凝土结构中。在混凝土的施工中当温差变化较大，或者是混凝土受到寒潮的袭击等，会导致混凝土表面温度急剧下降而产生收缩，表面收缩的混凝土受内部混凝土的约束，将产生很大的拉应力而产生裂缝，这种裂缝通常只在混凝土表面较浅的范围内产生。

主要预防措施：一是改善骨料级配，掺加粉煤灰或高效减水剂等来减少水泥用量，降低水化热。二是改善混凝土的搅拌加工工艺，在传统的"三冷技术"的基础上采用"二次风冷"新工艺，降低混凝土的浇筑温度。三是在混凝土中掺加一定量的具有减水、增塑、缓凝等作用的外加剂，改善混凝土拌和物的流动性、保水性，降低水化热，推迟热峰的出现时间。四是高温季节浇筑时可以采用搭设遮阳板等辅助措施控制混凝土的温升，降低浇筑混凝土的温度。五是合理安排施工工序，分层、分块浇筑，以利于散热，减小约束。六是加强混凝土养护，混凝土浇筑后，及时用湿润的棉毡、麻片等覆盖，并注意洒水养护，适当延长养护时间，保证混凝土表面缓慢冷却。在寒冷季节，混凝土表面应设置保温措施，以防止寒潮袭击。

3.2　丁蜀特大桥跨新长铁路 1 号、2 号墩施工

3.2.1　工程概况与技术难点

1. 工程概况

跨新长铁路大桥于新长铁路里程 K511+374 处以 1 号、2 号桥墩跨越既有新长铁路，该段的新长线处于深路堑中，右侧边坡为浆砌片石护坡厚 30cm，坡度 1:1.3，高 9.75m，左侧边坡为土边坡，高 5.7m。新长铁路为单线，客运专线中线与新长铁路中线的夹角为 45°，新长铁路轨面标高为 18.51m，客运专线梁底标高为 28.42m，设计行车净空为 7.96m。

1 号墩承台位于新长线右侧浆砌片石边坡上，承台最边缘距离钢轨最近为 7.82m，距离路基挡墙 5.41m，承台底比右侧排水沟底高 1.03m，比钢轨顶低 2.628m，基础为 8 根直径 1.0m、长 12m 的灌注桩，承台尺寸为 5.6m×10.2m×2.0m，墩身高度为 10m，墩身距钢轨外侧最近距离为 10.22m。

2 号墩承台位于新长线左侧边沟外侧平台及土路堑边坡上，边沟外侧平台标高 17.84m，低于承台顶面 0.47m。承台边缘距离钢轨最近为 2.63m，距路基挡墙外侧 18cm，承台顶面比钢轨顶底低 20cm，底面比左侧排水沟底面低 70cm。墩基础为 8 根直径 1.0m、长 12.5m 的灌注桩，承台尺寸为 5.6m×10.2m×2.0m，墩身高度为 9.5m，墩身距钢轨外侧最近距离为 5.03m。

该交叉处新长线路基右侧为浆砌片石挡墙，挡墙高 2.63m；左侧亦为浆砌片石挡墙，高 0.83m。

跨新长铁路大桥与新长线的交点距宜兴站 3.13km，距丁山站 10.60km，火车从丁山站出发至跨新长铁路大桥处需 8min，从宜兴站出发至跨新长铁路大桥需 3min。每昼夜新长线经过 9 对列车，维修天窗时间一般为每天 8:00—9:00，但不是很固定。施工地点沿新长铁路两端各 800m 远，通视状况良好，便于施工防护时的瞭望。

2. 地质资料

根据地质图，跨新长铁路大桥 1 号、2 号墩所处位置，原地表土为全风化砾岩，地基承载力 200kPa。承台全部位于全风化砾岩上，承台底部以下为强风化砾岩，厚度 3.8m，地基承载力 350kPa，强风化砾岩层下为弱风化砾岩，地基承载力 500kPa，地下水位较低，地下水及地表水对混凝土结构均无侵蚀性。

（1）工程地质条件。如表 3-14 所示。

表 3-14　工程地质条件

时代成因	地层代号	土名	状态	基本承载力（kPa）
Q_4^{ml}	（1）	填筑土		
Q_3^{al}	（3）1-1	粉质黏土	软塑	120
Q_3^{al}	（3）2	含砾粉质黏土	硬塑	250
K_2^1	（4）1	砾岩	全风化	200

续表

时代成因	地层代号	土名	状态	基本承载力（kPa）
K_2^1	（4）2	砾岩	强风化	350
K_2^1	（4）3	砾岩	弱风化	500

（2）地震动参数。根据《中国地震动参数区划图》(GB 18306—2001)，本区地震动峰值加速度为 $0.05g$；地震动反应谱特征周期为 $0.35s$。

3. 施工特点、重点及难点

1号墩和2号墩临近既有新长线铁路，为确保行车安全，施工前应对既有线路路基加强防护，严格控制基础作业前既有线边路基的开挖和靠近既有线一侧的防护安全（见图3-7至图3-9）。同时采用有限元分析软件对两基坑的施工过程进行数值模拟。

图3-7 跨新长铁路1号墩、2号墩现场地形地貌图

图3-8 跨新长铁路大桥1号墩地形地貌

图 3-9　跨新长铁路大桥 2 号墩地形地貌

3.2.2　安全防护施工方案

1. 施工准备

（1）清查管线。施工前，必须对 1 号墩、2 号墩附近的管线用人工挖探沟进行清查，并与管线管理单位联系，获得管线具体位置资料及管线现状与使用状况。与管线管理单位签订施工安全协议。

施工时，必须有管线管理单位人员在现场监护，挖出的管线需经管线管理单位人员确认并办理签认手续后，方可迁移并采取保护措施。

（2）签订安全协议。施工前，与铁路工务、车务、供电、电务部门签订安全配合协议，并委托铁路工务、电务部门在施工时进行监护及安全防护。

作业人员进厂后立即进行三级安全教育。作业人员和机械设备在作业前要进行安全技术交底。作业人员和机械设备要按规定的线路进出工作面，闲人不得进入施工区。

（3）施工场地布置。

①道路布置。跨新长铁路大桥 1 号墩和 2 号墩位于新长铁路路堑地段，1 号墩处边坡坡顶与承台顶面高差 6.7m，2 号墩边坡坡顶与承台顶面高差 4.7m。拟从新长铁路两侧各设置一条施工便道进入桥墩所在场地。到 1 号墩的 L1 便道长 60m，道路为泥结石路面，宽 5m，距离 1 号墩承台 1 号棱角 16m 处时，由 5m 宽渐变为 16.62m 宽，坡度为 11%。到 2 号墩的 L2 便道长 100m，道路为泥结石路面，从起点到 63m 处便道宽 5m，坡度为 0，从 63m 处到终点，便道由 5m 宽渐变到 16.32m 宽，坡度为 12.7%。便道两侧边坡坡度为 1∶1.5。边坡防护为打锚杆，挂网喷射混凝土进行防护。锚杆为直径 16mm、长 1.5m 的螺纹钢，间距 1.5m，梅花形布置。防护网为普通铁丝网，用扎丝与锚杆相连，喷射 5cm 厚的混凝土。

②施工场地布置。a. 1 号墩场地布置。1 号墩施工平台标高为 16.382m，轨顶标高为 18.51m。1 号墩布置一个 14.2m×16.62m 的施工平台，承台 1 号棱距离施工便道起坡点为 1m，2 号棱距离便道边坡坡脚 1m，3 号棱距离施工平台边 2m，平台边距离路基挡墙 3.41m。4 号棱距离便道边坡坡脚 4m。在 L1 道路右侧 10m 处布置一材料堆放区。b. 2 号

墩场地布置。2号墩布置一个12.37m×16.32m的施工平台，施工平台标高为17.01m，和新长线左侧边沟底面相平。轨顶标高为18.51m。2号墩承台1号棱距离钢轨外侧2.63m，2号棱距离便道边坡坡脚4m，3号棱距离便道起坡点1.33m，4号棱距离便道边坡坡脚1m。在L2道路左侧10m处布置一材料堆放区。

③施工期排水。在L1便道两侧坡脚处各设置一条排水沟，排水沟截面为倒梯形，尺寸为0.35m×0.5m×0.4m（底宽×顶宽×深度），排水沟出口通至新长铁路右侧排水沟，在1号承台1号棱外侧修筑一截水沟，截水沟截面形式为倒梯形，尺寸为0.4m×0.6m×0.45m（底宽×顶宽×深度），截水沟与两侧排水沟相通；在L2便道两侧坡脚处各设置一条排水沟，排水沟截面为倒梯形，尺寸为0.35m×0.5m×0.4m（底宽×顶宽×深度），排水沟出口通至新长铁路左侧排水沟。排水沟利用小型机械开挖，人工夯实，表面抹M15的砂浆5cm厚。

④工字钢桩防护。1号墩距离新长线较远，并且承台底比新长线右侧排水沟底高1.03m，不影响路基挡墙的稳定，故不设工字钢桩加固路基防护。2号墩1号棱离轨道最近，距离为2.63m，离路基挡墙18cm，承台底比新长线左侧水沟底低0.7m，需设工字钢桩加固路基挡墙防护。施工平台完成后在靠既有线一侧紧贴路基挡墙处插打20a工字钢桩一排，间距50cm，工字钢桩距离钢轨外侧2.45m。工字钢桩长度为4.8m，外露边坡顶面0.42m支护高度为1.37m，插入承台以下3.0m（见图3-10）。

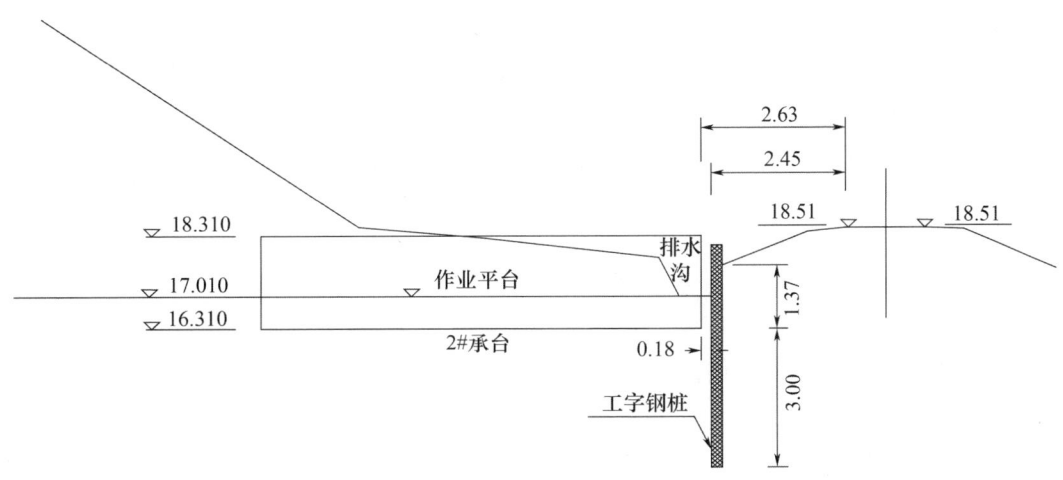

图3-10 2号工字钢桩位布置图

工字钢桩施工利用列车不经过时进行，原则上不进行封锁要点施工。采用人工挖孔，并隔孔开挖，成孔后人工配合起重机吊装工字钢安装，混凝土埋设至承台底部。工字钢桩施工的全过程由新长铁路工务段委派的专职安全员进行防护，同时在铁路路基坡脚设置位移观测点，观测基坑开挖过程中铁路路基的变化情况，若发现异常，立即停止开挖，采取有效措施后方可继续施工。列车经过时停止施工。

按实际情况，2号承台基坑开挖$H=2m$，基坑土为砾石土，砾石的内摩擦角$\varphi=35°$。重度$\gamma=20kN/m^3$。承台底面以上和以下的土质考虑为一致，均为天然含水量的土。考虑到基坑开挖要使用挖掘机，坑沿活载为$92kN/m^2$（图3-11）。

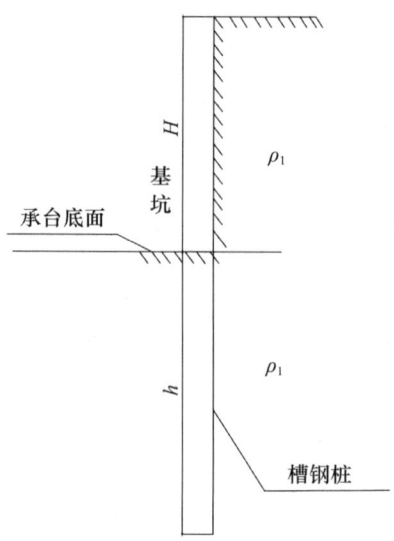

图 3-11 计算示意图

由《铁路桥涵施工手册》可知：

固定荷载 $\alpha=0.8$，$\beta=1.45$，$h=\alpha H=0.8\times 2=1.6$（m），$M=\beta H_3=1.45\times 2^3=11.6$（kN·m）。

活载 $a=0.8$，$b=0.1$，$c=5$，$d=9$。

因为铁路活载为 $92kN/m^2$，而《铁路桥涵施工手册》上的基础活载为 $34kN/m^2$，铁路活载是基础活载的 2.7 倍。

$\Delta h=2.7(a+bH)=2.7(0.8+0.1\times 2)=2.7$（m）

$\Delta M=2.7(cH+dH_2)=2.7(5\times 2+9\times 4)=124.2$（kN·m）

固定荷载+活载如下：

$h+\Delta h=4.3m$（所需最小入土深度）

$M+\Delta M=135.8$（kN·m）

工字钢桩选用 20a 工字钢。

$W=236.9cm^3$

$S_x=136.1cm^3$

$I_x=2369cm^4$

$d=0.007m$

$\sigma=M/W=57.3$（MPa）$<145MPa$（满足要求）

⑤施工平台防护。施工平台临近既有线一侧设置防护排架，把施工区和既有线隔离开，预防施工过程中的一些工器具侵限。在靠营业线一侧距离 1 号承台 3 号棱外 1.5m、距离钢规外侧 6.32m，2 号墩施工平台紧贴路基挡墙处各设置一道防护排架，防护排架距离钢轨外侧 2.45m。防护排架搭设，长度为沿既有线方向 20m，外露高度超出施工平台面 1.8m，基础埋深 3.0m，立柱采用 16 号工字钢，横向连接采用钢管，在排架上绑立石棉瓦或彩钢板，排架施工过程中应防止各种机械设备及物资侵入既有线限界。2 号承台外防护排架部分利用工字钢桩，防护排架焊接在工字钢桩上，上端用缆风绳拉住。

排架基础深度3.0m,采用混凝土浇筑固定,槽钢间距1.5m,钢管间距0.3m。防护排架详见图3-12。

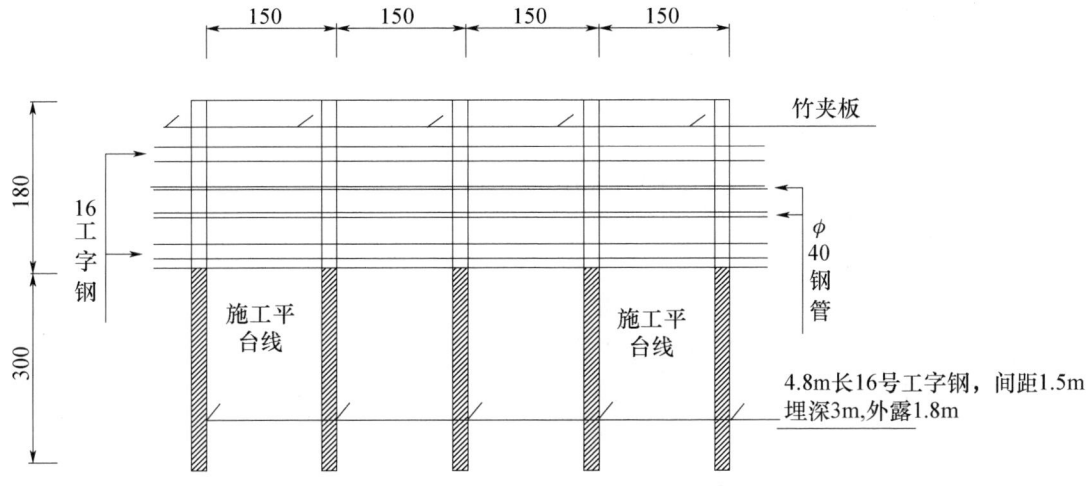

图3-12 防护排架图

计算书如下:
本结构为围护结构。
$W_k = \beta_{gz}\mu_s\mu_z w_0 = 1.88 \times 1.3 \times 1.0 \times 0.25 = 0.611$ (kN/m²)
其中:W_k 为围护结构风压(kN/m²)。
β_{gz}(阵风系数)=1.88
μ_s(风荷载体系系数)=1.3
μ_z(风荷载高度变化系数)=1.0
w_0(基本风压)=0.25kN/m²
立柱间距1.5m,挡护高度L=2.5m(图3-13)。

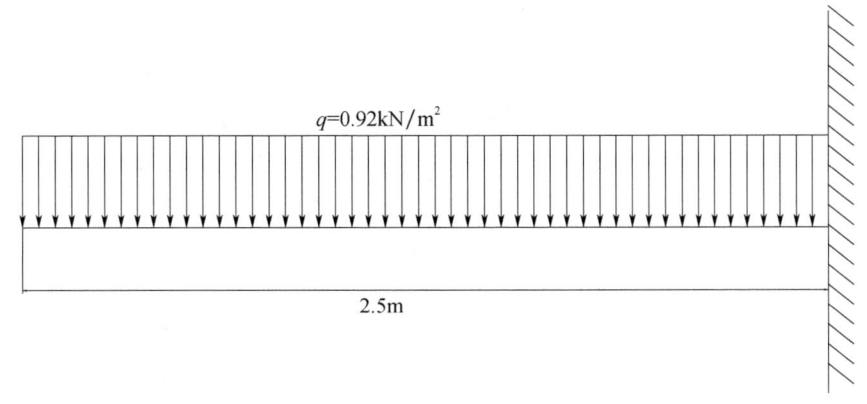

图3-13 计算示意图

$q = 0.611 \times 1.5 = 0.92$ (kN/m²)
$M = 0.5 \times q \times L_2 = 0.5 \times 0.92 \times 2.5^2 = 2.88$ (kN·m)
$V = q \times L = 0.92 \times 2.5 = 2.3$ (kN)

因为立柱为 16 号工钢故有：

$W=140.9 \text{cm}^3$

$S_x=80.8 \text{cm}^3$

$I_x=1127 \text{cm}^4$

$d=0.006 \text{m}$

$\sigma=M/W=20.44 \text{MPa}<145 \text{MPa}$（满足要求）

$\tau=(VS_x)/(I_xd)=2.75 \text{MPa}<85 \text{MPa}$（满足要求）

防护排架的安装防护同工字钢桩防护。

（4）施工用水、用电。

水：拟由临近新长铁路线居民生活水井供水。

电：施工用电用 60kW 发电机一台提供。

（5）拌和站。1 号和 2 号墩使用的混凝土均由 9 号混凝土拌和站集中拌制，通过混凝土运输车运至施工现场。

（6）钢筋加工车间。钢筋在 5 号钢筋场加工，用车倒运至施工现场。

2. 安全施工防护方案

（1）既有线行车防护。

①既有线施工安全防护委托长兴工务段进行，并签订委托防护协议。要求施工开始时设 3 名具有铁道部门颁发的安全防护资质证书的防护员，于施工地点设一名，于施工地点前后沿新长铁路各 800m 处设一名，配齐应具备的防护用品、用具等。

②于丁山站和宜兴站各设一名驻站联络员，施工中随时与施工地点防护员进行联系。施工地点防护员要随时掌握列车运行情况，列车到来时及时通知作业人员及机械设备停止施工，并注意安全。

③列车从宜兴站或丁山站出发时，必须停止影响列车安全运行的一切施工，且人员、机具设备等均应撤离至安全地带，保证列车安全通过。

④防护人员必须认真履行职责，集中精力，站在便于瞭望的地方认真防护，及时联系和掌握列车运行情况及列车在作业区段内的运行时刻，不允许做与防护无关的事情。

⑤施工前的准备工作、桩基、承台墩柱施工根据现场条件，均采用列车行车间隔和天窗点期间进行，但全过程必须有专职有资质的工务段防护员进行监护。

（2）桩基施工防护。根据 1 号、2 号承台地质条件和现场实际情况，桩基施工采用旋挖钻不具备条件，采用冲击钻对既有线会造成一定程度的扰动，而该部位地下水位较低，桩基础只有 12m 及 12.5m 长，故桩基施工采用人工挖孔。

①人工挖孔防护。为保证人工挖孔安全，在每个桩先浇筑 30cm 厚、深 1m 的 C20 钢筋混凝土锁口，锁口钢筋采用 $\phi 8@20\text{cm}\times 20\text{cm}$。在人工挖孔过程中，每下挖 2m，即打混凝土护壁 2m，循序渐进，边开挖边支护，护壁厚 10cm，标号为 C20。

在雨天施工时，每个桩孔上搭设防雨棚，以保证孔内施工人员的安全。若孔内出现渗水或有积水，应及时采用水泵抽出。随着井孔深度的增加，为保证井底施工人员有足够的氧气，采用鼓风机用风带往井底送风。在既有线列车通过时，应停止人工挖孔作业。

②钢筋笼吊装防护。起重机就位前，在其就位处铺设大块钢板，而且，受力支腿必

须打在钢板上,同时必须打副腿,起重机必须平衡支撑。必须派专人指挥,严禁无人指挥或多人指挥。吊装设备每天作业前要检查,检查设备的性能是否完好,挂钩是否符合要求。钢筋笼在起吊前,安检人员必须检查钢丝绳有无破损、编织接头是否完好、U形卡是否正确安装和紧固是否可靠。在大臂竖起前,必须在起重机第一节大臂系钢丝绳,钢丝绳在旋转作业时,由专人拉着钢丝绳与起重机同步转动。钢筋笼分两节安装,以6m为第一节,其余长度为第二节。

吊装钢筋时,起吊点必须加固。起吊钢筋笼时,必须在钢筋笼下部系缆绳,防护人员进行拽拉,防止钢筋笼在起吊离地后由于晃动摆幅过大发生安全事故。钢筋笼吊装过程中,必须由安检人员监控检查起重机支腿是否有下沉现象。如有下沉现象,立即停止吊装作业。对支腿进行重新支护后,再行试吊。如无异常方准吊装。上半节钢筋笼吊起就位后,由专门拉钢丝绳的人将钢丝绳另一端系在地锚上,松紧状态以不影响起重机15°范围内转动工作为准。在既有线列车通过时应停止钢筋笼吊装作业,停止作业前,应将钢筋笼采用缆风绳进行锚固、固定稳妥,避免对行车安全造成影响。

(3)承台施工防护。

1号墩、2号墩承台位于新长线铁路路基坡脚外,人工配合挖掘机及自卸汽车进行基坑开挖。

1号承台底部标高为15.882m,轨顶标高为18.51m。1号墩3号棱离轨道最近,距离为7.82m。由于1号墩承台距离轨道较远,而承台处地质情况为全风化砾岩,基本承载力为200kPa,所以基坑开挖时以1∶0.5放坡开挖。

2号承台底部标高为16.31m,轨顶标高为18.51m。2号墩1号棱离轨道最近,距离为2.63m。在人工挖孔施工前已经在承台边缘外打插了工字钢桩,在进行承台基坑开挖时要注意保护工字钢桩,在离工字钢桩1m范围内应采用人工开挖,禁止采用大型机械铲挖。

承台模板采用整体大块钢模,人工配合汽车吊现场安装。承台钢筋在加工场制作,预埋件提前加工制作,运至现场安装。钢筋用汽车运输。钢筋、模板安装前,搭设脚手架平台、栏杆及上下扶梯;人工搬运和绑扎钢筋时,互相配合,同步操作。在已安装的钢筋上不得行走,并架设交通跳板,或搭脚手架。模板就位后,立即用撑木等固定位置,以防倾倒伤人。当借助吊机吊模板合缝时,模板底端用撬棍等工具拨移。每节模板立好后,上好连接器和上下两道箍筋,打好内撑,方可暂停作业,以保持稳定。在竖立模板过程中,上模板工作人员的安全带拴于牢固地点,穿拉杆时,内外呼应。模板吊装前,使模板连接牢固、内撑、拉杆、箍筋上紧,吊点正确牢固。起吊时,拴好溜绳,并听从信号指挥,不得超载。

使用混凝土振捣器时,须检查振捣器的外壳接地装置及胶皮线情况、电线的端部与振捣器的连接情况、振捣器的搬移地点及在间断工作时电源开关关闭情况。检查合格方准使用。拆除模板之前,设立禁区,并按规定程序进行拆模。

保证承台施工人员佩戴安全帽,带好防护用品;临时电力线架空架设,保证绝缘良好,配电箱接入、接出电线,箱内设置漏电开关;夜间在施工现场须有充足的灯光照明;施工区域设备张贴反光条,并设置醒目标志及安全警示牌,非工作人员严禁进入施工现场。

(4) 墩身施工。

1号墩、2号墩墩身形式均为矩形实心墩，采用一次整体支立钢模，一次浇筑成型。混凝土采用汽车泵泵送入模浇筑。墩台身采用大块拼装式定型钢模板施工，人工配合汽车吊进行模板安装。模板吊装一层，钢筋绑扎一层。模板安装好后，对模板位置偏差和顶面水平进行检查，经调整满足施工规范要求后对钢模加固。

墩台均位于新长铁路路基两侧，1号墩离轨道最近距离为10.22m，墩身高10m，墩顶标高27.882m，轨道顶标高为18.51m。2号墩离轨道最近距离为5.03m，墩身高9.5m，墩顶标高27.81m，轨道顶标高为18.51m。

施工时，采用的是定做的组合钢模板，强度高，稳定性好，2m为一节，一节一节用起重机吊装。吊装过程中用缆风绳与起重机拔杆和地锚连接，松紧状态以不影响起重机15°范围内转动工作为准，模板顶部和底部均系牵引绳，人工牵引，以减小模板在吊装过程中的摇摆。每吊装一节模板，均应在模板顶部采用缆风绳向四周拉住，模板加固稳当后起重机方可松钩。在最后一节模板吊装完成后，在其顶部应用缆风绳固定牢固。在装模及钢筋绑扎、混凝土浇筑的过程中，精心组织施工。材料运输汽车、起重起重机、混凝土运输车、混凝土泵车等机械，安排专人进行现场指挥、布局，机械操作活动范围控制在新长铁路外侧，严禁影响铁路交通安全。墩台施工人员必须佩戴安全帽，带好防护用品。在拆模时，亦采用起重机人工配合，自上往下逐节拆除，轻拆轻放。

吊装设备每天作业前要检查，检查设备的性能是否完好，挂钩是否符合要求。在列车通过时应停止吊装作业，在停止作业前，起重机、模板均应用缆风绳系在地锚上，以保证既有线行车安全，防止发生意外时，模板倾覆在轨道上。

(5) 防止施工现场机械、车辆侵限的规定及应急措施。在营业线附近施工的任何机械设备，无论任何作业，均不得侵入铁路限界。操作人员必须持证上岗，严禁将机械交给无证人员和不熟悉机械设备性能的人员操作。施工作业前，操作人员必须认真听取施工技术人员的现场交底及有关注意事项，并对机械做详细检查，作业中必须集中精力，不得擅自离开工作岗位。

施工机械作业时，必须有专职安全防护员指挥调度，实行一人一机防护。施工地段有列车通过时，通知所有作业的机械设备必须停止作业且离开铁路5m外。禁止挖掘机、起重机等机械的臂杆向既有线一侧做圆周运动。

如施工机械发生意外侵入铁路限界，影响行车安全时，立即用步话机向800m外防护员及临近车站驻站联络员发出紧急通知，采取紧急措施进行停车防护，并尽快组织装载机将故障机械拉离铁路限界外，排除险情，恢复通车。在施工机械未撤出限界以外，行车安全未恢复前，不得撤出停车防护。

施工人员应熟悉既有线施工的安全规定，熟悉列车运行情况和列车行车速度，熟悉各种信号及信号显示方式，服从防护员指令，做到令行禁止。任何人不得擅自使用信号旗、信号灯等信号指挥物品，或拿这些物品在既有线附近嬉闹，以免影响正常行车及安全。

(6) 路基监测措施。为保证铁路运输安全，在开工前对既有线施工实行监测。具体措施如下：

①为确保既有线施工安全，必须设置观测桩，安排工程技术人员现场监测，掌握路

基及轨道的变化情况,及时处理可能影响既有线安全的工程施工。

②设置数量及方式。观测点采用方格网布置。观测站点选择视线好、不受施工和行车干扰的位置,并选择牢固并不易破坏的地点,保证观测精度。

③监测内容及要求。观测分为下沉观测及横向位移观测两种,分设两个观测工作点。桩基施工时每天观测一次。基坑开挖随时观察。一旦发现观测数据发生变化,应及时报宁杭公司工程部。当观测数据发生明显水平位移或下沉变化时,即两次观测数值均出现明显变化(下沉大于3mm或位移大于2mm),或一次观测数值出现±5mm变化时,应首先排除观测错误,立即查找原因进行分析,加密观测次数,同时通知施工负责人,做好鉴认,一旦上述情况继续发展,应立即停止施工,采取防护措施,通知宁杭公司(江苏宁杭高速公路有限公司)、铁四院(中铁第四勘察设计院集团有限公司)、新长铁路工务段有关单位现场分析,提出解决处理的技术方案。一天累计下沉大于2mm或累计位移大于4mm,也应按上述要求进行分析,查找原因,制定措施。

(7) 现场恢复。施工完成后原则上对现场进行原貌恢复。墩身承台部位未能按原状恢复时,根据现场实际情况,可设置必要的M7.5浆砌片石挡墙,30cm厚浆片护坡设置检查台阶,不能恢复的边坡处设置30cm厚浆片平台。

边坡进行恢复时,先回填土料,土料回填应分层进行,回填一层,夯实一层,回填至原来高程时,人工进行修坡,按原要求砌筑浆砌石,恢复其浆砌片石边坡原样。

新长线右侧排水沟施工时未进行破坏,施工完后清理沟内填土等杂物,使其排水畅通。

由于2号承台浇筑完成后,将侵占新长铁路左侧排水沟,新长线左侧排水沟无法恢复,对新长线左侧排水造成影响。鉴于上述情况,施工单位建议设计将2号承台整体降低1.5m,使2号承台顶面与新长线左侧排水沟底部相平。

3.2.3 施工现场应急预案

为了保证安全生产工作落到实处,认真贯彻落实《中华人民共和国安全生产法》《建设工程安全生产管理条例》《铁路营业线施工及安全管理办法》(铁办〔2008〕190号)和《上海铁路局营业线施工安全管理实施细则》(上铁运发〔2008〕316号)等法律、法规和标准,根据有关政策规定,结合我项目部的实际情况,特制定此事故预防及应急救援预案。

制定应急救援预案的目的是快速、有序、高效地控制紧急事件的发展,将事故损失减小到最低程度。

1. 建立工程项目部现场应急救援小组及抢险突击队

工程项目部现场应急救援小组职责:负责事故现场应急的指挥工作,进行应急任务分配和人员调度,有效利用各种应急资源,保证在最短时间内完成对事故现场的应急行动。

工地现场发生重大事故后影响行车运营时,应立即组织人员抢险,同时以最快的方式上报宜兴站、丁山站及宜兴工务车间,随后上报项目部、中水四局指挥部、监理项目部、宁杭公司。有人员伤亡时报120等急救中心。

现场应急救援小组立即组织人员展开抢救伤员和排除险情,防止事故的扩大和蔓延,力求将损失减少至最低程度。

负责指挥调动工地现场的一切所需的应急救援排险物资和人员参与抢险救援，确保抢险救援工作在统一指挥下有序地进行。

协助公司和上级部门开展事故调查，接受公司及政府有关部门对事故的调查处理。协助公司及上级有关部门分析事故原因和性质，吸取事故教训，举一反三地制定并落实相应的预防措施，切实防止类似的事故重复发生。

负责安排专人做好事故的善后处理工作，使各级人员都受到安全教育，在切实做好预防措施和确保安全的情况下，上报有关上级部门，争取尽快批准恢复工地的正常生产。

一旦发生重大安全事故，例如坍塌、滑坡及铁路侵限等，由抢险突击队组织封锁及抢险。

2. 根据施工现场的特点确定的可能引起重大事故的类别

(1) 危及行车安全。包括施工机械侵限、路基坍塌、模板及钢筋笼倒在既有线路上。

(2) 深基坑（槽）倒塌。

3. 应急准备中应遵循的原则

(1) 工程开工前应制定本项目的应急预案。内容包括：防止发生事故所采取的预防措施；可能发生事故现场应配备的器材；发生事故时的应急对策及信息传递。

(2) 作业场所要配备足够数量、种类的应急器材。应急器材要定时检查，做好标识，防止失效，检查要有检查记录。

(3) 在急救过程中，遇到威胁人身安全情况时，应首先确保人身安全，迅速组织脱离危险区域或场所后，再采取急救措施。

(4) 事故发生后，立即由现场防护员通知前后车站及宜兴工务车间，并封锁事故发生区间，事故处理完后达到列车运行条件才允许恢复列车运行。

(5) 项目设紧急联络员一名，负责紧急事务的联络工作，明确联络地址和电话。

(6) 紧急事故处理结束后，部门负责人应填写记录，并召集相关人员研究防止事故再次发生的对策。

4. 重大事故报告及报警原则

(1) 工地现场任何人发现发生重大事故的，必须立即报告工地负责人，工地负责人接到报告后，应立即通知公司总部，并组织现场应急救援小组开展现场抢救工作，如发生人员伤亡或火警等，应分别第一时间直接打电话 120 报急救中心或 119 报火警救助，同时以最快的方式报告公司工程总部及公司领导。

(2) 公司领导接到事故报告后，应立即组织公司应急救援小组赶赴施工现场，组织指挥现场抢救工作，同时将事故的概况（包括伤亡人员，发生事故时间、地点、原因等）分别用电话和快报的办法报告上级主管部门以及政府有关部门。

5. 救援器材及设备

通信设备：固定电话、移动电话、对讲机。

交通工具：供指挥、联系、救援的用车。

急救药品及器材：止血带、颈托、担架等救援器材及灭火器等。

线路事故应急物资设备见表 3-15。

表 3-15 线路事故应急物资设备表

序号	物资设备材料名称	单位	数量	存放地点
1	起重机	台	2	工地现场
2	30t 液压油顶	套	4	工地现场
3	50t 液压油顶	套	4	工地现场
4	手拉葫芦	套	4	工地现场
5	卷扬机	台	4	工地现场
6	潜水泵	台	4	工地现场
7	泥浆泵	台	2	工地现场
8	草包	个	5000	工地现场
9	响墩	只	20	工地现场
10	信号灯	只	6	工地现场
11	信号旗（红、黄）	面	各6	工地现场
12	无线对讲机	套	4	工地现场
13	应急火炬	只	6	工地现场
14	洋镐	副	20	工地现场
15	杠棍	根	30	工地现场
16	鼓包夹板	套	2	工地现场
17	挖掘机	台	2	工地现场

6. 各类事故的预防

根据施工现场确定的可能引起重大事故的类别，制定各项预防及应急措施。一旦出现险情，应当立即通知铁路联络员启动应急预案。

（1）线路发生危及行车安全故障时的一般防护办法。立即使用列车无线调度电话等通信设备通知车站或运行列车，并在故障地点设置停车信号，如瞭望困难，遇降雾、暴风雨（雪）、扬沙等恶劣天气或夜间，还应点燃火炬。

当确知一端先来车时，应先向该端，再向另一端放置响墩（图3-14），然后返回故障地点。图中 A 为 800m。

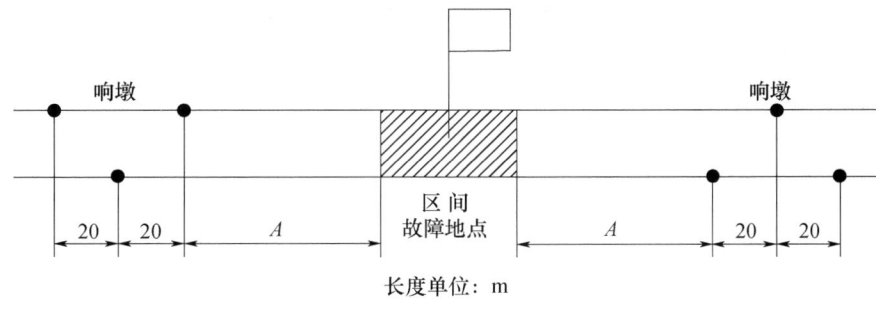

图 3-14 响墩示意图

如不知来车方向，应在故障地点注意倾听和瞭望，发现来车，应急速奔向列车，用手信号旗（灯）或徒手显示停车信号，并将响墩放置在能赶到的地点，使列车在故障地点前停车。如瞭望困难,遇降雾、暴风雨(雪)、扬沙等恶劣天气或夜间,发现来车后,奔向列车前,应在故障地点点燃第二支火炬。

站内线路、道岔发生故障,应立即通知车站值班员采取措施,防止机车、车辆通往该故障地点。同时设置停车信号防护。沿线工务人员发现线路设备故障危及行车安全时,除立即连续发出警报信号和以停车手信号防护外,应采取紧急措施设法修复,并迅速通知就近车站和工务工区;如不能立即修复,应封锁区间或限制列车运行速度。

(2)路基塌方应急预案。施工前从物资堆放场到线路位置,预留抢险通道,并保持畅通。若在挖土过程中,由于施工、地质或天气水文等原因,发生塌方等情况,危及线路安全,线路防护员应立即进行停车防护,第一时间通知宜兴站、丁山站及宜兴工务车间主任,情况严重时上报路局工务处和运输部门以及上级主管单位。线路防护员马上设置响墩、停车标志牌。应急小组马上启动,小组长组织制定抢险方案,指挥抢险人员、设备物资(草包、道渣、挖机等)到位,及时抢修。安排监测人员对事故位置的路基做不间断观测。要求在最短时间内控制险情,排除事故并开通线路。

(3)基坑塌方应急预案。

①防止基坑塌方措施。

严格按照设计图纸施工,如有变更必须编制变更方案,报监理审核经上级主管单位批准后方可实施。施工前必须制定详细的专项方案报审,批准后实施。

提前做好降水,提高土体抗压性能,严格遵守"开槽支撑、先撑后挖、分层开挖、严禁超挖"的原则,按照规定的施工程序进行作业,并加强监控管理。

加强对承台基坑开挖的施工质量管理,做好施工期排水工作,维持基坑开挖干燥稳定。禁止在工作坑附近堆放弃土、料具和运土机械行走。

对工作坑围护结构要加强监测,超过警戒值时应先停止施工,撤退基坑内所有工作人员。上报上级主管单位后立即分析超界原因,采取卸载、增设钢管横撑等应急抗风险措施。同时应加密线路路基、便梁、支墩、路轨几何状态的监测频率。

注:基坑支护结构变形控制在不大于 3mm/d,累积水平位移不大于 6cm(警戒值);地下水位控制在基底以下 1m。

②基坑塌方应急预案。

发生基坑塌方事故后应立即停止施工,切断大型施工机械电源,撤散附近施工、非施工人员。有人员伤亡时立即拨打急救电话 120 赶赴现场施救。

启动应急机构小组,组织现场应急救援人员进行现场秩序围护、交通通道组织。由应急小组组长向上级单位及时汇报情况,副组长及项目主要管理人员组织人员进行初步救援。

成立现场应急救援指挥小组,组织专家制定详细的救援方案。同时项目经理、材料员根据救援方案补充应急救援设备、物资。

通知各相关设备管理单位赶至现场(工务、车务、电务等),配合救援方案实施抢险、恢复行车等。

3.2.4 跨新长铁路大桥基坑施工过程模拟

1. 计算模型

为确保安全施工,采用 ABAQUS 软件,建立跨新长铁路大桥与新长铁路交叉段几何模型，对基坑施工过程进行数值模拟，见图 3-15 和图 3-16，模型整体尺寸为长 60m（z 方向）、宽 48.5m（x 方向）、高 19m（y 方向）。靠既有线一侧紧贴路基挡墙处插打 20a 工字钢桩一排（共 34 根），见图 3-17 和图 3-18，工字钢桩间距 50cm，长 4.8m，外露边坡 0.42m，支护高度为 1.37m，插入承台以下 3.0m。

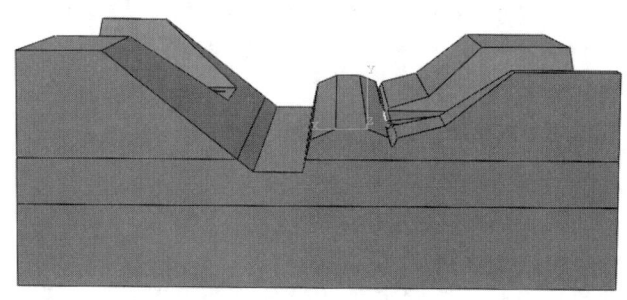

图 3-15　跨新长铁路大桥与新长铁路交叉段几何模型俯视图

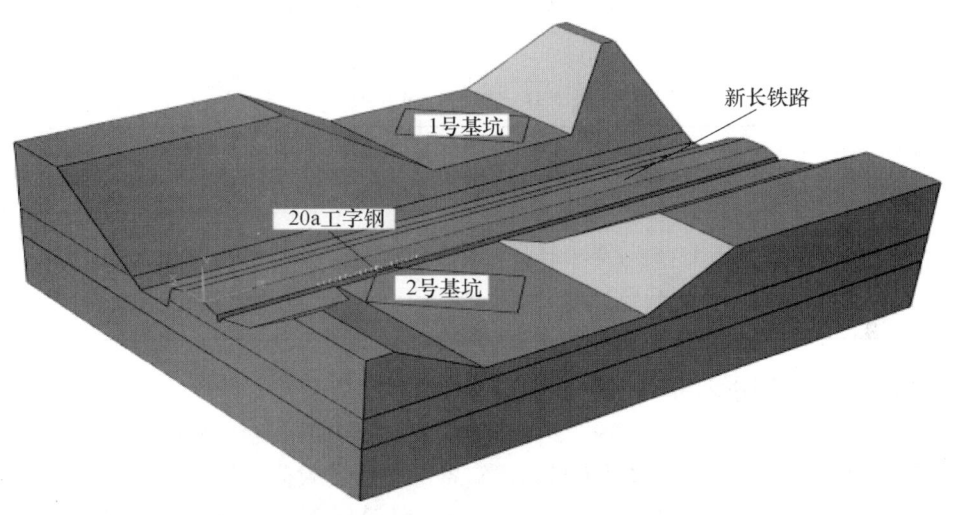

图 3-16　跨新长铁路大桥与新长铁路交叉段几何模型侧视图

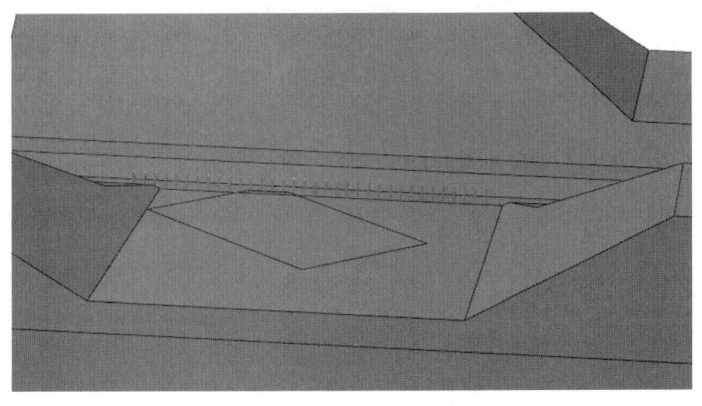

图 3-17　2 号基坑处 20a 工字钢桩

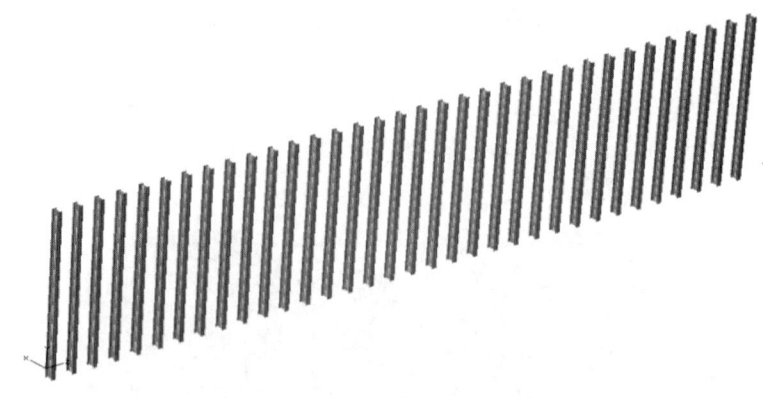

图 3-18　20a 工字钢桩放大图

根据地质勘察资料，跨新长铁路大桥 2 号墩所处位置，原地表土为全风化砾岩，承台全部位于全风化砾岩上，承台底部以下为强风化砾岩，厚度 3.8m，强风化砾岩层下为弱风化砾岩，地下水位较低，地下水及地表水对混凝土结构均无侵蚀性。计算所需材料参数的选取见表 3-16。

表 3-16　材料计算参数

材料名称	密度（kg/m³）	弹性模量（GPa）	泊松比	内聚力（MPa）	内摩擦角（°）
全风化砾岩	2000	0.13	0.23	0.02	35
强风化砾岩	2000	0.42	0.23	0.08	35
弱风化砾岩	2000	1.35	0.23	0.32	35
20a 工字钢	7800	200	0.3		

2. 边界条件与网格划分

计算模型的边界条件见图 3-19。其中，地层四个侧面限制沿该面法线方向的水平位移，底部限制竖向位移，顶部边界为自由面；各部分所受载荷根据施工方案进行确定，施加载荷有：地层重力，铁路中—活载为 92kN/m。计算模型中，地层部分采用四面体三角形单元进行划分，20a 工字梁桩支护结构采用梁单元进行划分，网格划分见图 3-20。

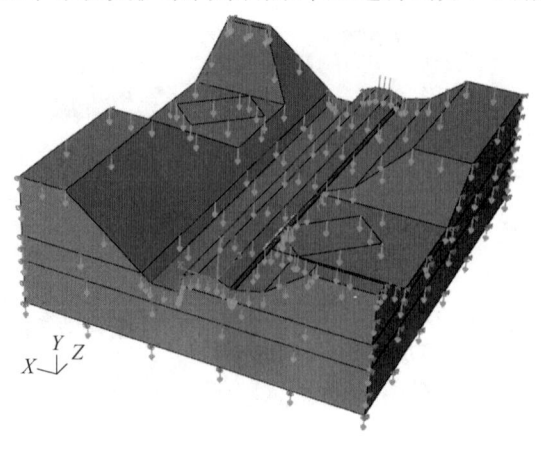

图 3-19　载荷与边界条件

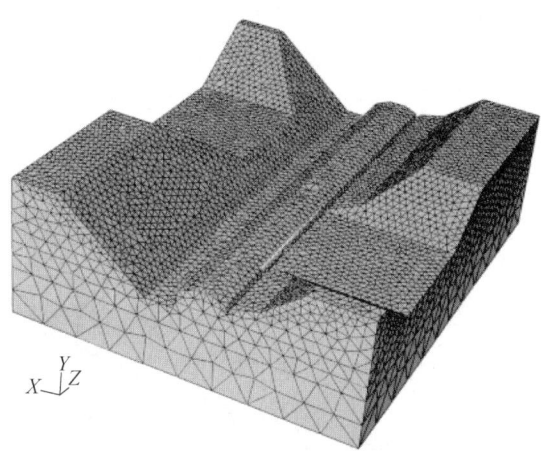

图 3-20 网格划分

3. 计算分步

模拟计算按照跨新长铁路大桥与新长铁路交叉段基坑施工方案进行分步计算,具体计算步骤见表 3-17。

表 3-17 模拟过程一览表

阶段	模拟施工过程
第 1 阶段	初始地应力模拟
第 2 阶段	施工 20a 工字钢桩加固路基
第 3 阶段	2 号基坑开挖
第 4 阶段	列车经过

4. 计算结果

(1) 地层初始地应力计算。

图 3-21 是施工平台完成后地层竖直方向初始地应力分布图,此时地层内部的应力主要用自重引起,地表附近应力小,越深入地层,应力越大。

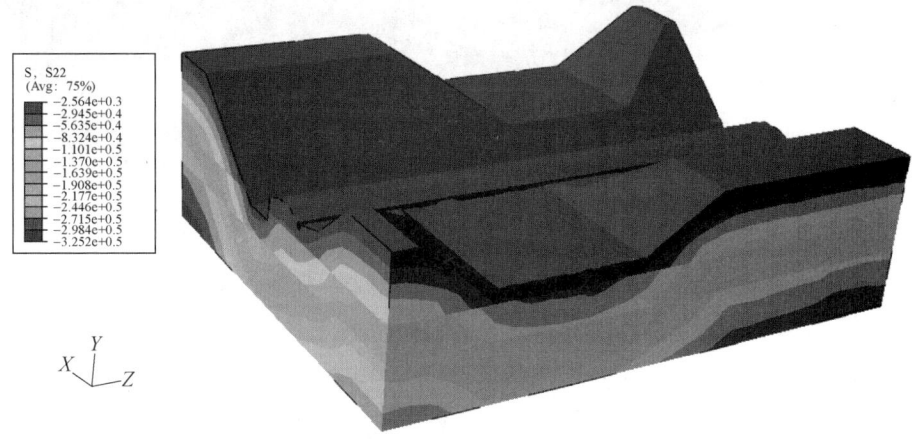

图 3-21 Y 方向地层初始地应力(单位:Pa)

(2) 施加工字钢桩。在模型里施加 20a 工字钢桩，加固路基，保护既有铁路线。

(3) 2 号基坑开挖模拟（见图 3-22 至图 3-31）。

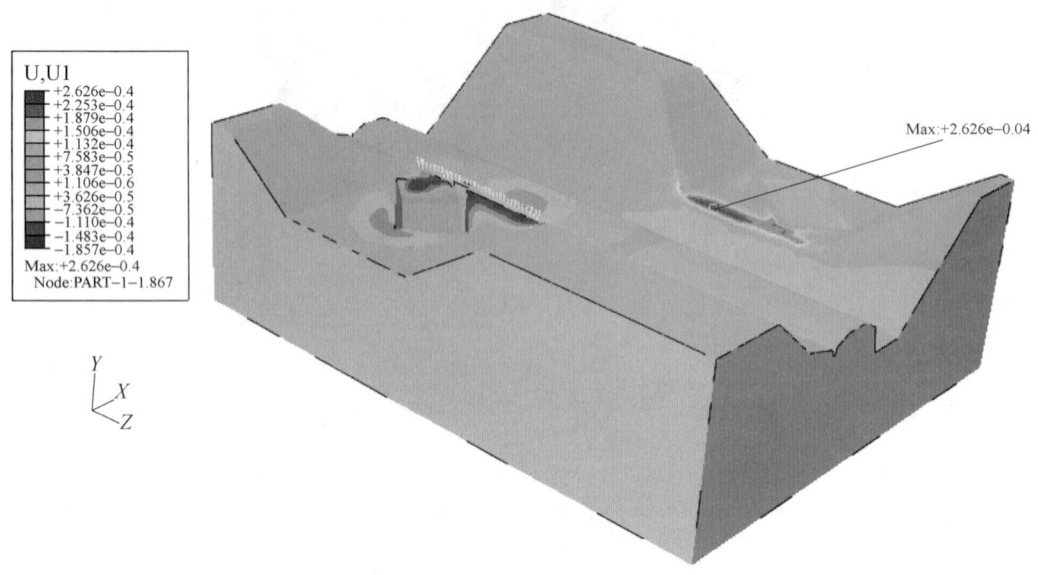

图 3-22　基坑开挖后地层 X 方向的位移分布图（单位：m）

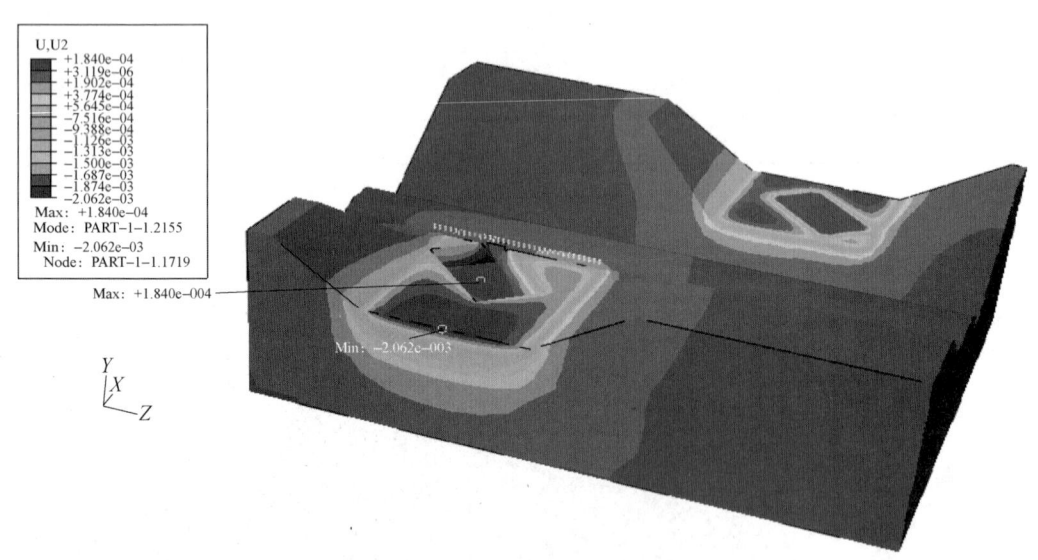

图 3-23　基坑开挖后 Y 方向的位移分布图（单位：m）

图 3-22 至图 3-24 是基坑开挖后，基坑周边变形分布图，可见基坑开挖对交叉段地层的影响主要表现为坑沿的竖向沉降以及基坑周边岩土体向基坑内的水平位移。其中，最大沉降约为 2mm。另外，由于基坑开挖对坑底岩土体的卸载作用，坑底表现出一定的回弹，但回弹值较小，最大回弹值为 0.018mm，发生在 2 号基坑中部。图 3-25 至图 3-27 显示开挖过程对 20a 工字钢桩支护的变形影响较小。

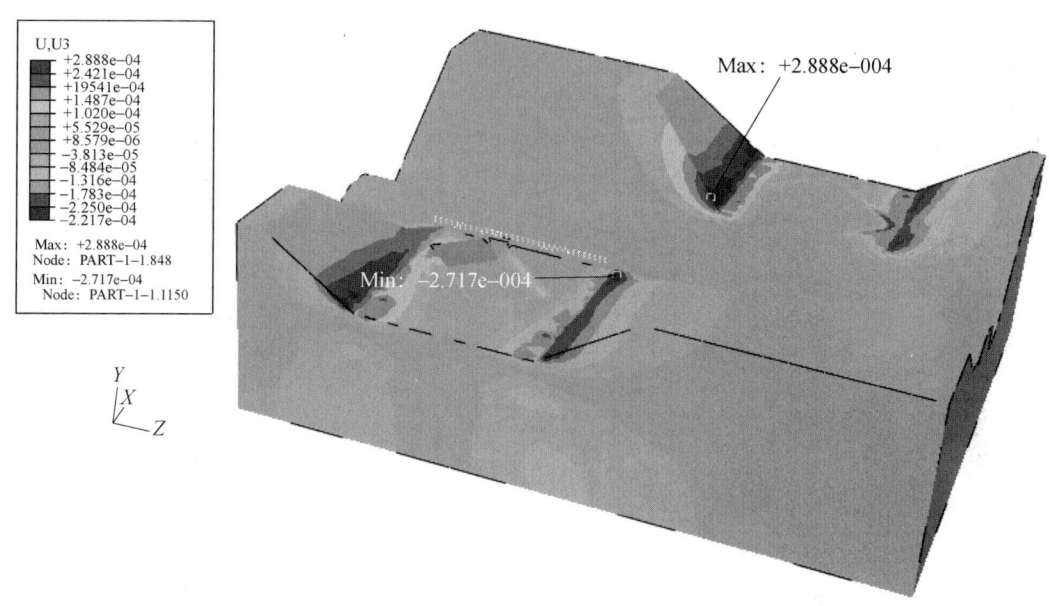

图 3-24 基坑开挖后 Z 方向的位移分布（单位：m）

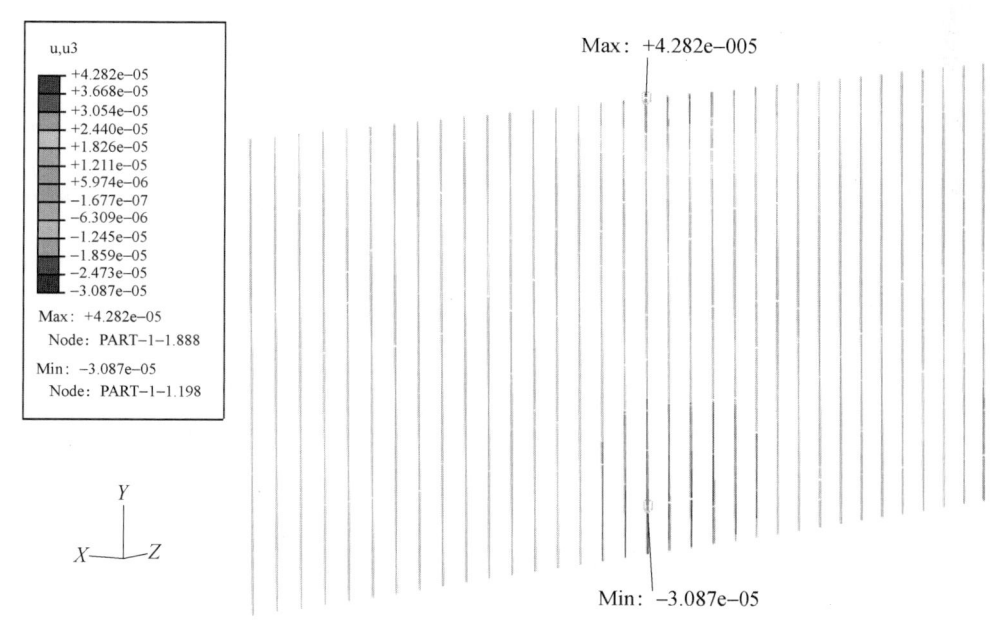

图 3-25 基坑开挖后工字钢桩 X 方向位移分布（单位：m）

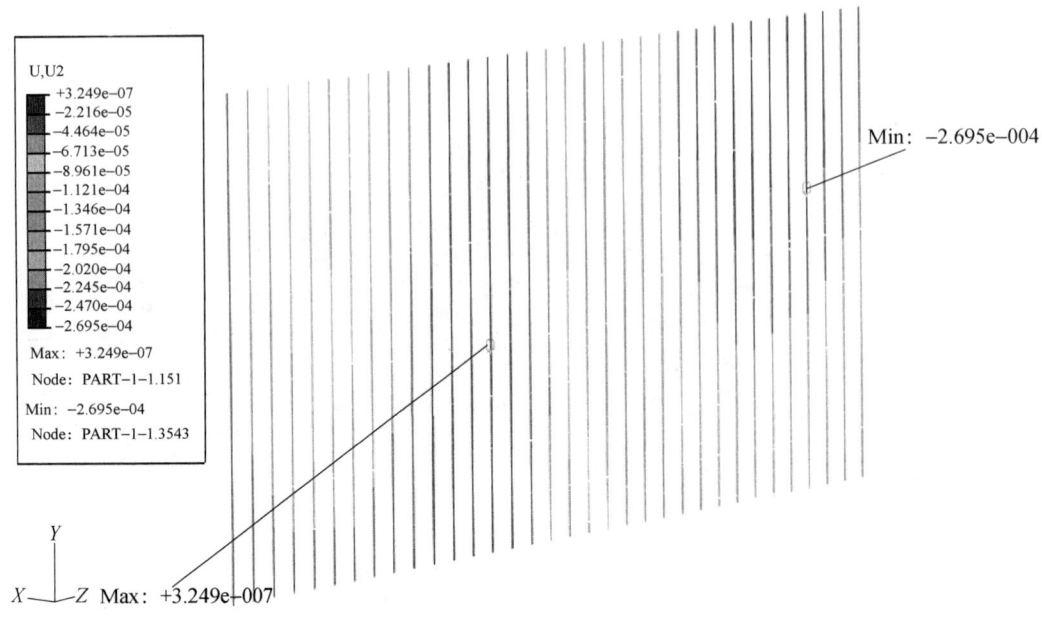

图 3-26 基坑开挖后工字钢桩 Y 方向位移分布（单位：m）

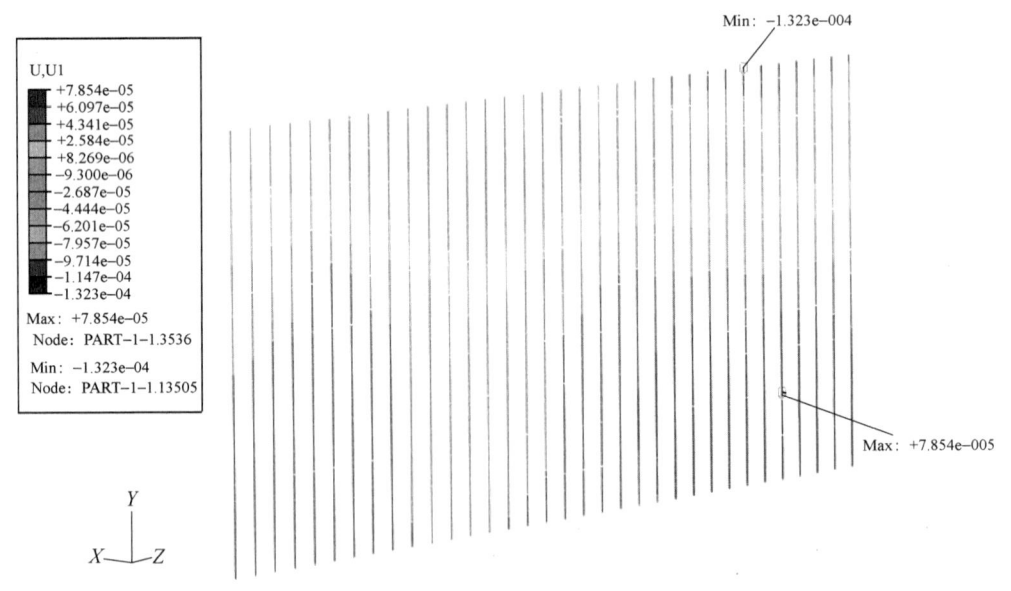

图 3-27 基坑开挖后工字钢桩 Z 方向位移分布（单位：m）

基坑开挖后基坑周边地层的应力分布见图 3-28 至图 3-30，由于基坑施工时坑沿的机械施工载荷作用，坑周施工平台 2 方向的应力有所增加；图 3-31 显示基坑开挖后，20a 工字钢桩所受最大 Mises 应力为 12.7MPa。

图 3-28 基坑开挖后 X 方向应力分布（单位：Pa）

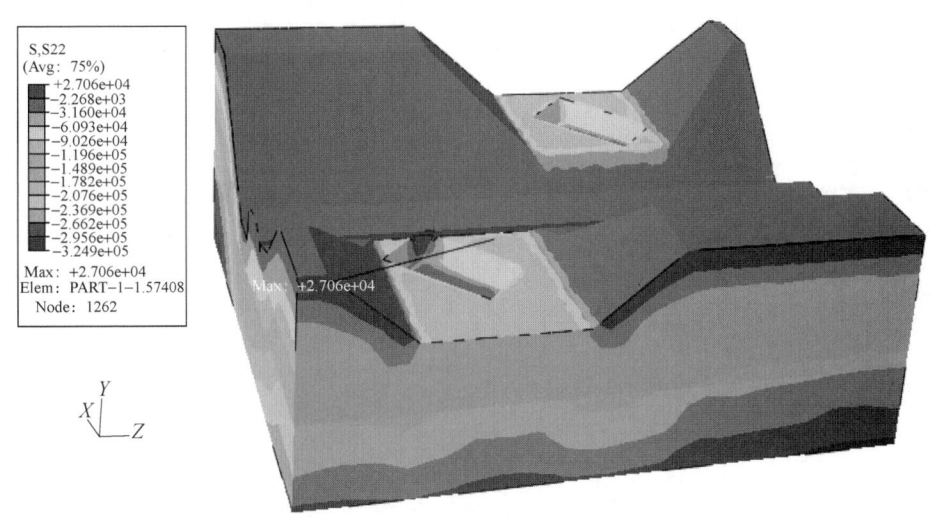

图 3-29 基坑开挖后 Y 方向应力分布（单位：Pa）

图 3-30 基坑开挖后 Z 方向应力分布（单位：Pa）

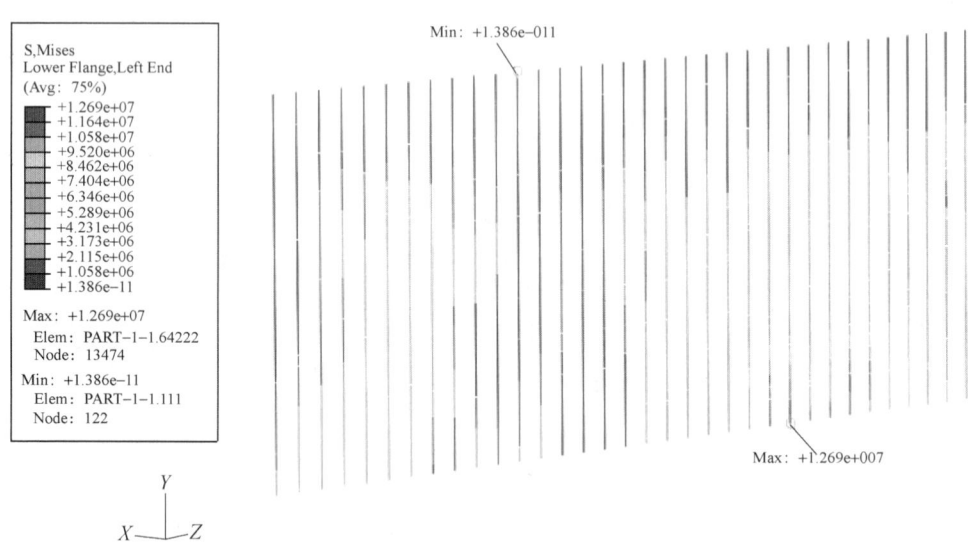

图 3-31 基坑开挖后工字钢桩所受 Mises 应力分布（单位：Pa）

（4）列车经过时路基与钢桩的受力分析（见图3-32至图3-41）。

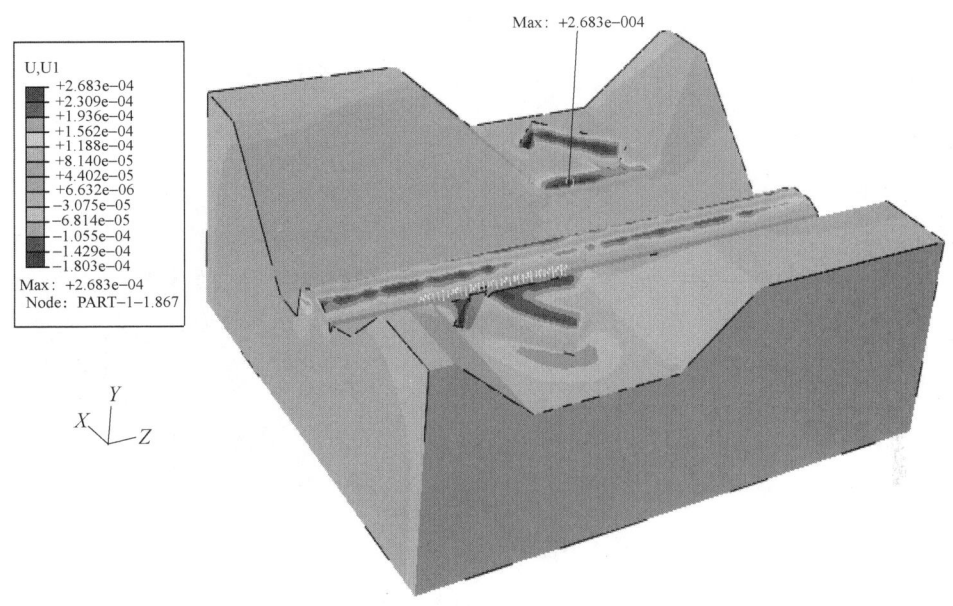

图3-32　列车经过时X方向的位移分布图（单位：m）

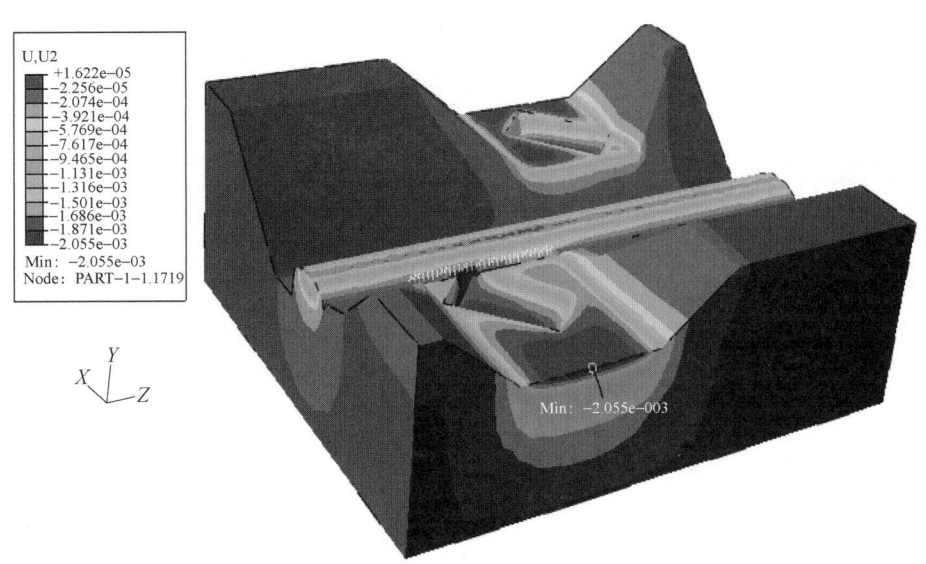

图3-33　列车经过时Y方向的位移分布图（单位：m）

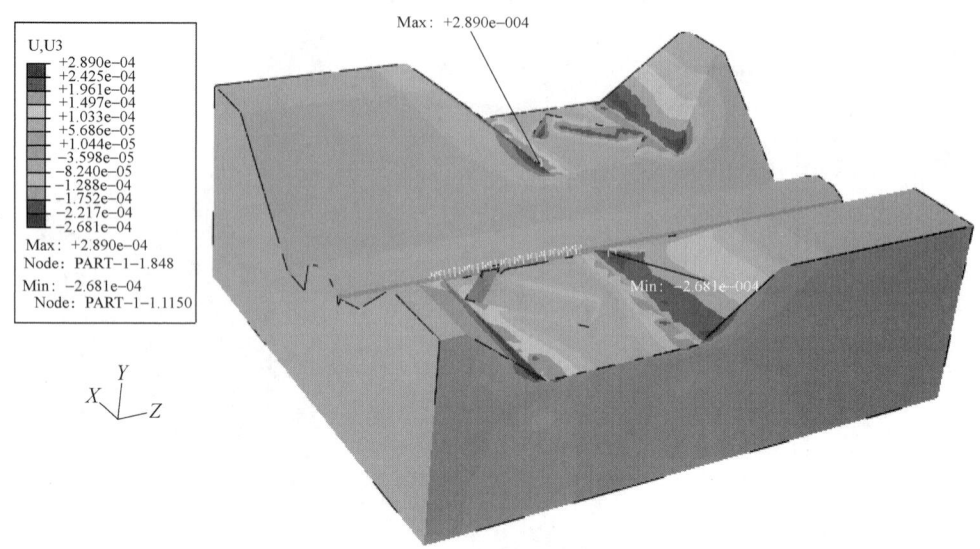

图 3-34 列车经过时 Z 方向的位移分布图（单位：m）

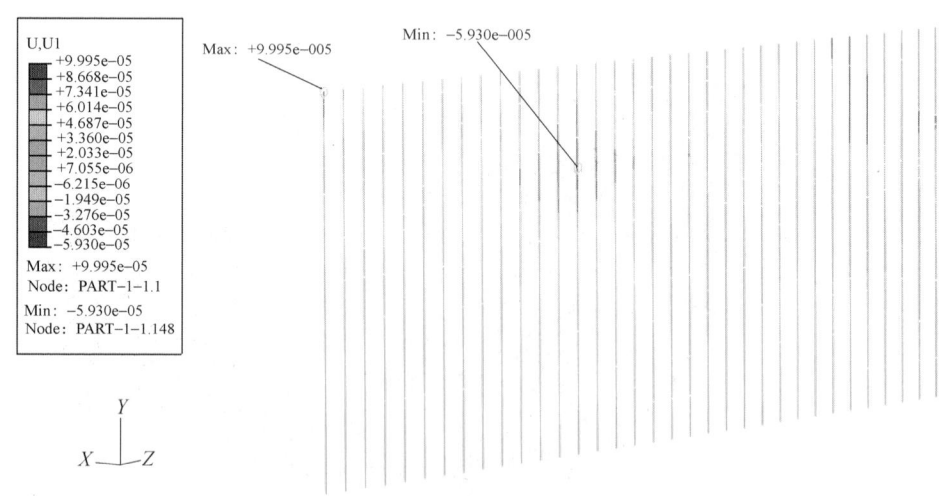

图 3-35 列车经过时工字钢桩 X 方向位移分布（单位：m）

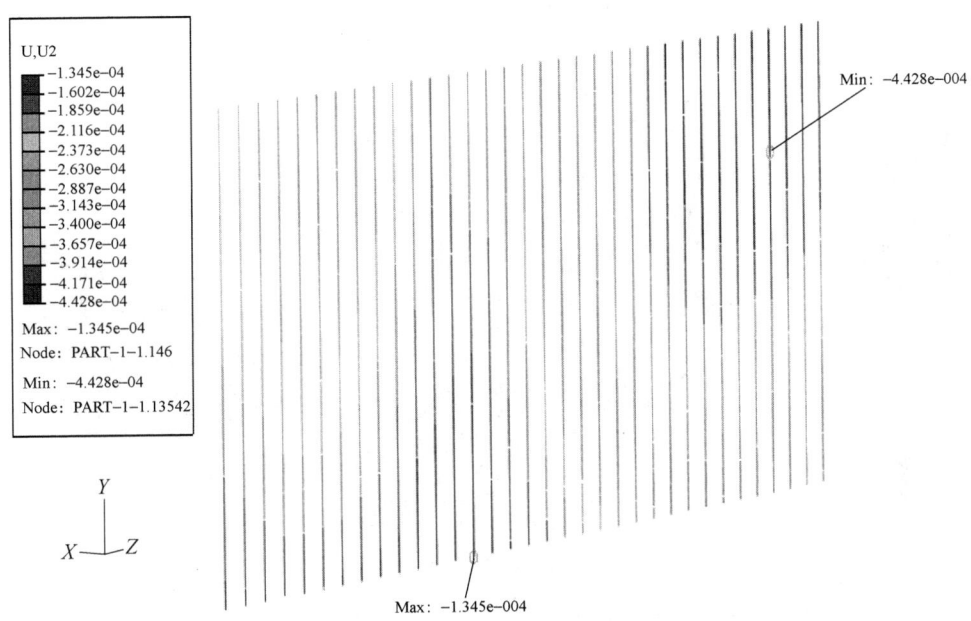

图 3-36 列车经过时工字钢桩 Y 方向位移分布（单位：m）

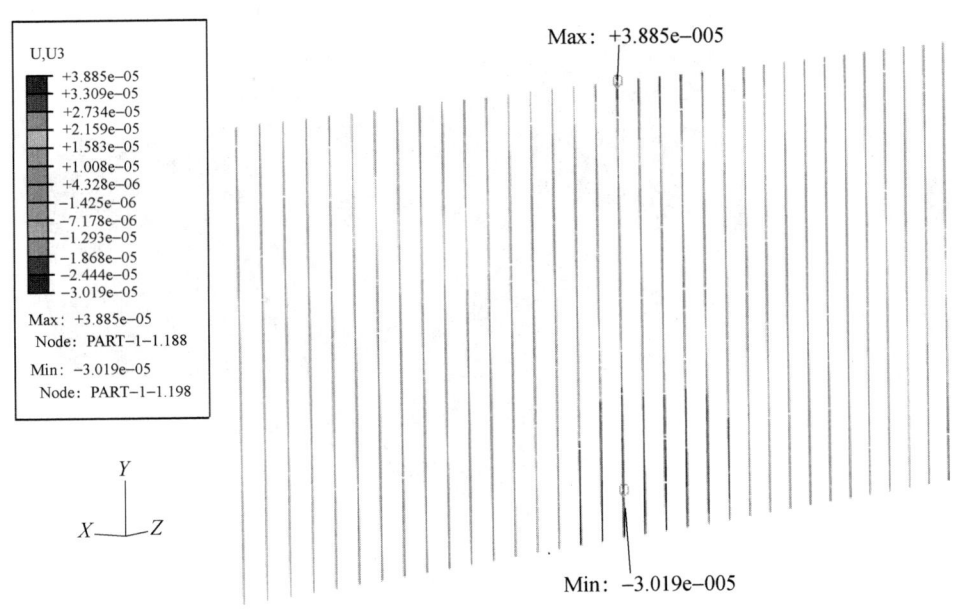

图 3-37 列车经过时工字钢桩 Z 方向位移分布（单位：m）

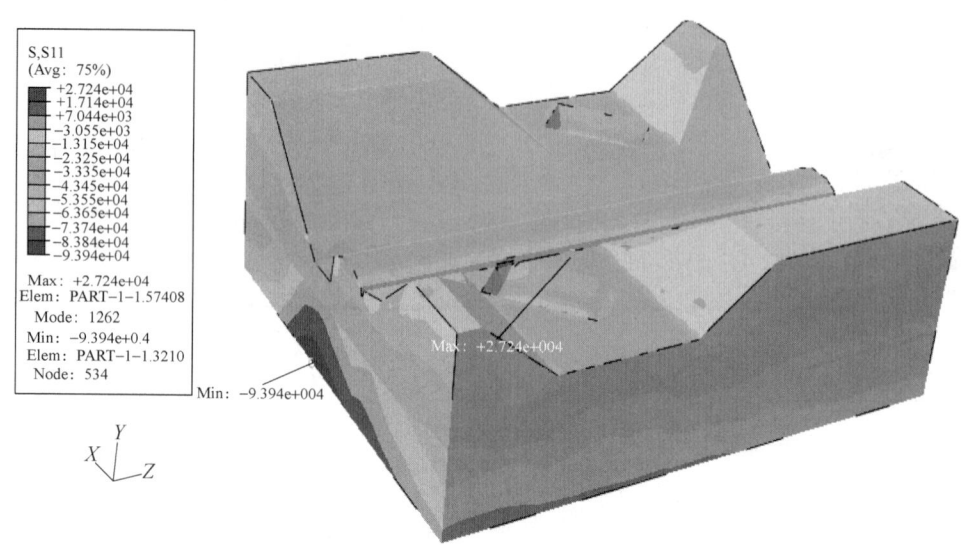

图 3-38 列车经过时地层 X 方向应力分布（单位：Pa）

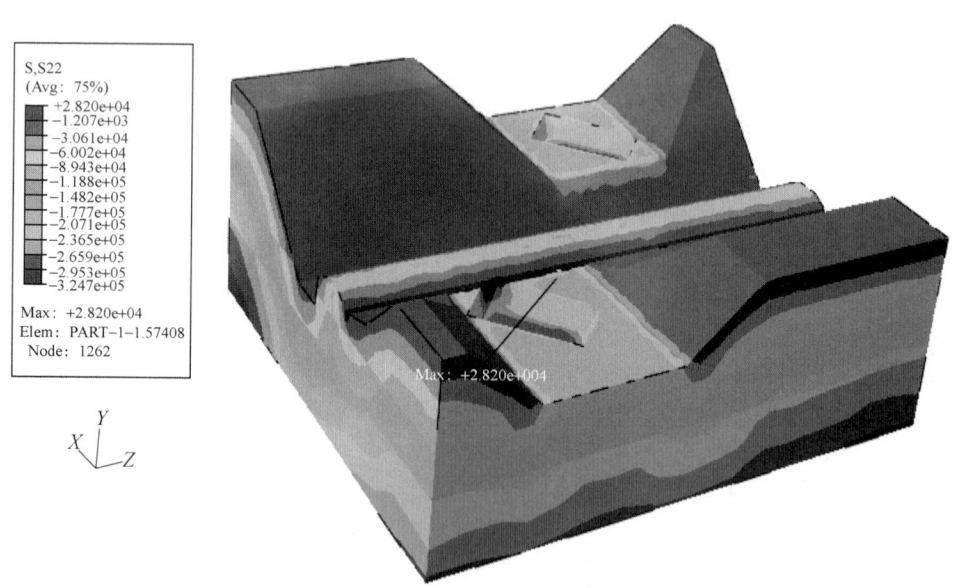

图 3-39 列车经过时地层 Y 方向应力分布（单位：Pa）

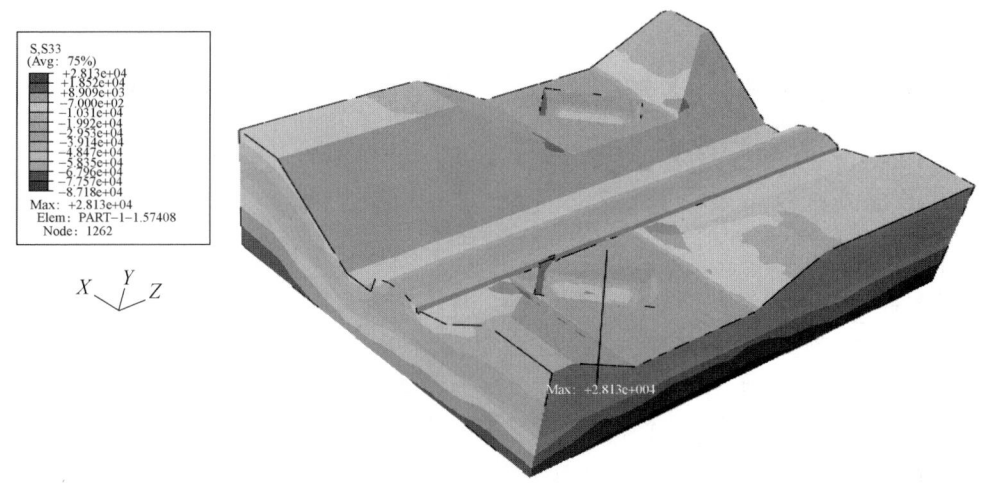

图 3-40 列车经过时地层 Z 方向应力分布（单位：Pa）

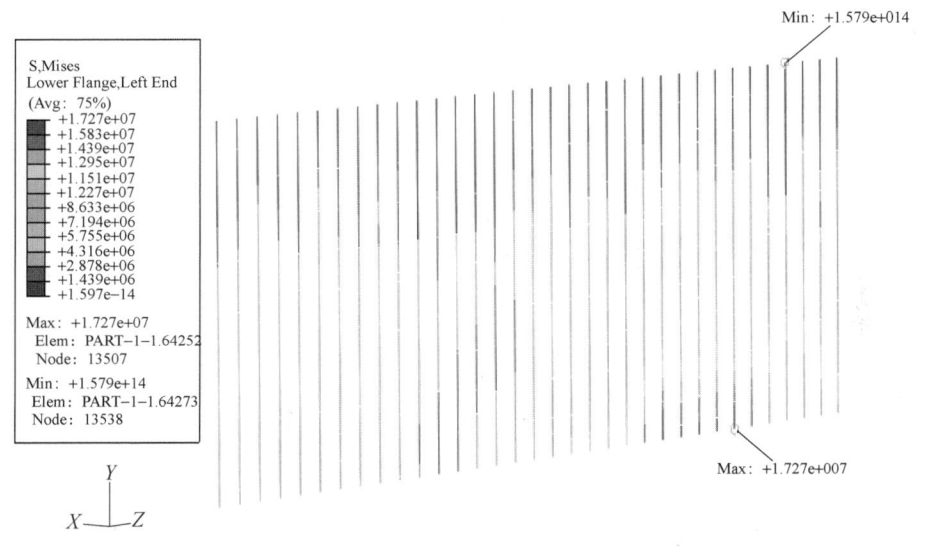

图 3-41 列车经过时工字钢桩所受 Mises 应力分布（单位：Pa）

图 3-32 至图 3-34 是列车经过时，交叉段位移分布情况，列车载荷使既有铁路路基的沉降值增加，最大沉降约为 1.7mm，而对基坑以及施工平台附近的变形影响较小。列车通过时使 20a 工字钢桩的沉降和侧向位移值有所增加，工字钢桩支护水平向位移最大值发生在 2 号基坑 1 号棱处，列车载荷作用使该处钢桩水平方向位移为 0.18mm，满足路基稳定要求（图 3-35 至图 3-37）。

列车经过时交叉段地层应力分布情况见图 3-38 至图 3-40。列车载荷作用下，20a 工字钢桩所受 Mises 应力有所增加，最大值为 17.27MPa，见图 3-41。

5. 结论

20a 工字钢桩承受的最大弯应力 17.27MPa，小于 A3 钢容许弯应力 140MPa，故工字钢能满足基坑开挖的支护要求。

列车通过路基时,路基水平方向位移为0.18mm,沉降为1.7mm,满足路基稳定要求。

3.3 跨既有铁路新长线路大桥310号、311号墩施工

3.3.1 工程概况

1. 桥址概况

宁杭铁路客运专线是铁道部门、江苏省、浙江省为满足长江三角洲城际轨道交通网的快速建成,而新建的一条高速铁路。宁杭铁路客运专线作为国家战略性重大交通工程,对构造完善综合交通运输体系,促进我国地方经济发展,率先实现全面建设小康社会,降低社会成本,提高综合国力,都具有重要的现实意义和深远的历史意义。

新长铁路由陇海铁路徐州至连云港区段新沂站引出,终止于浙江境内的宣杭铁路长兴车站。它纵贯江苏23个市、县(区)及浙江省长兴县,全长638.6km(含海安—南通62.5km)。主要技术标准为:按国铁Ⅰ级设计,单线,预留电气化条件,内燃牵引定数4000吨,继电半自动闭塞,光纤通信,电力贯通。根据铁道部门的要求,本线按时速120km设计,最小曲线半径不小于1000m,困难地段不小于450m。新长铁路全线为国家Ⅰ级铁路,是北接东陇海铁路、南联宣杭铁路的一条南北铁路干线。

宁杭铁路客运专线丁蜀特大桥位于江苏省宜兴市丁蜀镇境内。桥址处地形、地势较为平坦,河网密布。本桥主要跨越蠡河(Ⅴ级航道)、芳溪河(Ⅴ级航道)、锡父线航道(Ⅴ级航道)三处Ⅴ级航道,以及潜洛河、长涧河Ⅴ级以下的航道二处,跨越104国道、通蜀路、公路、水泥路、新长铁路。桥梁中心里程:DK136+753.608,起讫里程DK131+448.41~DK142+058.81,全桥长10610.40m。

丁蜀特大桥在DK141+940处以32m简支梁形式跨越新长铁路(新长铁路里程为K526+390),其中310号和311号墩在既有新长铁路两侧,两条线夹角为135.6°,共同交汇于此处。新长铁路轨面标高为19.56m,客运专线梁底标高为28.26m,设计行车净空为8.16m。

根据地质图,跨新长铁路大桥310号、311号墩所处位置,原地表土为粗圆砾石砾岩,承台全部位于粗圆砾岩上。承台底部以下为粉质黏土、泥质粉砂岩(表3-18)。

表3-18 工程地质条件

时代成因	地层代号	土名	状态	基本承载力(kPa)
Q_4^{ml}	(1)2	填筑土		
Q_3^{al}	(3)3	粗圆砾土	中密	120
Q_3^{al}	(3)4	粉质黏土	0.26	180
K_{2p}	(5)1	泥质粉砂岩	W_4	200
K_{2p}	(5)2	泥质粉砂岩	W_3	300
K_{2p}	(4)3	泥质粉砂岩	W_2	400

与既有线的位置关系为：310号墩在新长线左侧，占压部分路基。承台距既有铁路线最近点6.52m。最大挖深4.39m。桩基10根，桩深23m，承台尺寸为长10.08m×宽7.30m×高2m。加台高1m，墩身高12.85m，墩身类型为流线形矩形墩。

311号墩在新长线右侧，占压部分路基。承台距既有铁路线最近点3.09m，最大挖深2.53m。桩基10根，桩深22.5m，承台尺寸为长10.08m×宽7.30m×高2m。加台高1m，墩身高11.35m，墩身类型为流线形矩形墩。

310号墩和311号墩之间的施工范围内，该线没有接触网立柱，310号墩和311号墩均在新长铁路的路基边，施工时涉及既有线路基的开挖，两墩均为桩接承台式（图3-42和图3-43）。

图3-42 310号墩与既有线的相对位置关系

图3-43 311号墩与既有线的相对位置关系

2. 丁蜀特大桥与新长铁路交叉平面图（图3-44）和立面图（图3-45）

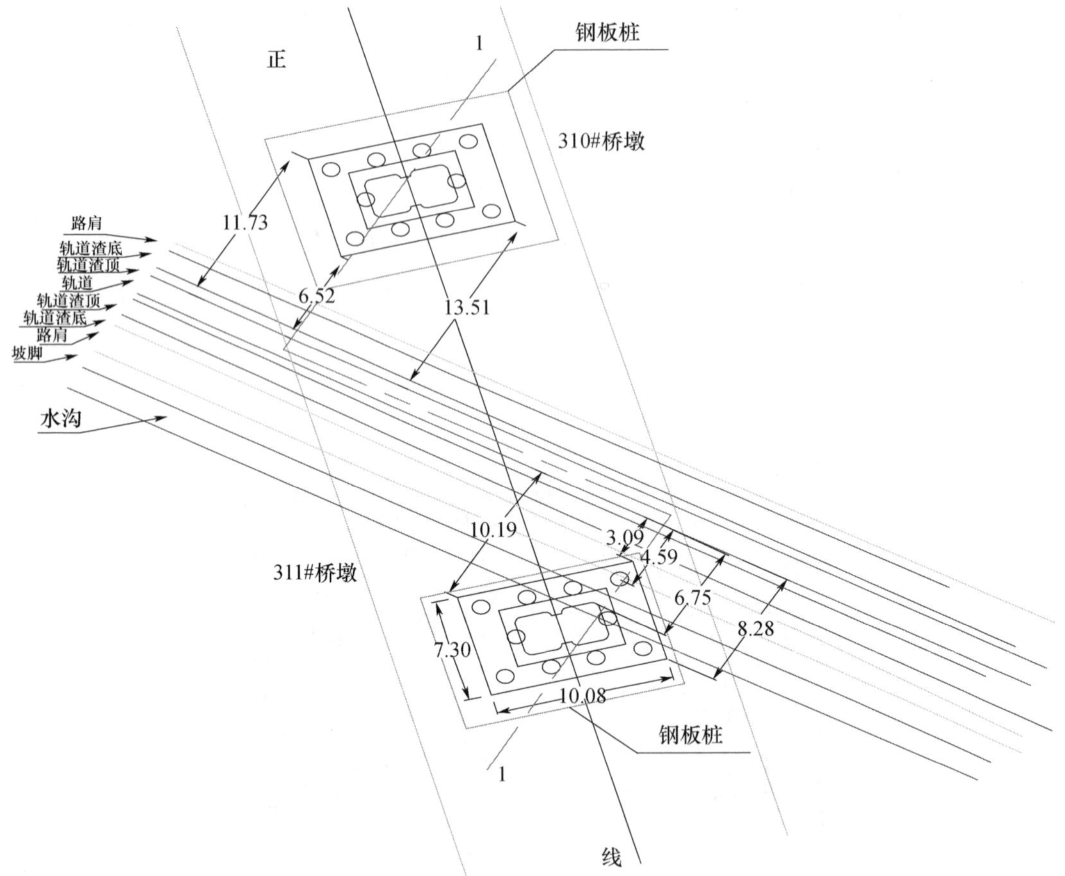

图 3-44　丁蜀特大桥跨新长铁路平面图

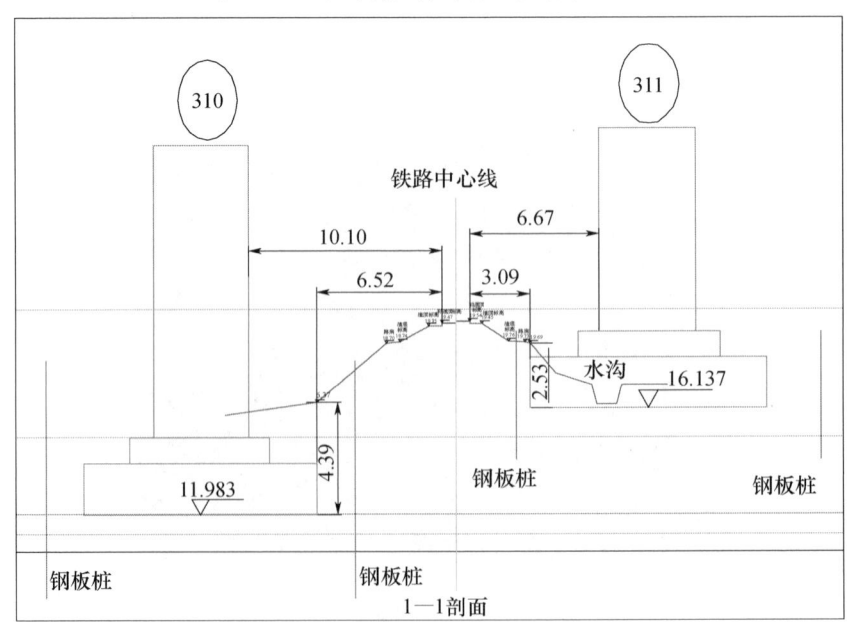

图 3-45　丁蜀特大桥跨新长铁路立面图

3. 施工特点、重点及难点

310号墩和311号墩跨既有新长线，所以防护重点为：在既有铁路线附近施工，由于行车干扰，施工难度大，基础作业防护是重点。为确保安全，施工前应对既有线路基基床进行加固和防护，严格控制基础作业前既有线边路基的开挖和靠近既有线一侧的防护安全。

3.3.2 基坑施工过程模拟

计算模拟主要针对310号墩、311号墩处，在施工平台完成后，对基坑开挖、支护过程以及铁路活载作用下，支护结构以及基坑周边的受力和变形情况进行模拟分析，从而为施工单位施工方案的确定提供参考。

1. 计算模型

采用ABAQUS软件，建立了丁蜀特大桥与新长铁路交叉段地层和支护结构的几何模型，见图3-46至图3-48。地层结构的整体尺寸为：长70m（z方向），宽60m（x方向），高23m（y方向）。支护结构的详细尺寸见施工方案。交叉段地层网格划分见图3-49，交叉段310号、311号基坑支护体系见图3-5。

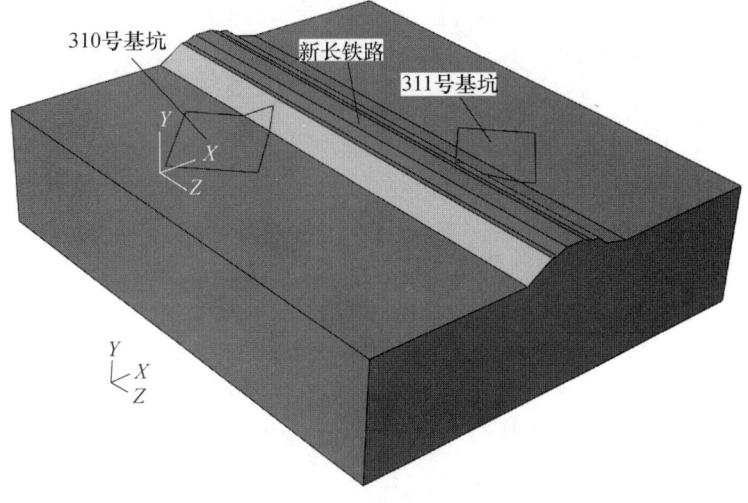

图3-46 交叉段地层几何模型图

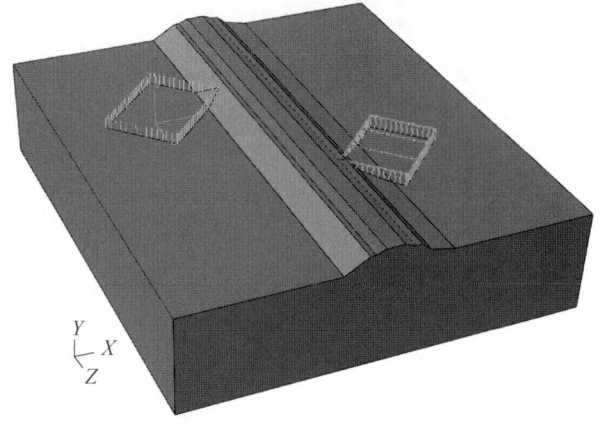

图3-47 交叉段地层与支护结构几何模型图

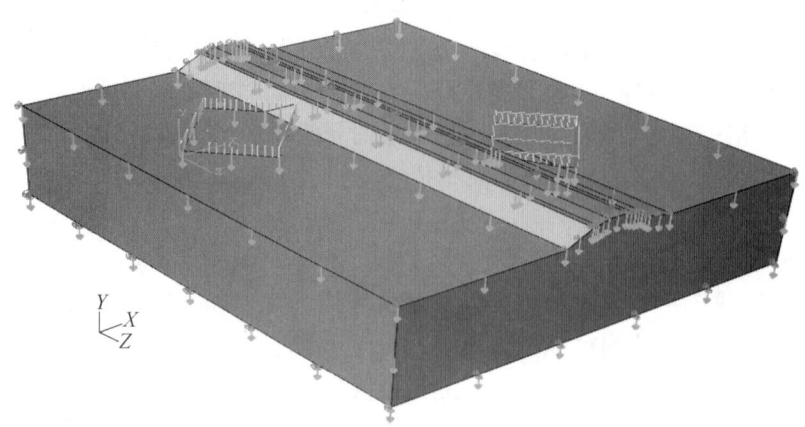

图 3-48 交叉段地层模型边界划分

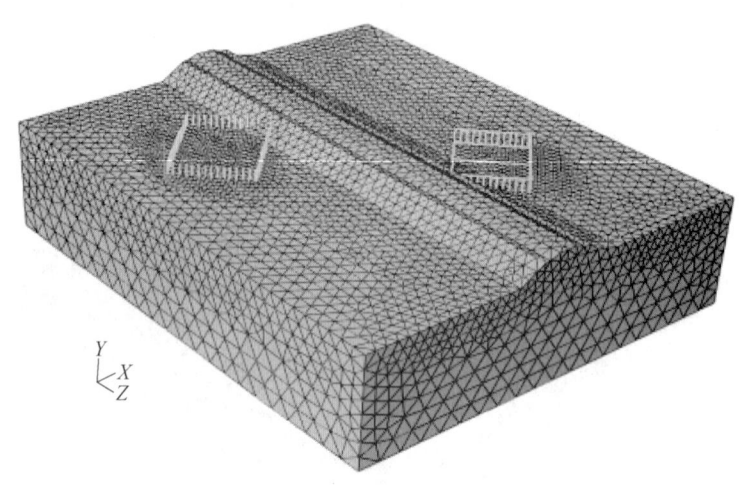

图 3-49 交叉段地层网格划分

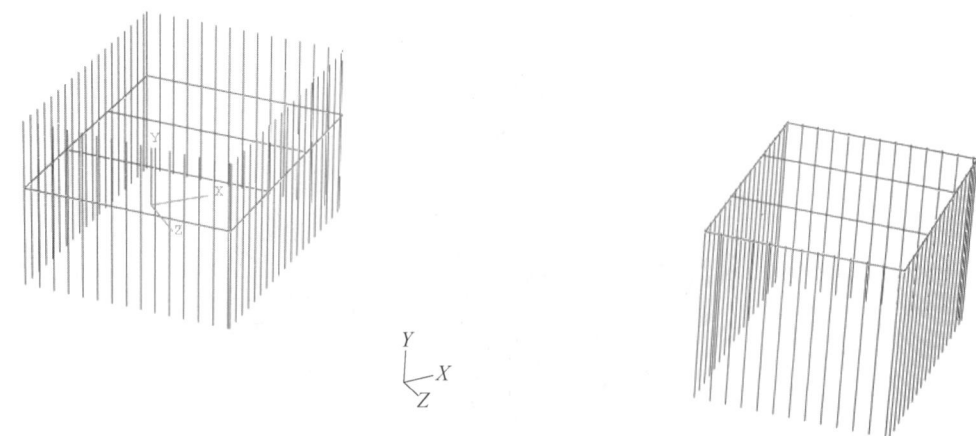

图 3-50 交叉段 310 号、311 号基坑支护体系

根据地质勘察资料，在参考相关资料材料计算参数［1-3］的基础上，确定计算所需材料参数的选取（表 3-19）。

表 3-19　材料计算参数［1-3］

材料名称	密度 （kg/m³）	弹性模量 （GPa）	泊松比	内聚力 （MPa）	内摩擦角 （°）
泥质粉砂岩	2050	0.072	0.22	0.08	28
支护结构	7800	200	0.3		

2. 边界条件与网格划分

计算模型的边界条件见图 3-51。其中，地层四个侧面限制沿该面法线方向的水平位移，底部限制竖向位移，顶部边界为自由面。各部分所受载荷根据施工方案进行确定，施加载荷有：地层重力；铁路活载为 92kN/m²（根据《铁路桥涵施工手册》）。计算模型中，地层部分采用四面体三角形单元进行划分，支护结构采用梁单元进行划分，网格划分见图 3-52。

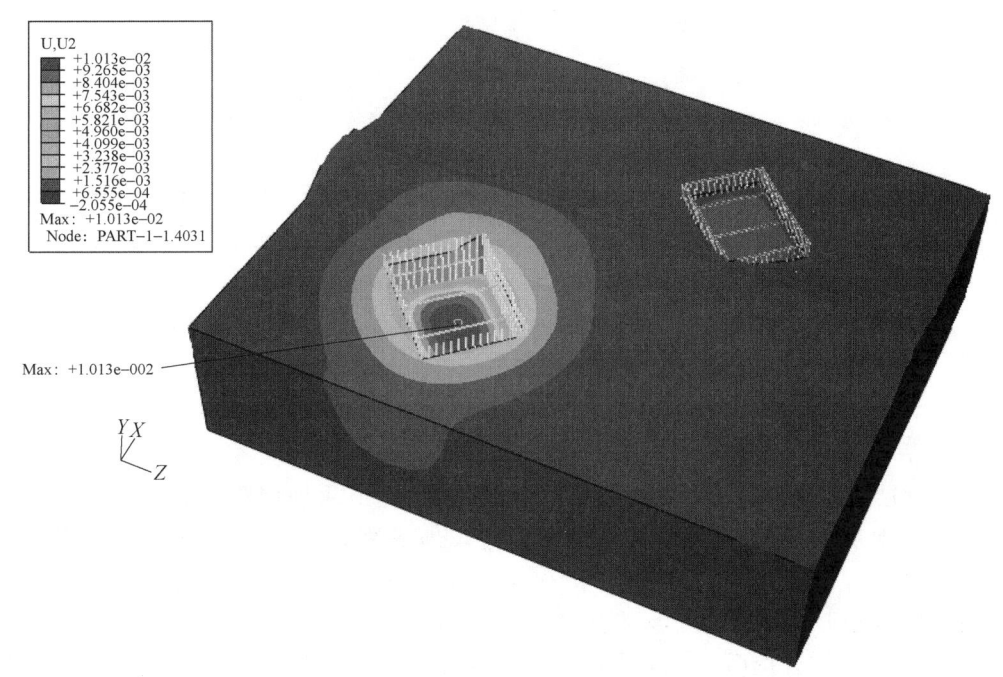

图 3-51　几何模型的载荷与边界条件

3. 计算分步

模拟计算按照跨新长铁路大桥与新长铁路交叉段基坑施工方案进行分步计算，模拟施工过程见表 3-20。

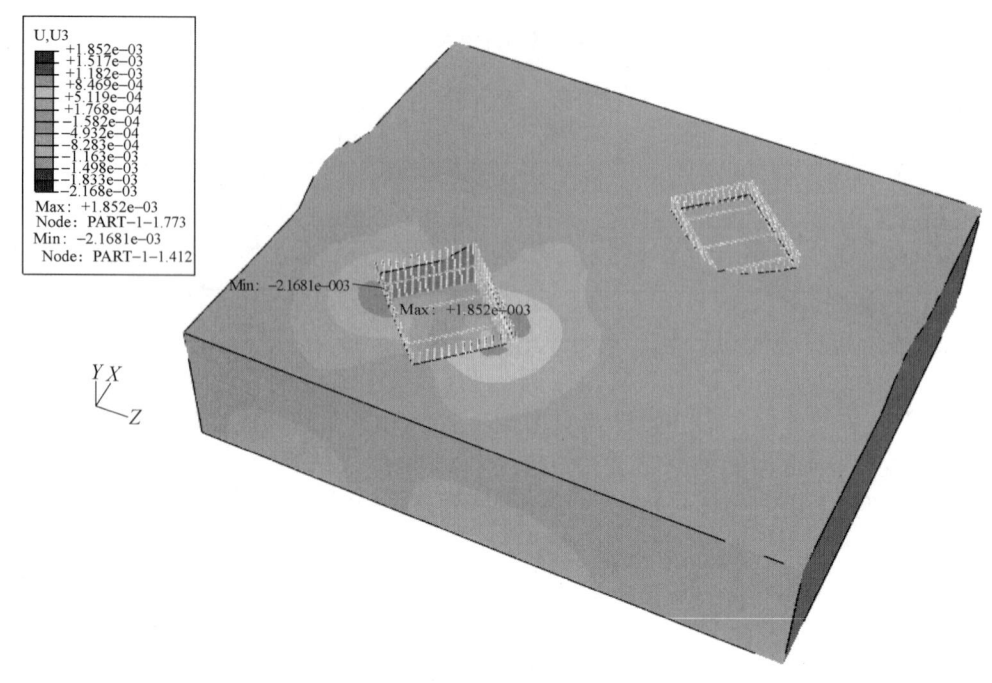

图 3-52 几何模型的网格划分

表 3-20 模拟施工过程

阶段	模拟施工过程
第 1 阶段	初始地应力模拟
第 2 阶段	施工拉森钢板桩、开挖基坑并进行内部支撑
第 3 阶段	列车经过

4. 计算结果

(1) 地层初始地应力计算。图 3-53 是施工平台完成后地层竖直方向初始地应力分布图。此时地层内部的应力主要由自重引起,地表附近应力小,越深入地层,应力越大。

(2) 模拟施工拉森钢板桩,开挖 310 号、311 号基坑和内部支护。图 3-54 至图 3-56(单位:m)是基坑开挖后,基坑周边变形分布图,由于基坑开挖对坑底岩土体的卸载作用,坑底表现出一定的回弹,最大回弹值为 10mm,发生在 310 号基坑中部,既有铁路路面中心最大回弹为 0.98mm;且由于基坑回弹的影响,基坑与既有铁路交接处发生一定的水平位移,但位移值较小。

基坑开挖后基坑周边地层的应力分布见图 3-57 至图 3-59(单位:Pa)。由于基坑施工时坑沿的机械施工载荷作用,坑周施工平台两方向的应力有所增加;图 3-60 显示基坑开挖后,支护结构所受最大 Mises 应力为 32.77MPa。

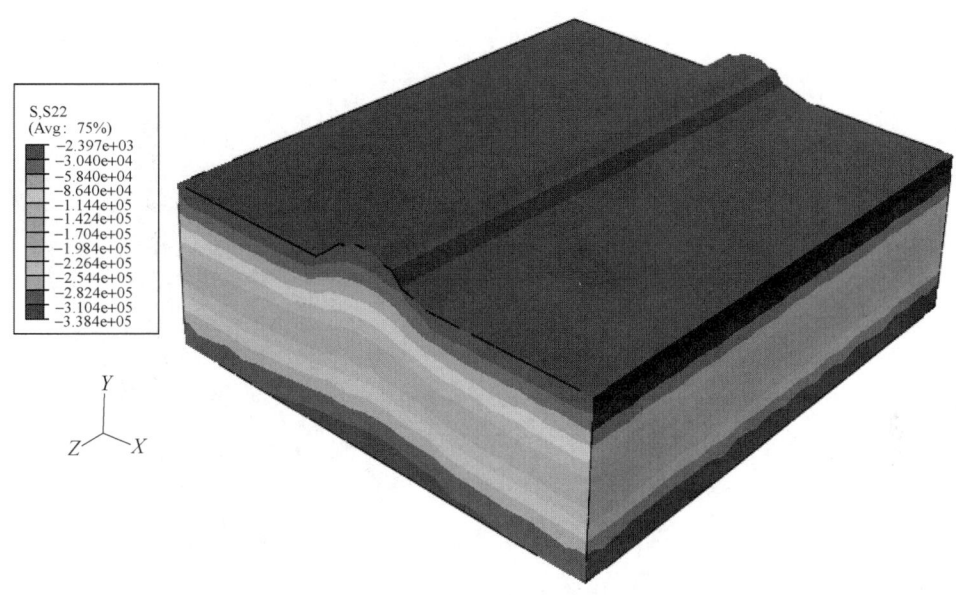

图 3-53 Y 方向地层初始地应力（单位：Pa）

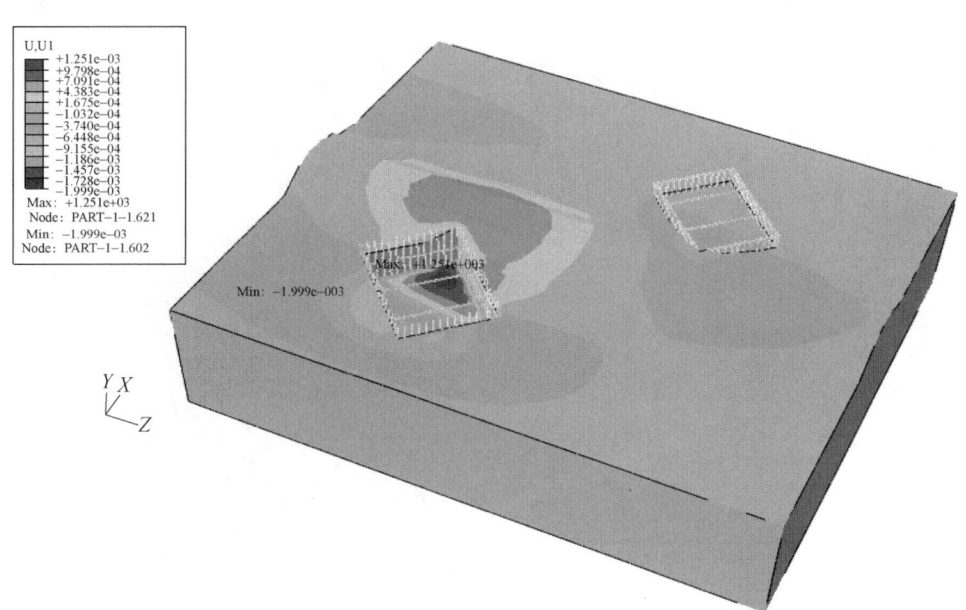

图 3-54 基坑开挖后地层 X 方向的位移分布图

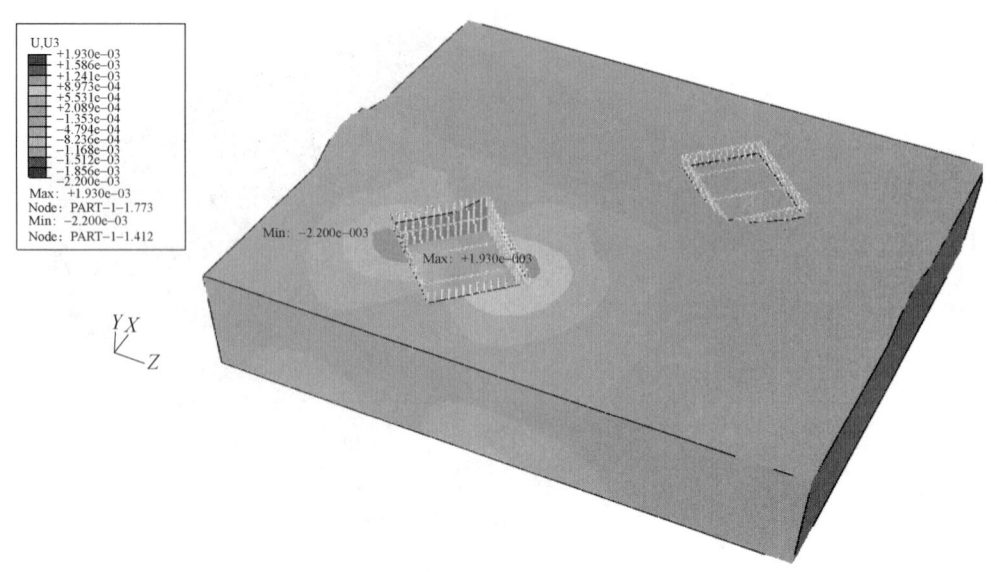

图 3-55 基坑开挖后 Y 方向的位移分布图

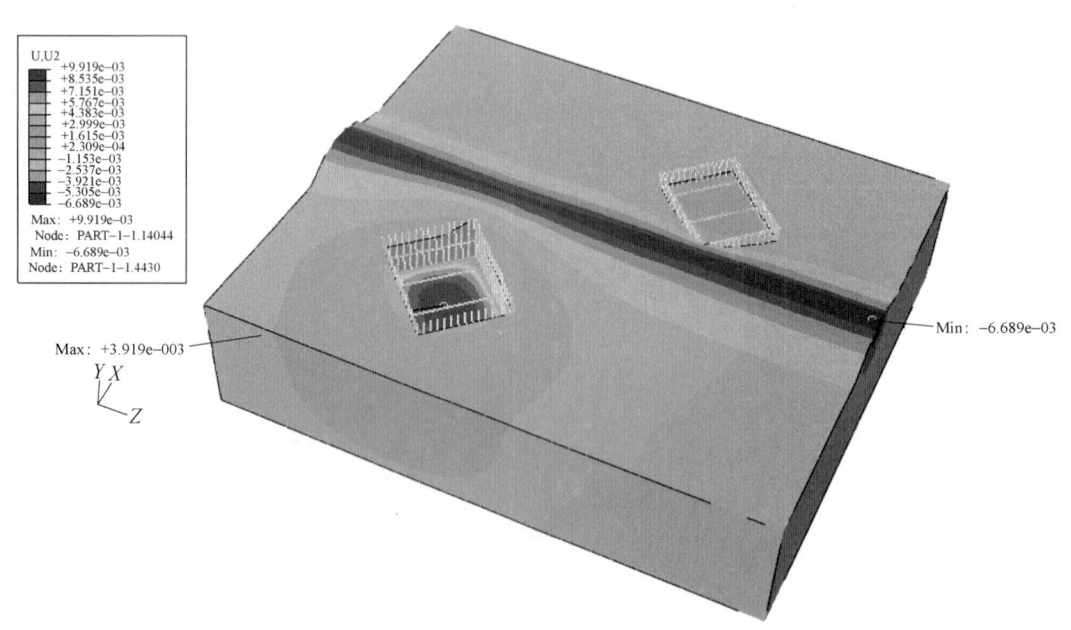

图 3-56 基坑开挖后 Z 方向的位移分布图

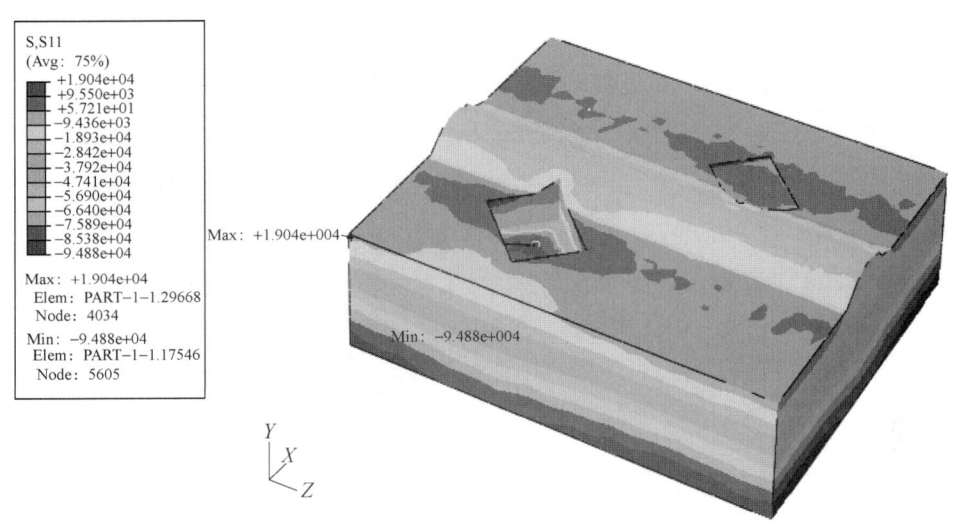

图 3-57 基坑开挖后地层 X 方向应力分布

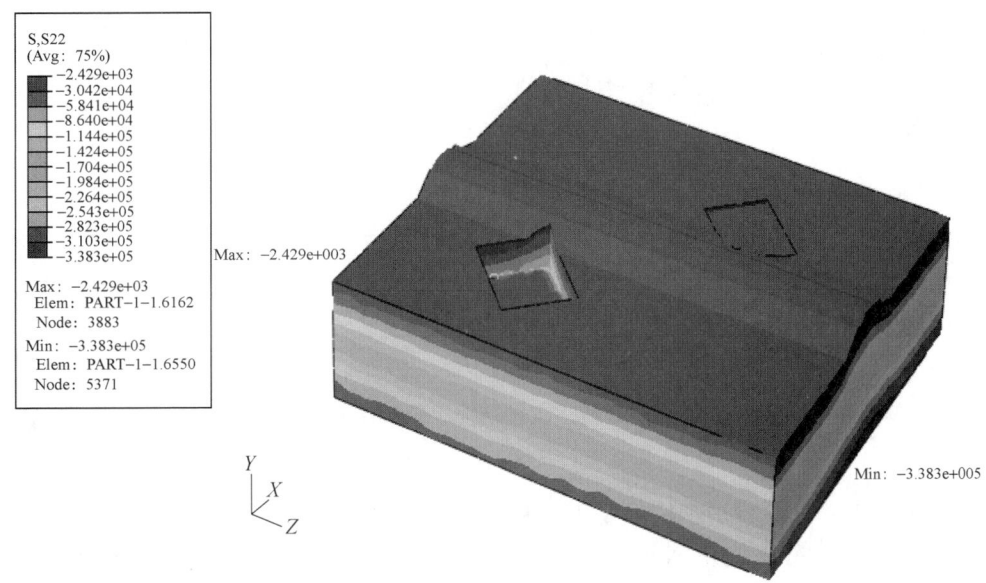

图 3-58 基坑开挖后地层 Y 方向应力分布

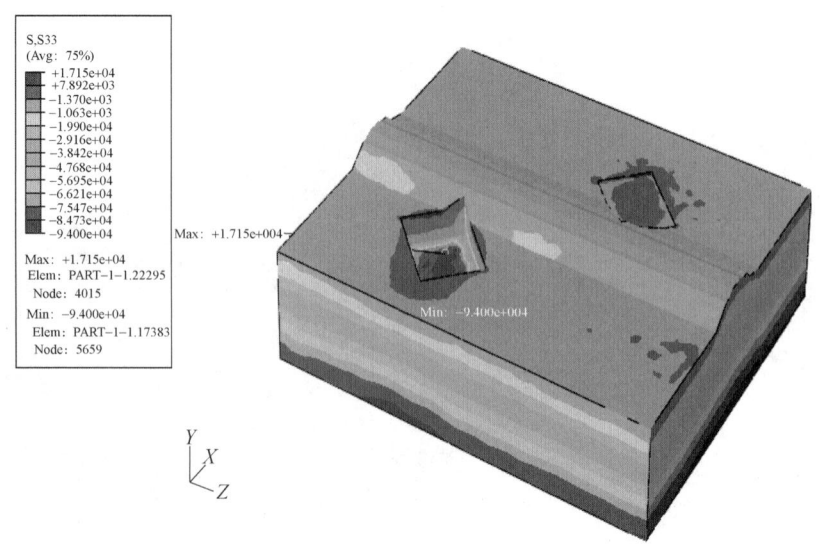

图 3-59 基坑开挖后地层 Z 方向应力分布

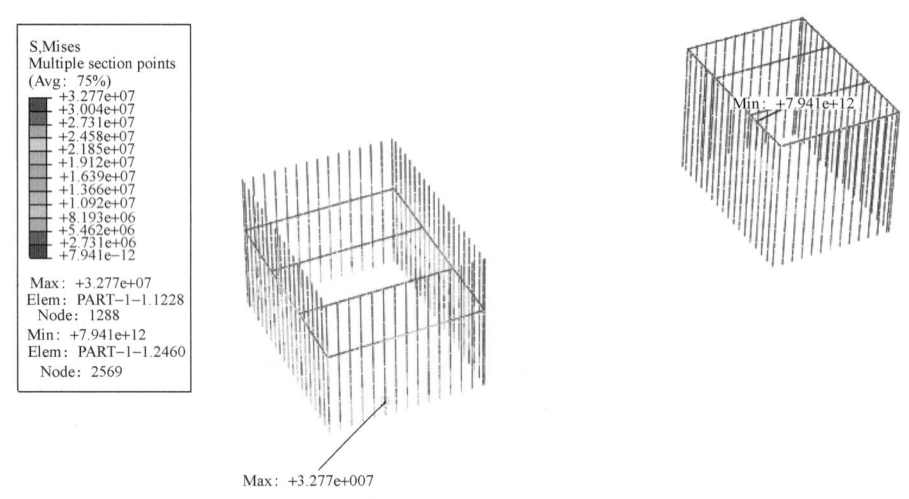

图 3-60 基坑开挖后支护结构所受 Mises 应力分布

(3) 列车经过时路基与钢桩的受力分析。图 3-61 至图 3-63（单位：m）是列车经过时，交叉段位移分布情况，列车载荷使既有铁路路基的沉降值增加，最大沉降约为 2.3mm。由于实际铁路路基是由枕木与道砟构成的整体，而本次计算中直接把它简化成强度较低的泥质粉砂岩，这有可能导致沉降值偏大。但施工中应加强观测，必要时应对路基加强支护。而列车通行对基坑以及施工平台附近的变形影响较小。列车经过时交叉段地层应力分布情况见 3-64 至图 3-66（单位：Pa）。列车载荷作用下，支护结构受影响较小，拉森钢板桩上所受 Mises 应力略有增加，最大值为 32.89MPa，见图 3-67（单位：Pa）。

3 桥体下部结构施工

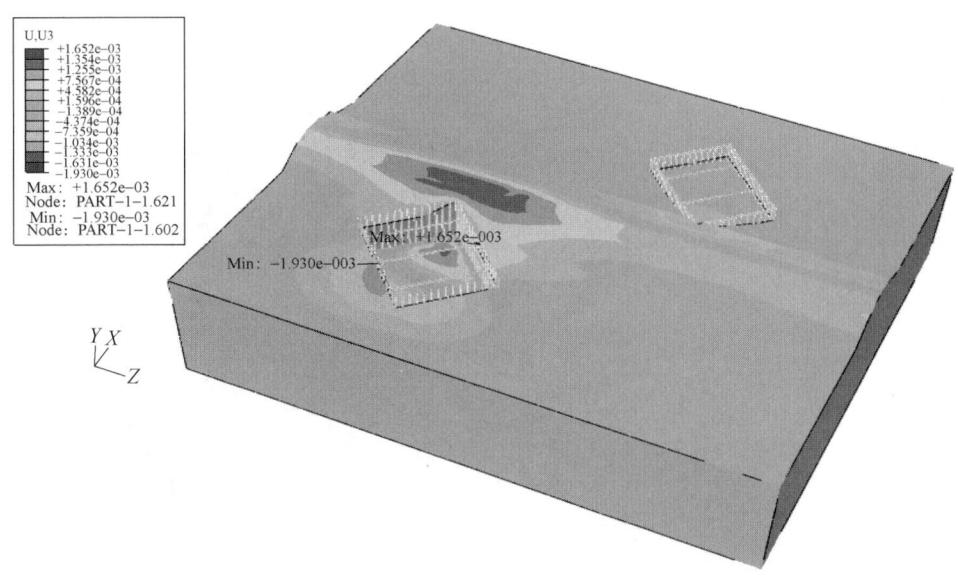

图 3-61 列车经过时 X 方向的位移分布图

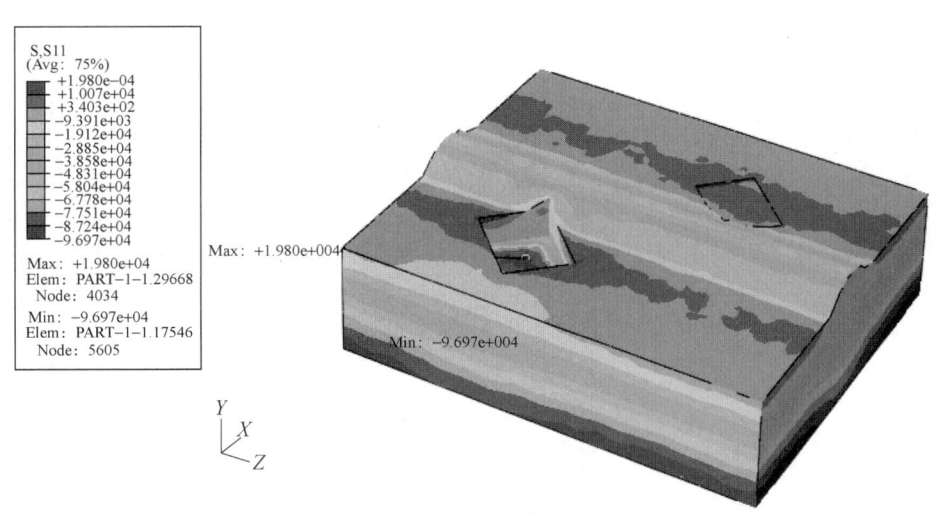

图 3-62 列车经过时 Y 方向的位移分布图

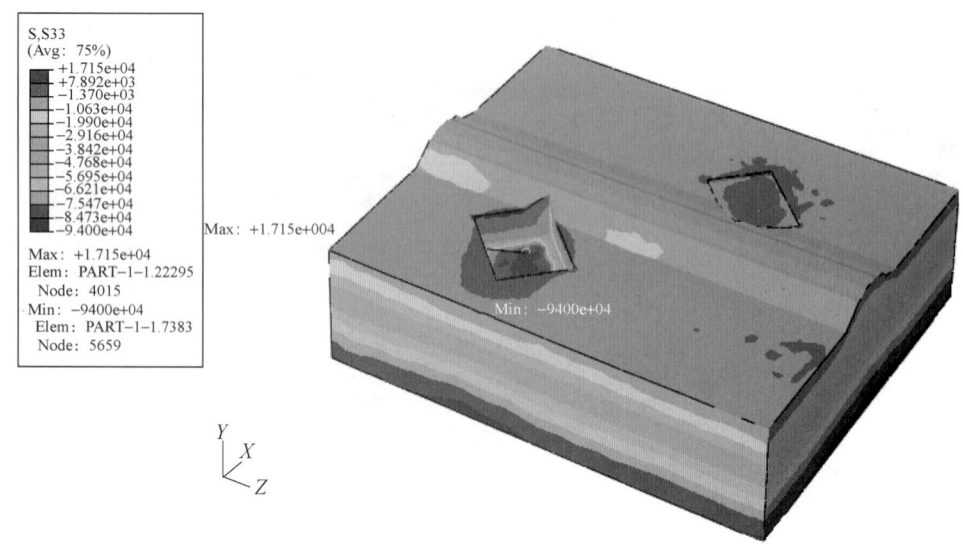

图 3-63 列车经过时 Z 方向的位移分布图

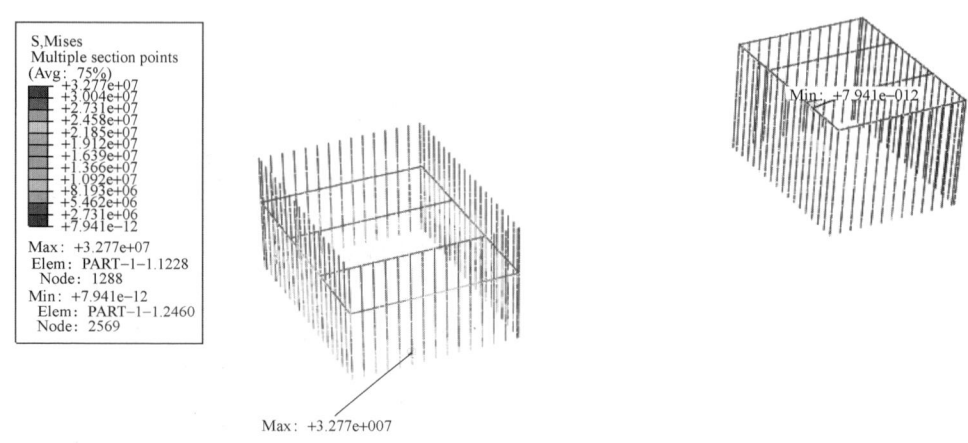

图 3-64 列车经过时地层 X 方向应力分布图

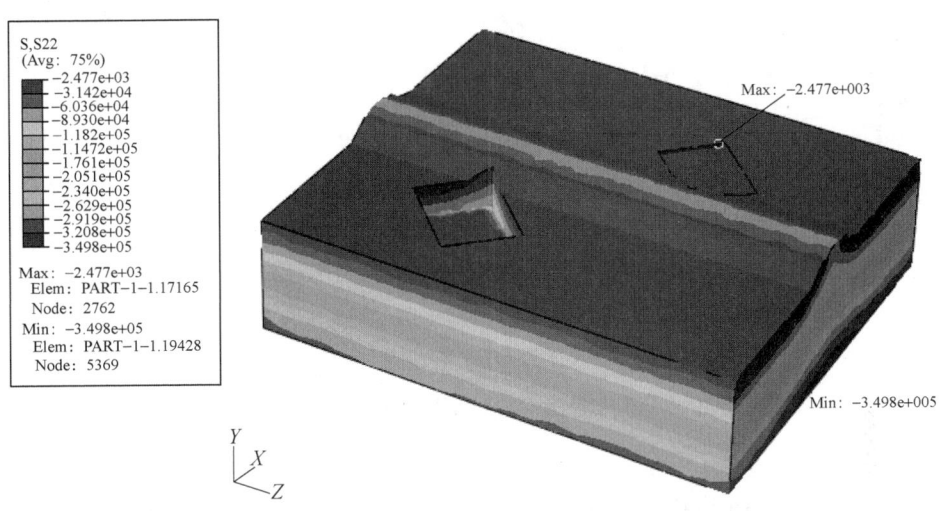

图 3-65 列车经过时地层 Y 方向应力分布图

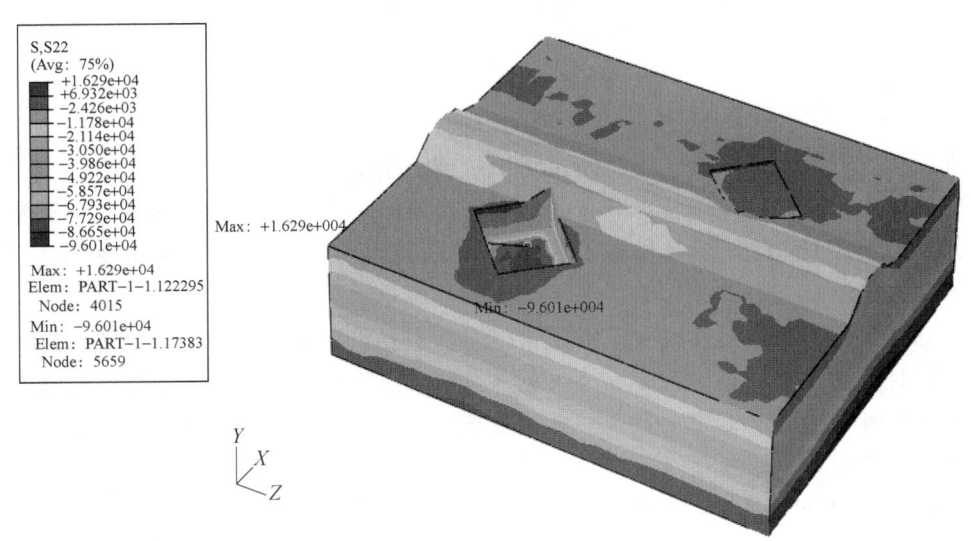

图 3-66 列车经过时地层 Z 方向应力分布图

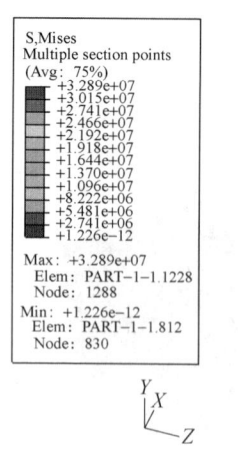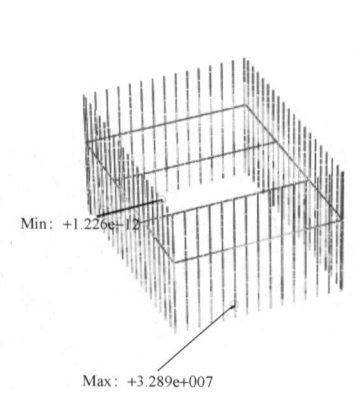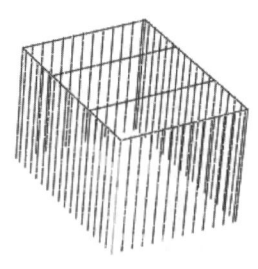

图 3-67　列车经过时支护结构所受 Mises 应力分布

5. 结论

拉森钢板桩承受的最大弯应力为 32.89MPa，小于 A3 钢容许弯应力 140MPa，故拉森钢板桩能满足基坑开挖的支护要求。列车通过路基时，路基沉降为 2.3mm，满足路基稳定要求。

3.4　施工准备、工艺及安全防护

3.4.1　施工准备

确定安全目标，成立安全生产施工组织机构。制定安全保证体系。制定安全管理措施。确保既有线施工安全以及对既有线和既有设施的安全防护工作具体到位。编制安全管理保证措施、安全生产具体措施、确保既有线行车设备及行车安全的措施、桥梁施工安全的技术措施及方案等。

应急救援预案：项目部成立应急领导小组，主要负责指挥、协调和处置出现的紧急事件，同时成立相应的应急救援小组。应急救援小组为桥涵架子队，抢险突击队为项目部所属其余各架子队。事故发生后立即通知铁路联络员启动应急预案和应急预案小组，并展开事故救援和事故调查。

根据施工现场的特点，特确定以下情形为可能引起重大事故类别：

（1）危及行车安全。包括施工机械侵限、路基坍塌、模板及钢筋笼倒在既有线路上。

（2）深基坑（槽）倒塌。

根据施工现场确定的可能引起重大事故的类别，制定各项预防及应急措施。

安全技术交底：作业人员进场后立即进行三级安全教育。作业人员和机械设备在作业前要进行安全技术交底。作业人员和机械设备要按规定的线路进出工作面，闲人不得进入施工区内。

3.4.2 施工工艺与方案

1. 桩基施工

(1) 施工准备。

基坑支护：清除沿线两侧的杂物，在设计承台外侧 2m 位置靠近新长线路基侧打设钢板桩，钢板桩内侧每 2m 焊接一道横向 25 号工字钢，工字钢内侧用 25 号工字钢支撑在基坑边。

测量放线定桩位：先定出桩基中心线，测量原地面标高，沿桩孔中心外护筒半径加 2m 设置十字护桩，以便在安设护筒、钻机就位、钢筋笼吊装定位时拉线恢复桩基中心线位置。

护筒埋设：护筒由 8mm 厚钢板卷制而成，使用旋挖钻机埋设。其内径比桩径大约 40cm，长度根据地质情况而定。护筒埋设在原状土以下。同时为增加刚度防止变形，在护筒上、下端口和中部外侧各焊一道加劲肋。护筒顶面高出地面 0.2～0.5m。

护筒埋设采用挖埋法，即用旋挖钻钻头或人工挖除所要埋护筒的土层后，将护筒放入其中，护筒就位校准可在护筒口外的十字护桩上挂十字线，用垂吊线锤的方式检查定位，护筒埋设应准确、水平、垂直、稳固，护筒中心与设计桩位中心的偏差不得大于 2cm，垂直度偏差不大于 0.5%。护筒就位后，其外侧开挖缝分层回填捣密。护筒的四周应回填黏土并夯实。

泥浆的制备：采用泥浆搅拌机进行集中制浆。旋挖钻在离既有线路 10m 以外设置 1 个泥浆池、1 个回浆池。泥浆造浆材料选用优质膨润土。泥浆池周围用钢管制作防护栏，防护栏刷红白相间油漆。挂绿色防护网，并在靠便道侧正面悬挂安全标志牌。

在钻孔桩施工过程中，对沉淀池中的沉渣及浇筑混凝土时的废弃泥浆随时清理，严防泥浆溢流，并用汽车弃运至指定地点倾泄，禁止就地弃渣，以免污染周围环境。

钻机钻孔：根据工期和现场地质和地形情况决定采用旋挖钻。

(2) 施工工艺。

机械就位、护筒埋设：施工场地平整处理，保证旋挖钻机底座场地平整、夯实，避免在钻进过程中钻机产生沉陷。桩位确定后，利用十字线放出四个控制桩位，并以四个控制桩为基准埋设护筒。

护筒由 8mm 厚钢板制成：护筒直径比桩基孔径大 400mm。每节护筒长度根据地质情况决定。护筒至少高出地面 30cm，以防止杂物、泥水流入孔内。旋挖钻机在埋设护筒时，应由人工进行辅助配合。护筒埋设利用旋挖机的钻斗挤压作用做相应的调整。

泥浆调制：因钻机施工中泥浆可以起到防止孔壁坍塌、抑制地下水、悬浮钻渣等作用，为此泥浆是决定孔壁稳定的重要因素。由于地基岩土中夹有粉砂土层、亚砂层且地面水位较高，调制出良好泥浆的各项性能指标尤为重要。

泥浆相对密度为 1.03～1.10，黏度为 17～20s，砂率≤2%，pH 大于 7。施工过程中随时检测清孔后灌注混凝土时泥浆的各项性能指标，确保泥浆对孔壁的撑护作用，避免发生施工事故。

钻孔施工：旋挖钻机采用筒式钻斗。钻机就位后，调整钻杆垂直度，注入调制好的泥浆，然后钻孔。当钻头下降到预定深度后，旋转钻斗并施加压力，将土挤入钻斗内，仪表自动显示筒满时，钻斗底部关闭，提升钻斗将土卸于堆放地点。钻机施工过程中保证泥浆面始终不得低于护筒底部，保证孔壁稳定性。通过钻斗的旋转、削土、提升、卸土和泥浆撑护孔壁，反复循环直至成孔。

①钻机就位前，应对钻孔各项准备工作进行检查。钻机安装后的底座和顶端应平稳，在钻进中不应产生位移或沉陷。就位完毕，施工队对钻机就位自检。

②针对不同地质层选用不同的钻头、钻进压力、钻进速度及适当的泥浆比重。

③在原地面至护筒下1m钻深范围内钻进时应该对钻孔位置进行复核与控制，防止因原地面底层多样性造成的孔位偏移。如发现偏移量超出验标允许范围，应对偏移部位用黏土回填夯实后，重新钻进。

④钻孔作业应分班连续进行，不中断，认真填写钻孔施工记录，交接班时应交代钻进情况及下一班应注意事项。应经常对钻孔泥浆及钻机对位进行检测，不符合要求时，应及时改正。应经常注意地层变化，在地层变化处应捞取样渣保存。

⑤当钻孔深度达到设计要求时，对孔深、孔径、孔位和孔形等进行检查，确认满足设计要求后，立即填写终孔检查证，并经驻地监理工程师认可，方可进行孔底清理和灌注水下混凝土的准备工作。

改善钻斗护壁能力：旋挖钻机施工初期，提升料筒时，发现提升力显著增大，有孔壁颈缩现象。经过详细分析，由于筒式钻斗完全无护壁作用，在提升钻斗时，其下部产生较大负压力作用，致使产生"吸钻"现象，从而造成孔壁颈缩现象。因此，必须对筒式钻斗进行改进。在筒壁上加焊4块双曲面护壁钢板（或增设导流槽），两两对称布置，为防止升降时碰坏孔壁，钻头旋转时双曲面护壁钢板直径小于孔径2cm。由施工现场实践得知，改善后的钻斗在提升过程中液压系统压力显著减小，钻孔颈缩现象得到改善。

控制钻斗钻进、提升速度：①旋挖钻机钻进过程中应严格控制钻进速度，避免钻进尺度较大，造成埋钻事故。②钻机升降钻斗时速度过快，钻斗外壁和孔壁之间的泥浆冲刷孔壁，再加上钻斗下部产生较大负压作用，造成孔壁颈缩、坍塌现象。所以，钻斗提升时应严格控制其速度，经现场实践得知，钻斗升降速度保持在0.75~0.80m/s。当钻斗处于粉砂层或亚砂土层时，其升降速度应更加缓慢。

钻进施工时出现卡埋钻的控制措施：卡埋钻是旋挖钻机最易发生的施工事故，因此，施工过程中应采取积极主动的措施加以预防。当钻机施工时出现卡埋钻现象时，采取切实可行的措施及时处理施工事故。

处理卡埋钻的方法如下：直接起吊法，即采用起重机直接向上起吊；钻斗周围疏通法，即用水下切割或反循环等方法，清理钻筒周围沉渣，然后起吊。

施工注意事项如下：

①由于钻机设备较重，施工场地必须平整、宽敞，并有一定硬度，避免钻机发生沉陷。

②钻机施工中检查钻斗，发现侧齿磨坏、钻斗封闭不严时必须及时整修。

③泥浆初次注入时，垂直向桩孔中间进行入浆，避免泥浆沿着护筒壁冲刷其底部，致使护筒底部土质松散。

④因黏土层中钻进过深易造成颈缩现象，在钻机施工时应严格控制一次钻进深度。

⑤钢筋笼或探孔器向孔内放置时，应由起重机吊起，将其垂直、稳定放入孔内，避

免碰坏孔壁，使孔壁坍塌，在混凝土浇筑时出现废桩事故。

⑥根据不同地质情况，必须检测清孔后灌注混凝土时泥浆性能指标，确保泥浆对孔壁的撑护作用。

2. 承台施工

(1) 施工方案。

根据现场实际情况，邻近既有铁路线的桥墩桩基施工前在既有线旁顺线路方向打设钢板桩进行路基加固。钢板桩长度不小于6.5m，钢板桩间距为0.2m。

钢板桩采用振动锤打设。打设钢板桩时，钢板桩三个方向利用绳子固定垂直方向，保证钢板桩的垂直度，施工的操作范围不得侵入行车限界。

(2) 安全措施。

对施工工地全部作业人员进行施工前培训，经培训考试合格后上岗。制作好施工防护标志，即施工地段标、减速地段标、施工断道标、鸣笛标；为工地防护员配备防护用品，即对讲机、口哨、防护旗、夜间防护灯等。以上各种防护标志、防护用品等都是在被批准的施工作业区段和时间内规范使用，其余时间不得在既有线上设置和使用任何标志。

做好施工的各项原材料、抢险工具的准备；制定好施工防护措施；建立健全各种规章制度和检查制度；向参加施工的人员进行技术交底；与设备管理部门、行车组织单位分别签订安全协议，施工前协同设备管理部核查设备，如电缆、管线、地下设施的走向、用途等。现场技术交底并予以确认，划定防护范围，经设备管理部门同意后方可施工。施工前挖十字沟探明管线位置和走向，并采取相应防护措施。

(3) 施工方法。

承台基坑开挖采用人工配合挖掘机放坡开挖，人工清底、凿除桩头。承台采用大块组合钢模板，采用钢管、方木支撑加固体系，混凝土泵送入模。为减小混凝土内外温差，控制混凝土表面裂纹，厚度大于2m的承台内按设计要求敷设冷却水管，承台表面用无纺布包裹养护，自动控制系统洒水养护。

钢筋在加工场地加工，基底检查合格后，精确放样定位，现场绑扎。承台模板采用厂制大块钢模，面板厚6mm，外壁加竖向、横向加劲肋，外加环向槽钢加劲肋，分4块在现场拼装，螺栓联结。承台模板支撑方式为外加固，支撑点放置在基坑和支护模板内侧。

承台施工工艺流程见图3-68。

基坑开挖：基坑采用挖掘机开挖、人工配合施工，当开挖至离基底200mm时，停止机械开挖，改为人工进行，以保证基底不被扰动。另外，基坑内有渗水现象存在时，在基坑内、基础外做好周边排水沟和集水坑，及时进行抽水，防止基坑被水浸泡。

测量放线：根据导线控制点测设出桩中心后，放出承台四周边桩（外移50cm），用红油漆做出标记，同时测出承台底至该桩顶的高差。

浇筑承台混凝土：承台混凝土按大体积混凝土施工工艺进行浇筑，其混凝土供应由标段的混凝土拌和楼提供，混凝土搅拌运输车运抵至浇筑现场，用混凝土输送泵泵送入仓，其具体浇筑施工工艺参见墩台身施工。

基坑回填：承台混凝土浇筑完毕并达到拆模条件时应及时拆模并进行基坑回填，基坑回填必须对称进行，填料符合设计和规范要求，采用振动夯和小型压路机压实，回填高度以低于承台顶面10cm为宜，待墩身混凝土施工完成后将整个基坑回填。

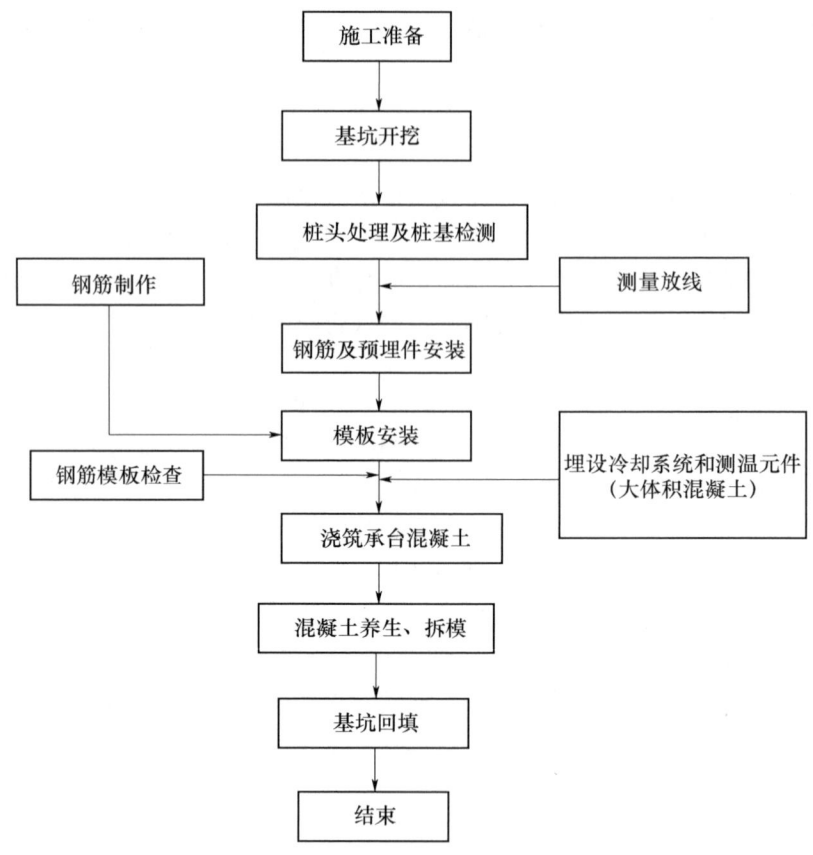

图 3-68 承台施工工艺流程

(4) 质量保证措施。

①承台采用在基坑内设集水井、用水泵抽排的办法来排除地下水对承台施工的影响。

②在混凝土浇筑前,开挖基坑不得泡水,基底应铺设一层 5～10cm 厚的水泥砂浆,浇筑过程中确保无水,混凝土终凝前不得浸水。

③承台混凝土按大体积混凝土施工工艺进行浇筑,其拌和、运输、浇筑、养护等均按高性能混凝土的标准要求进行。

④承台混凝土采用具有抗硫酸盐侵蚀的混凝土配合比,严寒天气停止混凝土施工。

⑤为了减小混凝土表面温度裂纹,承台混凝土采用连续斜面薄层推移式浇筑方法浇筑,每层厚度控制在 40cm 以内,以充分利用混凝土层面散热。当承台厚度超过 2m 时,按设计图纸要求在承台内埋设冷却水管,2.5m 和 3.0m 厚承台布设一层冷却水管,4m 厚承台布设两层冷却水管,不间断通水循环降温。

⑥承台混凝土拆模后,基坑及时用原土分层回填夯实,桥台台背处基坑则用 C15 片石混凝土回填密实。

⑦承台质量标准。除模板、支架、混凝土及钢筋须符合铁路标准外,承台的允许偏差和检验方法应符合表 3-21 的规定。

表 3-21 承台的允许偏差和检验方法

序号	项目	允许偏差（mm）	检验方法
1	尺寸	±30	尺量长、宽、高各 2 点
2	顶面高程	±20	测量 5 点
3	轴线偏位	15	测量纵横各 2 点
4	前后、左右边缘距设计中心线尺寸	±30	尺量各边 2 处

3. 墩身施工

桥墩施工时，由于墩身边缘与既有线之间的距离已大于 5m，墩身基础已经施工完毕，且已经回填完成，因此墩身施工较为安全，不影响既有线行车。

钢筋混凝土墩身的施工，模板采取大块定型整体桁架钢模板。墩身混凝土根据高度不同分次浇筑：先施工下部实体部分，再施工墩顶实体混凝土。

模板采用人工配合起重机安装拆除，混凝土采用拌和站集中拌和，混凝土泵车灌注。混凝土输送管安装至浇筑面以上，底部高度距离浇筑面控制在 2m 以内，以防离析，混凝土输送管随混凝土的浇筑高度而逐步上提。混凝土振捣采用插入式振捣器。混凝土洒水养护，洒水后采用塑料薄膜包裹进行养护。

3.4.3 施工安全防护

1. 既有线行车防护

既有线施工安全防护委托长兴工务段进行，并签订委托防护协议。要求施工开始时设 3 名具有铁道部门颁发的安全防护资质证书的防护员，于施工地点设 1 名，于施工地点前后沿新长铁路各 800m 处设 1 名，配齐应具备的防护用品、用具等。

于夹浦站和宜兴站各设 1 名驻站联络员，施工中随时与施工地点防护员进行联系。施工地点防护员要随时掌握列车运行情况，列车到来时及时通知作业人员及机械设备停止施工，并注意安全。

列车从宜兴站或夹浦站出发时，必须停止影响列车安全运行的一切施工，且人员、机具设备等均应撤离至安全地带，保证列车安全通过。

防护人员必须认真履行职责，集中精力，站在便于瞭望的地方认真防护，及时联系和掌握列车运行情况及列车在作业区段内的运行时刻，不允许做与防护无关的事情。

施工前的准备工作、桩基及承台墩柱施工根据现场条件，均采用列车行车间隔和天窗点期间进行，但全过程必须有专职有资质的工务段防护员进行监护。

2. 施工防护设施

（1）防护排架。防护排架的设置，是为了把施工区和既有线隔离开，预防施工过程中的一些工器具侵限。在靠营业线一侧距离钢轨外侧 2m 外设置防护排架。

防护排架搭设长度为 15m，外露高度为 2.5m。立柱采用工字钢，横向采用钢管，在排架上绑扎竹夹板。排架基础深度为 1.5m，采用混凝土浇筑固定，间距为 1.5m，钢管间距为 0.3m。针对以上参数做了防护排架的承载能力计算和校核，满足设计要求。防护排架详见图 3-69。

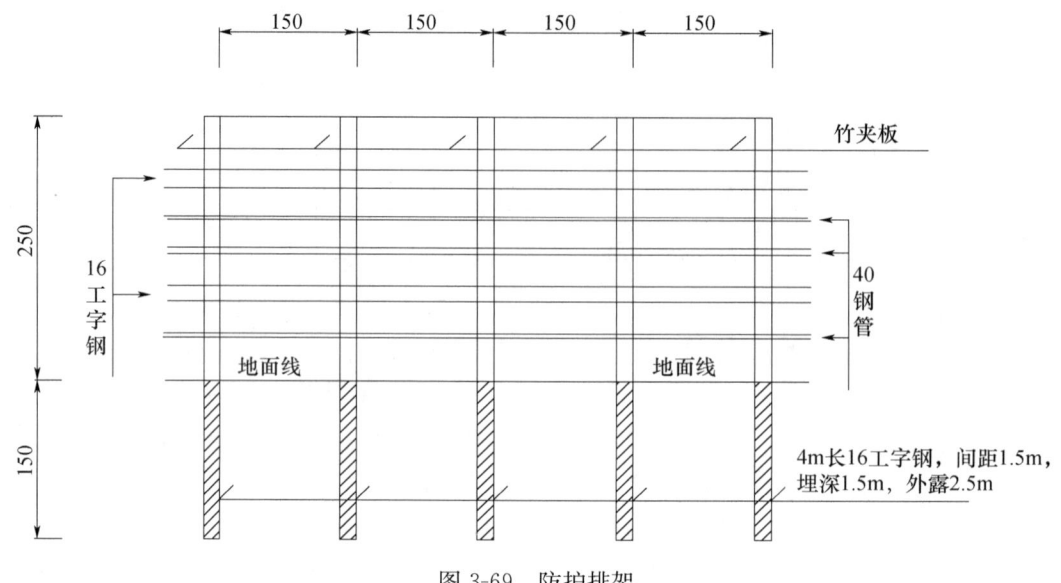

图 3-69 防护排架

(2) 钢板桩插打。

①310 号墩钢板桩。清除沿线两侧的杂物,在设计承台外侧 1.5m 位置(首先保证在铁轨外 2m 之外)四周插打 6m 长Ⅰ32a 型钢板桩,钢板桩顶面与原地面齐平,伸入承台底以下 2.0m(铁路路基上最大开挖深度 4.39m)。开挖基坑时,钢板桩内侧从承台底以上 2m 位置用Ⅰ32a 型槽钢沿周围做一道横撑,在横撑内部纵横向用Ⅰ32a 型工字钢各做两道支撑,四角打设八字撑,保证承台作业的安全性。

②311 号墩钢板桩。清除沿线两侧的杂物,在设计承台外侧 1m 位置(首先保证在铁轨外 2m 之外)沿铁路路肩打设一排钢板桩,钢板桩为长 6m、Ⅰ32a 型钢板桩,钢板桩外露 2.0m,伸入承台底以下 2.0m(铁路路基上最大开挖深度 2.53m)。开挖基坑时,钢板桩内侧从承台底以上 2m 位置用Ⅰ32a 型槽钢做一道横撑,在横撑承台离铁路最近点对称取 2.5m 用 $\phi 600$ 钢管做两道支撑,支撑到旁边的混凝土基础上。

靠近路基侧钢板桩施工时封锁施工,且施工完后不拆除。

3. 承台施工安全防护措施与注意事项

(1) 施工防护措施。

①基坑开挖。310 号墩、311 号墩承台位于新长线铁路堤坡脚处,人工配合挖掘机及自卸汽车进行基坑开挖。

310 号承台底部标高为 15.882m,轨顶标高为 11.983m。310 号墩承台离轨道最近点为 6.52m。由于 310 号墩承台距离轨道较远,开挖深度为 4.387m,施工时四周打钢板桩防护,人工配合机械开挖。

311 号承台底部标高为 16.137m,轨顶标高为 19.54m。311 号墩离轨道最近点为 3.09m。在人工挖孔施工前已经在承台边缘外打插了工字钢桩,在进行承台基坑开挖时要注意保护工字钢桩,在离工字钢桩 1m 范围内应采用人工开挖,禁止采用大型机械铲挖。

②混凝土施工。承台模板采用整体大块钢模,人工配合汽车吊现场安装。承台钢筋在加工厂制作,预埋件提前加工制作,运至现场安装。钢筋用汽车运输。钢筋、模板安装前,搭设脚手架平台、栏杆及上下扶梯;人工搬运和绑扎钢筋时,互相配合,同步操作。在已安装的钢筋上不得行走,并架设交通跳板或搭脚手架。模板就位后,立即用撑木等固定位置,以防倾倒伤人。当借助吊机吊模板合缝时,模板底端用撬棍等工具拔移。每节模板立好后,上好连接器和上下两道箍筋,打好内撑,方可暂停作业,以保持稳定。在竖立模板过程中,上模板工作人员的安全带拴于牢固地点,穿拉杆时,内外呼应。模板吊装前,使模板连接牢固,内撑、拉杆、箍筋上紧,吊点正确、牢固。起吊时,拴好溜绳,并听从信号指挥,不得超载。

使用混凝土振捣器时,须检查振捣器的外壳接地装置及胶皮线情况、电线的端部与振捣器的连接情况、振捣器的搬移地点及在间断工作时电源开关关闭情况。检查合格方准使用。

拆除模板之前设立禁区,并按规定程序进行拆模。

保证承台施工人员佩戴安全帽,带好防护用品;临时电力线架空架设,保证绝缘良好,配电箱接入、接出电线,箱内设置漏电开关;夜间在施工现场须有充足的灯光照明;施工区域设备张贴反光条,并设置醒目标志及安全警示牌,非工作人员严禁进入施工现场。

③路基恢复。承台施工完闭后用路基原料恢复路基。施工时分层填筑夯实。

(2) 施工时的注意事项。

为防止基坑开挖对新长铁路路基造成影响,施工时采用钢板桩进行基坑边坡防护,同时在铁路路基坡脚及钢板桩顶部设置位移观测点,观测基坑开挖过程中铁路路基的变化情况,若发现异常,立即停止开挖,采取有效措施后方可继续施工。基坑开挖时边开挖边加固钢板桩,每下挖1m在钢板桩内侧周边用工字钢做一道水平横围檩,然后在四角打八字撑,垂直长边的方向打设两道水平横撑。

在基坑边3m范围内严禁堆放物料、停放机械;靠新长铁路一侧10m范围内严禁堆放物料、停放机械。

开挖的基坑料不能拉出场外,应按规则形状堆放在路基旁,防止路基出现位移或沉降时,采取补救措施没有填筑料源。

做好标记。施工全过程监控铁路路基边坡坡脚及钢板桩是否出现位移或沉降现象;如有位移或沉降,第一时间向分项目部领导报告,以便及时采取补救措施。

4. 墩身施工安全防护措施

310号墩、311号墩墩身形式均为流线形巨型墩。采用一次整体支立钢模,一次浇筑成型。混凝土采用汽车泵泵送入模浇筑。墩台身采用大块拼装式定型钢模板施工,人工配合汽车吊进行模板安装。模板吊装一层,钢筋绑扎一层。模板安装好后,对模板位置偏差和顶面水平进行检查,经调整满足施工规范要求后对钢模加固。

墩台均位于新长铁路路基两侧,310号墩离轨道最近为10.12m,墩身高12.85m,墩顶标高27.833m,轨道顶标高为19.47m。311号墩离轨道最近为6.74m,墩身高为11.35m,墩顶标高为28.487m,轨道顶标高为19.54m。

施工时,采用的是定做的组合钢模板,强度高,稳定性好,2m为一节,一节一节用起重机吊装。吊装过程中用缆风绳与起重机拔杆和地锚连接,松紧状态以不影响起重机15°范围内转动工作为准,模板顶部和底部均系牵引绳,人工牵引,以减小模板在吊装过程中的摇摆。每吊装一节模板,均应在模板顶部采用缆风绳向四周拉住,模板加固稳当后起重机方可松钩。在最后一节模板吊装完成后,在其顶部应用缆风绳固定牢固。在装模及钢筋绑扎、混凝土浇筑的过程中,精心组织施工。使用材料运输汽车、起重机、混凝土运输车、混凝土泵车等机械,应安排专人进行现场指挥、布局,机械操作活动范围控制在新长铁路外侧,严禁影响铁路交通安全。墩台施工人员必须佩戴安全帽,带好防护用品。在拆模时,亦采用起重机人工配合,自上往下逐节拆除,轻拆轻放。

吊装设备每天作业前要检查,检查设备的性能是否完好,挂钩是否符合要求。在列车通过时应停止吊装作业,在停止作业前,起重机、模板均应用缆风绳系在地锚上,以保证既有线行车安全,防止发生意外时模板倾覆在轨道上。

防止施工现场机械、车辆侵限的规定及应急措施如下:

(1) 在营业线附近施工的任何机械设备,无论任何作业,均不得侵入铁路限界。

(2) 操作人员必须持证上岗,严禁将机械交给无证人员和不熟悉机械设备性能的人员操作。

(3) 施工作业前,操作人员必须认真听取施工技术人员的现场交底及有关注意事项,并对机械做详细检查。作业中必须集中精力,不得擅自离开工作岗位。

(4) 施工机械作业时,必须有专职安全防护员指挥调度,实行一人一机防护,施工地段有列车通过时,通知所有作业的机械设备必须停止作业且离开铁路5m外。

(5) 禁止挖掘机、起重机等机械作业时侵入铁路限界。

(6) 如施工机械发生意外侵入铁路限界,影响行车安全,应立即用报话机向800m外防护员及临近车站驻站联络员发出紧急通知,采取紧急措施进行停车防护,并尽快组织装载机将故障机械拉离铁路限界外,排除险情,恢复通车。在施工机械未撤出限界以外、行车安全未恢复前,不得撤出停车防护。

(7) 施工人员应熟悉既有线施工的安全规定,熟悉列车运行情况和列车行车速度,熟悉各种信号及信号显示方式,服从防护员指令,做到令行禁止。

(8) 任何人不得擅自使用信号旗、信号灯等信号指挥物品,或拿这些物品在既有线附近嬉闹,以免影响正常行车及安全。

5. 路基监测措施

为保证铁路运输安全,在开工前对既有线施工实行监测。具体措施如下:

(1) 为确保既有线施工安全,开工设置观测桩,安排工程技术人员现场监测,掌握路基及轨道的变化情况,及时处理可能影响既有线安全的工程施工。

(2) 设置数量及方式。观测点采用方格网布置。观测站点要选择在视线好、不受施工和行车干扰的位置,并选择牢固并不易破坏的地点,保证观测精度。

(3) 监测内容及要求。观测分为下沉观测及横向位移观测两种,分设两个观测工作点。桩基施工时每天观测一次。基坑开挖随时观察。一旦发现观测数据发生变化应及时报宁杭公司工程部。当观测数据发生明显水平位移或下沉变化,即两次观测数值均出现明显变化(下沉大于3mm或位移大于2mm),或一次观测数值出现±5mm变化时,应首先排除观测错误,立即查找原因进行分析,加密观测次数,同时通知施工负责人,做好鉴认,一旦上述情况继续发展,应立即停止施工,采取防护措施,通知宁杭公司、铁四院、新长铁路工务段有关单位现场分析,提出解决处理的技术方案。1d累计下沉大于2mm或累计位移大于4mm,也应按上述要求进行分析,查找原因,制定措施。

6. 现场恢复

施工完成后原则上对现场进行原貌恢复、边坡恢复时,回填料用原料土,回填时分层进行,回填一层,夯实一层,回填至原来高程时,人工进行修坡恢复原样。

4 简支箱梁预制场

4.1 梁场总体规划

4.1.1 生产能力确定

梁场占地总面积约为214.7亩，设计规模为583片预制箱梁，其中24m箱梁39片，32m箱梁544片。设计11个固定生产台座，配备11套外模、7套内模，以保证2.2孔/d的生产能力，双层存梁台座73个。梁场按使用功能划分为9个区，主要包括混凝土拌和区、制梁区、存梁区、提梁区、钢筋加工区、架桥机调头区、设备停放检修区，同时设有生活、办公区。全梁场与外界围墙相隔，安全独立。

4.1.2 场址选择

根据箱梁现场预制施工特点，结合施工现场调查情况，在确保施工安全、质量、工期、环保的前提下，梁场场地布置原则如下：

梁场选择在地势平坦、地基承载能力高且稳定、具有良好的施工水源、大风较少、全供梁范围运距加权平均值较小的位置设置。

梁场尽可能顺桥、紧凑布置，平立面布置合理，减少不合理的设备投入和箱梁的移动与转向，同时减少墩台施工与箱梁预制的冲突。

梁场设备、内外模、台座、拌和站能力、钢筋加工、钢筋吊装能力、存梁台位数量与形式经认真设计计算，相互匹配并留有余地。

充分利用当地道路、电力、通信、水源等自然条件，减少临时工程数量，并注意对当地耕地、农田灌溉系统的保护及水土的保持。同时考虑洪水因素，确保雨期梁场的施工安全。

4.1.3 总平面布置

梁场位于宜兴市徐舍镇翔圩村，线路里程DK110+768～DK111+087北侧位置，按横列式布置，梁场与铁路线路中心大致平行；梁场所在地区国道、省道、县道基本成网，沿线路走向主要有104国道、宁杭高速公路，交通非常便利。

梁场承担着宁杭高速铁路二标段徐舍特大桥、跨104国道大桥宁向202孔、杭向381孔箱梁的预制任务。先宁向后杭向供梁，供梁比较集中。

4.1.4 施工组织及人员、设备、材料、进度安排

1. 施工组织机构和职能

各部室工作职能分工见表 4-1。

表 4-1 徐舍制梁场各部室工作职能分工

部室	管理职能
安质部	负责梁场的安全管理工作及梁场环境保护、水土保持、文明施工的管理等工作。按照设计图纸、文件及有关规范和厂区制定的质量标准,进行相应的质量检查和过程控制
施工生产部	负责梁场生产工作及生产信息采集工作
工程管理部	严格执行场区下达的生产任务,制定梁场的生产计划;负责生产中的技术和资料管理工作以及工程量的核认
综合管理部	负责梁场内部协调、秘书、工务、后勤、治安、党务、政工、工会等工作
物资设备部	根据场区的材料供应计划制定梁场的供应计划,做好材料的供应和储存工作
预制一工班	负责梁场的临时建设及箱梁的预制工作
预制二工班	负责梁场的临时建设及箱梁的预制工作
拌和站	负责梁场混凝土运输、拌制及拌和站的管理与运行
实验室	负责工程原材料的进场检验、配合比试验及施工中相关的质量监测等工作
测量队	负责梁场的测量放线、模板复测及测量收方等工作
备注	各部室在履行各自职责的同时,加强协作,完成领导交代的其他工作

2. 施工人员配备

简支箱梁预制由徐舍梁场制梁工班负责施工。在工程开工前,梁场对全体施工人员进行全面的安全和质量教育培训,主要人员进行有针对性的培训,并经考核合格后方可上岗作业。梁场设立了安全质量部,负责指导检查工作。梁场的质检工程师、安全工程师对施工现场的安全、质量工作进行监督、检查、评定和指导。制梁工班设立专职的安全员和质检员,按照相关规范标准和要求进行施工、检查。对重要的工种全部要求进行专门的培训,考试合格后,持证上岗。

3. 施工机械配备(表 4-2)

表 4-2 箱梁预制主要机械设备统计

序号	设备名称	规格型号	单位	数量
1	混凝土搅拌站	HZS120	座	2
2	混凝土输送泵车		台	2
3	混凝土搅拌运输车		台	6

续表

序号	设备名称	规格型号	单位	数量
4	龙门吊	48m-50t	台	2
5	移梁机	900t	台	1
6	龙门吊	20m-10t	台	2
7	发电机	400kW	台	1
8	发电机	200kW	台	1
9	变压器	1000kV·A	台	2
10	锅炉	2t/h	台	1
11	锅炉	4t/h	台	1
12	装载机	CLG855	台	1
13	张拉千斤顶	YCW400B	台	10
14	张拉油泵	ZB4/500	台	10
15	压浆泵	UB3	套	2
16	空压机		台	2
17	制冰机		台	1
18	钢筋制作设备		套	10
19	蒸汽养护棚		座	2
20	卷扬机	3t、5t	台	4
21	振动整平机	13.0m	台	2
22	箱梁模板	32m	套	10
23	箱梁模板	24m	套	1

4. 施工进度计划

根据施工整体安排，梁场施工准备2009年4月8日开始，计划2009年8月31日完成。制梁计划2009年8月5日开始，2010年9月30日完成。架梁计划2009年11月1日开始，2010年9月30日完成。

4.2　梁场设计

4.2.1　地质勘探设计

施工前进行了地质勘探，孔位按60m×75m方格网布置，共布置勘探钻孔28个。

一般性勘探孔深度控制地基主要受力层，进入桩端平面以下不小于2倍桩径，控制性勘探孔深度要超过地基变形的计算深度，进入桩端平面以下不小于3倍桩径，并满足桩基勘察的要求。

地质勘探结果如下：场地岩土层自上而下可划分为6个工程地质层。依次为：1层粉质黏土夹粉土，2-1层淤泥质粉质黏土，2-2层粉质黏土，3层粉质黏土、3-A层粉质黏土夹粉砂、3-B层粉砂，4层粉质黏土，5层卵石土，6-1层强风化泥岩，6-2层中风化泥岩。

根据勘探结果，制梁台座、存梁台座基础型式均采用管桩基础，制梁台座基底压力为253kPa（PHC预应力高强混凝土管桩单桩承载力为931kN），存梁台座基底压力为460kPa（PHC预应力高强混凝土管桩单桩承载力为1565kN），混凝土拌和站、50t门吊轨道和移梁机通道采用钢筋混凝土筏板基础，基底压力为150kPa；跨线提梁机轨道基底压力为200kPa。

4.2.2 场地平整硬化加固工程

梁场征地工作完成后，利用推土机和压路机对制梁场区域进行场地平整，梁场内的施工道路考虑大型机械通过，其主要道路路面宽设为12m，其他道路宽度为6～8m。900t移梁机通道采用40cm厚C30混凝土硬化，主要道路采用30cm厚C20混凝土硬化；箱梁预制区、混凝土拌和区、砂石料仓及拌和站周围地面采用30cm厚的C20混凝土进行场地硬化；生活区、钢筋加工区等采用20cm厚C20混凝土进行场地硬化。

4.2.3 制梁台座

根据设计及规范要求，为保证箱梁四个支点不平整度不大于2mm，减少箱梁预制过程中台座的不均匀沉降，制梁台座采用三道纵梁作为直接承力结构，纵梁下基础板通过管桩直接作用于持力层上。纵梁顶面预埋通长角钢，与底模焊连。台座顶面不留预设拱（挠）度，由模板设计单位控制，在施工中过调整底模与台座间钢板调整；台座顶面与底模连接预埋件，外侧模与地面支撑连接预埋件由模板设计和加工单位确定。

台座施工严格按照设计图纸，特别是预埋件精确对位，施工中应保证台座顶面平整。

制梁台座建设完毕后进行预压，以消除制梁台座基础可能的沉降；在制梁过程中，应经常进行观测，及时调整底模垫板。

4.2.4 钢筋绑扎台座

为保证钢筋绑扎精度，梁体钢筋在钢筋绑扎台座胎具上进行绑扎。制梁区内根据生产需要设置5个钢筋绑扎台座。

基础下地基土按照客运专线路基标准夯实，且应力不小于200kPa，铺30cm碎石并夯实，地面混凝土厚20cm。施工前预留预埋件孔位。安装底腹板、顶板钢筋绑扎台座，胎具通过预埋件焊接在绑扎台座上，各部件之间采用焊接。

4.2.5　龙门吊轨道基础

50t 龙门吊最大轮压按 250kN 计算，两个车轮为一组，间距为 500mm，钢轨采用 P50。基础采用条形基础，基础宽 1500mm、高 700mm，下铺设 300mm 二灰碎石垫层处理，原土做夯实挤密处理。基底应力为 132kPa，小于处理后地基承载力 200kPa，满足受力要求。

4.2.6　存梁台座

根据设计及规范要求，为保证箱梁四个支点不平整度和不均匀沉降不大于 2mm，存梁台座基础采用扩大基础，结构采用两层台阶分布荷载方式，存梁台座对应制梁台座布置，存梁时采用四点支承的方法，按箱梁的横向支座中心布置，纵向距梁端 1.5m 以避开支座板。每端的两个存梁支点基础连成一体，采用扩大基础。各支墩上设 500mm×500mm×70mm 橡胶垫，顶部为 500mm 高垫石，两垫石横向中心距离为 4.5m，基底宽 2.8m、长 7.8m。扩大基础考虑基底受力，双层存梁，存梁台座单边总荷载是 900t，基底应力为 412kPa，小于岩层承载力特征值 3500kPa，基底完全满足台座的受力要求。具体详见附件（略）。

4.2.7　混凝土拌和站、砂石料料场

混凝土在梁场拌和站集中拌和，此设备为带全自动计量装置的两座 HZS120 搅拌站（120m^3/h），配置相匹配的水泥罐仓和掺和料罐仓。拌和站计量采用微机控制自动计量系统，在配制混凝土时，水、水泥、掺和料、外加剂的称量精确保证到±1%，粗、细骨料的称量精确到±2%（均以质量计）。

根据施工进度要求和中粗砂、碎石、掺和料、水泥存储量，建立砂石堆放场、水泥库。其中包括粗骨料原料堆放场、粗骨料破碎筛分加工场、5～10mm 粒径粗骨料堆放场、10～20mm 粒径粗骨料堆放场、细骨料堆放场及混凝土搅拌机的皮带运输系统、骨料计量系统等。骨料均要求遮盖存放。

4.3　制梁生产工艺

4.3.1　工艺流程

采用固定式底模外模、液压自动收缩式钢内模进行施工。钢筋骨架在钢筋绑扎台座进行整体绑扎，采用两台 50t 龙门吊吊至已安装好侧模的制梁台座，调整好钢筋骨架位置，保证梁体的混凝土保护层满足要求。然后将已拼装好的内模拉至整体钢筋骨架内，然后安装端模。预应力孔道采用预埋橡胶棒抽拔成孔，混凝土在拌和站集中拌制，由混凝土搅拌运输车运输至制梁台座处，用泵车泵送混凝土入模，采用插入式和附着式振捣器振捣，整体一次性灌注，蒸汽养护。在制梁台座上进行预应力筋的预张拉和初张拉，采用 900t 轮胎式移梁机移至存梁区，在存梁台座上进行终张拉、压浆和封端。后张法预应力箱梁施工工艺如图 4-1 所示。

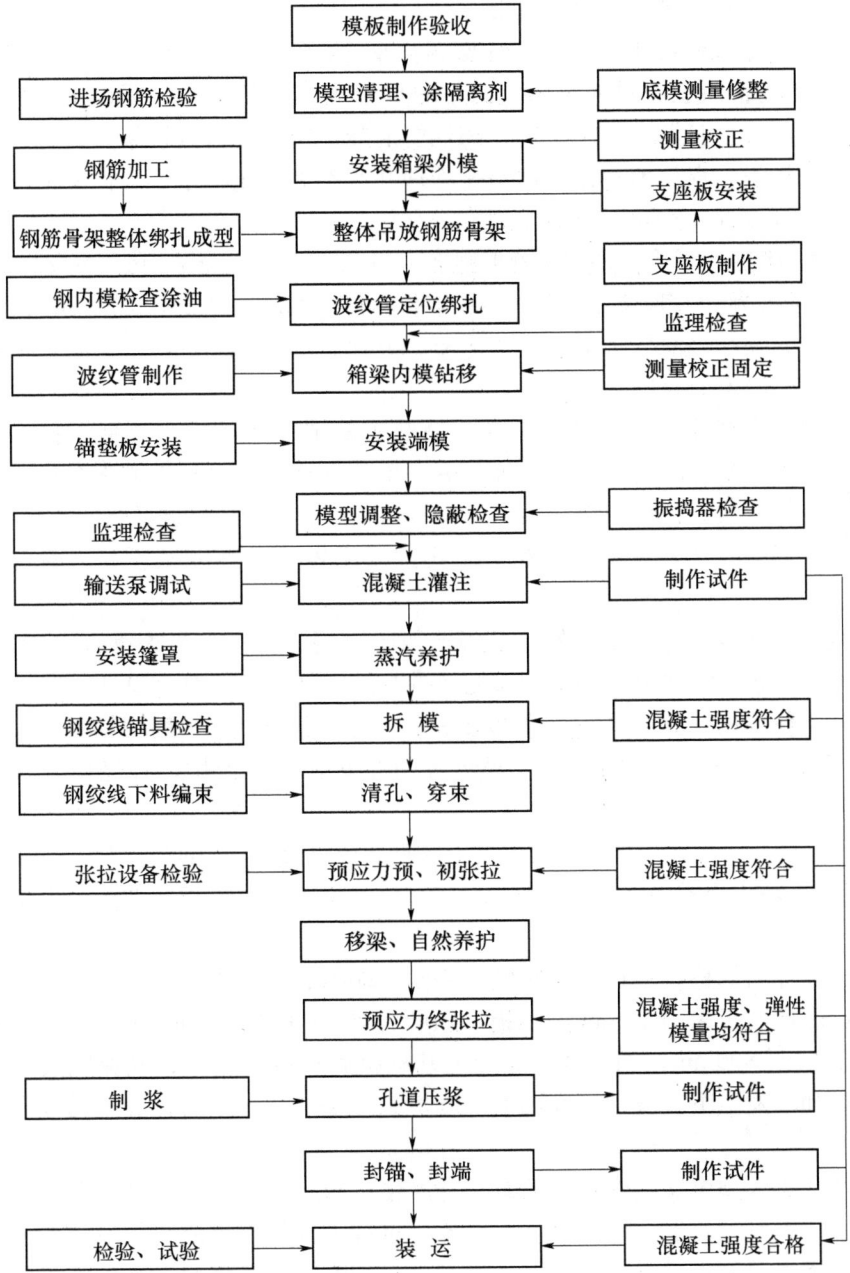

图 4-1 后张法预应力箱梁施工工艺

4.3.2 施工工艺方法

1. 制梁

(1) 原材料要求。

①高性能混凝土原材料。箱梁混凝土采用高性能混凝土按《客运专线高性能混凝土暂行技术条件》进行控制检验。箱梁高性能混凝土原材料满足《客运专线预应力混凝土

预制梁暂行技术条件》要求的技术质量。

高性能混凝土原材料在入场时严格按要求进行检验和复检，同时考察选定备用料源厂（场）。高性能混凝土原材料有固定的堆放地点和明确的标识，标识出材料名称、品种、生产厂家和生产日期，严防误用。高性能混凝土用粗骨料分级采购、分级运输、分级堆放、分级计量，存放地地面全部硬化处理并有斜坡防止积水。高性能混凝土粉状料采用散料仓分别储存。袋装材料用专用库房存放。

②非预应力钢筋。符合《钢筋混凝土用钢 第1部分：热轧光圆钢筋》（GB/T 1499.1—2017）和《钢筋混凝土用钢 第2部分：热轧带肋钢筋》（GB 1499.2—2018）及《低碳钢热轧圆盘条》（GB/T 701—2008）的规定。对HRB335钢筋，碳当量≤0.5%。钢筋外观无裂纹、重皮、锈坑、死弯及油污等。

钢筋有出厂合格证，外观检查合格后每批按要求抽取试样，分别做拉、弯复查试验。如有一项不合格，则加倍取样，如仍有一项不合格，则该批钢筋不合格。

③预应力钢绞线。预应力钢绞线为1×7-15.2-1860低松弛钢绞线。每批钢绞线有出厂合格证，进场后先经外观检查合格后，再按要求做力学性能试验，试验合格后方可使用。

④钢配件。除设计特殊要求外，采用普通碳素钢，其技术要求符合《碳素结构钢》（GB/T 700—2006）的规定。外露的钢配件进行防锈处理，并符合设计要求。

⑤锚具。使用的锚具产品经过省部级鉴定，且符合《预应力筋用锚具、夹具和连接器》（GB/T 14370—2015）的要求。锚垫板须能安装密封盖帽，并经检验合格后方可使用。

⑥制孔管道及泄水管。预应力孔道采用橡胶抽拔棒成孔。桥面泄水管及管盖采用PVC管材，符合《给水用硬聚氯乙烯（PVC-U）管材》（GB/T 10002.1—2006）的要求。

（2）模板工程。

①模板设计与结构。模板分为底模、侧模、端模、液压内模。

底模：底模面板采用12mm厚钢板，纵肋布置12号槽钢，间距300mm，横肋布置14号槽钢，间距800mm，钢底模与混凝土基础接触良好、密实，确保钢底模在使用过程中不变形和不发生下沉现象。底模平整度控制在2mm/m以内，底模沿纵向按抛物线预设反拱。

根据设计要求预留反拱度及压缩量，并严格按技术要求组装。将焊缝打磨平顺，使模板平整度达到设计要求，端部底模考虑施工过程中预留反拱值和压缩量的调整。在安装过程中，钢底模槽钢横梁与混凝土条形基础紧密贴合，并将制作好的蒸养管道埋于钢底模下面，保证底板正常供气。

侧模：外模由两块侧模和两块端模构成。侧模分段加工，经拼装合格后形成一整扇。模板采用钢板焊成异型工字钢作为横肋，纵肋使用10号轻型工字钢，模面采用8mm厚的钢板，底部采用一根14号工字钢。侧模与端模之间的连接缝采用3mm双面胶封堵。

端模：端模板上的锚垫板预留孔偏离设计位置不大于1mm，用海绵填塞锚垫板与波纹管间的空隙，以免漏浆。

液压内模：液压内模由固定模板、梁端截面二级动模板、变截面二级动模板、标准截面二级动模板、模板支架、轨道梁、螺旋撑杆、液压系统等组成。液压内模板面钢结构沿纵向分段制造，通过高强度螺栓连接。液压内模为液压控制收放、撑杆定位的三面模板，由端头截面、标准截面、变截面段组成。模板支架、模板轨道梁沿纵向分为三部分，通过高强度螺栓连接。模板的等截面处、变截面处均为两级收缩，便于模板从箱梁内腔拖出。

该内模在设计上的核心就在于液压系统的设计。该内模采用全液压自动收放，机械同步控制。根据以往的施工经验，液压油缸在工作的时候必须保证同步，否则将在拆模的时候使模板扭曲变形。设计上采用液压同步控制器，同时在油缸设置上采取不均匀分布的方法，能够保证每节模板实现同步收放。油缸本身带有自动锁紧功能。液压控制台采用体外布置，置于纵向钢梁前端，液压管路采用刚性油管，只是在加长段和顶模分步沉降段的连接部位采用柔性管。所有接头均采用快速连接接头。除顶模升降油缸管路布置在纵向钢梁内以外，其余管路均对称分布在顶模下方。

②模板安装与拆卸。箱梁预制的过程中，钢模板的安装与拆卸是控制工期及施工质量的一道关键工序，所以需要严格制定合理的工艺流程。

a. 模板安装。模板安装工艺流程如图 4-2 所示。

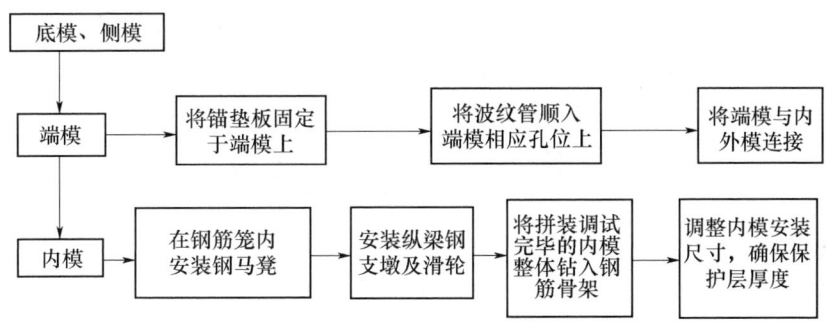

图 4-2 模板安装工艺流程

模板安装前检查模板是否具有足够的刚度、强度、稳定性和精确的结构尺寸；模板板面平整，其局部不平整度小于 2mm/m，接头采用橡胶，用沉头螺栓固定在接头处，确保模板不漏浆；模板预留孔位置及尺寸准确，其偏差不大于±0.2mm；模板安装前检查隔离剂涂刷是否均匀；检查预埋件是否符合图纸设计要求。

模板安装时应严格控制结构尺寸，其允许误差如表 4-3 所示。

表 4-3 模板安装尺寸允许误差

序号	项目	允许偏差
1	模板总长	±10mm
2	底模板宽	+5mm，0
3	底模板中心线与设计位置偏差	≤2mm
4	桥面板中心线与设计位置偏差	≤10mm
5	腹板中心线与设计位置偏差	≤10mm
6	横隔板中心位置偏差	≤5mm

续表

序号	项目	允许偏差
7	模板倾斜度偏差	≤3mm/m
8	底模不平整度	≤2mm/m
9	桥面板宽	+10mm，−10mm
10	腹板厚度	+10mm，0
11	底板厚度	+10mm，0
12	顶板厚度	+10mm，0
13	横隔板厚度	+10mm，−5mm

外模安装：侧模为整体钢模，以底模跨中线为基准，经丝杆调节模板垂直度，横向下端用钢楔固定，上端采用较大刚度的钢结构平台（钢结构平台既可起到对拉筋作用，又可作为操作平台）固定。

端模由上、下两块组成，安装时先将锚垫板与端模预留孔对位并用螺栓拧紧，将波纹管穿过相对的端模孔慢慢就位，因管道较多，安装模型时应特别注意不要将金属波纹管挤弯，否则会造成端部有死弯。另外要注意锚垫板在对位时避免顶撞钢筋骨架，以免引起支座板移位。就位后连接底模、内模及外侧模。

液压内模的安装流程见图4-3。

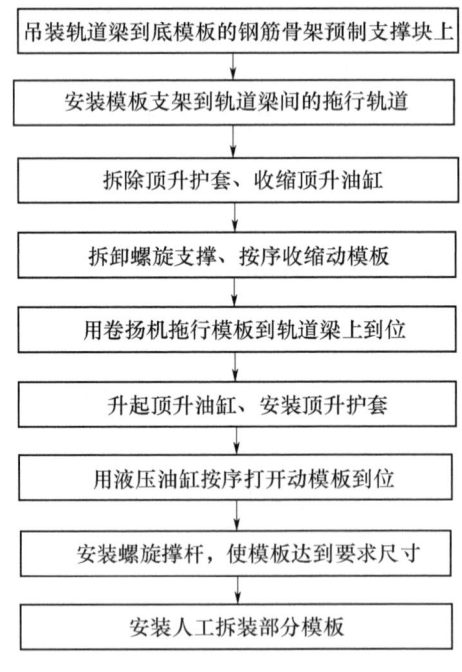

图4-3 液压内模的安装流程

b. 模板拆卸。模板拆卸的工艺流程见图4-4。

当梁体混凝土强度达到设计要求后，如设计无具体规定时，在混凝土强度达到设计强度的60%以上，梁体混凝土芯部与表面、箱内与箱外、表层与环境温差均不大于15℃，且能保证梁体棱角完整时可以拆模。但气温急剧变化时不拆模。

4 简支箱梁预制场

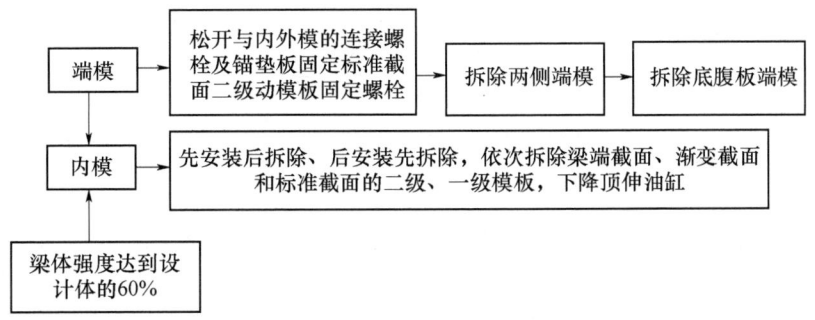

图 4-4 模板拆卸的工艺流程

内模拆卸：在梁体强度及弹模达到设计强度 60% 后，先拆除端模及液压内模内的丝杠，拆除每节间的连接螺栓，按照先安装后拆除、后安装先拆除的原则拆卸内模，然后将液压内模拉出。

液压内模抽出后及时清理表面灰渣，清理各液压件及模板，如有变形或破损应及时修整。

(3) 钢筋工程。

①梁体钢筋骨架在钢筋绑扎模架上进行整体绑扎成型。最后通过两台门吊把成型的钢筋骨架吊装就位。

根据设计要求预埋综合接地钢筋和预留接地螺母，为接地钢筋与梁体钢筋绝缘，接地钢筋分别用塑料管或橡胶管包裹，接地钢筋焊接处用塑料或尼龙制品包裹，保证其与梁体绝缘。梁体钢筋单独预留接地螺母，该接地螺母通过焊接钢筋与梁体钢筋连为一体。

梁体钢筋骨架安装时，为保证梁体各部位的保护层厚度，在钢筋与模板之间设置与梁体混凝土同强度等级的细石混凝土垫块支承，均呈梅花形布置，间距不大于 50cm。尤其要对底板保护层厚度加以控制，要及时检查。钢筋骨架制作及安装允许误差如表 4-4 所示。

表 4-4 钢筋骨架制作及安装允许偏差

序号	项目	允许误差（mm）
1	受力钢筋顺长度方向全长的净尺寸	±10
2	弯起钢筋的位置	±20
3	箍筋内边距离尺寸差	±3

钢筋骨架的吊装：钢筋骨架绑扎完毕后，用两台门吊通过专用吊具进行吊装。

②钢筋绑扎。为了避免分体绑扎底腹板钢筋和顶板钢筋组合时拖延工时，选用整体绑扎胎具，钢筋在模具上绑扎，最后整体吊装到制梁台位。

钢筋绑扎及保护层要求：钢筋的交叉点用镀锌铁丝按逐点改变绕丝方向（8 字形）交错扎结或按双对角线（十字线）方式绑扎牢固，必要时可用点焊焊接，扎丝头一律弯到钢筋内侧防止进入保护层内。钢筋之间的连系筋采用梅花形布置，间距不大于 50cm。钢筋绑扎要求见表 4-5。

表 4-5 钢筋绑扎要求

序号	项目	要求
1	桥面主筋间距与设计位置偏差（拼装后检查）	≤15mm
2	底板钢筋间距及位置偏差	≤8mm
3	箍筋间距及位置偏差	≤15mm
4	腹板箍筋的不垂直度（偏离垂直位置）	≤15mm
5	钢筋保护层与设计位置偏差值	+5mm，0mm
6	其他钢筋偏移	≤20mm

③预埋件、预留孔的设置。梁体的各种预埋件、预留孔模具应与模板、钢筋骨架同时安装，保证设置齐全、位置准确。

a. 支座板安装。支座板采用设计规定的 PZ 型盆式橡胶支座型号相配套的支座板，要求预埋位置正确，每块支座板安装时用两个螺母与钢底模连接牢固。

b. 桥面预埋件。包括防撞墙、电缆槽、接触网支柱基础、电缆槽、综合接地等。在相应位置将预埋钢筋及预埋件与梁体钢筋一同绑扎、安装，以保证预埋钢筋与梁体的连接。用于综合接地的纵向和横向钢筋的连接采用 L 形焊接，焊接长度单面焊 200mm，双面焊 100mm，焊缝厚度至少 4mm，接地端子材质应符合《不锈钢棒》(GB/T 1220—2007) 中 $Cr_{17}Ni_{14}Mo_2$ 的要求，每个接地端预埋接地端子，并设有 M16 的内螺纹，其材料、焊接工艺及套筒尺寸应能满足电气化接地短路电流最大 30kA、100ms 的瞬时短路冲击工频耐压试验，接地端安装时严格按设计图纸施工，确保其位置准确无误。

c. 通风孔。在箱梁两侧腹板上设置直径 100mm 的通风孔，间距 2m，若通风孔与预应力管道位置干扰，可适当移动通风孔位置，保证预应力钢筋的保护层大于 1 倍管道直径。在通风孔处增设直径 170mm 的螺旋筋。通风孔采用 ϕ100mm 的通风孔模具，模具固定在内、外模板上，混凝土初凝时及时松动拔出。

d. 泄水孔。箱梁桥面采用三列排水方式，在防撞墙与无砟轨道混凝土底座间，设置 ϕ125mm 的 PVC 竖向泄水管，在泄水管处增设直径 200mm 的螺旋筋；在梁底沿纵向间距不大于 4m 设置泄水孔，采用内径为 90mm、145mm 的 PVC 管成洞，在泄水管处增设直径 150mm、200mm 的螺旋筋，在灌注梁底板混凝土时，在底板上表面根据泄水孔的位置设置一定的汇水坡。

e. 吊装孔。箱梁吊点设在梁端腹板内侧，每端吊点由 4 个直径 120mm 吊孔组成，吊点的孔径大小、位置、垂直度符合设计要求，在吊孔处增设直径 190mm 的螺旋筋，吊装孔待梁体架设后采用无收缩混凝土封堵，并进行局部防水及保护层施工。

f. 检查孔。根据维修养护和施工架设时的操作空间需要，在梁端底板设置槽口，在槽口直角处设置半径 250mm 的弧形倒角。检查孔模具与端模板连成一体控制其位置。

g. 通信信号及电缆过轨预留孔。在每孔梁的梁端电缆槽内设置直径为 100mm 的预留孔。预留孔采用内径为 100mm 的 PVC 管，并可兼作电缆槽的排水孔，在预留孔处增设直径 170mm 的螺旋筋，施工时在安装 PVC 管后进行防水层、保护层的施工，同时应注意预留孔处 PVC 管的防水处理。

（4）混凝土工程。高性能混凝土配合比选定是保证箱梁施工质量的关键。在箱梁生产前做好高性能混凝土配合比的选定工作。

在正式进行高性能混凝土试配时，按《客运专线高性能混凝土暂行技术条件》的要求对混凝土用水泥、骨料、掺和料、外加剂等主要原材料的产品进行试验。所有原材料满足相应要求。同时组织有经验试验人员成立技术攻关组，进行混凝土配合比的配制。根据原材料料源情况和梁型特点（体积大、灌注时间短）对配合比进行选配。要求胶凝材料总量不超过 $500kg/m^3$，掺和料不超过胶凝材料总量的 20%，坍落度 45min 损失不大于 10%，坍落度控制在 16～20cm（保证泵送），含气量控制在 3%～4%，对其泌水率、强度、弹性模量、耐久性进行试验。同时进行混凝土或对应砂浆的抗裂性能对比试验，从中优选出抗裂性能优越的配合比。

高性能混凝土配合比初步选定后，按耐久性的要求对选定配合比混凝土的相应设计耐久性指标进行试验。

①预制箱梁混凝土拌制与泵送。

a. 施工准备。梁体混凝土施工前应合理做好施工组织安排，包括施工场地畅通、劳动力组织、材料准备、机具设备配备及状态等，均适应混凝土各工艺（拌和、运输、灌注、振捣、养护）的要求。

混凝土施工除正常使用的机具保持完好状态外，还要配置备用机具（应与使用机具的型号、品名相同），并配置备用发电机组，确保混凝土的拌制与灌注正常连续地进行。开盘前应按实验室提供的施工配合比调整配料系统、设置参数，并做好记录。

混凝土拌制设备采用强制式搅拌机和自动计量上料系统，混凝土振捣采用附着式底振、侧振与插入式振动相结合的方式，确保具有足够的振动力。混凝土施工的各种计量及检验设备必须定期检验。

混凝土灌注前必须储备充足合格的原材料，并视天气情况确定灌注时间，避开雨天及 1d 中的高温时间。粗细骨料的含水率在每次混凝土灌注前均应测定，如遇雨天应适当增加含水率测定次数，根据变化的含水率适时调整配合比。在混凝土灌注前，实验室应出具合理的施工配合比通知单。

b. 混凝土拌制。混凝土采用拌和站集中拌制，拌和时按选定的理论配合比换算成施工配合比，并严格按照施工配合比进行配料和称量，并在微机上做好记录。混凝土拌和物配料采用自动计量装置，粗、细骨料中的含水量应及时测定，并按实际测定值调整用水量及粗、细骨料用量；禁止拌和物出机后加水。

混凝土原材料的投料顺序为细骨料→水泥→矿物掺和料和外加剂→搅拌水。充分搅拌后，加入粗骨料，继续搅拌至均匀为止。

使用减水剂时应按产品说明书进行，减水剂采用粉剂型，为充分发挥减水剂的作用，在拌和时其溶液用后添法。当采用溶剂型减水剂时，其含水量应计入拌和总用水量。

每 $1m^3$ 混凝土中的胶凝材料总量不超过 500kg，水胶比不大于 0.35。在配制混凝土拌和物时，水、水泥、掺和料、外加剂的用量准确到±1%，粗、细骨料的用量准确到±2%（均以质量计）。

混凝土拌和物中不能掺用加气剂和各种氯盐。混凝土的坍落度为 160～200mm，施工中根据气温、输送距离来考虑坍落度损失。混凝土拌和物坍落度 45min 损失不大于

10%。混凝土在拌和过程中，及时地进行混凝土有关性能（如坍落度、和易性、保水率）的试验与观察，前5盘需每盘测定坍落度。

混凝土的拌和时间以保证混凝土拌和均匀、颜色一致、性能良好为度，每次混凝土的搅拌时间为120s。混凝土拌和物入模前含气量控制在3%～4%。

预制梁在混凝土预制过程中，随机取样制作混凝土强度、弹性模量试件，其中强度和弹性模量试件应分别从箱梁底板、腹板及顶板取样。试件随梁体或在同条件下振动成型；施工试件随梁养护，28d标准试件按标准养护办理。试件数量满足过程控制及强度评定要求。

每孔预制梁混凝土弹模试件为三组，其中两组随梁同条件养护，一组为28d标准养护试件。试件的弹性模量满足设计要求。

c. 混凝土泵送。

送前的准备工作：检查并确认钢筋、模板是否符合技术要求，并经质检工程师和监理签认后进行混凝土泵送。

混凝土泵送施工现场统一指挥和调度，以保证顺利进行泵送，混凝土搅拌站和混凝土灌注现场之间规定联络信号并配备通信设备，以便及时统一调配。

混凝土搅拌站、泵的操作人员必须经过专门培训并有上岗证书，否则不能上岗操作。

泵送过程中，混凝土拌和物应始终连续输送。高温或低温环境下输送管路分别采用湿帘或保温材料覆盖。

混凝土运输和泵送：梁场配备6台混凝土搅拌运输车，2台混凝土泵车，满足混凝土运输和灌注。罐车快速旋转20～30s，将混凝土喂入泵车料斗。入泵混凝土坍落度满足梁体施工及泵送条件，不能过大，防止混凝土离析、泌水。

加强施工前台、后台信息联系，保证混凝土连续不间断运至前台，且不形成压车现象，确保混凝土搅拌后60min内泵送完成，且在1/2初凝时间前入泵，并在初凝前浇筑完毕。

泵送混凝土时，先泵水检查，确认泵中无异物。用水泥砂浆对混凝土泵和输送管内壁进行润滑。开始泵送时，泵送处于慢速、匀速并随时可以反泵的状态，待各方面都正常后再转入正常泵送。混凝土泵送即将结束前，正确计算尚需用的混凝土数量，并及时告知混凝土拌和站，在计算尚需用的混凝土数量时，计入输送管内的混凝土数量。混凝土泵送结束时，及时用水对混凝土泵和罐车进行清洗。

②混凝土的灌注与振捣。

a. 混凝土灌注。

箱梁梁体混凝土灌注时间不超过6h，炎热天气应避开中午、下午的高温时间，尽量选择在早上或晚上进行混凝土灌注；若已开盘灌注，偶遇雨天，应及时做好混凝土的防雨（水）工作，混凝土运输及灌注过程中必须及时覆盖，灌注时随揭随盖养护罩。混凝土的用水量应根据骨料含水量随时调整，并加强捣固。

混凝土灌注时，模板温度控制在5～35℃，混凝土拌和物入模温度控制在5～30℃。如遇雨天灌注混凝土应增加砂、石含水率的测定次数。

混凝土灌注采用连续灌注一次成型。灌注时采用斜向分段、水平分层的方法，水平分层厚度不大于30cm，先后两层混凝土的间隔不超过混凝土的初凝时间。灌注原则为

"先底板、再腹板最后顶板、由两端向中间进行"。两侧腹板混凝土高度保持一致。

考虑到箱梁内模上浮及底板混凝土的密实，不宜进行内模封底，但为防止灌注腹板时混凝土拌和物大量挤出，又要给腹板混凝土下陷予以阻力以保证腹板密实，因此在内模侧面拐角处加放压浆板。底板、腹板混凝土的灌注过程如图 4-5 所示。

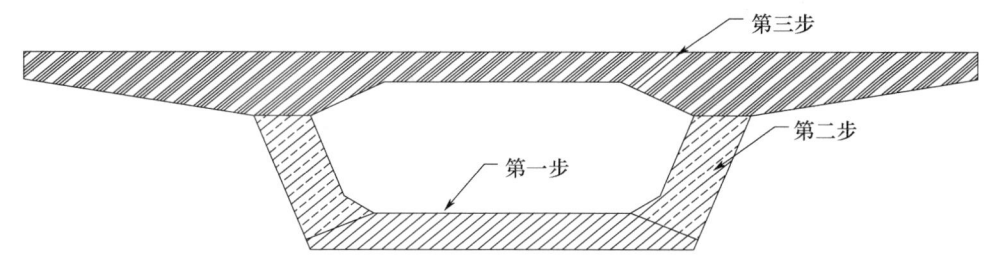

图 4-5 底板、腹板混凝土的灌注过程

图中尺寸并非一次灌注的厚度，而分多次往复运动灌注而成，分层灌注的阶梯形坡度为（1∶4）～（1∶6），以充分保证振捣均匀密实。各层混凝土灌注不间断，先后灌注的两部分混凝土之间隔时间尽量缩短，先后两层混凝土的间隔时间不得超过初凝时间。

b. 混凝土振捣。

采用附着式振捣器与插入式振动棒相配合的施工工艺，在侧模距底部 60cm 每隔 150cm 布置 1 台附着式振捣器，在底模两端部及内模两端部变截面处分别安装 2 台附着式振捣器，底板混凝土由内模顶板预留灌注口灌注，为防止混凝土离析灌注口下接串筒，灌注端部底板时开启底模附着式振捣器，辅以插入式振捣器振捣；灌注中部底板时依靠插入式振捣器振捣；底板要人工压光抹平，底板厚度一定要以两侧下角模底以及内模走行轨为准，以防底板过薄或过厚。

底板灌注完成后应立即对腹板灌注，灌注腹板端部依靠插入式振捣器和侧模及内模上的附着式振捣器振实；在腹板混凝土灌注时，一定要严格分层，上下层混凝土间歇时间不超过下层混凝土初凝时间；底板、腹板混凝土灌注完毕，关闭内模顶板预留灌注口，开始灌注顶板混凝土。梁体顶翼板用插入式振捣器振实，桥面部分可依靠插入式振捣器辅以平板式振捣器振捣，桥面混凝土从两端开始每 2m 为一段灌注。灌注下翼缘及腹板混凝土时，避免混凝土散落在桥面模板上，散落在模板上的混凝土及时清理（进入腹板）干净，在炎热天气情况下若混凝土已经脱水干硬，则把此混凝土清除出模板丢弃，以免混凝土表面出现皲裂现象。为保证桥面混凝土密实平整、排水畅通，除按规定振捣外，配备混凝土自动整平机进行整平，并进行两次收浆抹平，抹面时严禁洒水，抹面完毕及时覆盖，防止梁体顶面混凝土由于失水过快而产生收缩裂缝。插入式振捣棒操作要做到快插慢拔，一般插点距离约 500mm，每点振动时间为 20～30s。梁体混凝土的振动延续时间以混凝土获得良好的密实度、表面泛浆、混凝土不再下沉、无气泡溢出为度。实际操作中注意掌握最佳的振捣器之间的配合和振捣时间，防止欠振和过振，严禁漏振。振捣棒操作时，严禁碰触成孔胶棒（振捣棒离开最上层成孔胶棒 0.2m）。也不得靠在钢筋或模板上以增加振动范围，防止造成钢筋、预埋件及模板的变形、移位和松动。侧模上的振捣器开动宜 3～5 个为一组，随着混凝土灌注的顺序逐步振捣，灌注人员注意观察指挥，合理操作，准确地开关振捣器。

③养护工程。箱梁混凝土前期采用自动化蒸汽养护,后期采用自然洒水覆盖养护。蒸汽养护分为静停、升温、恒温、降温四个阶段。静停阶段应保持棚内温度不低于5℃,浇筑完4h后方可升温,升温速度不大于10℃/h。恒温时棚内温度不超过45℃,降温速度控制在10℃/h以内。蒸养期间及拆除保温设施时,梁体混凝土芯部与表层、表层与环境温差不超过15℃。蒸养温度控制曲线详见图4-6。

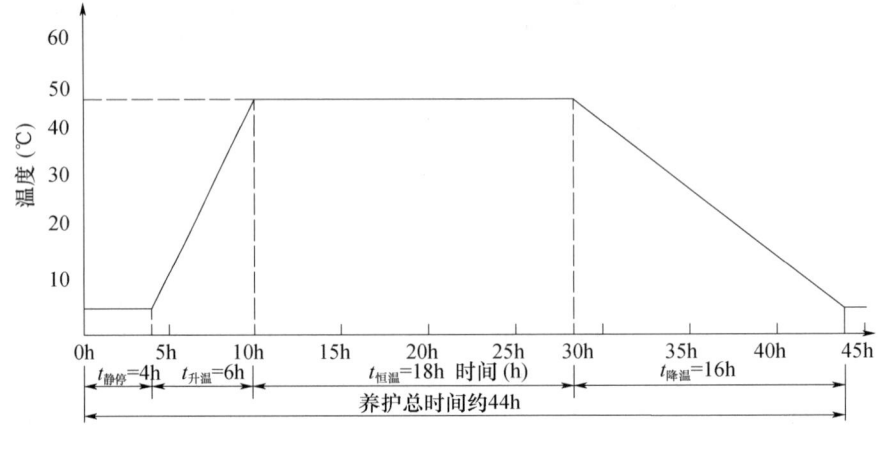

图4-6 蒸养温度控制曲线

a. 自动化蒸汽养护工艺。为实现自动化蒸汽养护工艺,专门设计一套温度控制系统。

蒸汽养护系统主要由供热系统、通风降温系统、养护罩系统和自动控制系统四部分组成。

供热系统由锅炉、蒸汽管道、蒸养管道和电磁阀门等组成。为保证升温的均衡,蒸养管道的布置和蒸养管道的喷射口孔径、间距大小都要经过计算。蒸养管上前2/3管段每隔25mm、后1/3管段每隔20mm打制一对直径为2mm的梅花形喷孔,因为蒸汽沿管道有压力降和温度降。两喷孔的夹角为120°,以防蒸汽直接喷到混凝土或钢模表面上。

通风降温系统由风机、风管等组成。

养护罩系统由养护架和养护罩组成。

自动控制系统由工业控制计算机、下位机PLC、温度传感器、温度巡检仪组成。自动控制系统具有温度的检测、调节、控制功能,同时自动控制系统还设计有箱梁芯部及养护棚内温度的实时显示及安全报警等功能。

b. 自然养护工艺。蒸汽养护结束后即对全梁洒水进行自然养护,自然养护时间不少于14d。洒水时间间隔随天气变化而定,白天每2h一次,夜间每4h一次,向阳向风面多洒些水。环境温度低于5℃时,预制梁表面喷涂养护剂,采取保温措施,不能洒水。

(5)预应力工程。

①制孔。预应力成孔采用预埋抽拔橡胶棒,混凝土灌注完成后抽拔成孔的方法。橡胶棒分两段,接头位置在跨中,接头的连接采用镀锌铁皮套管套接后用塑料胶带封裹(图4-7),保证接头直顺不漏浆。

橡胶棒的固定采用钢筋定位网，事先按设计图中预应力筋的定位网坐标用 $\phi 12$ 钢筋焊接定位网，安装定位网钢筋时必须与梁体钢筋焊接绑扎牢固，以防止浇筑混凝土时橡胶棒位置偏移或上浮，定位网钢筋间距不大于 500mm。

②质量检验。检查橡胶棒有无破损，如发现破损应及时更换；检查是否牢固，如发现松动则绑扎牢固；梁体端模安装完毕后，检查橡胶棒在全长范围内的顺直情况，要求顺直无死弯；在梁端应垂直于锚下垫板。

梁体预留管道的允许偏差见表 4-6。

表 4-6 梁体预留管道的允许偏差

序号	项目	允许偏差（mm）
1	跨中 4m 范围内	≤4
2	其他部位	≤6

③抽拔橡胶棒。采用人工配合 3t 卷扬机进行抽拔，抽拔后在梁体内形成管道。梁体混凝土强度达到 2MPa 左右时抽拔橡胶棒，具体抽拔时间必须根据气温情况、水灰比、混凝土凝结时间等因素综合确定，以抽拔后管道内壁光洁、无残渣、橡胶棒表面无水泥浆来控制。

④张拉钢绞线。

a. 工艺流程见图 4-7。

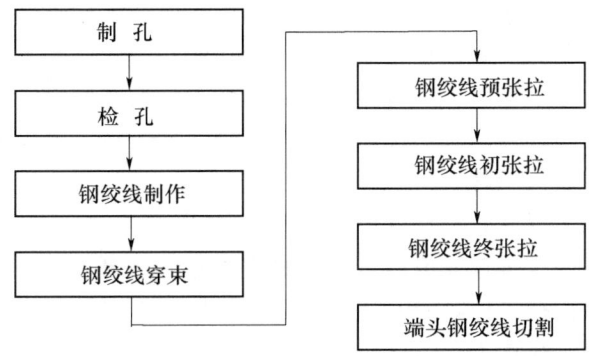

图 4-7 预应力施工工艺流程

b. 张拉时两侧对称，同束钢绞线由两端对称，采用 4 个千斤顶同步进行张拉，张拉顺序按设计图要求进行，张拉过程中保持两端的伸长量基本一致。张拉值的大小以油压表的读数为主，以预应力钢绞线的伸长值加以校核。预张拉是在混凝土强度和弹模达到设计强度的 60% 时带外模进行，为不对梁体压缩造成阻碍，此时松开内模。初张拉在梁体混凝土强度和弹性模量达到设计值的 80% 和模板拆除后进行，初张拉后梁体才能移出台位。终张拉在梁体混凝土强度及弹性模量达到设计值，龄期不少于 10d 时进行。生产初期，需对 2 孔梁进行管道摩阻、喇叭口摩阻等预应力瞬时损失测试，以保证有效预施应力值。

梁体混凝土强度、弹模达到设计值后开始张拉。为防止梁体发生扭曲，要求两侧腹板对称同时张拉。

压力表首次使用前必须经计量部门检定。使用时必须定期检定，检定有效期为一周。当使用 0.4 级时，检定有效期可为一个月。张拉千斤顶使用前必须校正，校正系数不得大于 1.05，校正有效期为一个月且不超过 200 次张拉作业。

操作油泵、千斤顶人员经培训合格后方可上岗工作，工作时必须按照给定的张拉力进行张拉。

预应力锚具须经检验合格后才能使用。张拉力控制以油压表读数为主，以预应力钢绞线伸长值予以校核，按预应力筋实际弹性模量计算的伸长值与实测伸长值相差不大于±6%；实测伸长值以 10% 张拉力作为测量的初始点。在整个张拉过程中，要检查有无断丝、滑丝现象。终张拉完 24h 后，检查工作锚夹片回缩及钢绞线有无断丝、滑丝现象。全梁断丝、滑丝总数不超过钢丝总数的 0.5%，并不位于同一侧，且一束内断丝不超过一丝。

钢绞线每端回缩量不大于 6mm。锚固后夹片表面平整，同束夹片外露量差不超过 1mm。钢绞线及夹片因处理滑丝、断丝而留有明显刻痕或其他伤痕，或同一束钢绞线张拉超过 3 次时，要予以更换。

终张拉完成后，测量梁体上拱度值（偏差不得超过设计值的 5%）和弹性压缩量。每跨梁张拉时由专人负责，并及时填写张拉记录。

c. 钢绞线切割。经检查合格，接到切割通知后方可切割钢绞线，钢绞线切断端头与锚环外露距离为不小于 3cm。采用砂轮机切割，防止对锚具造成损害。切割完成后用防水涂料对锚头进行防锈处理。

d. 安全注意事项。张拉前检查锚具及夹片，如有裂纹或破损应及时更换；检查油泵及千斤顶油路有无泄漏，确认正常后才能作业；作业中操作要平稳、均匀，张拉时两端不能站人。在测量伸长量时，先停止拉伸，操作人员站在侧面进行操作。张拉时，油压升降应缓慢均匀，两端伸长基本保持一致，严禁一端张拉。张拉区域禁止非工作人员进入，周围要设置明显警示牌。

（6）压浆、封锚工程。

①压浆。预应力筋终张拉完成后，在 48h 内进行管道真空辅助压浆。

压浆前的准备工作：张拉结束，锚外钢束切除后用水泥砂浆进行封锚。封锚必须牢固、密实，确保水泥浆在最大压力下不漏浆。

压浆前用高压水冲洗管道，排除孔内杂物，保持孔道畅通、湿润、清洁。保证压浆机具运行状态良好，配件数量充足，各输浆管道要有良好的通畅性和密封性。

管道压浆用水泥采用与梁体混凝土水泥相同的品牌及等级。

水泥浆的拌制：采用强度等级 42.5 级低碱普通硅酸盐水泥，掺用适量粉煤灰、高效减水剂［符合现行《混凝土外加剂》（GB 8076）规定］、阻锈剂［符合现行《钢筋阻锈剂应用技术规程》（YB/T 9231）规定］，在试验人员指导下准确称量并加入砂浆搅拌机进行搅拌。

水泥浆性能符合以下要求：水胶比不大于 0.3 且不得泌水，流动度应为 30~50s，抗压强度不小于 50MPa，压入管道的水泥浆饱满密实，体积收缩率小于 2%，终凝时间少于 24h，压浆时浆体温度不超过 25℃。

水泥、掺和料、外加剂及水的加注有准确的称量措施，以保证各自的称量误差不超过±1%，水泥浆拌制均匀后，须经孔径为 2mm×2mm 的滤网后加入储浆容器中。拌和水泥浆时严格按给定的配合比施工。先加水,再加水泥及掺和料、外加剂、阻锈剂。搅拌时间为3～5min(自加完水泥算起),以拌和均匀为度。

水泥浆压入管道温度不低于10℃;压浆时及压浆后3d内,梁体及环境温度均不得低于5℃。

管道压浆工艺:管道压浆采用真空辅助压浆。采用真空泵抽吸预应力孔道内的空气,使孔道压力达到-0.10～-0.06MPa的真空度,然后在孔道的另一端用压浆机以0.5～0.6MPa的压力将拌制好的水泥浆压入预应力孔道,以提高孔道压浆的密实度。

压浆质量检验:水泥浆的28d强度不低于50MPa。

②封锚。孔道压浆完毕,经检查无不饱满情况,水泥浆凝固后,及时进行梁体封锚作业。封锚混凝土养护结束后,采用聚氨酯防水涂料对端面新老混凝土之间的交接缝进行防水处理。

2. 提梁装运

(1)箱梁吊装。运梁车行驶到取梁台位,停稳至准确位置,一台提梁机进行起吊梁、移梁、落梁作业。吊梁采用专门设计的吊具,使箱梁在吊移过程中处于"四点起吊、三点受力"状态。吊装梁体时,在梁体顶板下缘吊孔处垫以460mm×380mm的钢垫板,垫板厚度为50mm,吊装前要对顶板下缘吊孔处梁顶板底清理毛刺、突起和杂物等,保证垫板与梁顶板底的密贴。

提梁机移梁的具体过程如下:先将箱梁缓慢吊起至100mm左右停车制动,检查梁体纵横向水平度是否满足要求,若不满足,则将梁体落下重新调整吊杆螺栓或提梁机起升高度,同时检查提梁机起升制动是否可靠(不溜钩),一切正常后方可继续作业。提梁机行走应保持在低位(梁底距存梁台位支撑面上方约300mm高度)进行,当运行至运梁车3m左右时停车,待梁体稳定后起升梁体到高出运梁车300mm左右位置,再将梁体移至运梁车上方,调整梁体位置直到满足运梁车承载要求后平缓落梁。

箱梁吊装到运梁车两个横向托梁上,两个横向托梁一个在运梁车前部固定,另一个在运梁车后部由电动机驱动,通过链式传动可前后移动,两个横向托梁的间距可调,满足运送32m、24m等不同混凝土箱梁的运输要求,每个横向托架配两个支承点,支承点的横向间距根据混凝土箱梁允许支承点的位置来确定。

(2)箱梁运输。运梁车载梁运行时,以最高不超过5km/h的速度行驶,沿预先设置的道路红线前进,在通过桥梁时必须保证车轮在箱梁腹板上方行走。

运梁过程中,运梁车前后左右各有一人监护运行,注意观察道路情况、运梁车速度和箱梁状况,并与运梁车司机、前方指挥用对讲机保持联系,遇到突发情况要按下紧急制动按钮紧急停车。

运梁车行驶方向和位置的保证:运梁前在运梁车行进方向上(包括制梁场施工便道、铁路路基、已架设箱梁桥面)标记一条红色的标志线。运梁车配备有运行定向装置,在设备的前端和后端装有方向和位置传感器。当传感器处于红色标志线以上或以外的区域时,就会发出不同的警报信号,提醒司机注意甚至强制停车,从而保证运梁车在路基、桥面上行驶的运行方向偏差不大于±25cm,确保运梁安全。

保证箱梁不偏斜、不扭转,保持箱梁水平状态的设置:运梁车共有16个轴、64个轮子,每个轴都有左、右两个轮组,每个轮组都设置有减振平衡油缸。为了保持运梁时的三点平衡条件,轮组的减震平衡油缸按以下方式布置:后部左侧的 7 个减震油缸组连接在一起;后部右侧的 7 个减震油缸组连接在一起;前部 8 个轴上的减震油缸组连接在一起。这样便构成了运梁车后部两个独立的支承点、前部一个独立的支承点,保持一个完美的三点平衡系统,保证在运梁过程中保持箱梁水平状态,不偏斜,不扭转,运行稳定性高,安全系数高,对箱梁结构的影响小。

4.4 箱梁的验收标准

箱梁成品必须具备完善、翔实、准确的资料和优良的产品质量与外观。产品检查与验收严格按规定的检验项目、质量要求和检验频次进行,并进行预制梁的型式检验。各种试验报告、施工记录、工程检查证等资料必须记录翔实,认真填写,签证齐全。成品梁应逐跨检查验收。

4.4.1 产品质量要求

产品质量要求见表 4-7。

表 4-7 产品质量要求

项次	项目		要求	备注
1	梁体及封端混凝土		混凝土试件 28d 强度分别不低于设计要求,且满足耐久性要求	封端混凝土强度大于 50MPa 时,可以提前出库
2	终张拉,28d 弹性模量		不低于设计要求	
3	管道压浆		管道压浆密实,水泥浆满足设计要求	可以提前交库,但需保证 28d 标准试件的强度达到设计值
4	梁体及封端混凝土外观		平整密实、整洁、不漏筋、无空洞、无石子堆垒、桥面流水畅通	对空洞、蜂窝、漏浆、硬伤、掉角等缺陷,需修整并养护,使其强度达到梁体同样的强度。蜂窝深≤5mm、长≤10mm,每 1m² 不多于 5 个
5	表面裂缝		桥面保护层、挡渣墙、端隔墙、遮板、封端等,不允许有宽度大于 0.2mm 的表面裂缝,其他部位的梁体表面不允许有裂缝	
6	静载试验		梁体在最大控制荷载($Kf=1.20$)作用下,持荷 20min,梁体下翼缘底部边角及梁底面无受力裂纹,且在静活载作用下实测挠度 $f_{实测}\leqslant 1.05(f_{设计}/\psi)$,$f_{设计}$ 为设计挠度,ψ 为等效荷载加载挠度修正系数	
7	钢筋保护层	构造筋净保护层厚度	不小于设计值	
		预应力筋保护层厚度	不小于设计值	

续表

项次	项目		要求	备注
8	产品外形尺寸	桥梁全长	±20mm	检查桥面及底板两侧
		桥梁跨度	±20mm	
		底板宽度	±5mm	检查$L/4$截面，跨中，$3L/4$截面和梁端
		桥面及挡渣墙内侧宽度	±10mm	
		腹板厚度	+10mm，-5mm	
		桥面外侧偏离设计位置	≤10mm	从支座螺栓中心放线，引向桥面
		梁高	+10mm，-5mm	检查两端
		梁上拱	小于$L/3000$	终张30d时测量
		顶、底板厚度	+10mm，0	检查最大误差处
		挡渣墙厚度	±5mm	
		表面倾斜偏差	每1m内偏差≤3mm	检测梁两端，抽查腹板
		梁面平整度偏差	每1m内偏差≤5mm	
		桥面和底板顶面不平整度	每1m内偏差≤10mm	
9	支座板	每块边缘高差	1mm	用水平尺量
		支座中线偏离设计位置	±3mm	
		螺栓孔	垂直梁底板	
		螺栓中心位置偏差	≤2mm	测每块支座板上4个螺栓中心距
		外露底面	平整无损，无飞边，防锈处理，无空腹声	
10	其他	泄水管、管盖	齐全、完整、安装牢固、位置正确	泄水管流水面不高于桥面、确保流水畅通
		金属桥牌	标志正确、安装牢固	
		电缆槽竖墙、伸缩装置预留钢筋	设置齐全、位置正确	
		接触网支架座钢筋	设置齐全、位置正确	
11	防水层		防水材料配比正确、搅拌均匀、涂刷均匀，涂刷厚度不小于1.5mm，无漏刷；防水卷材铺贴平整、无破损、无空鼓，搭接处及周边不得翘起，对防水卷材的封边应严实并保证封边宽度；桥面坡度满足设计要求；桥面平整度≤5mm	
12	施工原始记录，制造技术证明书		完整、正确、规范、整洁，签章齐全	

4.4.2 混凝土耐久性要求

混凝土抗冻性试件在冻融循环200次后，质量损失不超过5%，相对动弹性模量不低于60%；混凝土碳化环境下电通量小于1000C；混凝土抗氯离子渗透性试件的氯离子渗透值不大于1000C；混凝土抗裂性试件表面非受力裂缝平均宽度不大于0.2mm；混凝土护筋性试件中钢筋不出现锈蚀；按施工配合比要求制成的混凝土抗碱-骨料反应砂浆棒膨胀率不大于0.10%。

4.4.3 混凝土梁静载弯曲抗裂试验

混凝土梁静载弯曲抗裂试验是混凝土结构性能试验的主要内容，是检验桥梁性能的重要技术手段。通过混凝土梁静载弯曲抗裂试验检验静载弯曲抗裂系数和在静活载作用下梁体竖向挠度值。制梁场在混凝土梁生产初期和生产过程中，按照规定进行检验，静载弯曲抗裂性及试验方法按现行《简支架试验方法 预应力混凝土梁静载弯曲试验》（TB/T 2092）执行。

①检验项目及质量标准。静载弯曲抗裂系数≥1.20；在静活载作用下实测挠度 $f_{实测}$ ≤ 1.05（$f_{设计}/\phi$）。

②箱梁静载试验条件。当有下列情况时，进行静载弯曲抗裂性及挠度试验：新建梁场首孔生产时；正式生产后，原材料、工艺有较大变化，可能影响产品性能时；批量生产中出场检验时，即现场制梁按设计要求抽梁片进行静载试验；有质量缺陷、可能对产品的抗裂性及刚度有较大影响时；生产条件有较大改变而可能影响产品的使用性能时；交库技术资料不全或对资料发生怀疑时。

③设备及布置静载试验设备。

试验台：由存梁台位、加力架和加力架的锚固连接构件组成。

试验设备：选用300t油压千斤顶，千斤顶的摩阻系数不大于1.05，并配以0.4级精密压力表、油泵、操作台、百分表、钢卷尺和放大镜。

④静载试验的时间和加载力。静载试验应在混凝土承受全部预应力15d后进行。试验梁和试验日期确定后，根据梁的设计抗裂安全系数，考虑混凝土未完成的预应力损失（包括钢绞线的松弛、混凝土收缩徐变造成的预应力损失，试验设备质量对试验产生的影响等因素），计算出各加载等级的外加力，并根据各千斤顶校验记录，换算为各千斤顶各级加力油表读数。经复核无误后交底给每台千斤顶、操作台及指挥人员各一份。

⑤其他准备工作。试验梁移入试验台后，先钻加力架的连接孔，然后调整并安装加力架。在梁顶面画出梁中心线、腹板中心线和加力点，每个加力点画好十字线，铺上砂垫层、钢板及枕木头，钢板应用水平尺找平，再在每个加力点上放好千斤顶（千斤顶的中心必须与加力点重合）。为避免损伤千斤顶，千斤顶与加力架底部接触面以工作锚相连，底部用加工件连接千斤顶。

试验前，制定试验大纲，核实试验仪器、仪表、钢尺的型号、规格、精度、量程及检定证书，配套标定加载千斤顶及标准压力表，用普通5倍放大镜检查梁体两侧跨中8m区段，对初始裂缝（收缩裂纹及损伤裂缝）及局部缺陷按规定的方法使用蓝色铅笔标记。在加载过程中，随时用10倍放大镜观察规定部位的裂缝变化，对受力裂缝（征兆裂缝及判定裂缝）用红色铅笔标记，并注明开裂荷载等级。在梁跨中和支点处用百分表测量挠度。

⑥加载程序及操作方法。32m箱梁采用五处十点加载。采用普通千斤顶、集中泵站

和百分表加载及控制方案。静载试验加力分两个阶段进行,以加力系数表示加载等级。其加载程序如下:

第一循环:0→基数级 K_a(5min)→0.70(5min)→0.80(5min)→静活载级 K_b(5min)→1.00(20min)→逐渐卸载至0。

第二循环:0→基数级 K_a(5min)→0.70(5min)→0.80(5min)→静活载级 K_b(5min)→1.00(10min)→1.05(10min)→1.10(10min)→1.15(10min)→1.20(20min)→逐渐卸载至0(括号内数字为持荷时间)。

加载及卸载速度不能过快。加载速度不超过3kN/s。各千斤顶同速、同步、同时达到同一荷载值。加载只许由低向高加载达到加载值,严禁油压超过某规定加载值后再减小油压的办法达到某规定进行试验,以避免油顶反向摩阻产生虚假加载值的情况出现。

⑦裂纹检查。每级加载后,均用5~10倍和20倍刻度放大镜详细检查下翼缘有无裂纹出现,并用百分表测量挠度。如果箱梁在静活载作用下跨中挠度值与跨度比未超过设计值,且当箱梁承受最大加力并保持20min后无裂纹出现,则判定合格,作为某批梁的代表。

5 大跨度简支梁支架法施工

丁蜀特大桥在 130~131 号墩跨越通蜀路，采用 40m 简支梁形式跨越。40m 简支箱梁全部为单箱单室结构，箱梁高 3.115m，顶板宽 12m，底板宽 5.5m，两侧翼缘长各为 2.65m。箱梁纵向预应力束为 $\phi^j 15.24$ 高强度低松弛钢绞线（$R_y^b = 1860MP_a$），两端同时对称张拉。现浇简支梁混凝土为 C50 混凝土，支座采用盆式橡胶支座。

现浇梁支架主要有满堂支架和梁柱式支架两种。满堂支架现浇施工法一般多用于简支梁桥或桥墩较低的中、小跨连续梁桥。其优点是搭设灵活，易于落架，装拆方便。但对于目前城际铁路跨越既有铁路的连续梁，由于梁体质量大、净空高（超过 20m），桥位一般位于软弱地基地段，采用满堂支架法施工存在以下缺点：①支架地基面积大，处理费用高；②支架高度超过 20m 后满堂支架的整体稳定性较差，失稳风险大；③常规满堂支架钢管杆件承载能力有限，在大质量、大断面箱梁、高墩等工况施工中存在安全风险；④施工期间桥下无法通行。

梁柱式支架的立柱材料有钢管、型钢、万能杆件等。其特点是：①支架立柱数量少，结构连接简单，施工速度快；②采用桩基或扩大基础，支架结构稳定，可适用于较大质量箱梁现浇，对墩身超过 20m 的现浇梁具有明显优势；③能满足通车、通航要求。所以，该 40m 简支梁采用支架法施工，支架采用 WDJ 碗扣式多功能钢支架。

5.1 施工方案及施工工艺

5.1.1 施工方案

施工时考虑跨通蜀路交通不能中断且车流量较大的特点，采用双向预留 6 个门洞，供车辆和行人通过。行车道共计设 4 个门洞（单向 2 个），每个门洞净宽为 4m，净高为 5.0m，人行道设 2 个门洞（单向 1 个），门洞净宽为 2.5m，净高为 5.0m，预留行车道及人行道采用 WDJ 碗扣钢管架架设及 I40a 号工字钢梁跨越。

支架法施工时支架按设计要求进行预压，消除塑性变形并设置预拱度。根据具体的结构尺寸设计支架及模板，配足支架及模板数量保证工期要求。支架采用墩梁式支架，临时支墩基础采用桩基础，桩基数量及长度根据地质条件计算确定。外模采用大块钢模，在厂家定型制作，内模采用可拆装式组合内模。钢筋采用在工厂加工后，运到现场人工绑扎成型。混凝土采用拌和站集中拌和，由混凝土输送车运至现场，再由混凝土泵车直接泵送入模。混凝土一次浇筑成型，进行必要的养护。

5.1.2 施工工艺

桥梁支架法施工的施工顺序主要是支架基础施工→搭设支架、铺模板→支架预压等，见图 5-1。

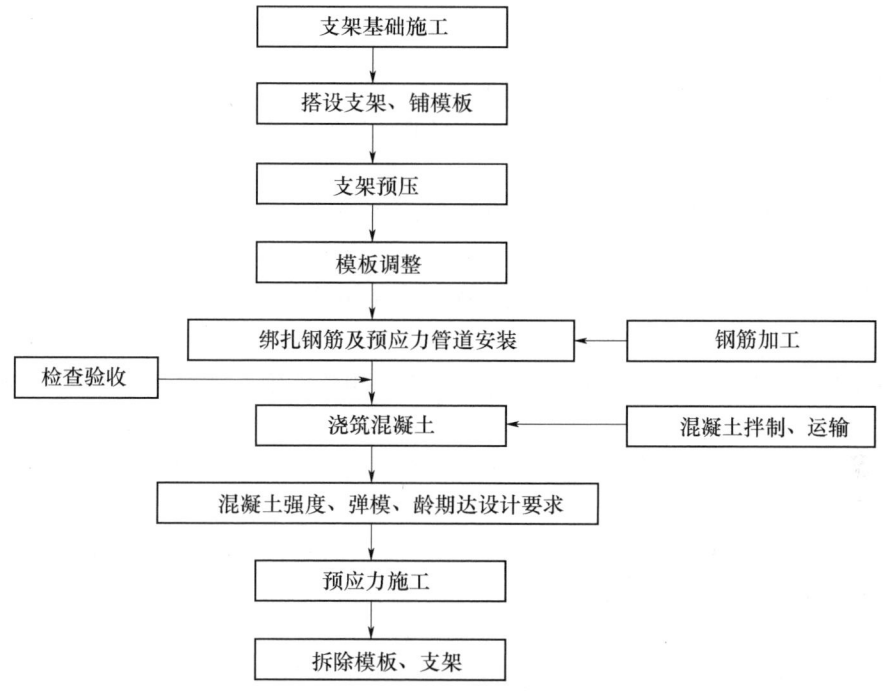

图 5-1 支架法现浇施工工艺流程

5.2 支架施工方法

5.2.1 支架体系

1. 地基处理

支架现浇梁施工前，先对施工现场进行场地平整，对搭设支架的场地进行加固处理，支架基础必须具有足够承载力，不得出现不均匀沉降。基础类型、面积和厚度根据支架结构类型、受力情况、地基承载力等条件确定。在软基位置用碎石换填或做混凝土基础，确保地基承载力满足设计荷载的要求，使梁体混凝土浇筑后不产生沉降。要求地基承载力大于 200kPa，因此必须对地基进行处理。

首先，在线路中心线左侧 4.0m、右侧 10.4m 范围内，将地表耕植土清除，然后用挖掘机挖除 1m。对开挖后的原状土用 20t 的压路机碾压密实，用轻型动力触探检测，确保地基承载力（σ）达到 200kPa，然后采用三七灰土回填，水平分层回填夯实，分层厚度为 30cm，压路机压实，轻型动力触探检测，确保地基承载力（σ）达到 200kPa。部分未碾压的地方用夯机夯实。然后，对处理好的施工场地进行放线。同时须做好地面的排水处理，周边设置排水沟。防止基底受水浸泡，降低承载力，出现不均匀沉降。按 2‰ 横向设置排水坡（桥中心向两侧排水）。再浇筑长 44m、宽 14.4m、厚 10cm 的 C15 混凝土层。最后，为了防止梁体混凝土施工时，流水软化支架的地基，在地基处理完后，在支架搭设范围地基基础四周 80～160cm 设顺桥向排水沟（水沟横断面为 60cm×80cm），排水沟根据现场情况设置好排水纵坡，确保地基基础不受雨水浸泡。

2. 支架布置形式

将硬化好的基础表面清理干净，测量放线，找出支架点的位置，再铺设 3cm 河砂将基础顶面找平，其上放置枕木，在支架点的枕木上面放上底托。

（1）立杆。立杆纵向间距均为 0.6m，横向布置为 4×0.9m+12×0.6m+4×0.9m。立杆接长除顶层顶步可采用搭接外，其余各层、各步接头必须采用对接扣件连接。

①立杆上的对接扣件应交错布置，两根相邻立杆的接头不应设置在同步内，同步内隔一根立杆的两个相隔接头在高度方向上错开的距离不宜小于 500mm，各接头中心至节点的距离不宜大于步距的 1/3。

②搭接长度不应小于 1m，应采用不少于两个扣件固定。旋转扣件固定，端部扣件盖板的边缘至杆端部距离不应小于 100mm。

③开始搭设立杆时，每隔 5 根设置一根斜撑，直至连墙件安装稳定后，方可根据情况拆除。

④当搭至有连墙件的构造点时，在搭设完该处的立杆、纵向水平杆、横向水平杆后，应立即设置连墙件，以确保搭设过程中的安全。

（2）横杆。横杆步距为 1.2m。

①纵向水平杆设置在立杆内侧，其长度不宜小于 3 跨。

②纵向水平杆接长。采用对接扣件连接时，对接扣件应交错布置，两根相邻纵向水平杆的接头不宜设置在同步或同跨内，不同步或不同跨两个相邻接头在水平方向错开的距离不应小于 500mm，各接头中心至最近主节点的距离不宜大于纵距的 1/3；当采用搭接方式连接时，搭接长度不应小于 1m，应等间距设置 3 个旋转扣件固定，端部扣件盖板边缘至搭接纵向水平杆的距离不应小于 100mm。

③在脚手架的同一步中，纵向水平杆应四周交圈，用直角扣件与内外角部立杆固定。

3. 分配梁和方木布置

分配梁有上、下分配梁。上分配梁采用 10cm×10cm 方木，纵向布置，横向间距为 0.3m；下分配梁采用 10cm×15cm 方木，横向布置，纵向间距为 0.6m。

立杆下方安装可调底托，底托下横桥上设置 22cm×16cm 支撑枕木，在钢管顶端放置可调顶托；顶托直径为 38mm，长 600mm，可调长度为 350mm。为了保持顶托横向稳定性，一般控制在 200mm 左右，顶托插入钢管时的长度不得小于 300mm。

5.2.2 支架预压

为保证箱梁混凝土结构的质量，钢管脚手架支撑搭设完毕铺设底模板后必须进行预压处理，以消除支架、支撑方木和模板的非弹性变形和地基的压缩沉降影响，同时取得支架及地基的弹性变形的实际数值，作为梁体立模的预拱度数据设置的参考。

预压方法依据箱梁混凝土质量分布情况，在搭好的支架上堆放与梁跨荷载等质量的预压块，预压荷载系数取 1.3，预压时间视支架地面沉降量确定，支架沉降稳定 48h 后卸载。

试验程序：试验准备（技术交底、施工组织等）→预压前支架全面自检→观测点标记布设→分级加载→观测读数、记录→终值静置→观测、分析数据→全面检查→卸载→观测结果整理、分析。

支架卸载时仍采用分级方式进行，按照加载相反的顺序进行卸载。首先卸载进行超载预压的 30% 的部分，再卸顶板荷载，然后卸腹板荷载，最后卸底板荷载。每卸下一级荷载，均对所有测点进行一次测量，并做详细记录，在数据分析时与加载时的数据进行比较。

5.2.3 沉降观测和预拱度设置

1. 观测点布置

纵桥向设五个断面：跨端 2m、1/4 跨、1/2 跨、3/4 跨和跨端 2m，从小里程到大里程方向，为Ⅰ、Ⅱ、Ⅲ、Ⅳ、Ⅴ断面；每个断面设七个点，分别为翼缘底、腹板顶、底板底两侧、底板中间相对应下分配梁位置，从左往右，为 1～7 号点。共 35 个点。具体点位纵向、横向布置如图 5-2、图 5-3 所示。

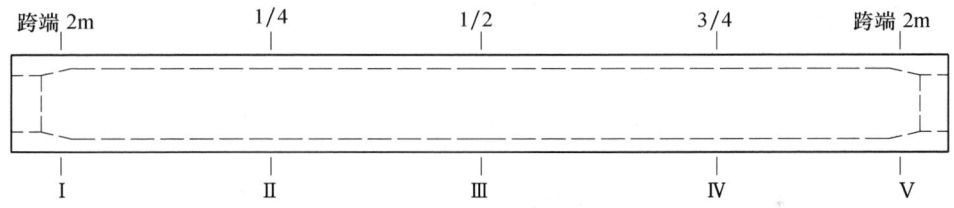

图 5-2 沉降观测点纵向布置

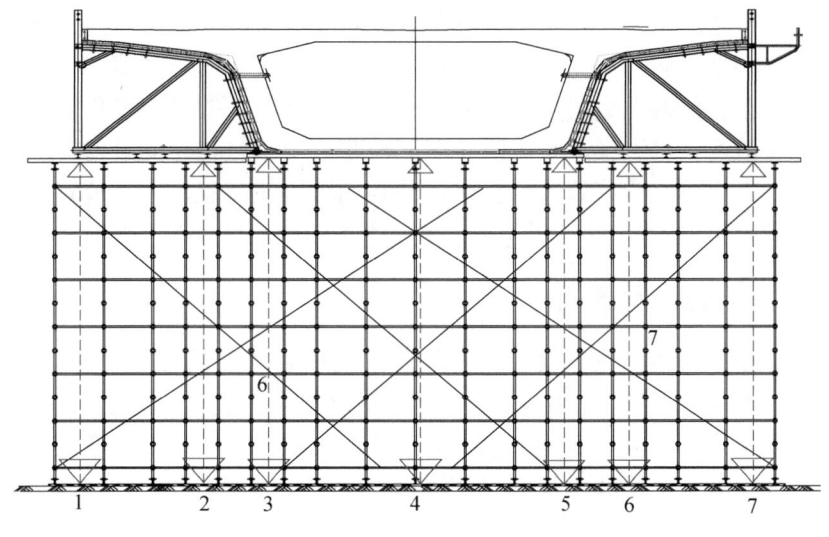

图 5-3 沉降观测点横向布置

下分配梁上共设测点 35 个，观测支架变形，在对应观测点下方的枕木上布置 35 个点，观测地基变形。观测时由工区测量队量测，用自动安平水准仪测设。

2. 变形观测

观测采用高精度水准测量仪和毫米塔尺进行沉降观测。为减少人为观测误差，应定人、定仪器观测，观测时间选择在早晨或傍晚，避免在强光、高温时进行。加载前测量地基和支架原始标高，每级加载完成后分别测设支架和地基的沉降量和支架变形量，做好记录。超载后，连续2d观测，4次/d，直到48h内累计沉降不超过2mm为止，可认为稳定。

考虑到在支架上浇筑混凝土、施工及支架拆除后，上部结构要发生一定的下沉，产生一定的挠度，施工时采取预留预拱度控制。预拱度主要考虑以下因素：

支架拆除后上部结构及荷载作用产生的竖向挠度 δ_1。

支架在荷载作用下的弹性压缩 δ_2（通过预压测量）。

支架在荷载作用下的非弹性压缩 δ_3（通过预压消除）。

支架基底在荷载作用下的非弹性沉陷 δ_4（通过预压消除）。

预拱度根据上述计算之和确定最大值，设于跨中，其他各点按二次抛物线公式 $y=f_{挠}\times(L-x)/L^2$ ［其中：y 为该点预拱度（mm）；$f_{挠}$ 为跨中预设挠度（mm）；x 为该点距跨中距离（m）；L 为梁长（m）］计算分配确定。

5.2.4 支座安装

凿毛支座部位的支承垫石表面，清除预留锚栓孔中的杂物，测量出垫石顶面，标出支座的高程和中心控制点。根据设计要求将支座安放在相应的支承垫石上，标高误差不得大于±2mm。

在支座安装前，首先检查支座连接状况是否正常，不得任意松动上、下支座连接螺栓。然后用4台5t的千斤顶及支座吊架，将支座面调整到设计的中心及标高，对支座的定位尺寸进行测量，在支座底四周安装灌浆用模板，并用水将支承垫石表面浸湿，用无收缩强度灌注材料灌浆。采用重力式灌浆方式，灌注支座下部及锚栓孔处空隙，灌浆过程应从支座中心部位向四周注浆，直至从钢模与支座底板周边间隙观察到灌浆材料并确认全部灌满为止。值得注意的是灌注前，应初步计算所需的浆液体积，灌注实用浆液数量不应与计算值产生过大误差，应防止中间缺浆。灌浆材料终凝后，拆除模板，检查是否有漏浆处，必要时对漏浆处进行补浆，并复测支座的高程、中心位置，符合验标要求后，拧紧下支座板锚栓。

5.2.5 箱梁模板制作及安装

内模采用定型小块钢模板，模板的安装要结合钢筋及预应力管道的埋设依次进行。安装前检查：板面是否平整、光洁，有无凹凸变形及残余粘浆，模板接口处要清除干净；检查所有模板连接端部和底脚有无碰撞而造成影响使用的缺陷或变形，模板焊缝处是否有开裂破损，如有均要及时补焊、整修。

1. 外模安装操作要点

底模安装采用人工为主、机械配合的方式施工。安装及使用时，根据预压实际情况设置反拱及下沉量，并应随时用水准仪测量检测。安装后清除底模面板上的杂物，对活动底模的接缝处清除浮渣使之密贴。检查底模两边的橡胶密封条，损坏的密封条应更换或修补。值得注意的是底模安装时根据箱梁图纸预应力张拉后梁体的压缩量，对支座上板位置进行调整、定位。

侧模安装前要检查板面是否平整、光洁，有无凹凸变形，模板接口处应清除干净。还应该检查所有模板连接端部和底脚有无碰撞而造成影响使用的缺陷和变形，支架及模板焊接处是否有开裂破损，如有均应及时补焊整修。安装时应先将侧模吊装到位，与底模板的相对位置对准，用顶压杆调整好侧模垂直度。做到位置准确，连接紧密，侧模与底模接缝密贴且不漏浆。

端模安装前板面应平整光滑、无凹凸变形及残余粘浆，端模管道孔眼应清理干净。将波纹管逐根插入端模各自的孔内后，进行端模安装就位。安装过程中逐根检查波纹管是否处于设计位置。做到位置准确，连接紧密，侧模与底模接缝密贴且不漏浆。

2. 内模安装操作要点

内模采用小块定型钢模组拼，用连接杆件支撑，并坐落在底板钢筋上。内、外侧模间用拉杆通过通风对拉，防止内膜在浇筑的过程中偏位。

模板安装质量控制标准见表 5-1。

表 5-1 模板安装质量控制标准

序号	质量控制项目	质量标准和要求	施工检验方法
1	侧、底模板全长	允许偏差±10mm	尺量检查各不少于 3 处
2	底模板宽度	0mm、+5mm	尺量检查各不少于 5 处
3	底模板中心线与设计位置偏差	允许偏差 2mm	拉线检查
4	桥面板中心线与设计位置偏差	允许偏差 10mm	
5	腹板中心线与设计位置偏差	允许偏差 10mm	尺量检查
6	横隔板中心线与设计位置偏差	允许偏差 5mm	
7	模板垂直度	每1m 高度 3mm	
8	侧、底板平整度	每1m 长度 2mm	
9	桥面板跨度	允许偏差±10mm	
10	腹板厚度	0mm、+10mm	吊线尺量检查不少于 5 处
11	底板厚度	0mm、+10mm	
12	顶板厚度	0mm、+10mm	
13	横隔板厚度	−5mm、+10mm	
14	端模板预留预应力孔道偏离设计位置	允许偏差 3mm	尺量检查

5.2.6 钢筋加工

钢筋加工在钢筋加工场统一下料和集中加工，用平板车运输至现场再进行绑扎安装焊接。钢筋弯曲部分要调直，特别是主筋接头处变形严重经人工不易校直时，必须切除，在连接接头处不能出现弯折现象。用切割机切割，保证切口断面平齐，与钢筋轴线垂直，不得有弯曲、马蹄等缺陷。不得采用气割及普通钢筋切割机切割。

为减少在支架上的钢筋安装工作，梁内钢筋应预先在加工场制作平面或立体骨架。制作钢筋骨架时，须焊扎牢固，以防在运输和吊装过程中变形。钢筋骨架采用带托架的胶轮车运输，使用两点或四点吊装，且在骨架内设置扁担梁以加强其刚度，以保证钢筋骨架不变形。梁体钢筋采用闪光对接焊或双面帮条焊。钢筋在现场焊接时，在模板底板采取衬垫隔离等措施，及时清除焊渣。

钢筋弯制成型质量标准见表 5-2。

表 5-2 钢筋弯制成型质量标准

序号	项目	要求
1	钢筋标准弯钩外型与大样偏差	±0.5mm
2	钢筋标准弯钩端部顺直段长度	≥3d
3	箍筋、蹬筋中心距偏差	±3mm
4	外形复杂的钢筋与大样偏差	±4mm
5	成型钢筋不在同一平面偏差	圆钢≤8mm 螺纹钢≤15mm
6	成型筋外观	≤d

5.2.7 钢筋绑扎

模板拼装完毕后进行模板复测，并经监理工程师验收合格后，在拼装好的底模上，按照设计尺寸画出纵横向钢筋位置线，放置钢筋，绑扎或焊接牢固，按照设计图纸要求的保护层厚度安装垫块。垫块采用 C50 细石混凝土，按 4 个/m^2 布置。

钢筋的绑扎顺序：先绑扎底板及侧板钢筋，顶板钢筋在内模及翼板模板立好后绑扎，在钢筋绑扎的同时安装箱梁的预应力波纹管及预埋件，并按要求设置预留孔。

底模、侧模板调整定位达到施工规范要求后，即可进行钢筋和预应力束管道的安装。结构钢筋绑扎与预应力孔道布置是预应力箱梁结构施工的重要组成部分，直接关系到箱梁结构的质量。在后张预应力箱梁结构里，结构钢筋必须保证梁体能够承受预应力施加时所产生的荷载及预应力孔道、锚板的架立功能，而预应力孔道的成型质量则是能否按照设计施加预应力的基本条件。

在绑扎各部位钢筋时，应先形成少量的钢筋骨架，之后绑扎其余钢筋，支撑钢筋布局应合理。钢筋焊接接头单面焊 $10d$（d 为钢筋直径），双面焊 $5d$，绑扎接头，搭接长度 $35d$。在进行钢筋制安过程中应保证钢筋间距允许偏差为 ±10mm。为保证混凝土保护层的厚度，允许偏差应控制在 ±5mm，应在钢筋骨架和模板之间错开放置适当数量的与箱梁同强度的砂浆垫块，相邻垫块之间间距控制在 1.0~1.5m。

钢筋与预应力孔道施工工艺流程：绑扎底板底层钢筋→安放底板管道→绑扎腹板钢筋→安放腹板管道→绑扎底板上层钢筋及上、下层定位筋→绑扎顶板下层钢筋→安放顶板纵向管道、锚垫板和螺旋筋→放横向管道、铺垫板的钢筋网→绑扎顶板上层钢筋及上、下层定位筋→顶板预应力管道定位→检查管道和铺垫板位置。

结构钢筋与预应力孔道布置施工要点如下：

（1）在设计中，一般锚区钢筋与结构钢筋分别承担各自功能。因而经常在钢筋密集地段相互位置发生矛盾。因此，施工前必须检查所有图纸结构钢筋是否与孔道位置有所矛盾，如果钢束锚固处的普通钢筋影响预应力施工，可适当弯折，待预应力管道安装完成后应及时恢复原位。施工中如发生钢筋空间位置冲突，可适当调整其间距，但应确保钢筋的净保护层厚度，现场因预应力施工破坏的钢筋应用同型号钢筋进行焊接补强。

（2）结构钢筋绑扎时要特别注意操作安装及绑扎顺序，先绑扎底板，再绑扎梁腹板结构钢筋。结构钢筋未成型时要有临时固定措施，以保证位置准确，并能承受布束时的外力荷载。

（3）孔道安装施工中，必须设置架立定位筋，定位筋间距为0.5m，以保证预应力管道的设计位置准确。为控制混凝土浇筑时波纹管上浮，在直线段和弯曲部位均需制作加强筋。

（4）波纹管接头处的连接管采用大一个直径级别的同类管道，其长度应为连接管道内径的5～7倍，先用防水胶布进行处理，然后用宽塑料胶布裹缠严密，同时要避免焊接时烧穿波纹管。对烧穿的波纹管要及时包扎密封。

5.2.8 梁体预埋件

梁体预埋件主要有：①支座板、预埋套筒、防落梁、伸缩缝预埋钢板。在施工中尽量减少焊接翘曲变形。支座板的安装要考虑梁体的压缩量。②挡渣墙、电缆槽竖墙、接触网支柱、人行道挡板、梁端伸缩缝等。在相应位置将预埋钢筋及预埋件与梁体钢筋一同绑扎、安装，以保证预埋筋与梁体的连接。安装时严格按设计图纸施工，确保其位置准确无误。③通风孔。在箱梁两侧腹板上设计直径100mm的通风孔，间距2m，若通风孔与预应力管道位置干扰，可适当移动通风孔位置，在通风孔处增设直径170mm的螺旋钢筋。通风孔采用$\phi100$的PVC管。④桥面泄水孔。四周用井字筋或螺旋筋进行加固。梁体灌注时，采用模具成孔后再安装PVC竖向泄水管方式，模具需固定，不能偏移。混凝土初凝前及时松动、拔出模具。⑤梁底板泄水孔。按设计要求设置，在灌注梁底板混凝土时，在底板上表面根据泄水孔位置设置一定的汇水坡。⑥检查孔。根据维修养护时的操作空间需要，在梁端底板按设计设置槽口，为了保证上梁爬梯扶手焊接质量，在梁端槽口预埋$\phi20$钢筋。⑦电缆上桥预埋件。预埋件钢筋应避开梁体预应力管道及锚具，若位置相冲突，适当移动预埋件钢筋；预埋件外露部分应进行防腐处理。

钢筋安装允许偏差和检验方法见表5-3。

表5-3 钢筋安装允许偏差和检验方法

序号	项目	允许偏差（mm）	检验方法
1	桥面主筋间距及位置偏差（拼装后检查）	15	尺量检查 不少于5处
2	底板钢筋间距及位置偏差	8	
3	箍筋间距及位置偏差	15	
4	腹板箍筋的垂直度（偏离垂直位置）	15	
5	钢筋保护层厚度与设计值偏差	+5，0	
6	其他钢筋偏移量	20	

5.2.9 箱梁混凝土施工

在箱梁钢筋及预埋件全部安装好后，进行全面检查，自检合格后报请监理工程师检查，检查合格后开始浇筑混凝土。现浇箱梁混凝土由拌和站统一供应，由混凝土搅拌罐车运输到现场，采用两台汽车泵和一台地泵泵送浇筑。

1. 混凝土拌制

（1）混凝土采用11号混凝土拌和站集中拌制，严格按照施工配合比（以实验室通知单为准）进行配料、称量，配料误差控制在允许范围内。原材料投料顺序为砂、碎石→水泥、掺和料、水及外加剂。

（2）配制混凝土拌和物时，水、水泥、掺和料、外加剂的称量准确到±1%，粗、细骨料的称量±2%（均以质量计）。混凝土拌和物配料采用自动计量装置，粗、细骨料的含水量及时测定，并按实际测定值调整用水量和粗、细骨料用量；禁止拌和物出机后加水。

（3）混凝土拌制速度和灌注速度要密切配合，拌制服从灌注，以免灌注工作因故停顿而使机内储存混凝土。施工中还要考虑到混凝土的泵送性能、初凝时间、工作度等因素，坍落度控制在180～200mm，不同部位采用不同的坍落度，以满足混凝土质量。

2. 混凝土浇筑

（1）混凝土浇筑前准备工作。

①浇筑混凝土前，先检查钢筋保护层厚度及其钢筋定位紧固程度。绑扎垫块和钢筋的扎丝头不得伸入保护层内。

②检查预埋件是否齐全、定位是否准确。预埋件有支座预埋件、接触网预埋件、防落梁预埋件、剪力齿槽预埋件、侧向挡块预埋件、伸缩缝预埋件、综合接地预埋件、排水系统泄水管、通气孔PVC管、测温预埋件、沉降观测标、各种预埋钢筋。

各预埋件相对位置由专人负责检查，借助全站仪配合钢尺进行测量定位，标高采用水准仪定位，梁面混凝土浇筑时要重新修整预埋件，以保证埋设的准确性。接触网支柱预埋件用线坠复核其垂直度。

③检查钢绞线波纹管定位是否准确（用钢卷尺量测波纹管的相对坐标，看偏差是否在允许范围之内）。检查波纹管是否有漏洞，如果有漏洞，要用胶带进行包裹，并在波纹管内安装衬管。

④浇筑混凝土前要用鼓风机将模板彻底清除一遍，将模板上面的焊渣、焊条头、烟头等杂物全部清除干净。

⑤在混凝土浇筑前要检测混凝土坍落度、含气量以及入模温度。入模温度在刚开始浇筑时测1次，以后每隔2h测1次，并做好入模温度记录表。

⑥混凝土运输采用 $6m^3$ 或 $8m^3$ 混凝土罐车进行，浇筑采用两台混凝土泵车和一台地泵输送。泵送之前先对泵管进行润滑，润滑物采用1:2水泥砂浆。配制 $0.5\sim1.0m^3$ 砂浆倒入料斗，进行泵送，润管砂浆泵送到模板外，不能进入梁主体，泵管润滑结束后，即转入正常泵送混凝土。

（2）混凝土浇筑顺序。混凝土的浇筑采用连续分层灌注。灌注时采用水平分层的方法。水平分层厚度不大于30cm，先后两层混凝土的间隔时间不超过混凝土初凝时间。灌注的总原则：垂直方向，先底板两侧，后底板中间，再腹板，最后顶板；水平方向，从一端到另一端，总体分四层灌注混凝土，先底板两侧倒角，后腹板中间，再腹板顶，最后顶板。

具体浇筑方法：第一步，从一端向中间通过腹板对称灌注底板与腹板交接倒角处，采用插入式振捣棒捣固密实，并及时对底板混凝土进行抹平、压实和收面。第二步，灌注底板剩余混凝土，此时振捣时注意不能对已浇筑腹板倒角处混凝土扰动，以免造成倒角混凝土掉落，形成倒角不饱满，这样灌注后可以对腹板混凝土形成一定的阻力。为防止底板混凝土超厚，浇筑时使底板两侧混凝土超过内模下梗肋后，稍作停顿，再从内模顶部预设浇筑孔处补充底板混凝土。浇筑底板混凝土时要让混凝土充分翻浆，从腹板翻出的混凝土基本是密实的混凝土，只有充分翻浆才能保证腹板下梗肋处的混凝土密实。浇筑中不得使用振捣棒推移混凝土，以免造成混凝土离析。第三步，底板浇筑完成后，腹板混凝土浇筑采用分层的方式，每层混凝土厚度不超过30cm，两侧腹板浇筑速度保持同步，以防止两边混凝土面高低悬殊过大，而造成内模偏移。在腹板混凝土浇筑过程中，派专人值班用小锤敲击内外模板，通过声音判断腹板内混凝土是否饱满密实。第四步，当两腹板槽灌平后，开始浇筑顶板混凝土，浇筑时从两边翼缘外侧向中部浇筑，分段浇筑，每段2~3m，连续浇筑。顶板混凝土采用插入式振捣棒振捣，桥面采用振动梁振捣及人工收浆抹面。

梁体混凝土浇筑完毕后，接近初凝时对底板、顶板混凝土表面进行第二次收浆抹面，以防裂纹和不平整。桥面一经收浆抹面终凝前不得践踏。

（3）混凝土振捣。

①混凝土振捣采用插入式振捣棒并辅以附着式平板振捣器进行。一般区域使用RN50型振捣棒振捣，钢筋密集区采用RN30型振捣棒，采用插入式振捣棒振捣时要避免碰撞模板、钢筋及预埋件。振捣棒移动距离不超过振捣棒作用半径的1.5倍，一般振捣棒插振间距35~40cm，每次振捣时间20~30s，振捣时布点均匀。对梁端钢筋密集处，由于钢筋净距小，且钢筋层数多，振捣棒插不下去，混凝土的密实度不易保证，因此，在绑扎钢筋时，有意移开某些钢筋从上至下留2~3个通道，保证混凝土容易振捣，或者在混凝土浇筑前采用60°角铁插入钢筋比较密集部位，用以引导振捣棒抽拔。在混凝土浇筑过程中及时将入仓的混凝土均匀振捣密实，不随意加密振点或漏振，每点的振捣时间以表面泛浆或不冒大气泡为准，一般不超过30s，避免过振。

②对振捣人员划分施工区域，明确责任，以防重复振捣或者漏振。在浇筑顶板混凝土时，应设置标高控制标志，在振捣过程中随时测量，以保证横向线形。当灌注到标高时必须立即进行收浆抹面，在混凝土初凝前进行二次收浆抹面，保证箱梁外观平整光洁，抹面时严禁洒水。

③浇筑混凝土进行振捣时，应注意不能破坏波纹管，且不允许管道移位，尤其应避免管道上浮，以达到预应力的预期效果，防止破坏性的局部应力产生。

5.2.10 养护及拆模

1. 养护

在常温状态下，梁体上表面采用土工布覆盖、人工洒水养护，梁体底面及侧面采用喷涂养护剂进行养护，同时在冬期采取必要的保温措施。为保证养护质量，采取如下措施：

在灌注混凝土后，及时在箱梁底板顶面及顶板顶面紧密覆盖土工布，尽量减少暴露时间，防止表面水分蒸发。混凝土初凝前，应卷起覆盖物，用抹子搓压表面至少二遍，使之平整后再次覆盖，此时应注意覆盖物不要直接接触混凝土表面，直到混凝土初凝为止。

梁体混凝土拆模前洒水养护，使混凝土保湿、潮湿养护，防止混凝土表面失水出现裂缝；养护水采用饮用水，并设专人养护、专人管理。

在支架拆除后而梁体养护期尚不足时，采取在移动小车上安装水管的办法对顶板进行喷水养护；对腹板侧面采取喷涂养护液的方法进行养护，并确保不漏喷。

在任一养护期间，淋注于混凝土表面的养护水温度低于混凝土表面温度时，二者间温差不得大于15℃。

加强混凝土温度的检测，用以指导养护方法；混凝土养护期间应注意采取保温措施，防止混凝土表面温度受环境因素影响而发生剧烈变化。养护期间混凝土的芯部与表层、表层与环境的温差不宜超过15℃。当昼夜平均温度低于5℃或最低气温低于－3℃时，按冬期施工处理。

2. 拆模

拆模前应以混凝土强度报告为依据，拆模时的混凝土强度应达到设计强度的60%以上，拆除松开内模、拆除端模；待梁体混凝土强度达到设计值的80%后进行初张拉，初张拉后方可拆除侧模、内膜、底模和支架。拆除模板必须经施工负责人同意。拆模时梁体混凝土内部与表层、箱内与箱外、表层与环境温差均不宜大于15℃，并应保证梁体棱角完整。气温急剧变化时不宜拆模。

拆模顺序为先拆跨中的侧、底模，然后拆两端的侧、底模，即：先中后边；先跨中，后支座处；先侧模，后底模。待整跨模板脱模后，观测梁体的挠度变化（脱模前要先观测一次），做好记录。

拆除翼缘模及侧模时，先将顶托下拧，将分配梁降下，靠模板自重即可脱落。若无法脱落，可用撬棍轻撬轻敲，切不可强行撬拉，野蛮拆卸。脱底模时，施工人员必须在上部可调支座处系好安全带操作。将可调上托下调10cm左右，依次由跨中向两边全断面纵桥向下调，底模会自然脱落，然后将底模一块块抽出即可。底模抽完后，抽出方木。操作时须由专人指挥，施工人员统一行动，以免模板、方木落下砸伤人员。拆模作业安排在白天施工，禁止夜间操作。翼缘板及腹板模板每个单元可以沿纵向滑道滑移，首先将顶托调下20～30cm，上、下分配梁同时下落。模板和方木拆除后，应将表面灰浆、污垢清除干净，并维修整理，分类妥善存放，防止变形或开裂。方木在下次使用前必须严格检查，损坏的方木不能直接利用。

5.2.11 预应力施工

预应力施工工艺流程为制束→穿束→初张拉→终张拉→锚固。

预应力施工过程中从管道定位、钢绞线下料、穿束、张拉等各项工序严格控制，确保预应力达到设计要求。

1. 预应力张拉准备

钢绞线制作首先领取钢绞线试验报告单，逐盘检查领料。钢绞线下料应在特制的放盘筐中进行，防止钢绞线弹出伤人和扭绞。散盘后的钢绞线应细致检查外观，表面不应有裂纹、重皮、小刺、机械损伤、折弯、油污等。

钢绞线按实际计算的长度加 0.45m 余量作为下料依据。下料应在平整的水泥地面上进行。钢绞线下料长度误差不得超过 10mm，且束中各根钢绞线长度差不得超 5mm。钢绞线下料前切割口两侧各 30mm 处用铁丝绑扎，下料应采用砂轮锯切割。

2. 钢绞线穿束

钢绞线穿入梁体后应尽快张拉，停放时间不宜过长，否则应采取防锈措施。钢绞线采用人工穿束，在波纹管安装好后进行钢绞线的穿束。在穿束之前要做好以下准备工作：

抽出预应力管道内塑料衬管，清除锚头上的各种杂物以及多余的波纹管。

清除孔道内杂物积水。

在干净的水泥地坪上编束，以防钢束受污染，在编束前应用专用工具将钢束梳一下，以防钢绞线绞在一起。将钢束端头做成圆锥状，表面要用砂轮修整平滑，以防钢束在波纹管接头处引起波纹管翻卷，堵塞孔道。

3. 预应力张拉

为防止箱梁早期裂纹应对箱梁进行两次张拉，即初张拉和终张拉。早期张拉混凝土强度应不小于设计强度的 80%（40MPa）。预应力筋的张拉采取两端同时张拉工艺，专人指挥，为了两端张拉同步进行，用对讲机或哨子等联络工具进行有效联系，确保两端正常操作。梁体张拉前实验室应提供强度试验报告。张拉值班技术人员依据试验报告决定是否张拉，并通知监理工程师旁站。终张拉应在梁体混凝土强度及弹性模量达到设计值后，且龄期不少于 10d 时进行。预施应力前应做好准备工作：实验室检查梁体混凝土是否达到设计强度和弹性模量要求、混凝土龄期是否达到设计要求，若不符合要求，则不允许预加应力。

(1) 张拉操作。清除锚垫板下水泥浆，穿入钢绞线前，应先检查孔道中是否有积水，如有积水必须用压缩空气吹干净，然后将钢绞线逐根对孔穿入锚环中，并装上工作锚夹片。用钢管将工作锚夹片打紧，安装时务必使工作锚落入锚垫板齿口中，并与孔道轴线同心。工作锚安装后安装张拉限位板及千斤顶对位。千斤顶对位后在千斤顶后端安装工具锚，安装工具锚时应注意不得使钢绞线错孔扭结。工具锚夹片为三瓣式，为安装方便，可采用橡皮筋将夹片箍住，并从钢绞线端头沿钢绞线送进到工具锚孔中用钢管将工具锚夹片打紧。以上工作全部完成后对千斤顶供油，使千斤顶受力并与梁端锚面垂直，再次检查锚具、千斤顶、孔道三者轴心是否同心，有偏差时应用手锤轻击锚环调整位置，检查合格后，两端联系同时张拉供油的准备，当张拉到 $0.1\sigma_{con}$ 后停止张拉。测量并记录千斤顶油缸外伸量及夹片外露量。测量记录完后，两端同时发出张拉信号，继续张拉至 $0.2\sigma_{con}$ 后，静停 5min 并补充到 σ_{con}，测量且记录油缸外伸量及夹片外露量，测量完毕后即可油锚固。再次测量记录锚固后的外伸量，作为夹片回缩量的计算依据。

钢绞线的实际伸长量 ΔL＝控制油压（σ_{con}）油缸外伸量－初始油压（$0.1\sigma_{con}$）油缸外伸量－钢绞线在锚外的延伸量－（初始夹片外露量－控制油压夹片外露量）＋$0.1\sim 0.2\sigma_{con}$ 油缸外伸量。

张拉过程中若千斤顶行程不够要倒顶，在临时锚固前应记下锚固前的油表读数。倒顶后应张拉至锚固前的油表读数下作为初始测量记录的起始点。

(2) 张拉控制。预应力张拉采用双控制，即以张拉控制应力为主，并以钢绞线伸长量校核，实际伸长量应不超过理论伸长量的 6%，当伸长量超过 6% 时应查明原因。

初张拉：0→0.1σ_{con}（测初始伸长量及夹片外露量）→设计张拉力（持荷 5min）→锚固（测锚固回缩量）。

终张拉：对已经初张拉的，为：0→初张拉 σ_{con}（持荷 5min）→补充到 σ_{con}（测控制油压伸长量及夹片外露量）→锚固（测锚固回缩量）。

对没有张拉过的，为：0→0.1σ_{con}（测初始伸长量及夹片外露量）→0.2σ_{con}（持荷 5min）→补充到 σ_{con}（测控制油压伸长量及夹片外露量）→锚固（测锚固回缩量）。

两端张拉应同步进行，同时对箱梁进行应力、变形观测。初始张拉：梁两端同时对千斤顶主油缸充油，使钢绞线束略拉紧，充油时随时调整锚圈、垫圈及千斤顶位置，使孔道、锚具和千斤顶三者之轴线相吻合，应注意使每根钢绞线受力均匀，随后两端同时加荷到 0.1σ_{con} 打紧工具锚夹片，并在钢绞线束上做记号，作为观察滑丝的标记。

张拉注意事项如下：

①张拉设备设专人保管使用，并定期检验、标定、维护；锚具应保持干净并不得有油污。

②预应力张拉严格按施工图提供的顺序进行。

③每次锚具安装好后必须及时张拉以防其在张拉前生锈。

④要在箱梁顶预埋测量观测点以观测预应力张拉前后的标高变化。

⑤当两束或两束以上钢束的位置相互影响张拉时，必须征求设计、监理的同意方可适当挪动钢绞线束位置或加大槽口的深度。

⑥张拉前检查锚具锥孔与夹片之间、锚垫板喇叭口内有无杂物。

5.2.12 压浆、封锚

1. 压浆

孔道压浆在张拉完成后 48h 内完成，压浆前，用风泵吹去孔道内的水和灰尘。压浆顺序为先下层孔道后上层孔道。从浆液拌制到开始压浆，间隔时间不得超过 40min。浆液的压注工作连续进行，待出浆口排出的浆液不含水沫气体且稠度与浆液相同（流出浆液的喷射时间不少于 10s）后，封闭所有出浆口和孔眼，持压至 0.7MPa 1min 后停止。张拉全部完成后，进行孔道压浆，以防止预应力筋锈蚀或松弛。压浆采用真空压浆技术。在水泥浆出口及入口处接密封阀门。将真空泵连接在非压浆端上，压浆泵连接在压浆端上，以串联的方式将负压容器、三相阀门和锚具盖帽连接起来，其中锚具盖帽和阀门用一段透明的喉管连接。在压浆前关闭所有排气阀门并启动真空泵 10min。显示出真空负压力的产生，应能达到负压力 0.1MPa。

在保持真空泵运作的同时，开始往压浆端的水泥浆入口压浆。从透明的喉管中观察水泥浆是否已填满波纹管。继续压浆直至水泥浆到达安装在负压容器上方的三相阀门。操作阀门以隔离真空泵及水泥浆，将水泥浆导向废浆桶的方向。继续压浆直至所溢出的水泥浆形成流畅及一致性、无不规则的摆动。将设在压浆盖帽排气孔上的小盖打开。打开压浆泵出浆处和阀门直至所溢出的水泥浆形状均匀。在压浆盖帽的排气管上安装小盖，并保持压力在 0.4MPa 下继续压浆 0.5min。关闭设在压浆泵出浆处的阀门，关闭压浆泵。压浆完成后及时进行封锚，应采用与梁体同等级别混凝土进行。

2. 封锚

（1）压浆结束后，应及时对锚具进行封闭。先将锚具周围清洗干净，并对锚端混凝土凿毛，然后绑扎钢筋网浇筑封锚混凝土。

（2）锚具和预应力筋封闭前按设计要求对锚具和预应力筋做防锈处理。

（3）封锚混凝土宜采用无收缩混凝土，强度符合设计要求规定，混凝土的水胶比不大于梁体混凝土的设计值，混凝土的强度不低于梁体混凝土的强度，封锚后还应采取可靠的防护措施，以防止环境水和其他有还害介质渗入接缝。

（4）封锚时必须控制封锚后的梁体长度。

（5）浇完封锚混凝土后，要注意养护，同时涂刷防水涂料聚氨酯。

5.3 安全保证措施

5.3.1 保证安全的组织措施

严格执行安全生产责任制度，项目经理、架子队队长、工班长、操作工人及各级职能部门严格执行安全生产管理责任制度。

加强安全生产教育，施工前对所有参加本工程的施工人员进行安全生产教育，组织学习安全法及铁道部门有关桥涵施工安全规则、规定，并结合本工程的实际情况制定安全措施，进行宣传教育。特殊工种工人如起重工、电焊工、机动车司机、电工等需经培训考试合格后，持证上岗操作。

5.3.2 保证施工安全的技术措施

1. 高空作业安全措施

进行高空作业的工作人员及进入高空作业区的一切人员，必须戴好安全帽、高空作业的安全带等，其使用前必须有专人严格检查。双层作业时，上、下层人员应取得联系，互相应错开位置。必要时，须设可靠的保护隔板或罩棚、防护网，上、下层方可同时作业。不同工程多层同时作业时，应加强联系，防止物体落下伤人。

高空作业台、架的搭设和使用，必须符合技术要求。工作前，应仔细检查其是否牢固、可靠，安全用具和机械设备、工具等是否完好齐备，已损坏或有严重缺陷者，严禁使用。安装、修改或拆除脚手架的架子工必须提供资质证明。高度大于2m的作业平台必须有牢固的临边保护或扶手。

禁止将起重、牵引装置的拉线固定在临时搭设的高空作业台架上，若固定在永久性台架上（如立柱、构架等），事先应经过验核。

对于会对工人造成一定坠落危险的所有孔洞电缆沟坑体等必须有牢固的临边防护措施。

高空作业时，应将手持工具、小型材料等放在工具袋内，严禁工具袋由高空掉下或使用破损的工具袋。高空作业所有的材料和工具应用绳索或起重工具传递，不可投掷。悬式和活动吊架、脚手架及其他设施必须牢固、可靠，并须备有安全绳。高空作业区域应设置安全围栏、挂安全标志牌，交叉作业要有安全网。

2. 机械使用安全措施

定期对施工设备进行检查、保养、维修，确保设备正常运转、安全使用。加强对司机的教育，施工运输车辆严格遵守交通规则，文明行车，注意安全。

严格按起重作业安全操作规程施工。起重工必须熟悉操作方法、起重设备的性能、起重物的特点和确切质量以及施工安全的要求。对所有起重机械进行指挥的信号员，应专人指挥，统一指挥信号。哨音清晰，手势和旗语准确，不用喊叫指挥。如遇有妨碍司机视线处，应增加传递信号人员。起重臂下严禁站人。

3. 其他技术安全措施

由厂家定做加工的定型模板，必须将模板的尺寸、技术指标等要求，明确提供给厂家。加工期间和加工完后，及时按照技术标准进行检查，对不合格模板督促厂家进行改正达到合格要求。

模板使用前必须进行清理，对模板进行修整，脱焊部分进行补焊，必要时用板厚相同的钢片修补，并用砂轮等设备磨平、打光。经过清理修正的模板，应涂刷脱模剂和防锈油后妥善保存。对无法完全修复的模板应报废处理。对各类模板配件，及时清理、整修，各类螺栓的丝牙应及时清理，并上防锈油，分类装箱使用。施工中模板保持完好无损，保证模板的足够强度及规定的外观、尺寸。

钢筋连接开始前及施工过程中，应对每批进场钢筋进行接头工艺试验。每种规格的接头试件不少于 3 根。

防止水泥水化热产生的裂缝的控制措施：尽量采用水化热低的水泥；优化混凝土的配合比，提高骨料含量；尽量减少单方混凝土的水泥用量；延长评定混凝土强度等级的龄期；以矿物掺和料替代部分水泥。混凝土浇筑时，应注意控制下料数量，保证混凝土按规定的方式逐层升高，设专人负责将混凝土推整平，并不能影响混凝土的振捣。

施工现场设置混凝土标准养护室，用于检查结构构件混凝土质量的混凝土试块是按标准方法制作的，按标准试验方法测得的混凝土立方体抗压强度，作为结构构件混凝土强度评定的依据。

6 整孔箱梁吊装施工

南河梁场中心里程位于 DK75+000 处，主要承担起讫里程为 DK57+601～DK89+535 内的 32～24m 简支箱梁的预制任务，线路全长 31.934km，共预制箱梁 541 片。其中，32m 梁 521 片，24m 梁 20 片；小里程（南京）方向 143 片，大里程（杭州）方向 398 片。主要有 NHZQ-2 标段的南河特大桥及 NHZQ-1 标段的老鸭坝水库 1 号特大桥、老鸭坝水库 2 号大桥、张巷大桥、湖北岗特大桥、章家棚中桥、南旺坝特大桥。

南河梁场箱梁架设由中水四局宁杭客运专线运架分项目部承担。

6.1 工程特点与总体施工方案

6.1.1 工程特点

本标段线路纵向坡度大，最大坡度为 11.6‰，曲线半径大，架桥机通过的最小曲线半径为 7000m。

整孔箱梁质量大，简支箱梁数量多。

整孔箱梁架设需多次跨越主要河道、路基、通航河道、高等级公路和城镇，尤其小里程方向，桥梁数量多，过路基次数多，施工干扰大，架梁效率较低。

整孔箱梁架设地段通过与线路相交的高压线较多。

6.1.2 总体施工方案

箱梁截面类型为单箱单室等高度简支箱梁，梁高为 3.115m，梁宽为 12m，箱梁长度为 32.6m 和 24.6m，箱梁架设采用郑州华中建机有限公司研制的 HZQ900 型架桥机进行施工。本工程箱梁架设拟投入 1 套运架设备（包括一台架桥机、一辆运梁车）、DLT900 型轮胎式提梁机 1 台。箱梁在梁场经 900t 提梁机提升装车，运梁车从梁场通过便道、路基和已架桥面运输、喂梁给架桥机，最后由架桥机完成架设。

架桥机安装调试后由运梁车驮运上路基，到南旺坝特大桥杭州向桥头完善过孔就位，在维护、调整和检查安装符合设计要求后，先架 2 孔箱梁，对运梁车和架桥机进行联合重载调试，后架设第 3 孔在 33～34 号墩用箱梁和钢筋做配重进行架桥机型式试验，型式试验合格和取得安检合格证后，开始进行箱梁的架设。

南河梁场中心里程为 DK075+000，先架设小里程（南京）方向 143 孔，后返回梁场调头，架设大里程（杭州）方向 398 孔。

6.2 施工机械配置

根据该工程的具体特点，为保质保量按时完成桥梁的架设施工任务，配置 1 套 900t 轮胎式提梁机、1 套 900t 架桥机和 1 套 900t 运梁车来完成箱梁架设（表 6-1）。

表 6-1 主要施工机械设备配置表

序号	名称	额定功率	吨位容量	规格型号	数量	备注
1	架桥机	300kW	900t	HZQ900	1台	
2	运梁车	2×400kW	900t	HZY900	1辆	
3	提梁机		900t	DLT900型	1台	
4	小汽车				1辆	
5	电焊机	11kW		ZX7-400	1台	
6	测力千斤顶		400t		4个	
7	叉车			3t	1台	
8	砂浆搅拌器		0.3m³		1台	
9	水准仪	NA728			1台	
10	全站仪				1台	

6.3 箱梁架设施工方法

6.3.1 架桥机架设整孔箱梁施工工序（图6-1）

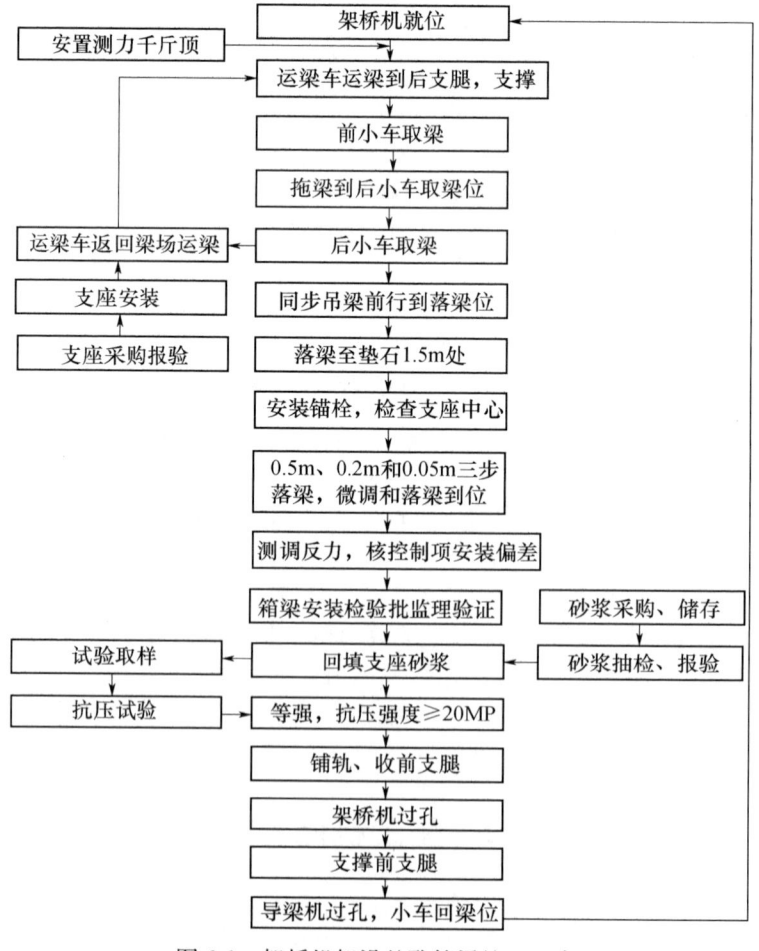

图 6-1 架桥机架设整孔箱梁施工工序

6.3.2 施工准备

施工准备工作主要包括：架桥机、运梁车、提梁机等运架设备组装场地的处理、整平；提梁机行走通道的铺设；运架设备构配件从制造厂家到组装场地的运输；在组装场地进行运架设备的拼装、调试、试验；对施工人员进行岗前培训、新设备的运用培训、新工艺的施工技术培训等。

施工技术准备、架桥机使用前的检查和准备、架梁施工作业人员的准备、架桥机桥头对位。

6.3.3 架梁施工方案

采用轮胎式运梁机作为箱梁的运输设备，采用导梁式架桥机作为箱梁的架设设备，采用尾部喂梁、架桥机前天车与运梁车驮梁小车同步运梁，架桥机前后天车取梁、架梁的施工工艺。箱梁运输不考虑通过隧道、提篮拱桥及施工周期较长的特殊梁。运架设备的作业半径在22.7km以内，在整个范围内，投入一套运架设备先杭州后南京方向运架。架梁速度：0~10km为3孔/d，10~15km为2.5孔/d，15km以上为2孔/d。考虑风、雨、机械故障等因素，架梁作业的有效时间为26d。架桥机采用运梁车驮运架桥机返回梁场调头区调头，再驮运至南京架梁方向的桥头站位，架设另一端箱梁。考虑调头时间为10d。

1. 装、运梁方案

利用制梁场的双门轮台式提梁机将待架的箱梁起吊至运梁车上，完成装梁作业。运梁车装好箱梁后，进行全面的检查，确认无误后运梁车驮箱梁运至架桥机尾端。驮运箱梁时运梁车依照导向标志线控制方向运行，重载速度控制在3~5km/h，曲线、坡道地段严格控制在3km/h之内，当运梁车接近架桥机时停止运行，在得到指令后进行喂梁作业。箱梁支座在制梁场内安装。

2. 下导梁架桥机架梁方案

下导梁架桥机架梁时，采用架桥机前天车与运梁车驮梁小车同步运梁，架桥机前后天车取梁、架梁的方法。架桥机取梁时，前吊梁小车的吊具与箱梁连接吊梁，后支点在运梁机上滑行，配合架桥机吊梁小车同步前移，箱梁的后吊点位置移动到位后，安装后吊梁小车吊具与起吊，然后运梁车退出，同时两吊梁小车携梁前移将箱梁送至架设孔跨上方，落梁安装。

3. 落梁安装方案

起重小车提梁到位后箱梁开始下落，距支承垫石50cm时减缓下落速度，检查箱梁支座中心线与支承垫石顶面十字线之间的偏差，并将箱梁落在四个调好的测力千斤顶上临时支承，调整好支座位移量和高程后，锚栓孔灌注支座回填砂浆。

6.3.4 架桥机驮运

架桥机在首孔架梁前和末孔架梁后，均需要驮运转场或转移工点，此情况包括从路基首次上桥、过路基、过涵洞和过连续梁等。架设完末孔，前腿支撑在桥台，后腿处安装龙门架支撑，拆除O形腿下横梁，运梁车进入驮运转场。

运梁车驮运架桥机转移步骤如下：

架桥机主梁到桥面的高度为7535mm，后支腿油缸顶升，使架桥机到地面的高度为7700mm，并把两个三角架放到桥机内部，见图6-2。

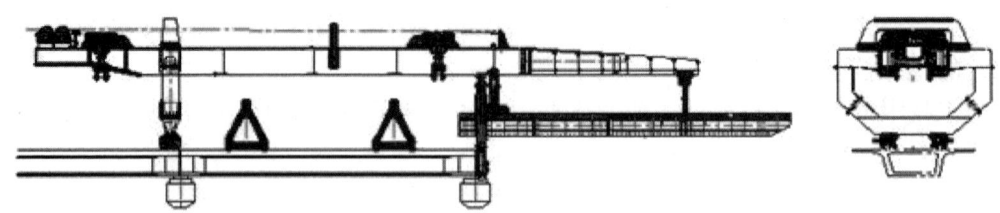

图6-2 运梁车驮运架桥机转移步骤（一）

在架桥机下指定位置安装移运支架。移运支架安装完毕后，拆卸后支腿第一段，见图6-3。

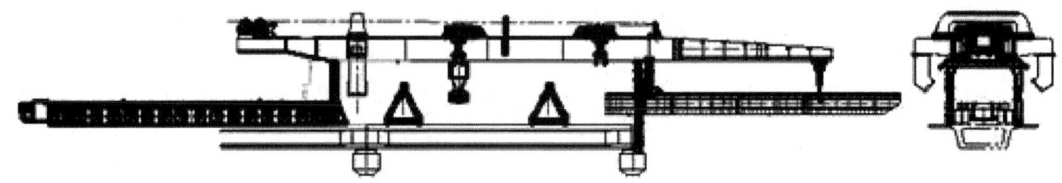

图6-3 运梁车驮运架桥机转移步骤（二）

运梁车开入架桥机内部，将后支腿第一段装上架桥机，然后将三角架放在运梁车的指定位置，见图6-4。

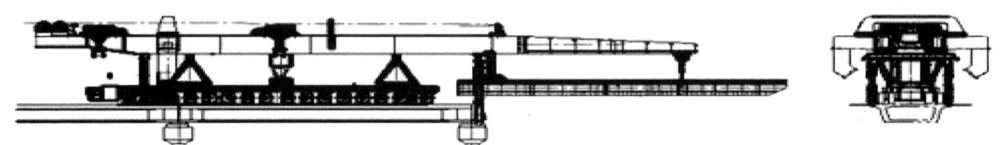

图6-4 运梁驮运架桥机转移步骤（三）

运梁车顶升400mm，前支腿回收折叠，后支腿支架回收折叠，开始转场，见图6-5。

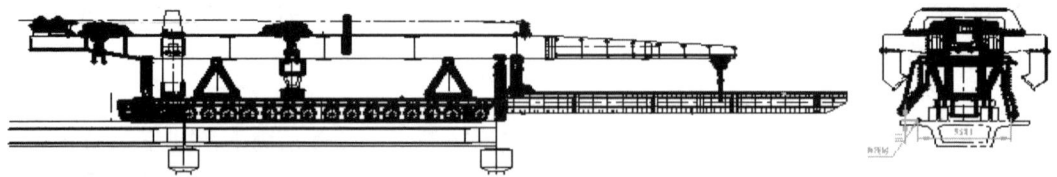

图6-5 运梁车驮运架桥机转移步骤（四）

6.3.5 架桥机落梁及支座安装

1. 支座选型

本架梁段双线单孔箱梁安装，支座采用客运专线铁路桥梁盆式橡胶支座，根据四设宁杭指联〔2009〕6号文，曲线32m箱梁采用支座为PZ-5500KN型，直线32m箱梁采用支座为 PZ-5000KN 型，曲线 24m 箱梁采用支座为 PZ-4500KN 型，直线 24m 箱梁采用支座为 PZ-4000KN 型。简支箱梁架设，每孔双线箱梁采用固定支座（GD）、纵向支座（ZX）、横向支座（HX）和多向支座（DX）各一个，各支座布置相对关系见图 6-6。

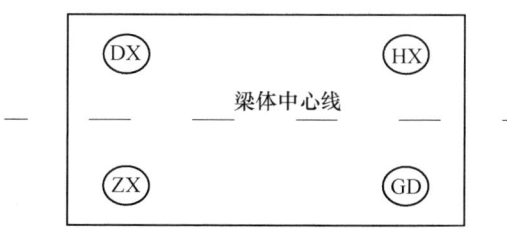

图 6-6 支座布置示意图

架设预制简支梁采用改变上支座板顶面坡度的方式以适应梁体的坡度要求，具体为：坡度为 0‰≤i<4‰时，不设坡度，代号为 i_0；坡度为 4‰≤i<12‰时，预设 8‰坡度，代号为 i_8；坡度为 12‰≤i<20‰时，预设 16‰坡度，代号为 i_{16}；当线路坡度大于 20‰时，支座上座板顶面不设坡度，采用梁底调整。

2. 支座安装

由于客运专线铁路简支梁架设盆式橡胶支座在出场时已装好，且用上、下支座板连接螺栓预压 490N 压力，现场检查上下支座板无移动时不容许拆解。根据现在支座常用安装方式，支座先在提梁台座挂装到箱梁底部，运架到位后，安装预埋锚栓，在测力千斤顶的支撑下灌浆回填。

3. 安置测力千斤顶

落梁前，按设计位置在桥墩上放置测力千斤顶，作为箱梁的临时支点。测力千斤顶安置前后、左右必须对称，以便确保测力准确。

千斤顶要提前调整好高程，高程严格按施工图和架梁核定参数、梁高等综合计算值和验标对支点高差要求等进行控制，确保落梁后四点受力和梁面高程符合验标要求。

4. 落梁

启动前后起重小车液压卷扬机以 0.5m/min 低速、平稳、分三个步骤完成落梁：距支座垫石顶面 500mm 时，液压卷扬机制动，安装支座下底板套筒和锚固螺栓，然后启动卷扬机徐徐落梁；距墩台支承垫石顶面 200mm 左右时，采用线锤对中引导、监视并检查支座中心的位移量；距墩台支承垫石上水泥砂浆面 50mm 左右时，液压卷扬机制动，利用架梁机起重小车纵、横移装置微量调整箱梁位置，预留出桥梁伸缩缝，箱梁精确对位，然后启动液压卷扬机，徐徐落梁到测力千斤顶上。

5. 调整测力千斤顶

箱梁落在临时支点的测力千斤顶上，前后起重小车的钢丝绳完全卸载，但不拆除起重小车的吊梁装置。

观察测力千斤顶的压力表读数，当压力表读数稳定后，拆除起重小车的吊梁装置。并记录每个千斤顶的读数，计算出四个测力千斤顶的平均读数。按照每支点反力与四个支点反力的平均值相差不超过±5%来调整测力千斤顶。支承垫石顶面与支座底面间隙应控制在 20～30mm。

6.4 支座砂浆施工工艺

6.4.1 施工前准备

砂浆施工前要保证架设箱梁的各项参数符合验标要求、支座安装合格，并通过监理见证签认。垫石凿毛合格，并清理干净。放样点线齐全并通过复测。

关于支座砂浆型号选择，支座砂浆属超早强型水泥基材料，对温度变化非常敏感，不同型号的支座砂浆有严格的温度适应范围。支座砂浆型号见表6-2。

表6-2 支座砂浆型号

型号	HL-HGM ≤−5℃	HL-HGM −5～5℃	HL-HGM 5～15℃	HL-HGM 15～25℃	HL-HGM 25～35℃	HL-HGM ≥35℃
适用温度	≤−5℃	−5～5℃	5～15℃	15～25℃	25～35℃	≥35℃

在下达支座砂浆采购计划前，应根据施工计划，收集工地气象台（站）历年的气象资料，预判施工期间施工现场的气温变化范围，根据施工要求，慎重选择合适的产品。在施工过程中应密切注意天气预报和天气变化，以防突然降温，当气温超出产品规定的气温范围时，应通过试验确定是否能满足施工要求。

（1）水：采用洁净的饮用水。
（2）磅秤：量程为100kg，精度为±100g，称水、称料用。
（3）机械搅拌设备：350型砂浆搅拌机。
（4）水桶若干：盛水及运送灌浆料。
（5）养护工具：土工布等。
（6）灌浆导流工具：采用重力式灌注时，必备长度和直径满足施工速度需求的钢筋塑料管或橡胶管。
（7）试验试模：40mm×40mm×160mm胶砂试模。

6.4.2 施工前期界面处理和施工要求

施工前，将待填充的支座孔内的浮土和松散物清理洁净。浮土、松散物清理的干净程度以及用水预湿与否将影响灌浆料与基础间的黏结强度，清理不干净或无润湿会降低灌浆体与基础间的结合程度，严重时可能使灌浆体与基础脱离。最佳方法是凿毛后采用压缩空气直接吹喷干净，灌浆前用洁净水预湿30～60min，孔内不得有积水，低温施工时喷洒热水。

按施工图安装灌浆用模板，采用预制钢模，以橡胶支座的底座盘尺寸为基础，扩大3～5cm制作模板，并在模板底面设一层4mm后橡胶防漏条。支座四周的模板顶面高度应当高出支座下表面2cm以上，以保证灌浆层饱满填充，同时保证在灌浆处能堆积一定高度的浆体，形成足够的压力，加快灌浆速度；对模板安装的要求应达到坚固、稳定、不漏浆的效果。

当温度低于5℃时，施工容易出现问题，此时应注意以下事项：确保灌浆料凝结时间和强度与施工环境温度相匹配；施工现场的灌浆料不能露天堆放，应放置在工棚里保持料温在10℃以上；采用40～60℃的热水拌制时，搅拌、灌浆过程尽量加快速度，保证砂浆具有较高的料温；灌浆结束后，立即将裸露的砂浆表面进行严密覆盖养护，保证有效的养护温度；现场制取试件与支座灌注砂浆同条件养护，在规定时间编号收集回实验室做抗压试验等。温度低于－10℃，施工时应增加以下保温措施：搅拌机外壁、下料斗、灌浆管应做好防冻保温措施；在开始灌浆前，应先用60℃以上的热水冲洗灌浆的下料斗、灌浆管等用具，提高灌浆通道的温度；下料斗、支护模板宜采用散热较慢的塑料材质或木头材质；必要时，现场应配置取暖加温设备。

6.4.3　砂浆搅拌

根据单个支座的实际灌浆用量，现场逐个施工逐个拌制浆料。灌注的砂浆应严格按照HL-HGM型支座砂浆灌注砂浆试验配合比拌和。支座砂浆水胶比控制在0.13～0.15，拌和水与支座砂浆称量误差应控制在±100g；机械拌制时，先将支座砂浆倒入搅拌机内，边搅拌边加水；先加80%的用水量，搅拌2～3min后将剩余水加入搅拌。一般搅拌全过程时间以4min为宜，并检测流动度是否满足要求。拌制好的浆体随停放时间的延长，流动性会明显降低，施工中应边灌浆边搅拌。每个支座应一次连续灌注完成，灌浆料不能先拌制再停放。在常温下（温度在20℃左右），应在加水搅拌开始计时30min内完成灌浆，在高温（温度在35℃左右）下，应在加水搅拌开始计时20min内完成灌浆；灌浆料中严禁自行加入任何外加剂或外掺料。失去流动性的料不可再次加水使用。

6.4.4　灌浆

灌浆时须从一侧灌入，不允许同时有两个及以上的灌浆入口。在出现多个灌浆入口时容易造成浆体存在空气夹层，条件允许时，可先灌注四个螺栓孔至与基础表面平齐，然后从一侧灌浆直至完成。灌注过程中，主要靠浆体初始流动度达到自密实效果，必要时可以用竹片、细钢筋等辅助拉动导流。浆体灌注密实、稍干后，及时把表面抹平和压光。

6.4.5　支座砂浆养护

支座砂浆灌注结束后（约发生在灌浆后40min后），注意保湿、保温养护。夏季采用塑料膜覆盖养护，冬季用塑料膜覆盖后，再覆盖干燥的保温材料（草袋、麻袋或棉胎），迎风面应采取防风措施。

在灌浆后的1～4h内产生大量的水化热，灌浆部位温度迅速升高，水分迅速蒸发，因此养护时必须及时补水。

夏季养护期为1～3d，寒冷季节养护期为3～7d。灌浆材料强度达到20MPa后，拆除钢模板，检查灌注质量，必要时进行补浆。

拧紧上、下支座板锚栓，并拆除各支座的上、下支座连接板及螺栓，拆除临时支承千斤顶，安装支座钢围板。

7 连续梁悬臂浇筑法施工

7.1 徐舍特大桥跨钟张运河工程概况

7.1.1 工程概述

徐舍特大桥跨钟张运河采用 60m+100m+60m 预应力混凝土连续梁跨越，正线里程为 DK111+911.32～DK112+133.02，钟张运河为 V 级航道，与线路夹角为 60°，设计通航净宽 45.0m，净高 5.0m，最高通航水位为 3.18m（黄海）。其中，415 号主墩靠近河岸，一侧为田地；416 号主墩位于河中，靠近浆砌石河堤，一侧为民房；414 号、417 号为边墩。该连续梁采用悬臂灌注法施工。

（1）连续梁梁体为单箱单室、变高度结构，适应于 CRTSⅡ型板式无砟轨道。竖墙内侧净宽 8.8m，桥上人行道栏杆内侧净宽 11.9m，桥面板宽 12.0m。边支座中心线至梁端 0.75m，支座横桥向中心距 5.9m。中支点梁高为 7.85m，跨中梁高为 4.85m。3 跨连续箱梁分两个"T"构均采用挂篮悬臂浇筑，单个"T"箱梁除墩顶 0 号块外，分 13 段梁段进行对称悬臂浇筑，从墩顶向跨中方向依次编号，14 号块为合龙段（长 2m）。边跨现浇段（15 号块）长 9.75m，高 4.85m；2 个主墩上悬灌结构相同，0 号块长 14.0m，高 7.85m，混凝土 354.834m³/个。除 13 号、14 号块及边跨现浇段外，其余梁段高度在 12 号、13 号块分界处按二次抛物线 $Y=0.0016225X^2$（X 坐标原点为距梁端 15.75m）变化。

（2）连续梁桥面适应于 CRTSⅡ型板式无砟轨道，按三列排水方式设计，桥面为六面坡构造，内设桥面防裂钢筋网。顶板厚度 40～65cm，腹板厚度 60～100cm，底板厚度 40～120cm，在端支点、中支点、中跨合龙段处各设 1 个横隔板，共计 5 个横隔板。隔板上设高 1.6m（中支点处 2.1m）、宽 1.5m 的孔洞，供检查人员通过。

（3）梁体混凝土强度等级采用 C50，防护墙、遮板混凝土强度等级采用 C40。

（4）梁体按三向预应力结构设计，即纵向、横向、竖向。

纵向：钢绞线采用 12/18-7ϕ5，公称直径为 15.2mm 高强度低松弛钢绞线，f_{pk}=1860MPa，E=195GPa。采用 M15-12/18 锚具锚固，金属波纹管内径 90/100mm。

横向：钢绞线采用 4-7ϕ5，公称直径为 15.2mm 高强度低松弛钢绞线，f_{pk}=1860MPa，E=195GPa。采用扁形金属波纹管（内径 70mm×19mm）成孔，单端张拉，锚固体系采用 BM15-4（P）型锚具锚固。

竖向：采用 ϕ25 预应力精轧螺纹钢，型号为 PSB785，其抗拉强度标准值 f_{pk}=785MPa，弹性模量为 E_p=200GPa，JLM-25 型锚具锚固，管道成型采用 ϕ35 的铁皮管成孔，从 0 号段中心至 4 号段尾端（19.75m），在腹板内双排布置，其余部分在腹板内为单排布置。

7.1.2 主要工程量

跨钟张运河连续梁主要工程量见表 7-1。

表 7-1 跨钟张运河连续梁主要工程量

部位		材料及规格		单位	数量
桥面	防水层			m²	2868.87
	保护层	C40 纤维混凝土		m³	26.58
其他	竖墙	混凝土	C40	m³	142.01
	防护墙	普通钢筋	Q235	t	5.023
			HRB335	t	48.554
梁体		混凝土	C50 干硬性补偿收缩混凝土	m³	16.274
			C50	m³	4423.879
		f_{pk}=1860MPa 钢绞线（二期荷载 180kN/m）	12-7ϕ5	t	46.213
			18-7ϕ5	t	144.131
			4-7ϕ5	t	26.32
		竖向预应力钢筋	ϕ25 精轧螺纹钢筋	t	27.58
		普通钢筋	Q235	t	40.35
			HRB335	t	647.124
		镀锌金属波纹管	ϕ90（内）	m	3382.328
			ϕ100（内）	m	7765.132
			70×19	m	5652.21
		铁皮管	ϕ35	m	6913.78
		锚具（二期荷载 180kN/m）	M15-12	套	74×2
			M15-18	套	158×2
			BM15-4	套	498
			BM15P-4	套	498
			JLM-25	套	1180×2
支座		球形支座	NHQZ9000ZX	套	1
			NHQZ9000DX	套	1
			NHQZ9000ZX	套	1
			NHQZ9000DX	套	1
			NHQZ45000GD	套	1
			NHQZ45000HX	套	1
			NHQZ45000ZX	套	1
			NHQZ45000DX	套	1
泄水管		外径 ϕ160/ϕ110 PVC		个	167/6

7.1.3 主要技术标准及质量控制标准

1. 主要技术标准

设计车速：最高运行速度为 350km/h。

线路情况：双线，曲线，正线线间距 5m；全桥处于曲线（$a_y=21°44'14.6''$，$R=7000m$）有声屏障（该连续梁二期荷载采用 157.1kN/m）。

坡度情况：梁体全长 221.5m，坡度为 6.6%。

环境类别及作业等级：一般大气条件下无防护措施的地面结构，环境类别为碳化环境，作用等级为 T1、T2 级。

设计使用年限：正常使用条件下梁体结构设计使用寿命为 100 年。

施工方法：挂篮悬臂浇筑施工。

防地震烈度：8 度。

地震峰值：0.1g。

轨道：采用 CRTS Ⅱ 型板式轨道。

2. 主要质量控制标准

跨钟张运河连续梁各项主要施工质量控制标准详见表 7-2 至表 7-4。

连续悬臂浇筑梁段的允许偏差见表 7-2。

表 7-2 连续梁悬臂浇筑梁段的允许偏差

序号	控制要点	允许偏差（mm）
1	悬臂梁段高程	+15，−5
2	合龙前两悬臂端相对高差	合龙段长的 1/100，且不大于 15
3	梁段轴线偏差	15
4	梁段顶面高程差	±10
5	竖向高强精轧螺纹筋垂直度	每 1m 高不大于 1
6	竖向高强精轧螺纹筋间距	±10

连续梁梁体外观质量的检验和允许偏差见表 7-3。

表 7-3 连续梁梁体外观质量的检验和允许偏差

序号	控制要点	允许偏差（mm）
1	梁全长	±30
2	边跨梁长	±20
3	各变高梁段长度及位置	±10
4	边跨跨度	±20
5	梁底宽度	−5～10

续表

序号	控制要点	允许偏差（mm）
6	桥面中心位置	10
7	梁高	−5～15
8	防护墙厚度	−5～+10
9	表面垂直度	每1m不大于3
10	梁上拱度与设计偏差	±10
11	底板厚度	0～10
12	腹板厚度	0～10
13	顶板厚度	−5～10
14	桥面高程	±20
15	桥面宽度	±10
16	平整度	每1m不大于5
17	腹板间距	±10
18	支座板	四角高度差	1
		螺栓中心位置	2
		平整度	2

梁段模板安装的标准和允许偏差见表 7-4。

表 7-4 梁段模板安装的标准和允许偏差

序号	控制重点	允许偏差（mm）
1	梁段长	±10
2	梁高	±10
3	顶板厚	±10
4	底板厚	±10
5	腹板厚	±10
6	横隔板厚	±10
7	腹板间距	±10
8	腹板中心偏离设计距离	10
9	梁体宽	+10
10	模板表面平整度	3
11	模板表面垂直度	每1m不大于3
12	孔道位置	1
13	梁段纵向旁弯	10

续表

序号	控制重点	允许偏差（mm）
14	梁段纵向中线最大偏差	10
15	梁段高度变化段位置	±10
16	底模拱度偏差	3
17	底模同一端两角高度	2
18	桥面预留钢筋位置	10

7.2 永久支座安装

本梁支座采用NHQZ球形支座，由于支座的体积和自重都较大，采用墩下组装整体吊装就位的方法安装。

支座安装应在0号段施工之前进行。安装前，应先检查产品的技术指标、规格尺寸是否符合设计要求，如不符合，不得使用。必须用小型磨光机凿毛垫石表面，以保证整个面上均匀受压。同时，认真检查所有表面、底座及垫石标高，直至垫石顶任一点标高与设计标高之差都在2mm以内，且四角高差不大于1mm；安装支座时，先在无灰尘干扰的平整地面上按产品说明书组装支座并临时锁定，再整体吊起，纵横向对中放到支承垫石上，经复核确定支座标高及纵、横向中心数据无误后锚固地脚螺栓。安装支座时，要注意有无支座偏心设置。根据连续梁混凝土收缩徐变、弹性变形、气温影响以及施工过程中连续梁临时支承的设置，计算确定支座上滑板的预偏值。使得混凝土的收缩徐变全部完成后在平均气温时，支座的上、下座板中心能重合，以满足支座设计要求（图7-1）。

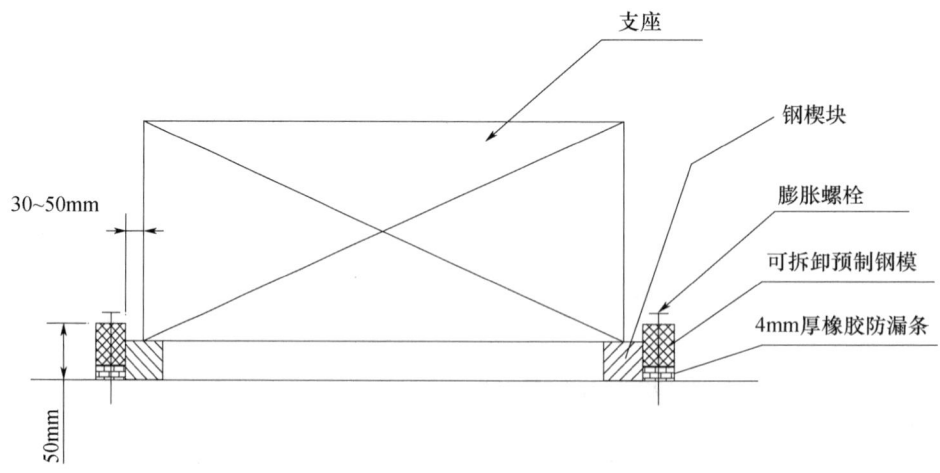

图7-1 支座施工详图

7 连续梁悬臂浇筑法施工

支座安装前,应检查支座连接状况是否正常,但不得松动上、下座板连接螺栓。安装时,凿毛支座就位部位的支承垫石表面,清除锚栓孔中的杂物,并用水将支承垫石表面浸湿,用钢楔块揳入支座四角,找平支座,并将支座底面调整到设计标高,在支座底面与支承垫石之间应留有30mm空隙,安装灌浆用模板。

仔细检查支座中心位置及标高后,用无收缩高强度灌注材料灌浆,灌浆材料性能要求详见表7-5。

表 7-5 灌浆材料性能要求

抗压强度(MPa)		泌水性	不泌水
8h	≥20	流动度	≥220mm
12h	≥25	温度范围	+5～+35℃
24h	≥40	凝固时间	初凝≥30min,终凝≤3h
28d	≥50	收缩率	<2%
56d和90d后	强度不降低	膨胀率	≥0.7%

采用重力灌浆方式,灌注支座下部及锚栓孔处空隙,灌浆过程应从支座中心部位向四周注浆,直至从钢模与支座底板周边间隙观察到灌浆材料全部灌满为止。

灌浆前,应初步计算所需的灌浆体积,灌注实用浆体数量不应与计算值产生过大误差,应防止中间缺浆。灌浆材料终凝后,拆除模板及四角钢楔块,检查是否有漏浆处,必要时对漏浆处进行补浆,并用砂浆填堵钢楔块抽出后的空隙。拧紧下支座板锚栓,待灌注梁体混凝土后,及时拆除各支座的上、下支座连接钢板及螺栓,并安装支座钢围板(图7-2)。

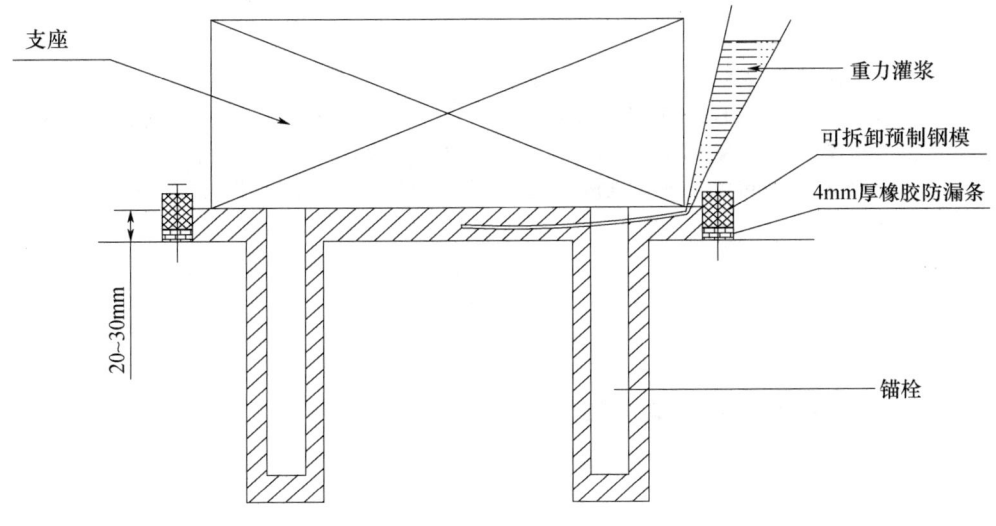

图 7-2 支座灌浆示意图

安装支座时注意:支座中心线与主梁中线应平行;支座标高应符合设计要求,且顶面水平；纵向活动支座上、下导向块保持平行。

支座纵向预偏量系指纵向偏离支座理论中心线的位置，415号墩为固定支座，其他各支座预偏量见表7-6，以顺桥向方向（414号→417号）为正［合龙温度控制在（15±2)℃］。设计图纸中的预偏值见表7-6。

表7-6 支座预偏量

支座号	414	415	416	417
偏移量（mm）	−31.5	0.0	+53.9	+86.3

支座相连接的梁底设四层网状钢筋，预留套筒孔处的网状钢筋需要弯起，与预留孔留有至少20mm的净距。NHQZ-9000支座预留孔径为13.5cm，深度为40cm；QZ-45000支座预留孔径为21.5cm，深度为55cm（图7-3）。

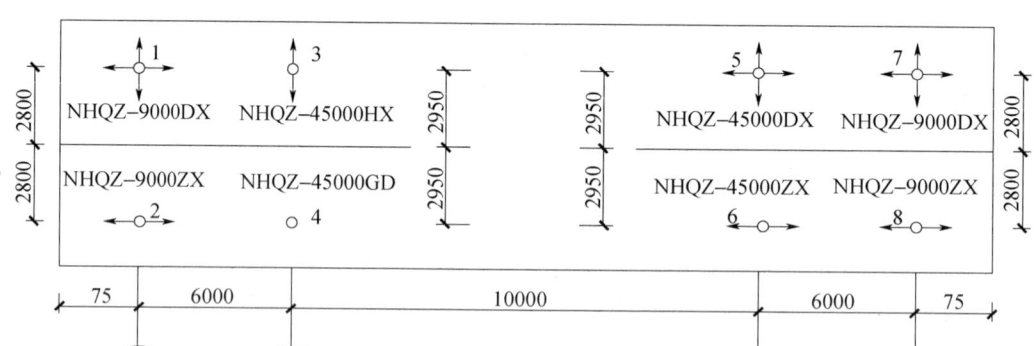

图7-3 永久支座布置图
1—NHQZ-9000DX-±100 多向活动支座；2—NHQZ-9000ZX-±100 纵向活动支座；
3—NHQZ-45000HX-±100 横向活动支座；4—NHQZ-45000GX-±100 固定支座；
5—NHQZ-45000DX-±100 多向活动支座；6—NHQZ-45000ZX-±100 纵向活动支座；
7—NHQZ-9000DX-±150 多向活动支座；8—NHQZ-9000ZX-±150 纵向活动支座

7.3　0号块施工

7.3.1　现浇0号段施工工艺流程

0号梁段长14m，采用支托架一次浇筑成型。
施工工艺流程详见图7-4。

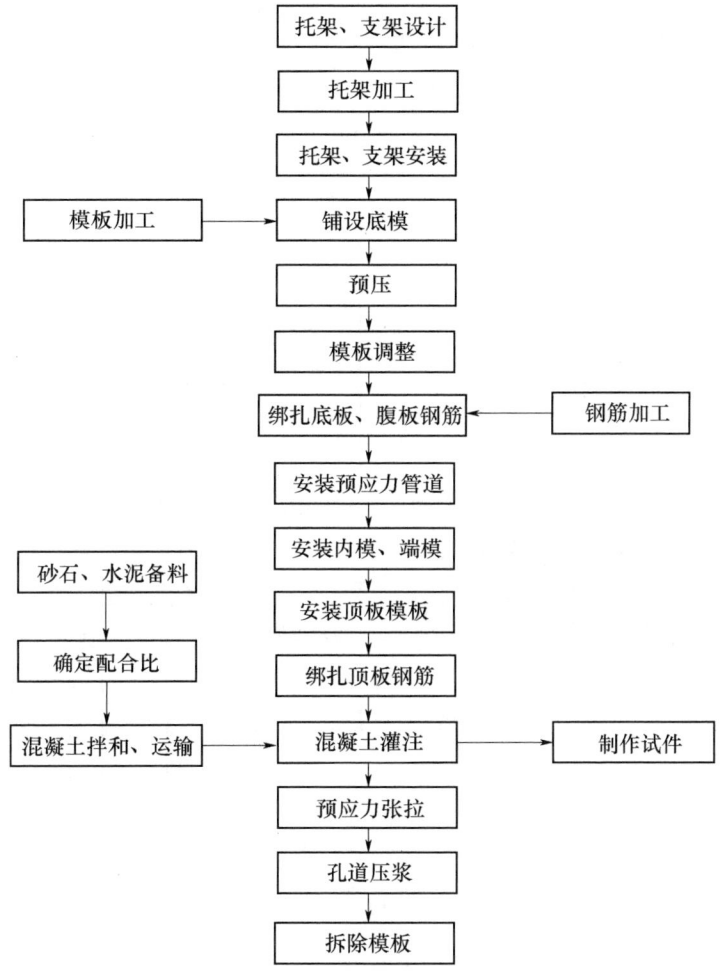

图 7-4　0 号段施工工艺流程

7.3.2　临时固结施工

各中墩采用临时固结措施。临时固结措施应能承受中支点处最大不平衡弯矩 65368kN·m 及相应竖向支反力 52033kN。

临时固结设置分为 3 个部分，即临时支墩、预应力精轧螺纹钢筋和钢管柱，每个主墩设置 4 个临时支墩，80 根预应力精轧螺纹钢筋和 4 根钢管柱。具体布置见图 7-5。

临时支墩（0.4m×2.2m）设置在墩顶顺桥方向垫石两侧，预应力精轧螺纹钢筋（ϕ32）预埋在临时支墩内，锚固长度为 1.4m，每个支墩预埋 20 根，伸入梁体内 1.4m，支墩混凝土强度等级同梁体为 C50，底部为 30cm 混凝土，然后浇筑 5cm 厚硫黄砂浆再浇筑混凝土至梁底，临时支座顶面高程与永久支座等高。

临时钢管支柱（ϕ800）设置在 0 号块腹板下，与主墩中心线距离为：横桥向 280cm，顺桥向 530cm，钢管支柱顶面与梁底齐平，钢管柱采用 20b 工字钢与桥墩连成整体；承台和 0 号块施工时在相应位置环向等间距预埋 41 根 ϕ28 螺纹钢，0 号块施工前

吊装 φ800 钢管柱，与承台预埋钢筋采用双面焊连接；0 号块施工完成后，采用双面焊连接钢管和钢筋。钢筋预埋 100cm，外露 50cm。

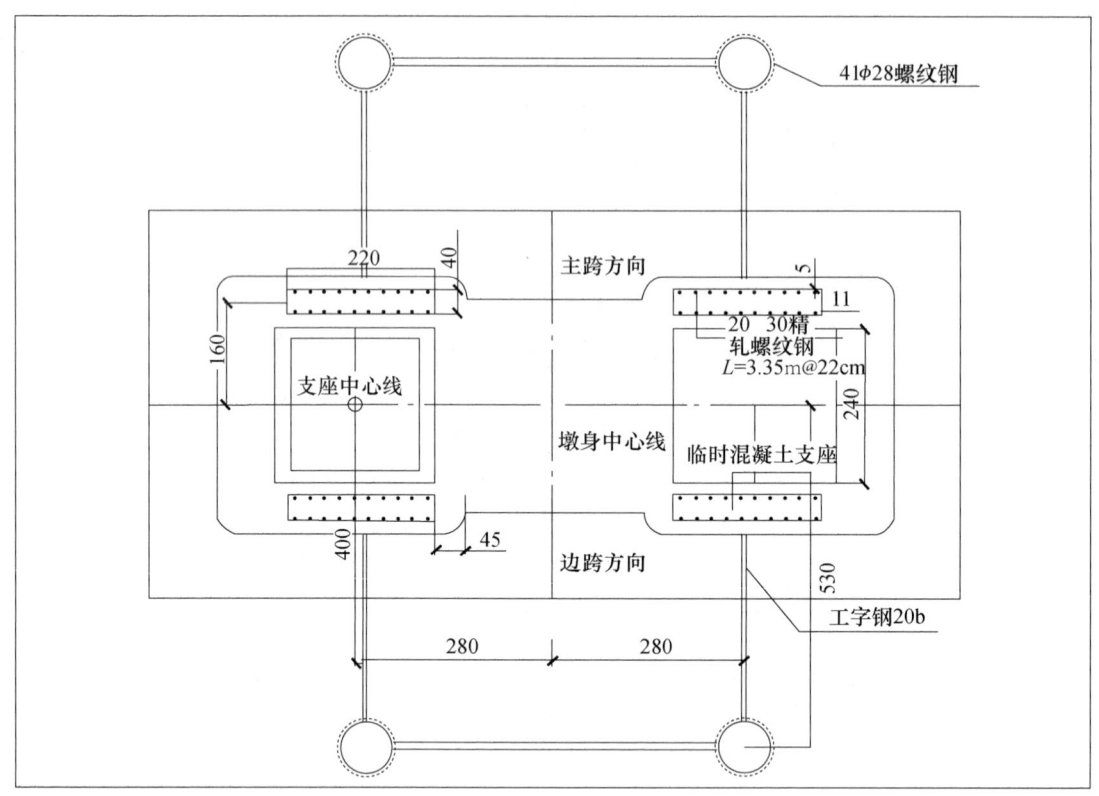

图 7-5 临时支墩布置

预应力精轧螺纹钢锚固长度计算如下：
$$预应力受拉钢筋的锚固长度 L_a = a \times (F_{py}/F_t) \times d$$

式中 F_{py}——预应力钢筋的抗拉强度设计值；

F_t——混凝土轴心抗拉强度设计值，当混凝土强度等级高于 C40 时，按 C40 取值；

d——钢筋直径；

a——钢筋的外形系数（光面钢筋 a 取 0.16，带肋钢筋 a 取 0.14），增加锚固端钢板时折合系数为 0.6。

$L_a = a \times (F_{py}/F_t) \times d = 0.14 \times 650 \div 1.57 \times 3.2 \times 0.6 = 111.3$（cm）（实际锚固 140cm，满足要求）

拆除临时支墩时，首先通电熔化硫黄砂浆，然后采用风镐将外层混凝土层层剥落，再用气焊将精轧螺纹钢割断进行落梁。

7.3.3 连续梁 0 号梁段托架施工

0 号块纵桥向长 14m，梁宽 12m，箱梁最大高度 7.85m，底板厚 1.107～1.2m，顶板厚 0.4m，腹板厚 1m，中间设 2.4m 宽的横隔板，0 号块混凝土 354.834m³，节段质量 922.569t，梁体两侧悬臂长度 5m（墩身截面尺寸为 10m×4.0m）。

墩顶施工时在墩身内预埋 300mm×200mm×20mm 钢板和预应力（φ32 精轧螺纹钢）管道；墩身施工完成后，采用起重机吊装托架，托架与预埋钢板焊接，穿入预应力钢筋（φ32 精轧螺纹钢），两端对拉，锁定墩身两侧托架。托架安装完后，上铺 40b 工字钢形成施工平台。在平台上布设碗扣架，铺设 0 号块底模。

支架布设间距如下：

横桥向：立杆间距按 60/30 两种方式交替布置，翼缘板下间距为 60cm，腹板底为 30cm，底板底为 60cm；竖向步距按 120cm 布置，剪刀撑横桥向、纵桥向按 300cm 一道设置，安装时剪刀撑与托架顶面成 45°～60°，八字形交叉布置。

纵桥向：翼板和地板下按 60cm 间距布置，腹板下按 30cm 间距布置，剪刀撑横桥向、纵桥向均按 300cm 布置，安装时剪刀撑与托架顶面成 45°～60°，八字形交叉布置。

支架底部设置扫地杆，扫地杆距支架底面不大于 35cm。立杆顶端安装可调式 U 形顶托，顶托直径为 38mm，长 600mm，可调长度范围为 0～350mm。为了保持顶托横向稳定性，一般控制在 200mm 左右，顶托插入钢管时的长度不得小于 300mm。通过调整顶托的方法进行底模标高的调整。安装顶托时，严格控制顶托自由端的长度，同时要保证梁体纵向坡度和横向梁底与翼缘板底部标高，在顶托 U 形槽内安装 I14 工字钢（横向），纵向铺设方木，用以支撑梁体底模。

7.3.4 连续梁 0 号梁段托架预压

根据设计规范要求，在 0 号段浇筑混凝土前应对其托架进行预压（安全系数 1.2），进而消除托架的非弹性变形和获取托架的弹性变形量。

加载时按设计要求分级进行，每级持荷时间不少于 10min。预压采用堆预压沙袋的加载方式进行，从支座向跨中依次进行（加载顺序为底板→腹板→顶板→翼缘板）。

加载分 3 级进行，空载 50%→80%→120%（卸载时相反）。每级加载时进行沉降观测，预压荷载达到 120% 以后，每 2h 观测一次，12h 以后每 4h 观测一次，当沉降无增加值（沉降稳定）即 12h 范围内无沉降增加即视其预压稳定，再观测 12h 无任何变化即可卸载。

预压采用沙袋，每个沙袋质量为 1.5t，采用人工装砂，起重机分层吊装。分级预压见表 7-7。

表 7-7 分级预压

项目		50%	80%	120%
翼缘板	荷载	8.2t	13.1t	16.4t
	加载	8 个沙袋	(8+5) 个沙袋	(8+5+3) 个沙袋
腹板	荷载	51.5t	82.3t	123.5t
	加载	51 个沙袋	(51+31) 个沙袋	(51+31+41) 个沙袋
底板	荷载	26.7t	42.7t	64.0t
	加载	27 个沙袋	(27+16) 个沙袋	(27+16+21) 个沙袋

7.3.5 连续梁0号梁段模板施工

1. 底模

0号段底模支承在桥墩及托架平台支架上，底模采用1.5cm厚竹胶板，模板底梁采用I14工字钢，上铺10cm×10cm的方木，并用楔木或钢板垫平。立模标高应根据预压结果预留托架系统的弹性变形值、设计预拱度、混凝土徐变及二期荷载等因素确定。

2. 外侧模板

外侧模板用型钢和组合钢模板加工组拼，以螺栓定位，标高调整和拆模采用钢管顶托。由于外模高度较大，为防止侧模底部和中间由于振捣而产生变形，在距底模150cm、400cm和顶板混凝土面以上10cm的位置纵向每隔2.5cm左右加设通长的$\phi25$螺纹钢水平拉杆，在底板和侧模交叉处在侧模外侧采用加设千斤顶的方法进行加固，在两端头模板处应保证增加拉杆数量。在拉杆穿过腹板时尽量通过通风孔或采用拉杆外套设PVC管，以方便拉杆重复利用（图7-6）。

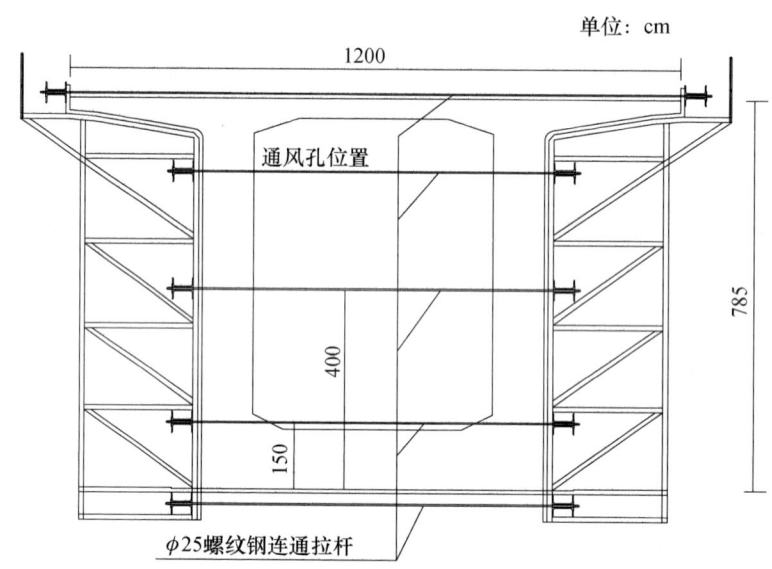

图7-6 外侧模拉杆布置示意图

3. 内模板和过人洞模板

箱梁内腔选用木模，钢管支撑，方木背肋，背肋间距30cm。过人洞模板采用方木及竹胶板制作。

4. 端板与堵头板

端板与堵头板是保证0号段梁端和孔道成型满足要求的措施。端模采用木模，由于箱梁纵向预应力管道密集，堵头板预应力筋孔道集中，根据施工要求及制作条件，外侧模、内模间用拉杆螺栓联结并用钢管做内撑，以制约施工时模板的变位和变形。

5. 模板安装

0号段模板采用外拉内撑加固形式，腹板部位外拉采用$\phi16$螺纹钢作为拉杆，拉杆纵、竖向间距为70cm×70cm；两侧伸出模板长度不小于15cm，加套20mm厚钢垫板及双螺母。内撑采用$\phi48$钢管做支撑，下面支撑在底板混凝土垫块上，侧面及顶面面板下采用10mm×10mm方木做背肋，钢管上安装丝杠后直接支撑模板。混凝土浇筑后将钢管截除，并将空洞灌浆处理。

成型后模板的整体、局部强度和刚度应满足安全要求，其允许挠度及变形误差应符合规定，外形尺寸准确，模面平整光洁，装拆操作安全方便。模板内部尺寸允许偏差为0～3mm；轴线偏位允许偏差为±5mm，模面平整度（2m内）允许偏差为1mm。

模板安装顺序为安装底板→外侧模→内模→端头板→底板堵头板→顶板内模→顶板堵头板→外翼边板。

模板安装完成及加固后，对其内部及平立面尺寸进行校核，通知测量队验收模板，满足设计要求后方可进行下步施工。

6. 模板拆卸

浇筑混凝土后，纵向预应力张拉完毕后可按如下顺序脱模：堵头板→端模板→外侧模→过人洞模→底模。底模必须等到本节段钢索张拉后才能进行。

7.3.6 钢筋加工制作、绑扎

1. 钢筋加工制作

钢筋在钢筋棚内集中加工制作，严格控制钢筋的配料尺寸；严格把好配料关，派有经验的人负责，实行定期抽检。加工时严格按照设计图纸及有关规范进行，确保其形状、规格、尺寸和焊接质量满足要求。已加工好的钢筋按编号进行堆码，并挂牌标识，以防止使用时混淆。钢筋原材料和半成品采用架空存放，并用彩条布遮盖防止生锈。

2. 钢筋绑扎

0号块的钢筋比较密集，所有的钢筋均一次安装成型。为保证混凝土外观质量，在钢筋绑扎过程中必须按规范要求设置混凝土垫块，每1m²不少于4个，倒角处各拐角设置一个，50cm的距离呈梅花形布置，钢筋主筋接头位置要求位于最小应力处，并错开布置。梁体主筋尽量采用对焊接长，采用搭接焊接长时，搭接长度：单面焊≥10d，双面焊≥5d（钢筋直径）。钢筋先绑扎底板主筋，并将腹板架立筋套入底板筋内，最后绑隔板钢筋。将内模安装就位后，绑扎顶板主筋和剩余部分钢筋。

为确保钢筋安装位置准确、不位移，在施工时对节点钢筋进行放样，绑扎钢筋的扎丝多余部分应向构件内侧弯折，以免因外露形成锈斑而影响混凝土观感质量和使用寿命。

对挂篮需增设的预留孔洞，在开孔周围增设补强钢筋。钢筋焊接时对波纹管采取覆盖防护，精心施焊。焊渣等垃圾于浇筑前清除干净。

桥面预埋件和预埋孔洞较多。主要预埋件如下：防撞墙钢筋、声屏障基础预埋钢筋、接地端子、防落梁挡块、泄水孔、接触网立柱基础、侧向挡块及剪力齿槽等。主要预留孔洞如下：通风孔、信号过轨孔、挂篮锚固和行走预留孔洞。为此，在钢筋绑扎过程中应特别注意以上预埋件的预埋位置和数量的检查。特别是侧向挡块和接地端子的预埋件的安装应制作专门的工装，以确保预埋精度。

顶板钢筋绑扎完毕、预埋件埋设完成后，在顶板钢筋上焊接架立钢筋，按技术人员确定的防裂钢筋网标高焊接钢筋网安装平台，然后按满足搭接长度的要求安装网片。

为确保梁顶面混凝土的平整度和高程，在混凝土浇筑前应在钢筋网片上部采用拉钢丝绳的方法来控制梁顶混凝土面的高程，钢丝绳横向布设间距为2～3m。

7.3.7 混凝土施工

1. 混凝土配置和搅拌

此处现浇梁所用的混凝土为梁场拌和站生产。搅拌站现有2座120m³/h的拌和站，均采用6罐、6仓、1池，在每次连续梁浇筑前，将原有材料仓及搅拌罐一次性清理干净。

混凝土配制和搅拌为质量控制点，现场设实验室配齐相关原材料检测仪器，对混凝土原材料进行全程监控，由拌和站站长加强混凝土搅拌控制，确保拌制质量。

混凝土开盘前，试验员对粗、细骨料及拌和料进行严格的含水率测量，准确测定因天气变化而引起的粗、细骨料含水量的变化，以便及时调整施工配合比，含水量每班抽测两次，雨天随时抽测，并按照测定结果及时调整混凝土的施工配合比，将调整后的施工配料单报现场监理工程师签认。

混凝土配料必须按实验室提供的施工混凝土配合比通知单执行，试验人员在开盘时、搅拌过程中须值班，随时掌握和调整搅拌情况。采用自动传感器计量，计量系统每年校检一次，每月校准一次，在使用前进行再次复核，如发现有异常必须及时校验。

在配制混凝土拌和物时，水、水泥、掺和料、减水剂的称量误差应≤±1%，粗、细骨料的计量误差≤±2%（均以质量计）。开盘后，前3盘要逐盘检查实际下料质量，以后每10盘检查一次。如发现有问题，必须由试验人员查明原因后进行调整。

混凝土搅拌前先确定砂、石料仓是否为浇筑梁标准料，如不是则必须先将料仓中的砂、石清空，装入浇筑梁标准用砂、石料。搅拌投料次序：细骨料、水泥、矿物掺和料，搅拌均匀再加入所需用水量，待砂浆充分搅拌均匀后投入粗骨料，并继续充分搅拌再投入外加剂，并搅拌均匀为止。上述每阶段的搅拌时间不少于30s，总搅拌时间控制在150s。任何人不得随意增减搅拌时间，搅拌好的混凝土出机前不得投入新料，混凝土出机后不得任意加水，以确保混凝土的和易性、黏聚性、保水性和流动性满足泵送要求。

冬期搅拌混凝土前，先经过热工计算，并经试拌确定水和骨料需要预热的最高温度，以保证混凝土的入模温度满足大于5℃的规定，加热时考虑先加热水（水温不超过80℃），还要考虑在骨料棚内安装暖风炉对骨料进行加热，同时对运输混凝土的罐车裹覆棉布以保温；炎热季节拌制混凝土时，将骨料存放在棚内，用深井水拌和，同时根据气温情况选择在傍晚或夜间拌制混凝土，确保混凝土的入模温度不超过30℃。

施工中根据气温、输送距离来考虑坍落度损失。混凝土在拌和过程中及时进行混凝土有关性能（如坍落度、泌水率、入模温度、含气量）的试验与观察，测定前3盘混凝土，在浇筑地点每50m³混凝土取样检验一次，混凝土要搅拌均匀，颜色要一致。

拌制混凝土的进度必须与灌注进度紧密配合，拌制服从灌注。若灌注工序因故暂时停顿，则灌车内的混凝土就不能卸入输送泵中，以避免滞灰而影响灌注质量。

经检验不合格的混凝土拌和物不能灌入模型内，混凝土施工配合比要用实验室当天的通知单，混凝土拌制记录要认真填写并注明所用水泥罐号和批号，签字必须齐全。

混凝土灌注完后，搅拌机及全部容器及时冲洗干净并检修好有关设备，以备下次再用。

2. 混凝土运输

混凝土运输前做好道路的维护工作。在混凝土施工时停止大型车辆的进场,在主要交叉路口派人员值班,指挥大型车辆绕行或暂停。

混凝土采用混凝土输送罐车运输。此处根据特定条件,混凝土运距按 1500m 计算,选用 6 辆 8m³ 混凝土输送罐车,运输能力满足 10h 浇筑时间要求。混凝土场内运输线路平稳,保证了混凝土运输过程中保持均匀性,运到浇筑地点时不分层、不离析、不漏浆,并具有要求的坍落度和含气量。

3. 混凝土的灌注及振捣

混凝土灌注为质量控制点,在灌注前,应仔细检查模型安装情况。在箱梁模型全部安装完毕,且所有连接螺栓、紧固件螺栓、紧固件、泄水管孔道预留装置等均已安装整修完好,模板上的杂物、积水清除干净,有可能漏浆的缝隙已全部堵塞的情况下,才可以开始灌注。

仔细检查所有的振动器及有关部分是否完好,连接是否牢固,振捣器支架有无开裂,电路是否接通并试运转正常。

在灌注前,应仔细检查钢筋保护层垫块的位置、数量及其紧固程度。绑扎垫块的扎丝头不得伸入保护层内。

混凝土浇筑前在波纹管内插入外径较波纹管内径略小的 PE 管,以防混凝土浇筑过程中波纹管破裂,混凝土堵塞预应力管道,混凝土浇筑完毕后即拔出。

混凝土由 1 台汽车泵进行灌注,中途如出现故障,备用 1 辆 80m³/h 混凝土泵车进行灌注。混凝土罐车到达浇筑地点后,必须使罐车高速旋转 20～30s,然后方可将混凝土喂入泵车受料斗,同时采用专用设备测定混凝土的温度(5～30℃)、坍落度(160～220mm)、含气量(2%～4%)等工作性能,只有拌和物的性能满足设计要求后方可入模浇筑。

混凝土浇筑按先底板后腹板、顶板的顺序,左右对称、连续、一次成型浇筑。具体浇筑顺序见图 7-7。

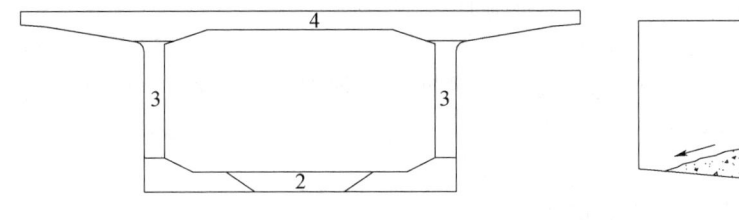 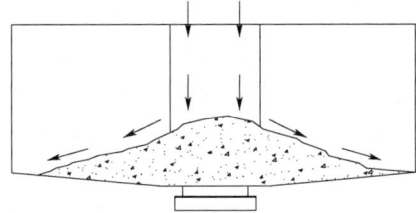

图 7-7 浇筑顺序

注意事项:

(1) 采用插入式振捣器振捣时,要垂直、等距离地插入前一层中 5～10cm,根据振捣器的有效半径,插入距离不得超过 30cm。

(2) 抽出振捣器时,要缓慢抽出,不得在混凝土中留有孔隙。

(3) 振捣混凝土的厚度以 30cm 为宜。

(4) 振捣器靠近模板时,插入式振捣器机头须与模板始终保持一定距离,一般为 5～10cm。

（5）施工单位让有经验的振捣工进行振捣施工，实行责任制分段振捣，即定人定块振捣，振捣工对其所施工的振捣范围负责。

底板浇筑：当混凝土灌注到腹板处比底板混凝土略厚时，启动侧模高频振动器，在上、下插入式振捣棒的配合下振捣混凝土以使混凝土充分流动封底。若坍落度较小、流动性小且无法一次性封底时，通过从内模顶的灌注窗口浇筑封底混凝土，底板混凝土采用插入式振捣器振捣。

腹板浇筑：从中隔墙向两侧腹板对称浇筑混凝土，确保中隔墙的混凝土与腹板的混凝土基本在同一平面上，防止两边混凝土面高低悬殊，造成内模偏移等其他后果。腹板和中隔板的混凝土浇筑采用以插入式振捣器振捣为主（振捣棒型号采用50和30配合使用），由于钢筋密，为保证倒角处、竖向预应力锚固端及横隔板混凝土浇筑质量，在浇筑过程中安排专人用铁锤敲打内、外侧模，以保证混凝土的密实。

当本段两腹板槽灌平后，开始浇筑顶板混凝土；实行连续灌注，整平、收面、覆盖工序紧跟方式施工。

保证连续梁混凝土不平衡浇筑的措施（不大于8t）：一个主墩箱梁混凝土采用2台汽车泵车同时浇筑，所以为防止两侧悬臂端混凝土浇筑不平衡，采取"同时送料，同时结束"的控制措施。

每次混凝土浇筑前必须将管道清洗干净；用水泥净浆润湿管道；混凝土浇筑前制定严格的混凝土浇筑技术交底，并对作业人员进行专门培训。浇筑过程中必须严格按浇筑顺序和交底进行。安排专人指挥和记录到场混凝土的浇筑，确保两侧平衡浇筑。

混凝土浇筑过程中监控：在灌注箱梁混凝土的过程中，要及时测量挂篮主桁、前后横梁、底板、腹板、顶板挠度变化，发现实际沉落与预留量不符时，采取措施避免结构超限下垂。箱梁质量检查包括已成型各梁段的线形检查、截面尺寸检查及主桥梁的中线检查。在早晨温度变化较小的时候测出顶板上观测点的中线，定出基线，检查主梁中线偏位情况，将检测结果报监理工程师和设计院。

4. 混凝土的养护

夏期采取覆盖保湿洒水养护，冬期采取保温保湿措施施工。

保湿措施：夏期应覆盖一层土工布和一层塑料薄膜保湿，用水泵抽水配以人工洒水的方式增加湿度。混凝土浇筑时，内部温度在上升期，应加强洒水次数（每2h 1次），升到高峰开始下降后可逐渐减少洒水次数（每1d 4次），温度平稳后，只进行保温即可。

冬期养护以保温为主，保湿不需要洒水，用混凝土内泌出的水即可。为防止采用炉子养护造成内外温差过大，混凝土开裂，此处采用碘钨灯进行箱内养护，并根据实时内外温差改变碘钨灯数量。在梁顶、底模、腹板外模外包裹两层保温布（两层布中间夹稻草垫保温），养护时间不少于14d。

由于0号块混凝土属于大体积混凝土，混凝土的养护是本工程施工控制的重点项目，为保证混凝土施工质量，针对本地的气候条件，对混凝土浇筑后养护采取以下措施：

混凝土施工前，确定配合比设计，尽可能减少水泥的用量，多掺掺和料，以降低水化热。必须使用经实验室批复的配合比。

采取下列措施减小混凝土内部和表面温度的梯度差：

降低混凝土入仓温度：①可以选择有利的较低气温（10～25℃）施工；②可以在原材料上洒水；③避免阳光直接照射在砂石料上，以降低原材料的温度；④在混凝土输送泵上覆盖湿麻袋等，避免混凝土在泵管内温度升高。

混凝土浇筑完成、表面收浆后即进行保温保湿养护。表面覆盖一层塑料薄膜，然后盖一层稻草垫，再盖一层塑料薄膜。养护时间为14d。

埋测温孔，并自混凝土浇筑完成后立即开始测混凝土内部温度，连续测4d，找出其温度峰值大小及出现的时段。

5. 混凝土灌注注意事项

浇筑混凝土时，应避免模板和新浇混凝土直接受阳光照射，保证混凝土入模前模板和钢筋的温度以及附近的局部气温均不超过35℃。混凝土入模温度不超过30℃，夏期混凝土灌注安排在傍晚而避开炎热的白天。

在低温条件（当连续3d昼夜平均气温低于5℃或最低气温低于−3℃时）下浇筑混凝土时，在罐车料桶、布料机管道上包裹棉布保温，防止混凝土提前受冻。

在风速较大的环境下浇筑混凝土时，根据浇筑速度和提浆整平进度，随时分节吊盖蒸汽养护盆罩，防止混凝土因失水过快，表面出现龟缩裂纹。

采用快速、稳定、连续、可靠的浇筑方式一次浇筑成型。每梁段的浇筑时间不超过8h，最长不超过混凝土的初凝时间。

混凝土拌和物入模前含气量控制在2%～4%。

为防止顶面混凝土开裂和保证混凝土平整度，混凝土收面次数不少于3次（第1道用木抹压实整平，后两道用钢抹收平收光）。

为保证锯齿槽口附近的混凝土密实，除加强内部振捣质量外，应安排专人用钢筋对锯齿槽口混凝土进行捣实并用锤敲打槽口处的模板。

6. 混凝土试件制作、养护

试件模型须彻底清除灰渣，抗压试模尺寸标准为150mm×150mm×150mm，弹模尺寸为150mm×150mm×300mm，标准尺寸公差符合《普通混凝土力学性能试验方法标准》（GB/T 50081—2002）的要求；检查对角线尺寸合格后均匀涂油，不合格试模禁止使用，试件制作养护和试验方法按《普通混凝土拌和物性能试验方法标准》（GB/T 50080—2002）或《普通混凝土力学性能试验方法标准》（GB/T 50081—2002）中的有关规定执行。

箱梁在灌注混凝土过程中，要随机取样进行温度（包括环境、模板、混凝土温度）和坍落度检验，同时随机取样制作混凝土强度、弹性模量试件，其中强度和弹性模量试件分别从箱梁底板、腹板及顶板取样。试件随现浇梁在同条件下振动成型，混凝土试件的制作要具有代表性。

试件上标明梁号、强度等级、制作日期、混凝土浇筑部位及工序简写（或养护方法）。试件拆模后交专人负责保管，试件按梁号组别存放整齐。

标准养护试件脱模前随梁养护，脱模后放在标准养护室中养护，两阶段共养护28d。同条件养护试件随梁体一起养护。当冬期施工采用蒸汽加热养护时，其同条件养护试件的等效龄期根据结构物的实际养护条件与在标准养护条件下28d龄期强度相等的原则确定。

标准养护室温度为（20±2）℃，相对湿度为95%以上，试件间隔为10~20mm，并避免用水直接冲淋试件。试件制作数量计划如表7-8所示。

表7-8 试件制作数量计划

序号	工序名称	部位	抗压试件组数	弹性模量试件组数
		每节段制作标准		
1	同条件养护拆模	每节段梁体	1组	—
2	张拉（5d）	底板、腹板、顶板	各1组，共3组	各1组，共3组
3	张拉（7d和9d）	底板、腹板、顶板	各2组，共6组	各2组，共6组
4	同条件养护（28d）	每节段梁体	2组	—
5	标准养护（28d）	底板、腹板、顶板	各5组，共15组	各1组，共3组
	合计		27组	12组

7.3.8 预应力施工

本桥采用三向预应力。预应力设计如下：

纵向预应力体系：采用1×7-15.2-1860预应力钢绞线，锚固体系采用自锚式拉丝体系，张拉采用500t穿心式千斤顶。管道形成采用直径90mm或100mm铁皮波纹管成孔。

横向预应力体系：采用1×7-15.2-1860预应力钢绞线，锚固体系采用BM15-4（P）锚具及配套的支承垫板，张拉采用YDC240Q型千斤顶，管道形成采用70mm×19mm扁铁皮波纹管成孔。

竖向预应力体系：竖向预应力采用PSB785型$\phi 25$高强度精轧螺纹钢，锚固体系采用JLM-25型锚具，张拉采用YC100型千斤顶，管道采用内径$\phi 35$铁皮管成孔。

1. 预应力筋的制作

(1) 钢绞线下料。

①钢绞线的下料长度L（cm）$=L_c+2B+20$。其中L_c为孔道长度，亦即设计钢束的理论长度；B为单端千斤顶张拉时必需的工作长度；20为焊制穿束用的束头的保护长度。

②钢绞线采用下料槽定尺下料，下料用砂轮锯切割，切割前用铁线绑扎切口两侧，以免切后钢绞线松散，见图7-8。

③严重锈蚀的钢绞线不能使用，有轻微锈蚀的钢绞线经试验合格后方可使用，但必须对钢绞线除锈。可用钢刷和砂布等除锈。

④钢绞线锚固位置除锈。将钢绞线两端根据孔长对称用笔画出，将锚固位置用钢刷或砂布除锈，以避免因锈蚀而出现锚固不紧或滑丝现象。

(2) 钢绞线编束。

①用"梳板"（根据锚环孔眼位置钻上眼的8mm厚钢板）梳理顺直后用镀锌铁丝绑扎，间距为1~2.0m，钢束两端各2m区段内要加密至50cm。

②焊制束头，便于穿束。束头焊接长度要短，并用砂轮磨圆。注意在焊制束头时，要在附近包裹麻布，并不断浇水隔温，以免损伤钢绞线，其保护长度为50cm。

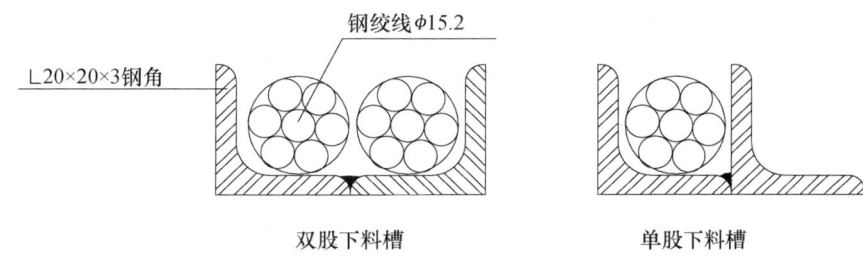

图 7-8 钢绞线下料槽示意图

③用红漆在每根理顺后的钢绞线上画印记，编束后的钢绞束立即挂上标牌，注明型号、长度、钢束编号，在现场架空 30cm 高堆放，用防雨布遮盖。

2. 预应力管道布置及安装

纵向采用内径 90mm 或 100mm 的镀锌金属波纹管，横向采用内径 70mm×19mm 扁形镀锌波纹管，竖向采用内径 35mm 铁皮管。

纵、横向预应力管道直线段每 60cm 设置定位钢筋网片一道，曲线段适当加密即每 30cm 设置一道，定位后的管道轴线偏差不大于 4mm。管道与喇叭管连接处，管道要垂直于锚垫板。安装波纹管过程中接头处务必包裹严密，防止漏浆。

压浆嘴、排气孔的布置原则：纵向束原则上全部采用压浆嘴（锚垫板上除外），其布置原则是：压浆嘴距离＜60m，即当管长度 L＜60m 时，只设两端压浆嘴，L≥60m 时，每 20m 处增设一个。纵向束压浆嘴的出口，原则上设置在箱梁顶板和底板的顶部，以便于操作。

竖向预应力粗钢筋：压浆嘴安放在箱梁内部，安装预应力铁皮管时，在铁皮管上、下口附近连接胶管，下口处胶管引入梁内腔，上口处胶管引至梁顶面（露出混凝土面 30cm）。压浆时从梁腔内胶管压浆，上胶管排气，待浆液从上胶管溢出时，即可停止压浆。

横向管道：压浆嘴安放在锚固端约束圈后，压浆嘴朝上，露出混凝土面不得小于 30cm。排气孔则安在张拉端锚具前面，嘴也朝上，露出混凝土面不得小于 30cm。

螺旋筋必须定位准确（采用 ϕ8 短钢筋点焊定位），并保证其与预应力筋的净距，防止局部少浆影响张拉质量，当螺旋筋与预应力筋有干扰时，取消螺旋筋用锚下钢筋网片布置，网片规格用 ϕ10 钢筋，共设四层。当竖向预应力筋与横向预应力筋管道、腹板处纵向预应力筋管道或槽口相碰时，可适当挪动竖向预应力筋。管道的压浆孔布置在顶部，排气孔布置在箱梁底板与腹板相接的倒角处，以保证压浆时能将管道内空气全部排出，使压浆密实。

纵向预应力管道采用设计的定位筋定位，定位钢筋网间距为 60cm，曲线段加密为 30cm，设计给定的坐标位置处也要用定位筋进行固定，定位钢筋网应与箱梁断面钢筋点焊或绑扎牢靠，以保证管道位置正确。管道端头的张拉槽盒子必须严格按设计尺寸加工和位置安装，并且槽内要用编织袋塞实，待拆模后拿出，以保证锚具垫板与喇叭口中心线严格垂直，喇叭口与波纹管的衔接要平顺，不得漏浆，并杜绝堵塞管道。

安装竖向预应力管道时，要注意下精轧螺纹钢筋露出上、下锚具的长度是否满足设计要求和张拉施工操作的要求。管道定位采用在管道上部、中部及下部分别焊 3 个井字架即可。竖向管道张拉槽盒在制作安装时，要至少高出混凝土面 5cm，埋入混凝土内要符合设计安装的垫板位置，不得埋得过深，以免造成拆除困难。管道也要伸入张拉槽 5cm 以上，槽内也要塞实。上、下垫板安装必须与上、下锚具紧密贴合，上、下锚具型号不能用反。

横向管道：横向管道定位位置设计已详细给出，用定位钢筋网严格定位，管道安装时必须保证锚固端约束圈、螺旋筋、垫板和张拉端喇叭管位置符合设计要求，保证钢绞线的锚固长度和管道与喇叭管垂直。

若管道与普通钢筋相干扰，允许进行局部调整，调整原则是先普通钢筋，后螺纹钢筋（竖向预应力筋）、横向预应力筋，保持纵向预应力管道位置不动。管道接头应用胶布包裹严实，不得漏浆堵塞管道。

3. 预应力筋的存放

（1）钢绞线存放。

钢绞线存放必须用专门的架子架起，确保钢绞线离地 20cm 以上。

开封后的钢绞线应直接与空气接触，应进行覆盖，避免锈蚀。

钢绞线应避免细砂石、焊渣等碰伤。

钢绞线端头不应散花，散花部分应用切割机切除。

（2）竖向预应力钢筋存放。

竖向预应力钢筋在安放前，钢筋端部必须用砂轮机打磨。

严格按设计要求下料，下料尺寸误差不大于±1cm。

预应力钢筋位置严格按设计要求安装，并且要垂直，两端必须用环氧树脂将螺帽、垫板、波纹管固定在一起，并防止漏浆。

在安放竖向预应力筋时，要注意预应力筋长度及附加的预应力筋，以保证张拉要求。

4. 预应力钢束的穿束

纵向预应力钢束是预留孔道，浇筑完混凝土后进行穿束张拉，所以应采用卷扬机整束牵引的方法。具体方法如下：

（1）采用单根钢绞线牵引的方法进行钢绞线穿束。

（2）按图纸要求，另加 50cm 作出下料长度，下料理顺捆成一整体。

（3）端部做成锥形，并用铜焊焊死后，套上牵引接头。

（4）制作专门架子，分别立于悬臂的两端要张拉的孔位附近，钢束通过它进入孔内。

（5）用穿束机穿入一根钢绞线，把卷扬机上的钢丝绳拉入孔内。

（6）当钢丝绳从另一端伸出孔道后通过特殊设备和钢束的牵引接头相连。

（7）用卷扬机缓缓将钢束拉进管内。

横向预应力筋是人工将钢束穿入管道，然后与管道一起整体就位，穿束前应用挤压机将锚固端的钢绞线上的挤压套挤上挤紧，钢绞线必须露出挤压套 3mm 以上，穿钢绞线时，要确保挤压套与线位板贴紧，以保证锚固端的锚固力。

竖向精轧螺纹钢筋为刚性，直接置于设计位置将管道套上即可。无穿束这道工艺。

当钢绞线无法穿束时方可使用备用孔道，当备用孔道不被使用时，待所有纵向预应力筋张拉结束后进行压浆处理。

5．张拉机具的选用及标定

(1) 张拉设备的选定。

①千斤顶。用于张拉纵、横、竖向的千斤顶型号不一样，所选千斤顶的吨位应与张拉力的吨位一致，一般千斤顶的吨位应大于1.5倍的张拉力，不得让千斤顶的吨位拉满，以免设备损坏。纵向选用500t千斤顶4套，横向采用YDC240Q千斤顶，竖向采用YC100。

②配套的工具锚。

③油泵压力表。随千斤顶配套使用。每一个千斤顶配二块压力表，精度不低于0.4级，检定周期1个月，要求表盘最大读数为张拉力的1.5~2倍，一块控制张拉力，另一块控制回油力。

④3t卷扬机2台。用于长束穿束。

⑤横向钢绞线锚固端上挤压套的挤压机1台。

⑥其他附属设备。张拉工作平台纵向、横向各2个。

(2) 校验。采用校验标定的方法测定油压千斤顶的实际作用力与油压表读数的关系，得出其线性回归方程。应将千斤顶及配套使用的油泵、油压表一起进行校验，校验结果作为实际张拉力的计算公式。

(3) 在下列情况之一时，应进行校验：

①使用新的或刚修复的油压表；

②使用新的或刚修复的千斤顶；

③油压表指针不能退回零点时；

④千斤顶使用超过检验期1个月或张拉次数达到200次时；

⑤张拉过程中发生预应力筋突然断裂时；

⑥计算值、实测值两者相差悬殊时；

⑦改变千斤顶与油泵的组合时。

(4) 设备的检查。

①油量应充足，并应使用油泵用优质矿物油；

②清除千斤顶与油泵以及高压油管两端连接器的灰尘；

③应排除油泵内的空气；

④不能有漏油现象；

⑤操作人员应熟悉油泵的操作顺序。

(5) 电动油泵使用注意事项。

①运输过程中翻倒时，不能再使用；

②供给油箱的油，应使用油泵用优质矿物油；

③启动电动机时，应确认流量调整把手并缓慢进行，而且压力不超过规定值；

④事先核对电源的电极和电压，注意不得拆掉软线的插头来使用；

⑤开动张拉侧控制阀时，应一边看压力表，一边慢慢打开；

⑥试运转与排气：开机前泵内各容油空间都充有空气，将导致压力不稳，要不断打开控制阀，令油泵空运转至油液中无空气为止。

6. 钢绞线张拉力和张拉伸长量计算

预应力筋张拉时的控制应力应以张拉时的实际伸长量与理论伸长量进行校核。两者相差应控制在±6%以内,否则应暂停张拉,查明原因并采取措施加以调整,再继续进行张拉。

预应力筋张拉端张拉力计算:

$$P = \sigma_k \times A_g \times n \times b \div 1000$$

式中　P——张拉端张拉力,kN;

　　　σ_k——锚外张拉控制应力;

　　　A_g——每束预应力钢绞线截面面积;

　　　n——预应力筋束数;

　　　b——超张拉系数(不超张拉时取1.0)。

实际预应力筋伸长值的量测及计算方法:

预应力筋张拉前,调整到初应力σ_0(取控制应力值的20%)再开始张拉和量测伸长值。实际伸长值为张拉时量测的伸长值除以8再乘以10所得。

$$\Delta L = \Delta L_1 \div 80\%$$

式中　ΔL——实际伸长值,cm;

　　　ΔL_1——从初应力至最大张拉应力间的实测伸长值,cm。

7. 预应力张拉工艺

预应力张拉顺序如下:首先张拉纵向预应力,然后张拉横向预应力,最后张拉竖向预应力。

对梁体进行张拉前,内模先松开,以免对梁体压缩造成阻碍。

张拉前,仔细检查锚下垫板后混凝土质量情况,若有蜂窝及其他严重缺陷,应在拆膜后及时采取补救措施,补救后待达到强度后可张拉。

锚具应洗净油污,擦拭干净。

在锚具垫板上准确画出锚圈位置,并检查垫板与管道轴线是否正交。若有偏斜,应加楔形垫板,以免出现意外。

纵向张拉的千斤顶采用导链吊在支架上,以便于调整千斤顶,使其安装完毕后轴线与孔道轴线重合。

(1) 纵向预应力的施加。

按照设计要求,预应力张拉分阶段一次完成。纵向预应力钢束必须在混凝土强度及弹性模量达到设计要求的100%,且有7d龄期后方可进行张拉。张拉严格按照图纸规定的次序进行。张拉先拉腹板束,再张拉顶底板束,张拉采用两端同步进行,并从外到内左右对称进行。预应力采用双控,预应力值以油表读数为主,以预应力伸长量进行校核。最大不平衡束不得超过1束。

预应力张拉设备使用前应进行标定,确保张拉质量。

预应力束及粗钢筋在使用前必须做张拉、锚固试验,还要进行管道摩阻、喇叭口摩阻测定等,以检查预应力实际损失值与理论计算值的差别,以保证预应力准确。当两者差别较大时,要注意调整张拉力。

预应力筋平均理论张拉力(单股)和理论伸长值可按下式计算:

平均理论张拉力（单股）$P_{均}=P\times[1-e^{-(kx+\mu\theta)}]/(kx+\mu\theta)$

式中　P——预应力钢材张拉端的张拉力，N；
　　　x——从张拉端至计算截面的孔道长度，m；
　　　θ——从张拉端至计算截面曲线孔道部分切线的夹角之和，rad；
　　　k——孔道每1m局部偏差对摩擦的影响系数；
　　　μ——预应力钢筋与孔道壁的摩擦系数。

理论伸长值计算公式为

$$\Delta L = P_{均}\times L/(A_g\times E_y) = P_{均}\times L/(A_g\times E_y)$$

式中　L——钢绞线有效计算长度（cm）。

预应力参数如表7-9所示。

表7-9　预应力参数

钢束位置	钢束编号	钢束类型	束数	计算长度(mm)	张拉端工作长度(mm)	下料长度(mm)	张拉控制应力(MPa)	左伸长(mm)	右伸长(mm)
腹板束	F1	12-7φ5	4	15643	700	16423	1302	48.2	48.2
	F2	12-7φ5	4	15394	700	16174	1302	46.6	46.6
	F3	12-7φ5	4	20643	700	21423	1302	62.9	62.9
	F4	12-7φ5	4	20394	700	21174	1302	61.4	61.4
	F5	12-7φ5	4	25643	700	26423	1302	77.6	77.6
	F6	12-7φ5	4	25394	700	26174	1302	76.1	76.1
	F7	12-7φ5	4	31143	700	31923	1302	93.6	93.6
	F8	12-7φ5	4	30894	700	31674	1302	92.1	92.1
	F9	12-7φ5	4	37143	700	37923	1302	111.0	111.0
	F10	12-7φ5	4	43143	700	43923	1302	128.2	128.2
	F11	12-7φ5	4	49143	700	49923	1302	145.3	145.3
	F12	12-7φ5	4	55643	700	56423	1302	163.7	163.7
	F13	12-7φ5	4	62643	700	63423	1302	183.4	183.4
	F14	12-7φ5	4	69643	700	70423	1302	202.9	202.9
	F15	12-7φ5	4	75920	700	76700	1302	218.0	218.0
	F16	12-7φ5	4	82920	700	83700	1302	237.3	237.3
	F17	12-7φ5	4	90920	700	91700	1302	259.2	259.2
	F18	12-7φ5	4	98920	700	99700	1302	280.9	280.9

续表

钢束位置	钢束编号	钢束类型	束数	计算长度（mm）	张拉端工作长度（mm）	下料长度（mm）	张拉控制应力（MPa）	左伸长（mm）	右伸长（mm）
顶板束	T1	18-7φ5	4	14955	700	15735	1260	44.3	44.3
	T2	18-7φ5	4	14913	700	15693	1260	44.2	44.2
	T3	18-7φ5	8	14892	700	15672	1260	44.1	44.1
	T4	18-7φ5	8	19892	700	20672	1260	59.6	59.6
	T5	18-7φ5	4	24892	700	25672	1260	75.1	75.1
	T6	18-7φ5	4	30392	700	31172	1260	91.9	91.9
	T7	18-7φ5	4	36390	700	37170	1284	112.1	112.1
	T8	18-7φ5	4	42426	700	43206	1274	129.6	129.6
	T9	18-7φ5	4	48463	700	49243	1274	147.9	147.9
	T10	18-7φ5	4	54999	700	55779	1274	167.6	167.6
	T11	18-7φ5	4	62035	700	62815	1274	188.6	188.6
	T11′	18-7φ5	4	61830	700	62610	1250	187.4	187.4
	T12	18-7φ5	4	69072	700	69852	1274	209.4	209.4
	T12′	18-7φ5	4	68846	700	69626	1252	208.2	208.2
	T13	18-7φ5	4	76108	700	76888	1274	230.0	230.0
	T14	18-7φ5	4	82863	700	83643	1274	250.6	250.6
	T15	18-7φ5	4	90880	700	91660	1274	273.8	273.8
	T16	18-7φ5	4	98897	700	99677	1274	296.8	296.8
	T17	18-7φ5	4	19920	700	20700	1260	98.8	98.8
	TB	18-7φ5	4	97910	700	98690			
底板束	B1	18-7φ5	4	52366	700	53146	1260	150.6	150.6
	B2	18-7φ5	4	58362	700	59142	1290	164.7	164.7
	B3	18-7φ5	4	64406	700	65186	1299	181.4	181.4
	B4	18-7φ5	2	70512	700	71292	1332	199.4	199.4
	B4′	18-7φ5	2	70428	700	71208	1296	197.5	197.5
	B5	18-7φ5	2	76066	700	76846	1332	214.2	214.2
	B5′	18-7φ5	2	75978	700	76758	1303	212.6	212.6
	B6	18-7φ5	2	80956	700	81736	1260	233.3	233.3
	B6′	18-7φ5	2	81038	700	81818	1314	226.5	226.5
	B7	18-7φ5	2	38868	700	39648	1351	114.1	114.1
	B8	18-7φ5	2	38818	700	39598	1322	113.2	113.2
	B9	18-7φ5	2	45970	700	46750	1363	135.2	135.2

续表

钢束位置	钢束编号	钢束类型	束数	计算长度（mm）	张拉端工作长度（mm）	下料长度（mm）	张拉控制应力（MPa）	左伸长（mm）	右伸长（mm）
底板束	B10	18-7φ5	2	45904	700	46684	1343	134.6	134.6
	B11	18-7φ5	8	40220	700	41000	1260	184.2	184.2
	B12	18-7φ5	8	43284	700	44064	1260	173.9	173.9
	B13	18-7φ5	4	46474	700	47254	1319	174.9	174.9
	B14	18-7φ5	4	49285	700	50065	1297	191.5	191.5
	B15	18-7φ5	4	34200	700	34980	1290	134.8	134.8
	B16	18-7φ5	4	37509	700	38289	1284	152.6	152.6
	BB1	18-7φ5	4						
	BB2	18-7φ5	2						

(2) 箱梁 0 号节段纵向预应力。在浇筑完毕 0 号块混凝土，将相应纵向预应力钢绞线穿入相应的波纹管，纵向预应力钢束均采用两端张拉方式。张拉顺序如下：从外到内，先 F 束，后 T 束。

钢束张拉采用张拉力和引伸量双控。按照设计图纸，初始张拉吨位按 20% 设计张拉力计算。后张法低松弛预应力钢绞线张拉程序为 0→初应力 $20\%\delta_k$（开始量测伸长值）→δ_k（持荷 5min 锚固，量测伸长值）。

张拉达到设计吨位时，两端实测引伸量之和与设计引伸量的差值，应符合规范要求。若超出此范围，则应找出原因，必要时与设计部门联系。

在初始张拉力 $20\%\delta_k$ 状态下注出标记，以便直接测定伸长量，对伸长量不足的查明原因，采取补张拉措施，并观察有无滑丝、断丝现象，做好张拉记录。

保证持荷时间不少于 5min 以保证锚下控制应力。

(3) 横向预应力的施加。横向预应力筋采用单端张拉。张拉端和固定端在两端交错布置。横向预应力张拉也要遵循两端对称同时进行。横向预应力张拉每束 4 根单根张拉，张拉时应先张拉外侧 2 根，然后拉中间 2 根。箱横向钢束也采用双控工艺对其应力进行检验，张拉控制应力为 1302MPa，设计伸长量为 80.818mm。

(4) 竖向预应力的施加。竖向预应力采用 φ25 精轧螺纹钢，极限抗拉强度为 785MPa，锚下张拉控制应力为 700MPa，竖向精轧钢张拉应两节段对称和左右两侧都对称同步进行，不平衡束不得超过 1 束。

箱梁竖向预应力筋上端为张拉端，当挂篮已移开已浇梁段后，即可采用张拉竖向预应力筋。张拉前清除端杆、垫板上的水泥浆，检查垫板是否水平，合格后将螺母拧至根部，并将连接螺母拧紧。然后将千斤顶就位并对中，连接精轧螺纹钢筋。千斤顶的张拉头拧入钢筋螺纹长度不得少于 40mm，开启千斤顶张拉预应力筋，一次张拉至 100% 控制应力。为尽量减小竖向预应力的损失，应采用二次复张拉，两次张拉间隔不少于 7d，锚固时锚具回缩量不大于 1mm。

8. 穿束和高强预应力筋的埋设注意事项

整盘的钢绞线要安放在专用线盘上固定后，方可解捆散盘。

切割钢绞线时应在切割处两边用铁丝扎好，以防散头。

预应力粗钢筋如有弯曲应校正，如有碰伤或缺陷应切除。

预应力筋在使用前必须清除泥土、油污，干净后方能使用。

预应力钢绞线和高强钢筋下料应用砂轮机切割，严禁电气焊进行切割，切割后应磨平去毛刺。

预应力筋接长时，应保证接头在连接器之中。为防止松扣，在接头处宜涂上环氧树脂。

预应力筋的固定端必须严格按图施工，钢筋螺母垫板和波纹管道用环氧树脂固定在一起。

预应力筋应严格按规定长度下料，同时要考虑挂篮施工中临时加长部分以便整束牵引。

9. 张拉工序的注意事项

（1）为确保预应力、张拉力的准确，应定期对张拉设备进行检查校正，检验的周期为 1 个月。若施工中发生下列情况应重新校验：①张拉过程中预应力高强粗钢筋或整束钢绞线突然断裂；②千斤顶发生故障严重漏油；③油泵压力指针不能退回零点；④油泵车倒地或重物撞击油压表；⑤要检查夹片有无咬伤钢绞线及有无损坏的现象。

（2）任何时候千斤顶、油泵、油表必须配套，指定配套使用，不得更换变动。

（3）张拉时，应检查有无障碍物防碍预应力的施加，如管道内有无杂物、水泥浆或千斤顶后有无异物阻挡等。箱梁预应力张拉工艺流程见图 7-9。

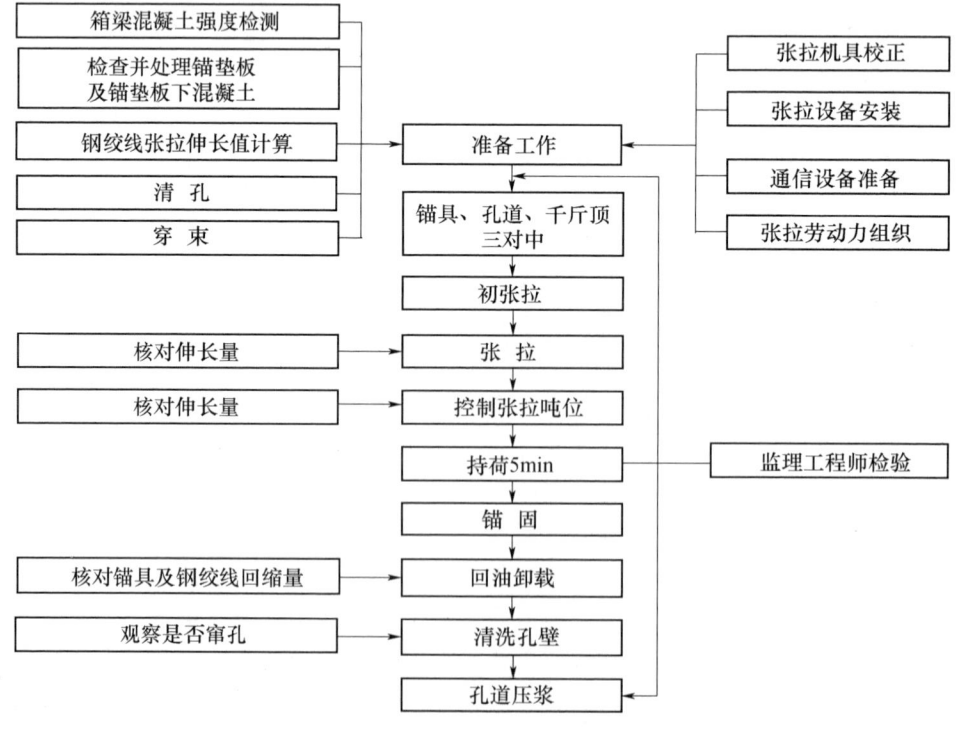

图 7-9 箱梁预应力张拉工艺流程

10. 理论伸长值与实测伸长值偏差超过规定值的原因

先对千斤顶、油泵和油压表外观进行检查，如无异常应采用新标定或在检定周期内满足要求的配套油泵、油压表和千斤顶进行检校。如误差满足规范要求，应对该套张拉设备进行重新标定，否则查找其他原因。

两端张拉伸长值如果相差较大，应确保在以后的张拉过程中油顶行程同步。

孔道实际线形与设计线形相差较大，以致实际的预应力摩阻损失与设计计算值有较大差异；也可能由于摩阻试验误差，计算钢绞线理论伸长值时的参数取值偏差，从而影响理论伸长值的计算结果。在排除了上述两条原因后，应重新进行摩阻试验。

在找到偏差超过规范要求的原因后，用横向预应力张拉油顶逐根将该束已张拉钢绞线退去应力后，更换夹片并重新进行张拉。

钢绞线的实际弹性模量与设计采用值相差较大。每批钢绞线均应复验，并按实际弹性修正计算伸长值。

张拉过程中锚具滑丝或钢绞线内有断丝。检查锚具和钢绞线有无滑丝或断丝。

11. 滑丝、断丝的原因和保证措施

锚夹具在预应力张拉后，夹片咬不住钢绞线或钢丝，钢绞线或钢丝滑动，达不到设计张拉值。张拉钢绞线或钢丝时，夹片将其咬断，即齿痕较深，在夹片处断丝。

原因分析：锚夹片硬度指标不合格，硬度过低，夹不住钢绞线或钢丝；硬度过高则夹伤钢绞线或钢丝，有时锚夹片齿形和夹角不合理也可引起滑丝或断丝。

钢绞线或钢丝的质量不稳定，硬度指标起伏较大或外径公差超限，与夹片规格不相匹配。

防治措施：锚夹片的硬度除了检查出厂合格证外，在现场应进行复验，有条件的最好进行逐片复检。钢绞线和钢丝的直径偏差、椭圆度、硬度指标应纳入检查内容。如偏差超限，质量不稳定，应考虑更换钢绞线或钢丝的产品供应单位。滑丝、断丝若不超过规范允许数量，可不予处理。若整束或大量滑丝和断丝，应将锚头取下，经检查并更换钢束重新张拉。张拉后，在钢绞线的端头用油漆做标记，以便及时发现滑丝或断丝情况。

12. 压浆

预应力张拉完成后48h以内必须完成压浆，以确保孔道中的预应力筋体系在完成灌浆工序前不出现锈迹。压浆应严格按《铁路后张法预应力混凝土梁管道压浆技术条件》（TB/T 3192—2008）的各项规定进行。浆体性能指标如表7-10所示。

表 7-10　浆体性能指标

序号	检验项目		指标
1	凝结时间（h）	初凝	≥4
2		终凝	≤24
3	流动度（s）	出机流动度	18±4
4		30min 流动度	≤30

续表

序号	检验项目		指标
5	泌水率（%）	24h自由泌水率	0
6		3h毛细泌水率	≤0.1
7	压力泌水率（%）	0.22MPa（当孔道垂直高度≤1.8m时）	≤3.5
8		0.36MPa（当孔道垂直高度>1.8m时）	
9		充盈度	合格
10	7d强度（MPa）	抗折	≥6.5
11		抗压	≥35
12	28d强度（MPa）	抗折	≥10
13		抗压	≥50
14	24h自由膨胀率（%）		0～3
15	对钢筋的锈蚀作用		无锈蚀
16	含气量（%）		1～3

(1) 材料试配。管道压浆前，应事先对采用的压浆料进行试配。水泥、高效减水剂、微膨胀剂、矿物掺和料、水等各种材料的称量应准确到±1%。

(2) 施工设备。转速不低于1000r/min，浆叶最高线速度限制在15m/s以内。浆叶的形状应与转速相匹配。压浆泵采用连续式压浆泵。其压力表最小分度值不大于0.1MPa。真空泵要求能够达到0.092MPa的负压力。

(3) 搅拌。搅拌前清洗施工设备，清洗后的设备中不应有残渣、积水，并检查搅拌机的过滤网。在压浆料由搅拌机进入储料罐时，应经由过滤网，过滤网空格不应大于3mm×3mm。浆体搅拌顺序如下：首先在搅拌机中加入实际拌和水用量的80%～90%，开动搅拌机，均匀加入全部压浆剂，边加入边搅拌，然后均匀加入全部水泥。全部粉料加入后搅拌2min，然后加入剩余的20%用水再搅拌2min。搅拌均匀后，现场进行出机流动度试验，每10盘进行一次检测，不应在施工中由于流动度不够额外加水。

(4) 压浆工艺。

①压浆前，应清除梁体孔道内杂物和积水。

②抽真空，使孔道内的真空度稳定在－0.08～－0.06MPa。真空度稳定后立即压浆。

③浆体压入梁体孔道之前，应首先开启压浆泵，使浆体从压浆嘴排出少许，以排除压浆管路中的空气、水和稀浆。当排出浆体的流动度和搅拌机中浆体的流动度一致时，方可开始压浆。

④压浆的最大压力值不宜超过0.6MPa，压浆充盈度应达到孔道另一端饱满并于排气孔排出与规定流动度相同的浆体为止。关闭出浆口后，应保持不小于0.5MPa，且不少于5min的稳压期。

⑤压浆后应从锚垫板出浆孔处检查压浆的密实情况，如有不实应及时补灌，以保证孔道完全密实。

⑥压浆顺序先下后上，同一管道压浆应连续进行，一次完成。从浆体搅拌到压入梁

体的时间不应超过40min。

⑦压浆过程中，每环混凝土制作3组标准养护试件（40mm×40mm×160mm），进行抗压强度和抗折强度试验，并对压浆进行记录。记录项目应包括：压浆材料、配合比、压浆日期、搅拌时间、出机流动度、浆体温度、环境温度、保压压力及时间、真空度、现场压浆负责人、监理工程师。

（5）压浆时，浆体温度应在5～30℃，压浆及压浆后3d内，梁体及环境温度不应低于5℃，否则采取养护措施满足要求。

（6）全桥合龙、压浆结束后，强度达到设计值并且龄期不少于7d，方可通过架梁车。

13. 封锚

（1）封锚混凝土采用与梁体同配合比的干硬性补偿收缩混凝土。

（2）封锚前应对锚具、锚垫板表面及外露钢绞线用聚氨酯防水涂料进行涂刷。封锚混凝土养护结束后，在梁端底板、腹板满涂聚氨酯防水涂料，厚度为2mm。封端用聚氨酯防水涂料应符合《客运专线桥梁混凝土桥面防水层暂行技术条件》（科技基函〔2007〕56号）的要求。

（3）封锚的钢筋骨架在绑扎前将锚穴周边的原梁体混凝土表面凿毛，凿毛面积为90%以上，然后用高压水枪冲洗干净。

（4）封锚采取分层填补干硬性补偿收缩混凝土，每层厚6～8cm，用橡皮槌捣实，直至泛浆，要求混凝土密实，无蜂窝麻面。

（5）特别注意避免锚穴上半圆交界面不密实出现缝隙的现象，与梁端面平齐，封锚混凝土各处与梁体混凝土的错台不超过2mm。

（6）养护方法采用表面用塑料薄膜覆盖密封自养。

（7）封锚采取多片集中封锚，以每次封锚作为一个检验批，试件每次制作5组，并进行强度检验评定；进行28d标养。

（8）采用人工涂刷配制涂料，按照先主剂、后固化剂的顺序将液体倒入容器，并充分搅拌使其混合均匀。搅拌时间为3～5min。涂刷时分2次进行，以防止气泡存于涂膜内。第一次使用平板在基面上刮涂一层0.2mm左右的涂膜，1～2h内使用金属锯齿板进行第二次刮涂。配制好的涂料应在20min内用完，随配随用。

当0号段施工完毕后，首先将顶托旋低拆掉底模，然后按安装顺序分别拆下40b工字钢、支架、托架。

7.4 悬臂浇筑梁段施工

菱形挂篮悬臂灌注法和三角形挂篮悬臂灌注法在分项工程中均有采用。

7.4.1 菱形挂篮悬臂灌注法施工

1. 挂篮设计

施工挂篮采用菱形挂篮，该挂篮承载能力和刚度均较理想，且行走方便快捷、拆装灵活、安全可靠。

挂篮技术参数及性能简介如下：

设计参数：最大悬灌质量为 159.625t（4 号段），最大节段长度为 4.0m，最大节段高度为 7.193m（1 号段），最大变形量小于 2cm。

设计原则：安全可靠，施工方便，满足客运专线连续梁对模板刚度及精度要求。

挂篮结构设计验算过程如下：

(1) 验算依据。

《钢结构设计规范》（GB 50017—2003）。

《钢结构设计手册》（罗邦富、魏明钟等编著）。

《结构设计原理》（黄棠周其刚主编）。

《结构力学》《材料力学》（高教版）。

60+100+60m 连续梁施工图。

(2) 工程概况。本桥跨度为 60m+100m+60m，由于 4 号段长 3m，质量为所有节段中最大，为 159.621t，故这里取 4 号段为例。4 号段长 3m，高度从 6.335m 变化至 6.055m，梁顶宽 12m，梁底宽 6.7m。1 套挂篮设计质量为 41t，满足设计图纸要求。

(3) 结构设计。

①总体思路。本挂篮由箱梁内外模板和菱形支架构成，由于箱梁最大长度为 4m，因此模板设计为 4.2m 长、12.5m 宽、8m 高，菱形支架设计为底边长 4.76m、高为 3.3m 的菱形。在 0 号块两端设置临时支架，两边同时进行施工。

②支架结构设计。设置两排菱形支架，间距为 6.1m，菱形架底与梁顶部预埋孔洞用精轧螺纹钢锚固。菱形支架杆件采用 2I32b，8 根吊带，2 个吊外侧模，2 个吊内模，4 个吊底模，底模用 15 根 I32a 铺在前、后底横梁 2I40c 上，顶横梁采用 2I40b。

③荷载计算。

模板总重力：166319N。

节段重为（4 号段）：1564286N。

倾倒混凝土时产生的竖向荷载：按 $2000N/m^2$，共计 40200N。

振捣混凝土对水平模板产生的荷载标准值：按 $2000N/m^2$，共计 40200N。

这里取以上载荷总数的 1/2，作为挂篮前吊杆受力值。

(4) 材料主要参数及截面特性。

A3 钢弹性模量 $E=2.1\times10^{11}Pa$，剪切模量 $G=0.81\times10^5 MPa$，密度 $\rho=7850kg/m^3$；轴向容许应力 $[\sigma]=140MPa$，弯曲容许应力 $[\sigma_w]=145MPa$，剪切容许应力 $[\sigma_\tau]=85MPa$；

容许挠度 $[f]=L/400$；

I40c，$W_x=985.6cm^3$，$I_x=19711.2cm^4$，$A=91.05cm^2$；

I40b，$W_x=1140cm^3$，$I_x=22780cm^4$，$A=94.1cm^2$；

I32b，$W_x=509.012cm^3$，$I_x=8144.2cm^4$，$A=55.1cm^2$。

(5) 计算。

①底模前横梁（2I40c）计算（图 7-11 至图 7-15）。

截面特性：

$I_z=2(1220.7+20^2\times91.05)=75281.4$（$cm^4$），$I_y=2\times19711.2=39422.4$（$cm^4$），$A=182.1cm^2$。

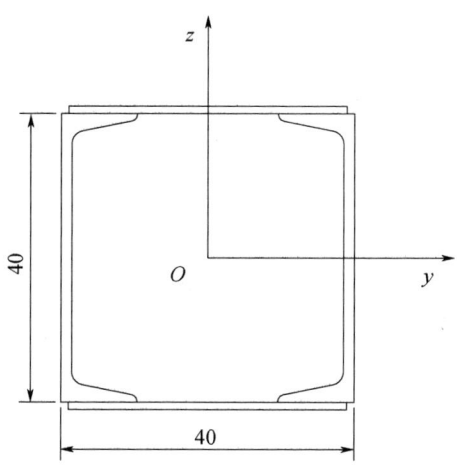

图 7-10　截面示意图

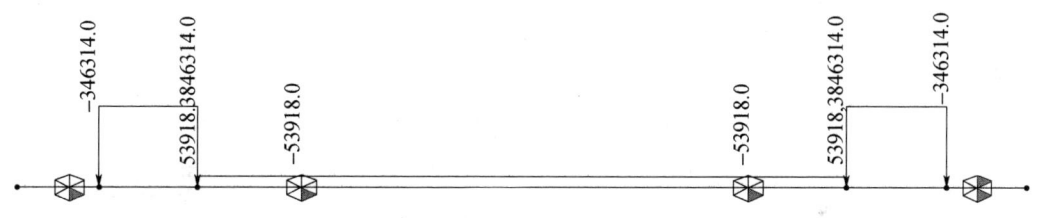

图 7-11　受力简图

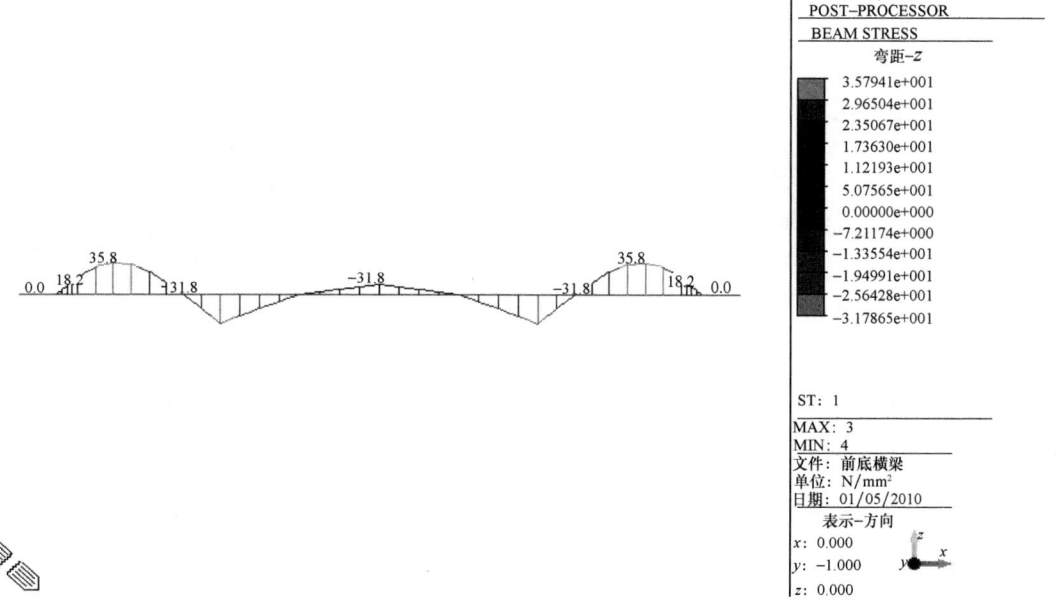

图 7-12　弯应力图（单位：MPa）

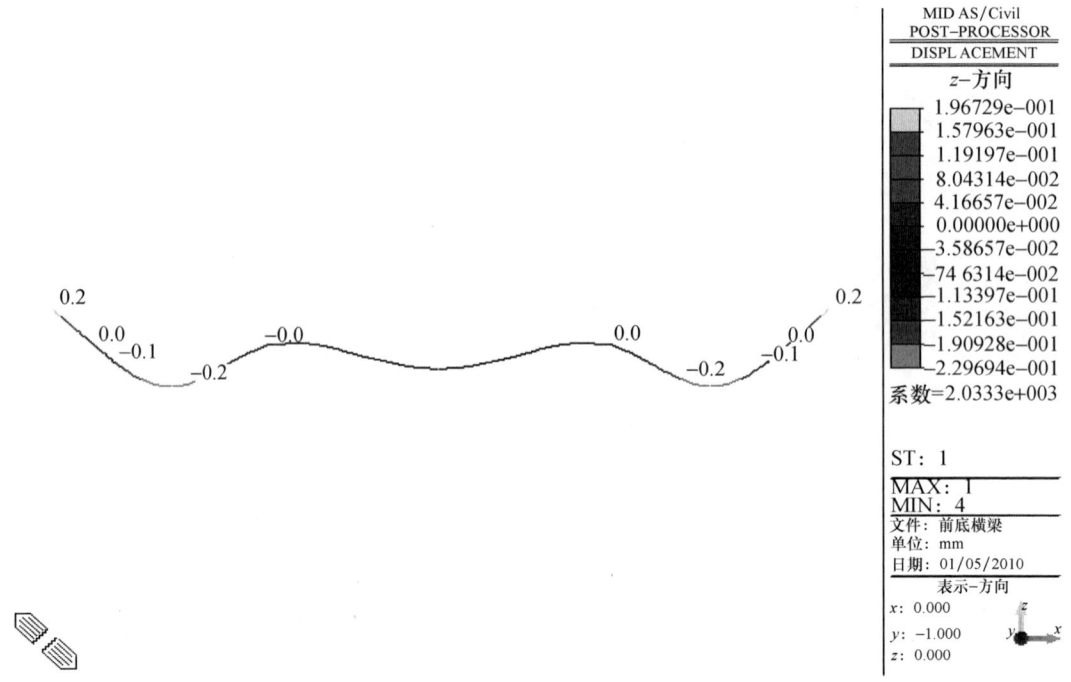

图 7-13 挠度图（单位：mm）

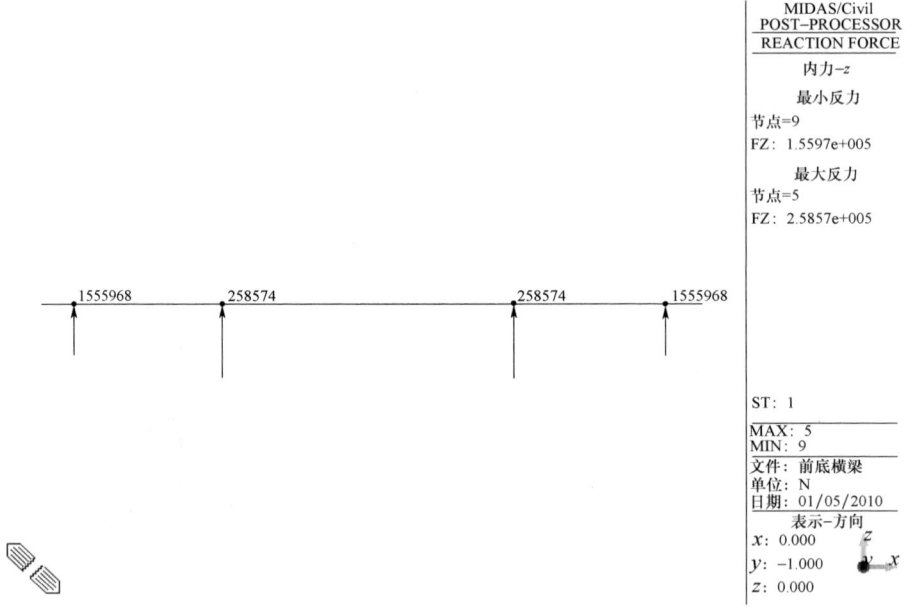

图 7-14 支反力图（单位：N）

最大弯应力 $\sigma_{max}=35.8\mathrm{MPa}<$ 弯曲容许应力 $[\sigma_w]=145\mathrm{MPa}$，最大挠度为 $0.2\mathrm{mm}<\dfrac{L}{400}=\dfrac{8000}{400}=20$（mm），最大支座反力 $R=258574\mathrm{N}$。

②底模后横梁（2I40c）计算（见图 7-15 至图 7-18）

截面示意图见图 7-15。

截面特性：

$I_z=2（1220.7+20^2×91.05）=75281.4$（cm^4），$I_y=2×19711.2=39422.4$（cm^4），$A=182.1$cm^2。

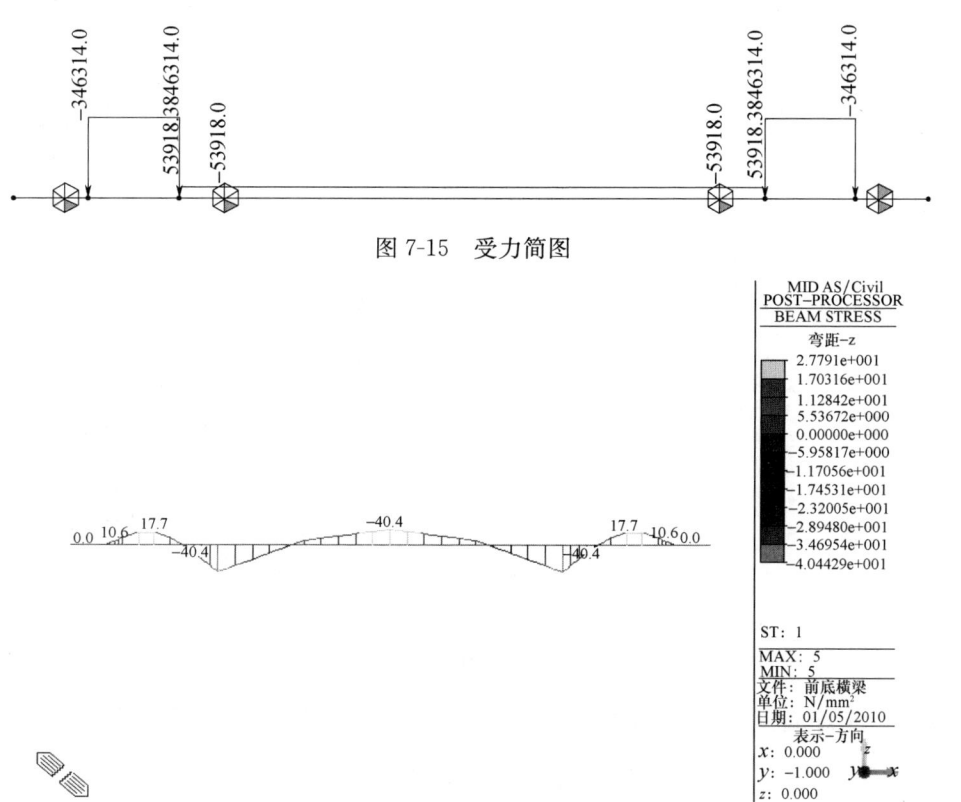

图 7-15　受力简图

图 7-16　弯应力图（单位：MPa）

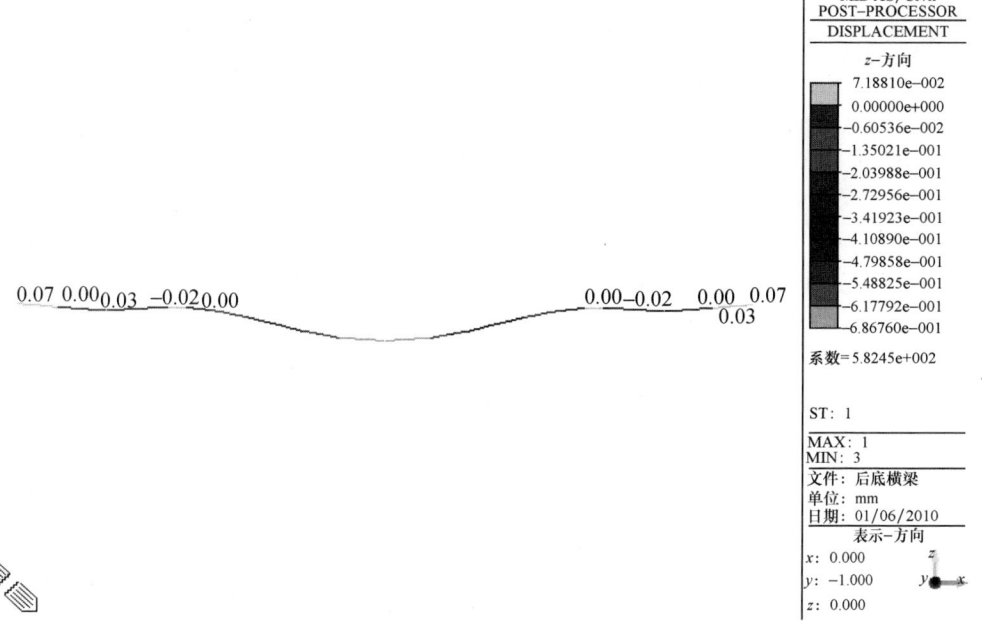

图 7-17　挠度图（单位：mm）

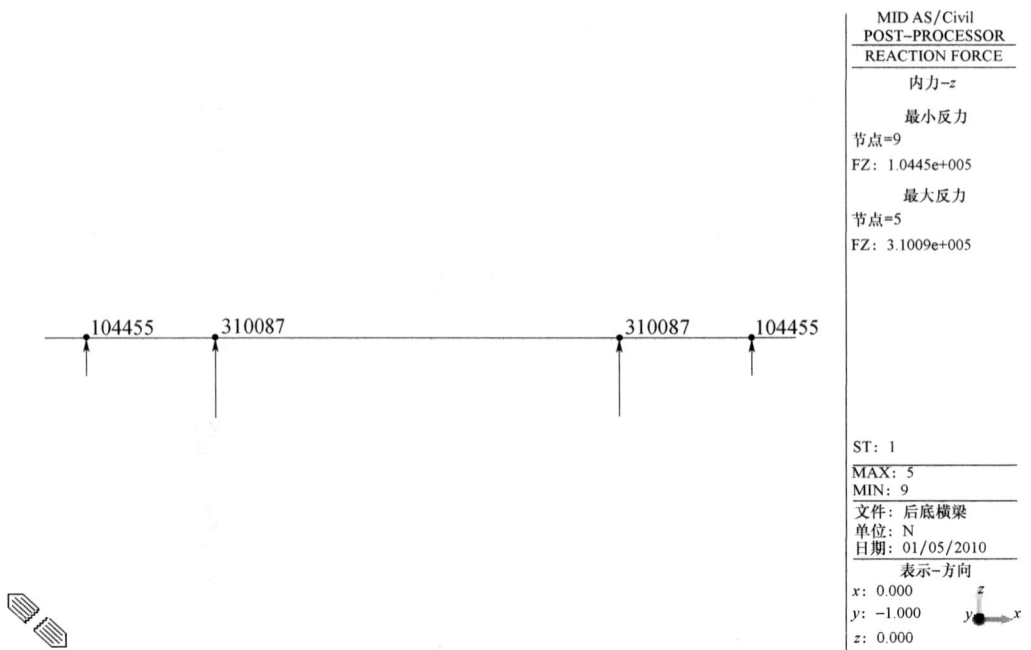

图 7-18 支反力图（单位：N）

最大弯应力 $\sigma_{max}=40.4\text{MPa}<$ 弯曲容许应力 $[\sigma_w]=145\text{MPa}$，最大挠度为 $0.7\text{mm}<\dfrac{L}{400}=\dfrac{8000}{400}=20$（mm），最大支座反力 $R=310087\text{N}$。

③顶横梁（2I40b）计算（图 7-19 至图 7-23）。

截面特性：

$I_z=2(692+17.8^2\times94.1)=61013$（cm^4），$I_y=2\times22780=45560$（cm^4），$A=188.2\text{cm}^2$。

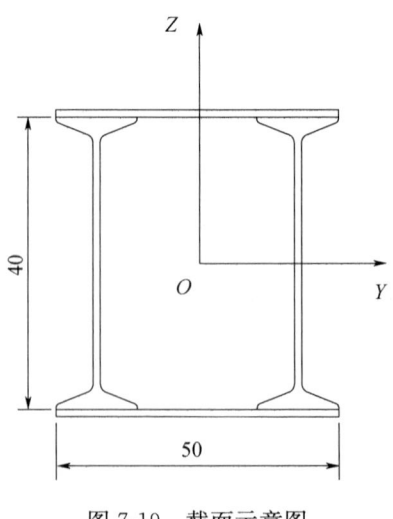

图 7-19 截面示意图

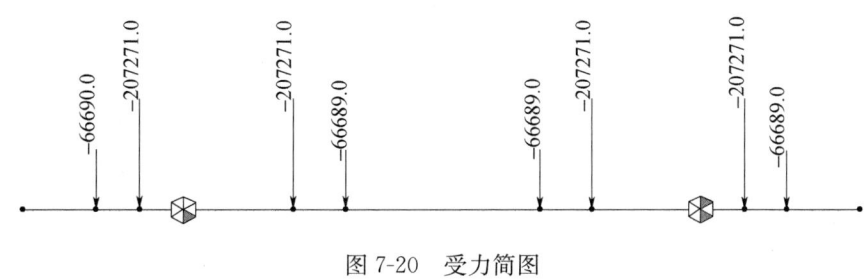

图 7-20 受力简图

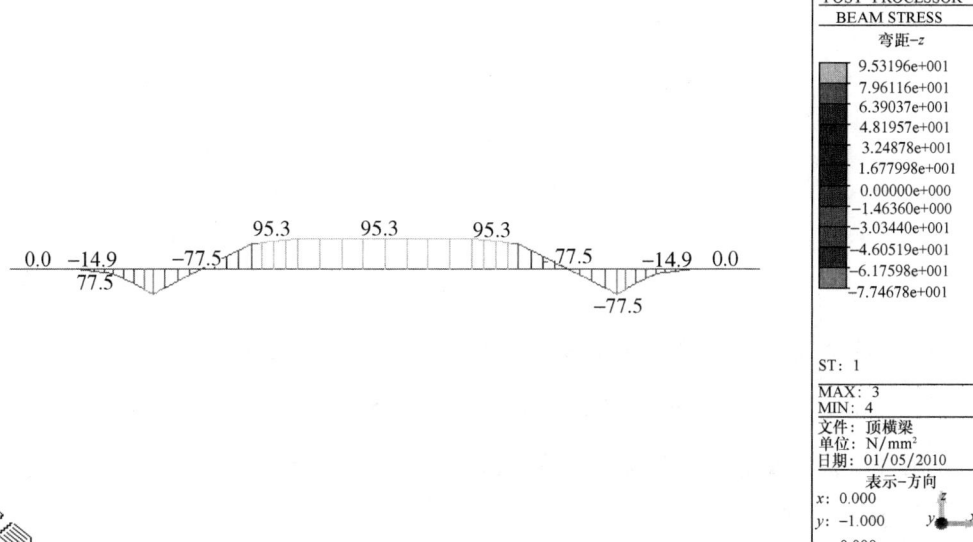

图 7-21 弯应力图（单位：MPa）

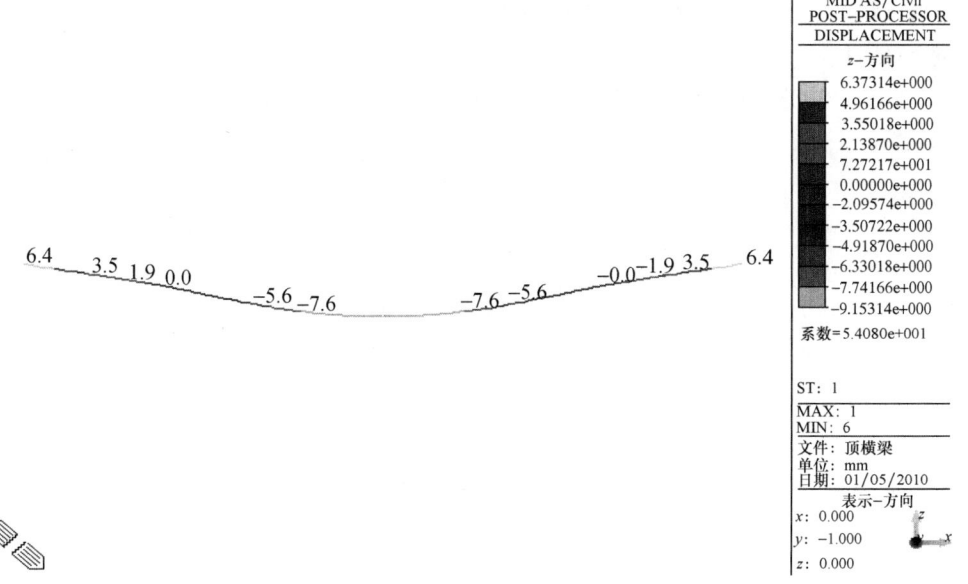

图 7-22 挠度图（单位：mm）

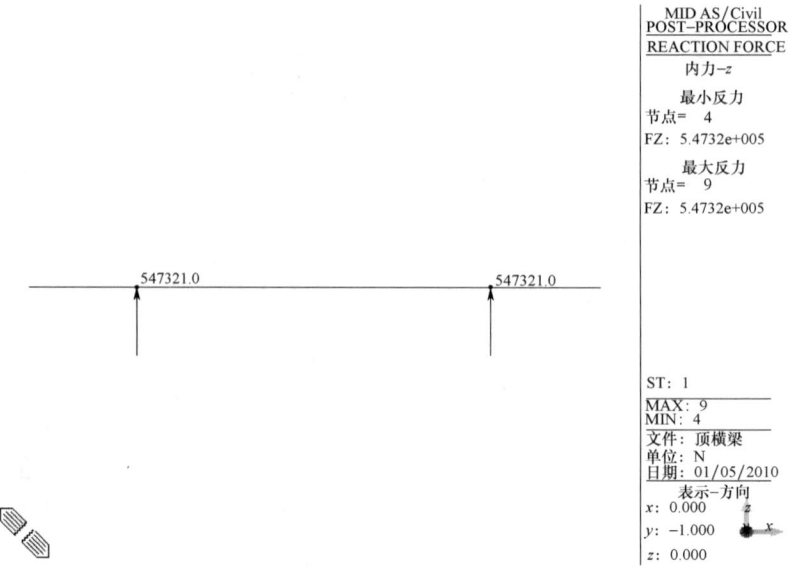

图 7-23 支反力图（单位：N）

最大弯应力 $\sigma_{max}=95.3$ MPa $<$ 弯曲容许应力 $[\sigma_w]=145$ MPa，最大挠度为 7.6mm $< \dfrac{L}{400}=\dfrac{9900}{400}=24.75$（mm），最大支座反力 $R=547321$ N。

④吊杆（φ32 精轧螺纹钢筋）计算。由图 7-24 知，后底横梁锚杆受到的最大力为 310087N，代入下面公式有：

$$\sigma=\dfrac{F}{A}=\dfrac{310087}{\pi\times 0.016^2}=385.8（\text{MPa}）<830\text{MPa}（\phi 32 \text{ 精轧螺纹钢筋的屈服强度}），$$

满足施工安全要求。

⑤菱形架（2I32b）计算（图 7-24 至图 7-28）。

截面特性：

$I_z=2（592.933+17.5^2\times 55.1）=34934.616$（cm^4），$I_y=2\times 8144.2=16288.4$（cm^4），$A=110.2$ cm^2。

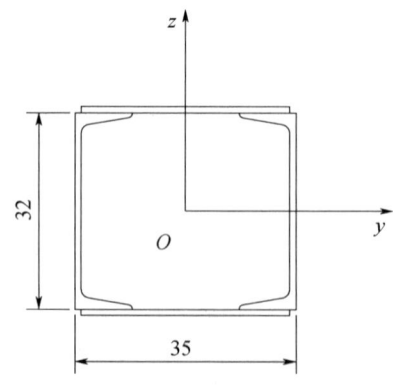

图 7-24 截面示意图

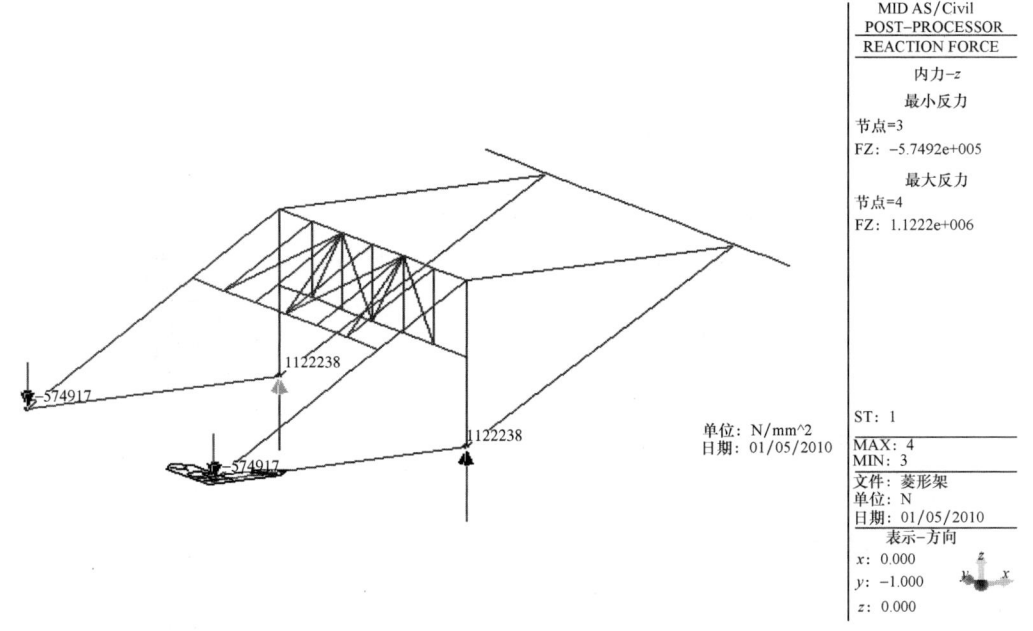

图 7-25 受力简图

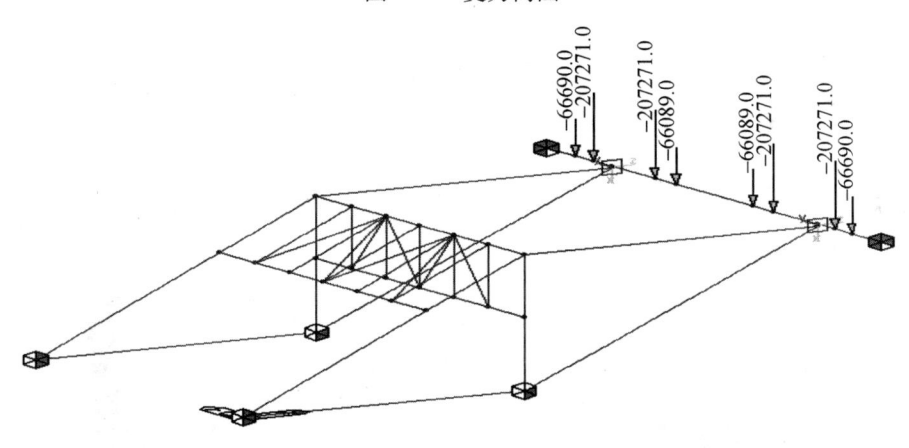

图 7-26 支反力图（单位：N）

1片菱形架后锚反力 $R=574917\text{N}$，最大轴应力 $\sigma_{max}=90.0\text{MPa}<$ 轴向容许应力 $[\sigma]=140\text{MPa}$，前端最大挠度为 16.6mm。

⑥挂篮抗倾覆性计算。挂篮前移与挂篮浇筑混凝土两种工况相比，最危险工况为后者，1片菱形架后锚用 4 根 $\phi32$ 精轧螺纹钢与已浇筑节段锚固，最大锚固力为

$$F_{max}=4[\sigma]A=4\times830\times\pi\times32^2\div4=2668749\ (\text{N})$$

安全系数 $n=\dfrac{F_{max}}{R}=\dfrac{2668749}{574917}=4.6>2$，满足施工规范要求。

2. 结论

经过检算，本套菱形挂篮构件满足施工中的受力要求。

挂篮构造：菱形挂篮主要由菱形桁架、提吊系统、模板系统、走行系统及锚固系统和张拉操作平台六部分组成。

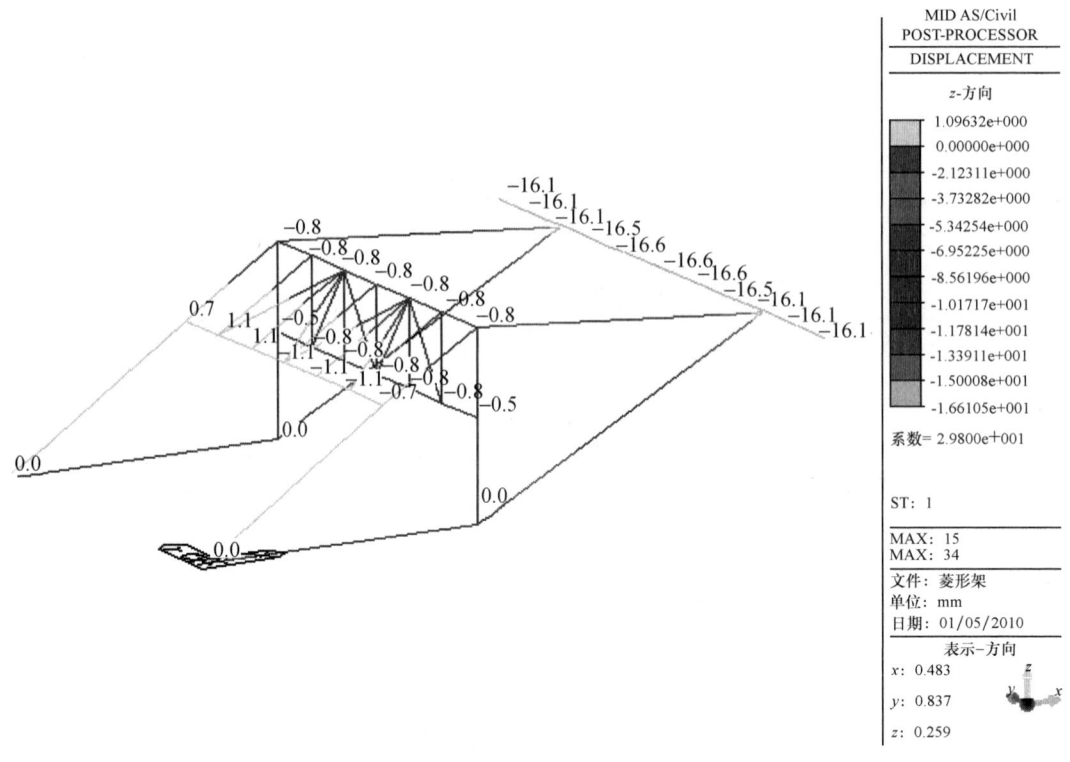

图 7-27 轴应力图（单位：MPa）

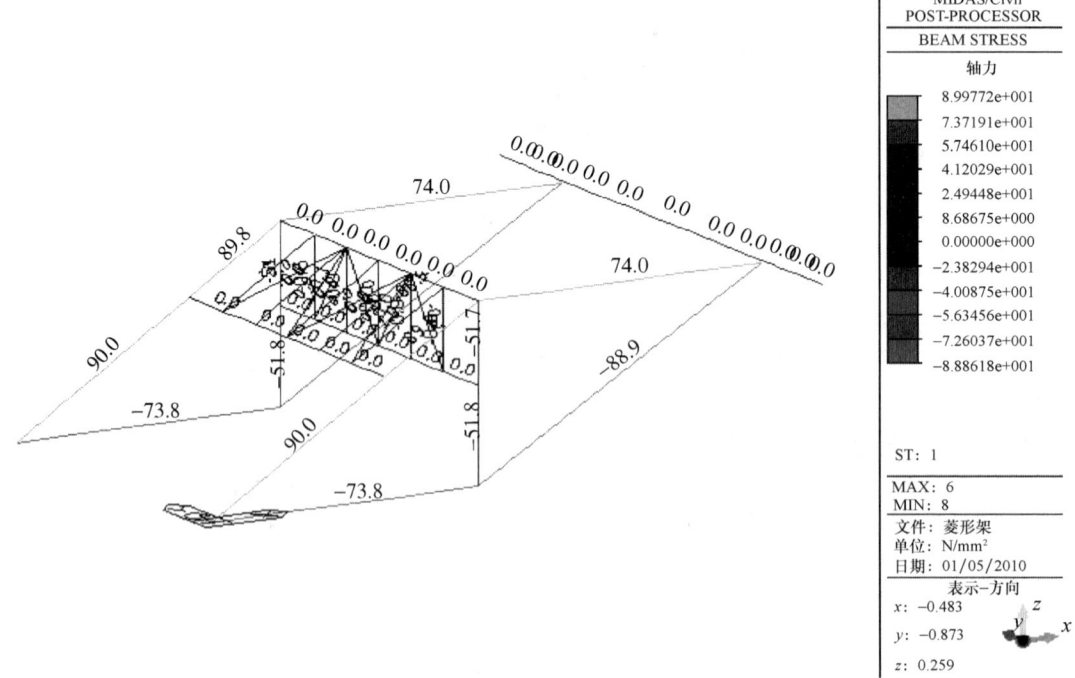

图 7-28 挠度图（单位：mm）

(1) 菱形桁架。主构架是挂篮主要的承重结构，由两片桁架、横联和门架及以上横梁组成，桁架间距和腹板竖向预应力钢筋位置相对应。杆件间采用普通螺栓连接。前上接点和前上横梁联结，挂篮前吊点（底模4个、内模2个、外模2个）均设在前横梁上。所用材料为A3钢。

(2) 提吊系统。前吊带的作用是将悬臂的灌注段底板、腹板混凝土及底板质量传至主桁架上，吊带采用精轧钢筋。吊带用2个千斤顶通过扁担梁调节底模的标高。

(3) 模板系统。箱梁外侧采用整体钢模板，在梁高范围内分为三块，以便梁高变化时调整。整个外侧支撑在外走行梁上，外走行梁前端悬挂在主构架前上横梁上，后端悬挂在已成梁段顶板上（在浇筑顶板时预留孔），后吊杆与外导走行梁间设有后吊架，后吊架上装有滚动装置，挂篮外移时，外侧模板走行梁与外模一起沿后吊梁滑行。

内侧模由内模架、模板、横竖带及调整丝杠等组成。内模架吊在两根内模走行梁上，前端悬挂在主构架前上横梁上，后端悬挂在已成梁段顶板上（在浇筑顶板时预留孔），内模架可沿内走行梁滑行，模板除上下梗肋、顶板张拉台座处用特制模板外，其余均为组合钢模板。

底模由底模架和底模板组成。底模架由纵梁和前后横梁组成。底模宽度比箱梁底宽小5mm，外缘固定6mm橡胶条。在浇筑混凝土时，外侧模与底模夹紧，以防漏浆。

(4) 走行系统。在主构架的两片桁架下的箱梁顶面铺设两根轨道，轨道用钢板组焊成Ⅱ形截面。轨道锚固在竖向预应力钢筋上。主桁架前端设有前支座，沿轨道滑行，主桁架后端设有后支座，后支座用反扣轮沿轨道滑行，不须加平衡重，用两个10t倒链牵引前进。

(5) 锚固系统。挂篮的锚固系统指挂篮在悬臂浇筑作业时，挂篮的后端用挂篮$\phi 32$精轧螺纹钢筋和后锚扁担梁把菱形主桁架后节点锚固在轨道上，锚固时应使支座反扣轮脱离轨道，使后锚力全部由$\phi 32$精轧螺纹钢筋承担。

(6) 张拉操作平台。挂篮最前端悬吊的张拉作业平台，采用型钢及钢筋拼装而成。用四个倒链悬吊在主构架上，通过倒链可升降，以适应梁段高度变化及张拉需要。

3. 挂篮拼装

(1) 准备工作：根据起重能力，能够拼装后整体吊装的，在工厂组装试拼后，有些部件可不再拆卸，直接运至施工现场，同时准备好拼装工具及各种螺栓，拼装在0号段顶进行。

(2) 拼装程序。

找平铺枕位置：待0号段张拉完毕后，用1∶2水泥砂浆找平铺轨部位。

铺设钢枕：前支座处铺6根，注意铺设时下一梁段下扁担梁的位置，钢枕间距不大于50cm。

吊装主构架：主构架分片吊装，先吊装一片，放至前后支座上，并旋紧连接螺栓，为防止倾倒，用脚手架临时支撑。按上述方法再吊装另一片主构架。

安装主构架之间的连接系：用长螺杆（Ⅳ级精轧螺纹钢）和扁担梁将主构架后端锚固在轨道上。

吊装前上横梁：前上横梁吊装前，在主构架前端先安放作业平台，作业平台应加设栏杆。前上横梁上的8个千斤顶、上下垫梁及4根钢吊杆，可一起组装好后，整体起吊。

安装后吊杆：在0号梁段底板预留孔内安装后吊杆，先安放垫块、千斤顶、上垫梁，后吊杆从底板穿出，以便与底模架连接。

吊装底模架及底模板：底模架吊装前应拆除 0 号段底部部分支架，底模架后部插入 0 号段箱梁底部，前端与前吊杆连接，如受起重能力限制，可先吊装底模架，然后再铺装底模板。

吊装内模架走行梁并安装好后吊杆，前吊采用钢丝绳和倒链吊在前上横梁上。

安装外侧模板：挂篮所用外侧模可首先用于 0 号段施工，在上述拼装程序之前，将外侧走行梁先放至外模竖框架上，后端插入后吊架上，两走行梁前端用倒链和钢丝绳吊在前上横梁上。用倒链将外侧模拖至 1 号块段位置，在 0 号段中部两侧安装外侧走行梁后吊架。

调整立模标高：根据挂篮预压测出的挂篮弹性及非弹性变形值加上设计立模标高，即为 1 号块的立模标高。此项工作在挂篮预压后完成。

4. 挂篮预压

（1）预压目的。

通过预压的手段检验挂篮的整体稳定性和检测挂篮自身的弹性变形和非弹性变形、整个系统在各种工况下的结构受力以及机具设备的运行情况，确保系统在施工过程中绝对安全和正常运行。

通过预压掌握挂篮的弹性变形和非弹性变形的程度和大小，更加准确地掌握挂篮的刚度等力学性能指标，借以指导挂篮的立模标高，为施工监控提供可靠的参照数据，确保主梁施工线形、标高满足设计和规范要求。

（2）试验项目及收集的资料。

挂篮系统在各个工况下的各个主要构件的变形值收集。

各个构件和连接接头的安全性检验。

锚固系统变位观测和安全性检验。

箱梁的变形观测。

整个挂篮的承载能力和安全保障系统的检验。

（3）预压控制梁段的确定。通过对挂篮各工况进行计算及分析比较，浇筑混凝土时以 9 号梁段受力最大（梁段长 3.5m，质量 112.1t），故确定 9 号梁段为控制梁段，进行挂篮预压试验。挂篮全部构件安装完毕，底板底模、腹板侧模、翼缘板底模安装完毕后进行挂篮预压工作（不装内膜）。

（4）预压总体施工方案。

预压超载系数取 1.2，9 号梁段总计压重质量 137.11t。

底板需要压重质量 27.93t，采用沙袋预压，每袋沙质量 1.5t，共用 19 袋。

腹板共需要施重质量 49.04t，每侧施重质量 24.52t，在 0 号梁段腹板位置预埋型钢反力架，通过 2 台 500t 千斤顶进行反压，千斤顶施力大小由腹板质量及底板剩余荷载控制，即每台千斤顶施力 24.52t。

顶板需要压重质量 32.76t，顶板预压直接采用预压底板的方法，采用沙袋预压，每袋沙质量 1.5t，共用 22 袋。

翼板两侧共需要压重质量 26.9t，采用沙袋预压，每袋沙质量 1.5t，共用 18 袋，每侧 9 袋。

预压顺序模拟混凝土浇筑程序进行：底板→腹板→顶板→翼缘板。

预压荷载分级：初应力→40%→80%→100%→120%。

(5) 腹板千斤顶预压方法。腹板处预压采用千斤顶施加压力进行预压的方法，首先在 0 号段施工时预埋 2I25a 工字钢作为千斤顶反力架，具体埋设位置见图 7-29。

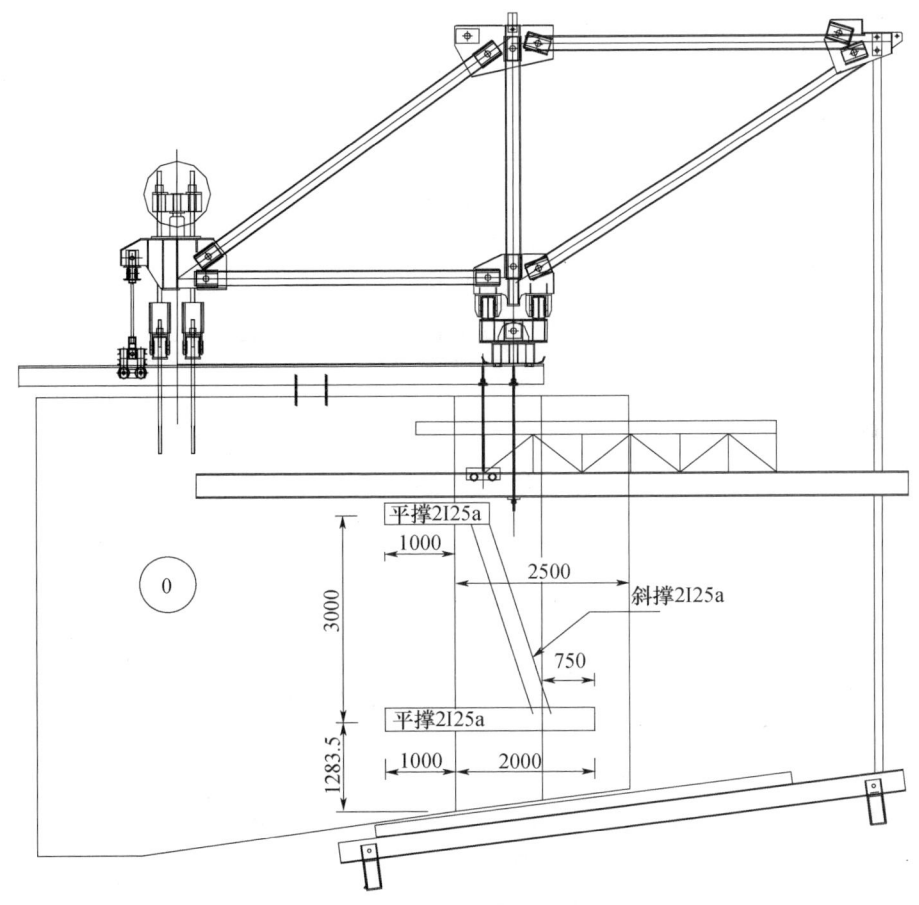

图 7-29　挂篮预压设置图

(6) 沉降观测。在挂篮两侧主桁架、后锚、底模上分别布置沉降观测点，共计 10 个点。按照支架预压的方法分级加载和卸载测得挂篮主桁架及模板的弹性和非弹性变形。沉降观测点布置图见图 7-30。图示为右侧沉降点，左侧沉降点布置方法与右侧相同。

(7) 挂篮预压注意事项。

施工之前设置好反力架。

对挂篮各部位进行仔细检查，确保各部位连接、锚固可靠；对加载用各类机械设备（塔吊等）进行检修，以保证正常使用。

准备好预压材料并运至塔吊附近，对用于配重的钢绞线、钢筋明确其单捆质量，并作好标识；对施工用千斤顶、油泵进行检校，保证其施力准确。

加载前布置好各种监控和测量基准点，并做出明显的标志、标识，并有效地进行保护，同时测定其初始数据。

完善挂篮加载人员组织协调工作和必要的安全保障工作。

采用钢绞线、钢筋加载的部位，应标示出堆放的准确位置及顺序，以便施工过程准确及时地控制加载吨位，加载应对称均衡进行。

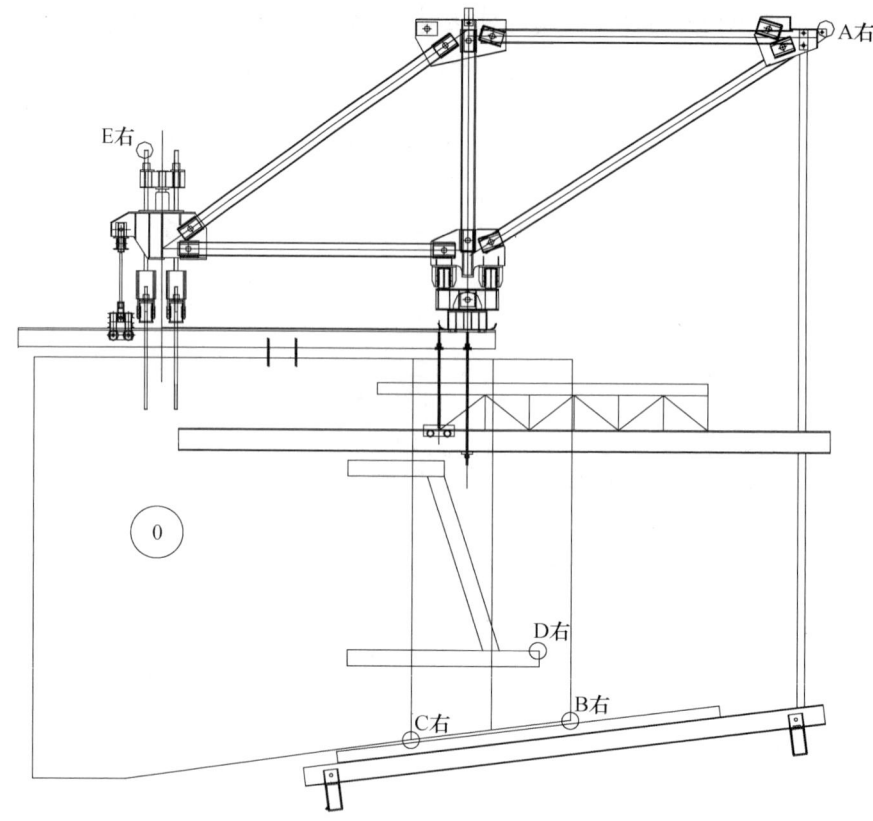

图 7-30 挂篮预压沉降观测点布置图

每套挂篮两台千斤顶施力过程应同步，保证加载对称均衡进行。

每半幅桥的两套挂篮加载应同时对称进行。

预压过程特别是大吨位加载预压过程中，应注意挂篮的安全观测和检查，遇到问题立即停止加载，避免预压过程中安全事故的发生。

5. 挂篮的移动及锚固体系转换

在每一梁段混凝土浇筑及预应力张拉完毕后，挂篮将移至下一梁段位置进行施工，直到悬臂浇筑梁段施工完毕。挂篮前移时工作步骤如下：

当前梁段预应力张拉、压浆完成后，进行脱模（脱开底模、侧模和内模）。当前梁段为0号梁段时，用千斤顶将挂篮前支点顶起，将短轨换成长轨，将长轨锚固，落下千斤顶，滑船压在滑道上，安装水平顶推式千斤顶。当前梁段为1号最后一悬浇节段，用千斤顶将挂篮前支点顶起，拖动轨道至下一梁段位置就位，锚固轨道，落下千斤顶，滑船压在滑道上。

挂篮后节点进行锚固转换，将上拔力转给后锚小车。拆除底模后锚杆，此时底篮后横梁仅用吊带吊住。拆除侧模后端的内吊杆，用后滑梁架后端吊住。此时，内滑梁架的上端固定在桥面上。拆除内模滑梁的后吊杆，用特制的后滑梁架将内模滑梁后端吊住，上端固定在桥面上。

用水平顶推式千斤顶顶推挂篮前移，将底模、侧模、主桁架系统及内模滑梁一起向前移动，直至下一梁段位置。挂篮就位后，用挂篮后节点千斤顶进行锚固转换，将上拔力由锚固小车转给主桁后锚杆。安装底模后锚杆。安装侧模、内模后吊杆，调整后滑梁架。调整模板位置及标高。待梁段底板及腹板钢筋绑扎完毕后，将内模拖动到位，调整标高后，即可安装梁段顶板钢筋。梁段混凝土浇筑及预应力张拉完毕后，进入下一个挂篮移动循环。

挂篮行走时，内外模滑梁必须在顶板预留孔处及时安装滑梁吊点扣架，保证结构稳定；移动必须匀速、平移、同步，采取画线吊垂球或经纬仪定线的方法，随时掌握行走过程中挂篮中线与箱梁轴线的偏差，如有偏差，应使用千斤顶逐渐纠正；为安全起见，挂篮尾部用钢丝绳与竖向马蹬筋临时连接，随挂篮前移缓慢放松。

6. 挂篮结构拆除

箱梁悬臂浇筑梁段施工完毕后，进行挂篮结构拆除。拆除时，应先在最后浇筑梁段的位置按拼装时的相反顺序拆除挂篮的底架及模板系统，先将大模板、内模顶板模板及底板模板拆散，然后用塔吊将模板吊走，中跨、边跨同时进行，再拆除大模板骨架、内模骨架及底板纵梁，内外走行梁（中跨、边跨同时拆），用吊装设备起吊。中跨、边跨挂篮同时后退至 2 号、2 号′梁段时，用吊装设备拆除主构架及横梁。然后将挂篮的主桁架后退至墩顶位置，按拼装时的相反顺序拆除挂篮主桁的架杆件。挂篮的拆除应在 T 构的两悬臂端对称地进行，应遵循由外到内、左右对称的原则进行，使 T 构平衡受力，保证施工安全。

挂篮拆除模板、骨架、走行梁和纵梁后，只剩大横梁和主构架了，质量已减轻很多，只要拆除和后退时严格同步进行即可，可以不进行受力检算。

7.4.2 三角形挂篮悬臂灌注法施工

在徐舍特大桥跨宁杭高速 70m+125m+70m 连续梁施工中采用三角形挂篮施工。在挂篮施工安全性验算中，按设计要求规定的挂篮与梁段混凝土（按最大质量节段梁体计算）的质量比值（宜控制在 0.3～0.5）进行挂篮施工安全性验算，并对挂篮结构的抗倾覆系数进行计算，保证挂篮结构的抗倾覆系数不少于 2.0，从而保证施工安全。

1. 挂篮设计

挂篮的主桁部分采用三角形结构，其行走为整体移动，一次性到位，悬吊杆均为钢吊带，锚杆采用 $\phi 32mm$ 精轧螺纹钢，外模用钢模板，内模面板采用竹胶板。

挂篮设计参数：根据图纸取梁体 2 号段和 8 号段分别计算。

2 号段：205.1t，节段长度 3.0m。

8 号段：198.5t，最大节段长度 4.0m。

计算得到最大变形量（1.1cm）小于 2cm。

设计原则：安全可靠，施工方便，确保施工质量；尽量考虑到通用性，以备不同桥梁的再使用；满足客运专线连续梁对模板刚度及精度要求。

挂篮结构设计检算如下：

（1）工程概述。徐舍特大桥跨宁杭高速连续梁 70m+125m+70m 为三向预应力混凝土连续箱梁。箱梁顶宽 12m、底宽 7m，箱梁截面为单箱单室直腹板。连续梁顶板厚 50cm，腹板厚分别为 45cm、65cm、85cm，底板厚度由跨中的 48.5cm 按圆曲线变化至中支点梁根部的 107.5cm。梁体各控制截面梁高分别为：端支座处及边跨直线段和跨中处为 5.20m，中支点处梁高 9.20m。

全桥共分为 18 梁段，中支点 0 号段长度 9m，一般梁段长度分别为 3.0m、4.0m，合龙段长 2m，边跨直线段及合龙段共长 7.25m，最大悬臂浇筑块重 1942.2kN。

(2) 设计参数取值。

取最重段 2 号段重力（1942.2kN）。

施工人员机具荷载取：$P_1=2.5$kPa。

倾倒混凝土产生的冲击荷载：$P_2=2.0$kPa。

振捣混凝土产生的荷载：$P_3=2.0$kPa。

钢筋混凝土重度取：$P=26000$N/m³。

钢材弹性模量取 $2.1×10^5$MPa（Q235 钢）。

杆件承担混凝土重的弹性挠度取构件跨度的 1/400，即 $\left[\dfrac{f}{l}\right]=\dfrac{1}{400}$。

杆件承担挂篮自重的弹性挠度取构件跨度的 1/250，即 $\left[\dfrac{f}{l}\right]=\dfrac{1}{250}$。

应力取值：$[\sigma_{轴}]$。

Q235 钢：$[\sigma_{轴}]=140$MPa，$[\sigma_{弯}]=145$MPa，$[\tau]=85$MPa。

(3) 最重梁段分块荷载计算。最重梁段为 2 号段，箱梁 2 号段根部 1/2 断面分块面积计算（箱梁断面见图 7-31）。

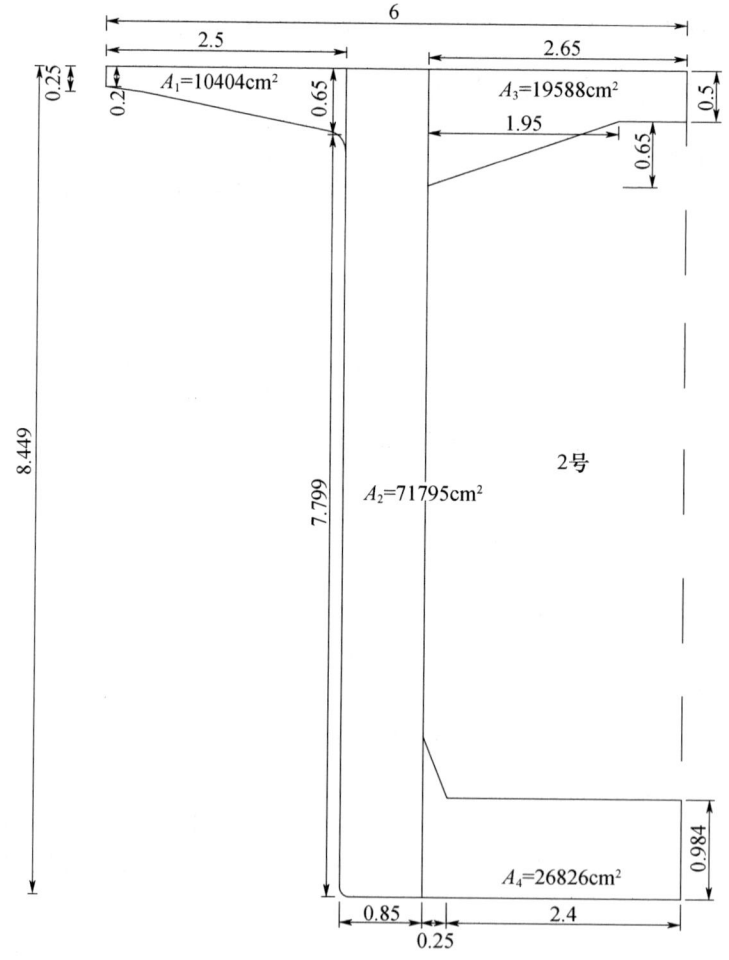

图 7-31　箱梁断面

$A_1=10404\mathrm{cm}^2$,$A_2=71795\mathrm{cm}^2$,$A_3=19588\mathrm{cm}^2$,$A_4=26826\mathrm{cm}^2$（表 7-11）。

表 7-11　2 号段分块重力计算表（忽略节段梁高度变化）

分块	断面面积（cm²）	顶面面积（cm²）	重力（kN）	备注
A_1	10404	75000	129.9	
A_2	71795	25500	576.6	计算长度为3.0m
A_3	19588	79500	204.5	
A_4	26826	79500	260.9	
合计			1171.9	

注：1. 断面面积为 CAD 图中读取数据，顶面面积＝计算长度×分块宽度；

2. 重量＝断面面积×节段长×混凝土重度 P＋顶面面积×（$P_1+P_2+P_3$）。

①挂篮各主要杆件选用说明。

具体各主要杆件如下：

腹板和底板桁架纵梁：主桁为 2I14b 槽钢，长度为 6.12m，桁架单件质量 1.0418t（包括缀板等质量）。

前下横梁：2I56b，长度为 11.0m，单件质量 1.845t（包括缀板等质量）。其截面特性如下：$A=146\times2=292$（cm²）；$I_x=68510\times2=137020$（cm⁴）；$W_x=2447\times2=4894$（cm³）。

后下横梁：2I56b，长度为 11.0m，单件质量 1.845t（包括缀板等质量）。其截面特性如下：$A=146\times2=292$（cm²）；$I_x=68510\times2=137020$（cm⁴）；$W_x=2447\times2=4894$（cm³）。

前上横梁：2I63b，槽钢净间距 220mm，长度为 10.0m，单件质量 3.423t（包括缀板等质量）。其截面特性如下：$A=146\times2=292$（cm²），$I_x=68510\times2=137020$（cm⁴），$W_x=2447\times2=4894$（cm³）。

外模滑梁：2I36b，槽钢净间距 60mm，上下面各焊有 2 张宽度为 24cm、厚度为 1.5cm 的钢板，长度为 10.00m，单件质量 1.518t（包括缀板等质量）。其截面特性如下：$A=68.110\times2=136.22$（cm²），$I_x=12700\times2=25400$（cm⁴），$W_x=703\times2=1406$（cm³）。

内模滑梁：2I36b，槽钢净间距 60mm，上下面各焊有 2 张宽度为 24cm、厚度为 1.5cm 的钢板，长度为 10.00m，单件质量 1.518t（包括缀板等质量）。其截面特性如下：$A=68.110\times2=136.22$（cm²），$I_x=12700\times2=25400$（cm⁴），$W_x=703\times2=1406$（cm³）。

三角主桁主梁：组合焊件，长度为 10m，单件质量 4.187t（包括缀板等质量）。其截面特性如下：$A=233.6\times2=467.2$（cm²），$I_x=310071.46\times2=620142.92$（cm⁴），$W_x=\dfrac{I_x}{y}=12402.84$（cm³）。

三角主桁立柱：2I36b，高度为 3.5m，质量为 1.16t。其截面特性如下：$A=68.11\times2=136.220$（cm²），$I_{x1}=12700\times2=25400$（cm⁴），$W_{x1}=2\times703=1406$（cm³）。

三角主桁斜拉杆（钢带）：2I26b，长度为 4.63m，质量为 1.352t。其截面特性如下：$A=68.110\times2=136.22$（cm²），$I_x=12700\times2=25400$（cm⁴），$W_x=703\times2=1406$（cm³）。

300mm×40mm 钢吊带：7.21.4t。其截面特性如下：$A=120\mathrm{cm}^2$，$I_x=4500\mathrm{cm}^4$，$W_x=300\mathrm{cm}^3$。

滑道：滑道采用 2I22b 工字钢，工字钢上翼板焊有 15cm 宽、1.5cm 厚的钢板。长度为 10cm，单重为：13.59kN。其截面特性如下：$I_x=3570×2=7140$（cm⁴），$W_x=325×2=650$（cm³）。

②各主要杆件受力检算。

a. 腹板底模纵梁计算（$L=6.12$m）。

腹板下布置2根纵梁桁架，承受荷载：

承受纵梁自重：$G_1=10.2$kN。荷载范围：$x=0\sim x=6.12$m，产生均布荷载 $q_1=10.2/6.12=1.67$（kN/m）。

腹板 A_2 范围混凝土重：$G_2=576.6$kN。荷载范围：$x=1.01$m$\sim x=4.01$m，在每根纵梁上产生均布荷载 $q_2=576.6/3/2=96.1$（kN/m）。

腹板下底模板重量：$G_3=0.85×4.5×0.65=2.49$（kN）（底模板每平方米按照0.65kN计算），荷载范围：$x=0.86$m$\sim x=5.36$m，在每根纵梁上产生均布荷载 $q_3=2.49/4.5/2=0.28$（kN/m）。

则腹板纵梁承受荷载为：

$x=0\sim x=0.86$m，$x=5.36\sim x=6.12$m：$q=q_1=1.79$kN/m。

$x=0.86$m$\sim x=1.01$m，$x=4.01$m$\sim x=5.36$m：$q=q_1+q_3=1.79+0.28=2.07$（kN/m）。

$x=1.01$m$\sim x=4.01$m：$q=q_1+q_2+q_3=1.79+0.28+96.1=98.17$（kN/m）。

支撑反力：$x=0.21$m 处，后下横梁提供支反力 N_1；$x=5.76$m 处，前下横梁提供支反力 N_2，根据力学求解器计算结果如下：

位移计算

杆端位移值（乘子=1）

单元码	杆端1			杆端2		
	u（水平位移）	v（竖直位移）	转角	u（水平位移）	v（竖直位移）	转角
1	0.00000000	0.00099809	−0.00475255	0.00000000	0.00000000	−0.00475363
2	0.00000000	0.00000000	−0.00475363	0.00002189	−0.00067416	−0.00397481
3	0.00002189	−0.00067416	−0.00397481	0.00002383	−0.00164359	−0.00046993
4	0.00002383	−0.00164359	−0.00046993	0.00002442	−0.00168143	−0.00008645
5	0.00002442	−0.00168143	−0.00008645	0.00002539	−0.00169810	−0.00024171
6	0.00002539	−0.00169810	−0.00024171	0.00002889	−0.00205724	−0.00045817
7	0.00002889	−0.00205724	−0.00045817	−0.00003995	−0.00230478	0.00005210
8	−0.00003995	−0.00230478	0.00005210	−0.00010878	−0.00176792	0.00121418
9	−0.00010878	−0.00176792	0.00121418	−0.00010637	−0.00170851	0.00116269
10	−0.00010637	−0.00170851	0.00116269	−0.00006533	−0.00113308	0.00011846
11	−0.00006533	−0.00113308	0.00011846	−0.00004120	−0.00105965	0.00058299
12	−0.00004120	−0.00105965	0.00058299	−0.00002189	−0.00045631	0.00268554
13	−0.00002189	−0.00045631	0.00268554	0.00000000	0.00000000	0.00321975
14	0.00000000	0.00000000	0.00321975	0.00000000	0.00067598	0.00321867
15	0.00002189	−0.00067416	−0.00040931	−0.00034360	−0.00145664	−0.00040931
16	0.00002539	−0.00169810	−0.00024599	−0.00034360	−0.00145664	−0.00024599

续表

	杆端1			杆端2		
单元码	u（水平位移）	v（竖直位移）	转角	u（水平位移）	v（竖直位移）	转角
17	0.00002889	−0.00205724	−0.00035924	−0.00034360	−0.00145664	−0.00035924
18	0.00002889	−0.00205724	−0.00001000	0.00003825	−0.00210684	−0.00001000
19	−0.00003995	−0.00230478	0.00005213	0.00003825	−0.00210684	0.00005213
20	−0.00010878	−0.00176792	0.00017176	0.00003825	−0.00210684	0.00017176
21	−0.00010878	−0.00176792	0.00043262	0.00035469	−0.00106945	0.00043262
22	0.00035469	−0.00106945	0.00028002	−0.00006533	−0.00113308	0.00028002
23	−0.00002189	−0.00045631	0.00036494	0.00035469	−0.00106945	0.00036494
24	−0.00034360	−0.00145664	−0.00059561	0.00003825	−0.00210684	0.00010755
25	0.00003825	−0.00210684	0.00010755	0.00035469	−0.00106945	0.00081071

内力计算
杆端内力值（乘子＝1）

	杆端1			杆端2		
单元码	轴力	剪力	弯矩	轴力	剪力	弯矩
1	0.00000000	0.00000000	0.00000000	0.00000000	−0.37590000	−0.03946950
2	130.544818	177.688868	−0.03946950	130.544818	177.420368	26.5937232
3	3.47763661	−34.3582678	26.5937232	3.47763661	−35.2532678	9.19083935
4	3.47763661	−35.2532678	9.19083935	3.47763661	−35.5637678	3.87956167
5	3.47763661	−35.5637678	3.87956167	3.47763661	−60.1062678	−8.07919279
6	3.47763661	46.0377099	−8.07919279	3.47763661	−42.3152900	−6.40410387
7	−68.4195445	46.9049615	−6.40410387	−68.4195445	−41.4480384	−3.94848851
8	−68.4195445	45.5645774	−3.94848851	−68.4195445	−42.7884225	−2.69921883
9	43.1844381	4.24222747	−2.69921883	43.1844381	−0.66627253	−2.60981996
10	43.1844381	−0.66627253	−2.60981996	43.1844381	−2.42577253	−3.92393911
11	43.1844381	25.5460020	−3.92393911	43.1844381	24.5110020	8.59031192
12	43.1844381	24.5110020	8.59031192	43.1844381	23.7950020	18.2515127
13	130.544818	−121.805631	18.2515127	130.544818	−122.074131	−0.03946950
14	0.00000000	0.37590000	−0.03946950	0.00000000	0.00000000	0.00000000
15	246.974208	0.00000000	0.00000000	246.974208	0.00000000	0.00000000
16	−106.143977	0.00000000	0.00000000	−106.143977	0.00000000	0.00000000
17	−121.895400	0.00000000	0.00000000	−121.895400	0.00000000	0.00000000
18	17.8476012	0.00000000	0.00000000	17.8476012	0.00000000	0.00000000
19	−87.0126159	0.00000000	0.00000000	−87.0126159	0.00000000	0.00000000
20	81.0362299	0.00000000	0.00000000	81.0362299	0.00000000	0.00000000

续表

单元码	杆端1			杆端2		
	轴力	剪力	弯矩	轴力	剪力	弯矩
21	−135.882921	0.00000000	0.00000000	−135.882921	0.00000000	0.00000000
22	−27.9717745	0.00000000	0.00000000	−27.9717745	0.00000000	0.00000000
23	169.798058	0.00000000	0.00000000	169.798058	0.00000000	0.00000000
24	189.781847	1.11021510	0.00000000	189.781847	1.11021510	1.99838718
25	157.271566	−1.11021510	1.99838718	157.271566	−1.11021510	0.00000000

反力计算

约束反力值（乘子＝1）

节点约束反力合力支座

节点水平竖直力矩大小角度力矩

单元码	杆端1			杆端2		
	轴力	剪力	弯矩	轴力	剪力	弯矩
2	−130.544818	178.064768	0.00000000	220.791782	126.246301	0.00000000
14	130.544818	122.450031	0.00000000	178.985920	43.1673976	0.00000000

支反力 $N_1=178.06\text{kN}$，$N_2=122.45\text{kN}$。

当 $x=0.36\text{m}$ 时有：

$M_{max}=26.59\text{kN}\cdot\text{m}$

$\sigma=\dfrac{M_{max}}{W}=\dfrac{26.59\times 10^3}{164.1}=162$（MPa）$<[\sigma_{弯}]=215\text{MPa}$（可以）

当 $x=3.06\text{m}$ 时，变形最大值为：

$f_{max}=2.0\text{mm}$

$\dfrac{f_{max}}{l}=\dfrac{2.0\times 10^{-3}}{5.7}=\dfrac{1}{2850}<\left[\dfrac{f}{l}\right]=\dfrac{1}{400}$（满足要求）

b. 底板底模纵梁计算。

底板下布置2.5根桁架纵梁，承受荷载：

承受纵梁自重：$G_1=10.2\text{kN}$，荷载范围：$x=0\sim x=6.12\text{m}$，产生均布荷载 $q_1=10.2/6.12=1.67\text{kN/m}$。

底板 A_4 范围混凝土重：$G_2=260.9\text{kN}$，荷载范围：$x=1.01\text{m}\sim x=4.01\text{m}$，在每根纵梁上产生均布荷载 $q_2=260.9/3/2.5=34.787$（kN/m）。

底板下底模重量：$G_3=2.65\times 4.5\times 0.65=7.751$（kN）（底模板每平方米重按照0.65kN计算），荷载范围：$x=0.86\text{m}\sim x=5.36\text{m}$，在每根纵梁上产生均布荷载 $q_3=7.751/4.5/2.5=0.689$（kN/m）。

则底板纵梁承受荷载为：

$x=0\sim x=0.86\text{m}$，$x=5.36\sim x=6.12\text{m}$：$q=q_1=1.67\text{kN/m}$。

$x=0.86\text{m}\sim x=1.01\text{m}$，$x=4.01\text{m}\sim x=5.36\text{m}$：$q=q_1+q_3=1.67+0.689=2.359$（kN/m）。

$x=1.01\mathrm{m}\sim x=4.01\mathrm{m}$：$q=q_1+q_2+q_3=1.67+0.689+34.787=37.146$（kN/m）。

支撑反力：$x=0.36\mathrm{m}$ 处，后下横梁提供支反力 N_3，$x=5.36\mathrm{m}$ 处，前下横梁提供支反力 N_4。

位移计算

杆端位移值（乘子＝1）

单元码	杆端1			杆端2		
	u（水平位移）	v（竖直位移）	转角	u（水平位移）	v（竖直位移）	转角
1	0.00000000	0.00038101	−0.00181408	0.00000000	0.00000000	−0.00181516
2	0.00000000	0.00000000	−0.00181516	0.00000847	−0.00025732	−0.00151498
3	0.00000847	−0.00025732	−0.00151498	0.00000938	−0.00061956	−0.00015097
4	0.00000938	−0.00061956	−0.00015097	0.00000965	−0.00062938	−0.00000034
5	0.00000965	−0.00062938	−0.00000034	0.00001010	−0.00062768	−0.00006269
6	0.00001010	−0.00062768	−0.00006269	0.00001173	−0.00075247	−0.00017332
7	0.00001173	−0.00075247	−0.00017332	−0.00001457	−0.00084775	0.00002243
8	−0.00001457	−0.00084775	0.00002243	−0.00004088	−0.00064847	0.00043028
9	−0.00004088	−0.00064847	0.00043028	−0.00003998	−0.00062756	0.00040636
10	−0.00003998	−0.00062756	0.00040636	−0.00002467	−0.00044312	0.00001120
11	−0.00002467	−0.00044312	0.00001120	−0.00001567	−0.00042497	0.00022675
12	−0.00001567	−0.00042497	0.00022675	−0.00000847	−0.00018303	0.00107860
13	−0.00000847	−0.00018303	0.00107860	0.00000000	0.00000000	0.00129046
14	0.00000000	0.00000000	0.00129046	0.00000000	0.00027083	0.00128938
15	0.00000847	−0.00025732	−0.00015812	−0.00013313	−0.00055893	−0.00015812
16	0.00001010	−0.00062768	−0.00009549	−0.00013313	−0.00055893	−0.00009549
17	0.00001173	−0.00075247	−0.00012794	−0.00013313	−0.00055893	−0.00012794
18	0.00001173	−0.00075247	−0.00000531	0.00001362	−0.00077367	−0.00000531
19	−0.00001457	−0.00084775	0.00001880	0.00001362	−0.00077367	0.00001880
20	−0.00004088	−0.00064847	0.00006354	0.00001362	−0.00077367	0.00006354
21	−0.00004088	−0.00064847	0.00015355	0.00013690	−0.00042271	0.00015355
22	0.00013690	−0.00042271	0.00010772	−0.00002467	−0.00044312	0.00010772
23	−0.00000847	−0.00018303	0.00014175	0.00013690	−0.00042271	0.00014175
24	−0.00013313	−0.00055893	−0.00019786	0.00001362	−0.00077367	0.00003784
25	0.00001362	−0.00077367	0.00003784	0.00013690	−0.00042271	0.00027354

内力计算
杆端内力值（乘子＝1）

单元码	杆端1			杆端2		
	轴力	剪力	弯矩	轴力	剪力	弯矩
1	0.00000000	0.00000000	0.00000000	0.00000000	−0.37590000	−0.03946950
2	50.5043894	68.8660263	−0.03946950	50.5043894	68.5975263	10.2702969
3	1.62261602	−12.8720961	10.2702969	1.62261602	−13.7670961	3.61049888
4	1.62261602	−13.7670961	3.61049888	1.62261602	−14.1389461	1.51754571
5	1.62261602	−14.1389461	1.51754571	1.62261602	−23.4541961	−3.18159707
6	1.62261602	17.5497970	−3.18159707	1.62261602	−15.9851029	−2.47748475
7	−26.1464275	17.9201164	−2.47748475	−26.1464275	−15.6147835	−1.44008497
8	−26.1464275	16.9542778	−1.44008497	−26.1464275	−16.5806221	−1.27193987
9	16.1064133	2.56777606	−1.27193987	16.1064133	0.70472606	−1.19012732
10	16.1064133	0.70472606	−1.19012732	16.1064133	−1.40242394	−1.48664892
11	16.1064133	10.7704866	−1.48664892	16.1064133	9.53098664	3.58871940
12	16.1064133	9.53098664	3.58871940	16.1064133	8.81498664	7.25791405
13	50.5043894	−48.5149736	7.25791405	50.5043894	−48.7834736	−0.03946950
14	0.00000000	0.37590000	−0.03946950	0.00000000	0.00000000	0.00000000
15	95.0090898	0.00000000	0.00000000	95.0090898	0.00000000	0.00000000
16	−41.0039931	0.00000000	0.00000000	−41.0039931	0.00000000	0.00000000
17	−46.7566299	0.00000000	0.00000000	−46.7566299	0.00000000	0.00000000
18	7.21668922	0.00000000	0.00000000	7.21668922	0.00000000	0.00000000
19	−32.5690614	0.00000000	0.00000000	−32.5690614	0.00000000	0.00000000
20	29.8970415	0.00000000	0.00000000	29.8970415	0.00000000	0.00000000
21	−52.2277192	0.00000000	0.00000000	−52.2277192	0.00000000	0.00000000
22	−12.1729105	0.00000000	0.00000000	−12.1729105	0.00000000	0.00000000
23	66.8576481	0.00000000	0.00000000	66.8576481	0.00000000	0.00000000
24	72.9378610	0.37214993	0.00000000	72.9378610	0.37214993	0.66986988
25	61.2689160	−0.37214993	0.66986988	61.2689160	−0.37214993	0.00000000

反力计算
约束反力值（乘子＝1）

节点约束反力合力支座
节点水平竖直力矩大小角度力矩

单元码	杆端1			杆端2		
	轴力	剪力	弯矩	轴力	剪力	弯矩
2	−50.5043894	69.2419263	0.00000000	85.7037789	126.106648	0.00000000
14	50.5043894	49.1593736	0.00000000	70.4793400	44.2268097	0.00000000

支反力 $N_3=69.24$kN，$N_4=49.16$kN。

当 $x=0.36$m 时有：

$M_{max}=10.27$MPa

当 $x=3.06$m 时，变形最大值为：

$f_{max}=1.0$mm

由腹板纵横梁的计算知底板纵横梁也满足要求。

c. 前下横梁计算。

因在浇筑混凝土时和空载行走时，四级钢吊杆作用位置不变，故只计算不利情况即浇筑混凝土时荷载计算。承受荷载：

承受横梁自重：$G=18.08$kN，荷载范围：$x=0\sim x=11$m，产生均布荷载 $q_1=18.08/11=1.64$kN/m。

腹板纵梁支反力：$N_2=122.45$kN，荷载范围：$x=2.15$m、2.7m、8.3m、8.85m。

底板纵梁支反力：$N_4=49.16$kN，荷载范围：$x=3.3$m、4.4m、5.5m、6.6m、7.7m。

支撑反力：$x=1.0$m 和 10.0m 处的前上横梁吊杆力 N_5，$x=2.8$m 和 8.2m 处的前上横梁吊杆力 N_6。

根据前下横梁承受荷载和支反力及力学求解器计算结果为：

位移计算

杆端位移值（乘子=1）

单元码	杆端1			杆端2		
	u（水平位移）	v（竖直位移）	转角	u（水平位移）	v（竖直位移）	转角
1	0.00000000	0.00015314	−0.00015290	0.00000000	0.00000000	−0.00015385
2	0.00000000	0.00000000	−0.00015385	0.00000000	−0.00011738	0.00000277
3	0.00000000	−0.00011738	0.00000277	0.00000000	−0.00007966	0.00012485
4	0.00000000	−0.00007966	0.00012485	0.00000000	−0.00006642	0.00013873
5	0.00000000	−0.00006642	0.00013873	0.00000000	0.00000000	0.00009406
6	0.00000000	0.00000000	0.00009406	0.00000000	−0.00001080	−0.00006012
7	0.00000000	−0.00001080	−0.00006012	0.00000000	−0.00005369	0.00000000
8	0.00000000	−0.00005369	0.00000000	0.00000000	−0.00001080	0.00006012
9	0.00000000	−0.00001080	0.00006012	0.00000000	0.00000000	−0.00009406
10	0.00000000	0.00000000	−0.00009406	0.00000000	−0.00006642	−0.00013873
11	0.00000000	−0.00006642	−0.00013873	0.00000000	−0.00007966	−0.00012485
12	0.00000000	−0.00007966	−0.00012485	0.00000000	−0.00011738	−0.00000277
13	0.00000000	−0.00011738	−0.00000277	0.00000000	0.00000000	0.00015385
14	0.00000000	0.00000000	0.00015385	0.00000000	0.00015314	0.00015290

内力计算

杆端内力值（乘子＝1）

单元码	杆端1			杆端2		
	轴力	剪力	弯矩	轴力	剪力	弯矩
1	0.00000000	0.00000000	0.00000000	0.00000000	−1.64000000	−0.82000000
2	0.00000000	70.2094003	−0.82000000	0.00000000	68.3234003	78.8363604
3	0.00000000	−54.1265996	78.8363604	0.00000000	−55.0285996	48.8186806
4	0.00000000	−177.478599	48.8186806	0.00000000	−177.642599	31.0626206
5	0.00000000	−226.802599	31.0626206	0.00000000	−227.622599	−82.5436791
6	0.00000000	77.3480000	−82.5436791	0.00000000	75.5440000	1.54692085
7	0.00000000	26.3840000	1.54692085	0.00000000	24.5800000	29.5771208
8	0.00000000	−24.5800000	29.5771208	0.00000000	−26.3840000	1.54692085
9	0.00000000	−75.5440000	1.54692085	0.00000000	−77.3480000	−82.5436791
10	0.00000000	227.622599	−82.5436791	0.00000000	226.802599	31.0626206
11	0.00000000	177.642599	31.0626206	0.00000000	177.478599	48.8186806
12	0.00000000	55.0285996	48.8186806	0.00000000	54.1265996	78.8363604
13	0.00000000	−68.3234003	78.8363604	0.00000000	−70.2094003	−0.82000000
14	0.00000000	1.64000000	−0.82000000	0.00000000	0.00000000	0.00000000

反力计算

约束反力值（乘子＝1）

节点约束反力合力支座

节点水平竖直力矩大小角度力矩

单元码	杆端1			杆端2		
	轴力	剪力	弯矩	轴力	剪力	弯矩
14	0.00000000	71.8494003	0.00000000	71.8494003	90.0000000	0.00000000
2	0.00000000	71.8494003	0.00000000	71.8494003	90.0000000	0.00000000
6	0.00000000	304.970599	0.00000000	304.970599	90.0000000	0.00000000
10	0.00000000	304.970599	0.00000000	304.970599	90.0000000	0.00000000

支反力 $N_5=71.85\text{kN}$，$N_6=304.9\text{kN}$。

当 $x=3.3\text{m}$ 时有：

$M_{\max}=82.54\text{kN}\cdot\text{m}$

$$\sigma=\frac{M_{\max}}{W}=\frac{82.54.00\times10^3}{4894}=16.9（\text{MPa}）<[\sigma_弯]=215\text{MPa}（可以）$$

当 $x=2.15\text{m}$ 时，变形最大值为：

$f_{\max}=0.117\text{mm}$

$$\frac{f_{\max}}{l}=\frac{0.117\times10^{-3}}{2.9}=\frac{1}{24786}<\left[\frac{f}{l}\right]=\frac{1}{400}（满足要求）$$

d. 后下横梁计算。

ⓐ浇筑混凝土过程计算。承受荷载：

承受横梁自重：$G=18.08$kN，荷载范围：$x=0\sim x=11$m，产生均布荷载 $q_1=18.08/11=1.64$kN/m。

腹板纵梁支反力：$N_1=178.06$kN，荷载范围：$x=2.15$m、2.7m、8.3m、8.85m。

底板纵梁支反力：$N_3=69.24$kN，荷载范围：$x=3.3$m、4.4m、5.5m、6.6m、7.7m。

支撑反力：$x=1.0$m 和 10m 处的翼板吊杆力 N_7，$x=3.3$m 和 7.7m 处的底板吊杆力 N_8。

根据后下横梁承受荷载和支反力及力学求解器计算结果为：

位移计算

杆端位移值（乘子＝1）

单元码	杆端1			杆端2		
	u（水平位移）	v（竖直位移）	转角	u（水平位移）	v（竖直位移）	转角
1	0.00000000	0.00019025	−0.00019001	0.00000000	0.00000000	−0.00019096
2	0.00000000	0.00000000	−0.00019096	0.00000000	−0.00014284	0.00001058
3	0.00000000	−0.00014284	0.00001058	0.00000000	−0.00009248	0.00015666
4	0.00000000	−0.00009248	0.00015666	0.00000000	0.00000000	0.00009539
5	0.00000000	0.00000000	0.00009539	0.00000000	−0.00004454	−0.00010168
6	0.00000000	−0.00004454	−0.00010168	0.00000000	−0.00011415	0.00000000
7	0.00000000	−0.00011415	0.00000000	0.00000000	−0.00004454	0.00010168
8	0.00000000	−0.00004454	0.00010168	0.00000000	0.00000000	−0.00009539
9	0.00000000	0.00000000	−0.00009539	0.00000000	−0.00009248	−0.00015666
10	0.00000000	−0.00009248	−0.00015666	0.00000000	−0.00014284	−0.00001058
11	0.00000000	−0.00014284	−0.00001058	0.00000000	0.00000000	0.00019096
12	0.00000000	0.00000000	0.00019096	0.00000000	0.00019025	0.00019001

内力计算

杆端内力值（乘子＝1）

单元码	杆端1			杆端2		
	轴力	剪力	弯矩	轴力	剪力	弯矩
1	0.00000000	0.00000000	0.00000000	0.00000000	−1.64000000	−0.82000000
2	0.00000000	89.7546274	−0.82000000	0.00000000	87.8686274	101.313371
3	0.00000000	−90.1913725	101.313371	0.00000000	−91.0933725	51.4600666
4	0.00000000	−269.153372	51.4600666	0.00000000	−270.137372	−110.327156
5	0.00000000	107.468000	−110.327156	0.00000000	105.664000	6.89544317
6	0.00000000	36.4240000	6.89544317	0.00000000	34.6200000	45.9696431
7	0.00000000	−34.6200000	45.9696431	0.00000000	−36.4240000	6.89544317
8	0.00000000	−105.664000	6.89544317	0.00000000	−107.468000	−110.327156
9	0.00000000	270.137372	−110.327156	0.00000000	269.153372	51.4600666
10	0.00000000	91.0933725	51.4600666	0.00000000	90.1913725	101.313371
11	0.00000000	−87.8686274	101.313371	0.00000000	−89.7546274	−0.82000000
12	0.00000000	1.64000000	−0.82000000	0.00000000	0.00000000	0.00000000

反力计算
约束反力值（乘子=1）

节点约束反力合力支座
节点水平竖直力矩大小角度力矩

单元码	杆端1			杆端2		
	轴力	剪力	弯矩	轴力	剪力	弯矩
2	0.00000000	91.3946274	0.00000000	91.3946274	90.0000000	0.00000000
5	0.00000000	377.605372	0.00000000	377.605372	90.0000000	0.00000000
9	0.00000000	377.605372	0.00000000	377.605372	90.0000000	0.00000000
12	0.00000000	91.3946274	0.00000000	91.3946274	90.0000000	0.00000000

支反力 $N_7=91.39\text{kN}$，$N_8=377.6\text{kN}$。

当 $x=2.15\text{m}$ 时有：

$M_{max}=101.3\text{kN}\cdot\text{m}$

$$\sigma=\frac{M_{max}}{W}=\frac{101.3\times10^3}{4894}=20.7\text{（MPa）}<[\sigma_{弯}]=215\text{MPa（可以）}$$

当 $x=2.15\text{m}$ 时（横梁有效范围内），变形最大值为：

$f_{max}=0.14\text{mm}$

$$\frac{f_{max}}{l}=\frac{0.14\times10^{-3}}{2.3}=\frac{1}{16428}<\left[\frac{f}{l}\right]=\frac{1}{400}\text{（满足要求）}$$

ⓑ挂篮滑移阶段后下横梁受力计算。

此时后下横梁承受荷载为：

承受横梁自重：$G=18.08\text{kN}$，荷载范围：$x=0\sim x=11\text{m}$，产生均布荷载 $q_1=18.08/11=1.64$（kN/m）。

腹板纵梁自重及该范围底模板自重支反力：$N'_1=10.2/2+4.5\times0.85\times0.65/4=5.72\text{kN}$，荷载范围：$x=2.15\text{m}$、$2.7\text{m}$、$8.3\text{m}$、$8.85\text{m}$。

底板纵梁自重及该范围底模板自重支反力：$N'_3=10.2/2+4.5\times2.65\times0.65/5=6.65\text{kN}$，荷载范围：$x=3.3\text{m}$、$4.4\text{m}$、$5.5\text{m}$、$6.6\text{m}$、$7.7\text{m}$。

支撑反力：$x=1.0\text{m}$ 和 10m 处的侧模滑梁吊杆力 N'_7。

根据后下横梁承受荷载和支反力及力学计算器计算结果为：

侧模滑梁吊杆支反力 $N'_7=39.18\text{kN}$。

当 $x=5.5\text{m}$ 时有：

$M_{max}=90.28\text{kN}\cdot\text{m}$

$$\sigma=\frac{M_{max}}{W}=\frac{90.28\times10^3}{4894}=18.45\text{（MPa）}<[\sigma_{弯}]=215\text{MPa（可以）}$$

当 $x=5.5\text{m}$ 时，变形最大值为：

$f_{max}=2.68\text{mm}$

$$\frac{f_{max}}{l} = \frac{2.68 \times 10^{-3}}{9} = \frac{1}{3358} < \left[\frac{f}{l}\right] = \frac{1}{250} \text{（满足要求）}$$

e. 外模梁计算（侧模滑梁 $L=10\text{m}$）。

ⓐ进行混凝土浇筑过程计算。此时外模滑梁承受荷载，分别为：翼板 A_1 混凝土重 $G_1=129.9\text{kN}$，侧模重（包括支架）$G_2=56.12\text{kN}$。

外模滑梁计算。外模滑梁承受荷载：

翼板混凝土：$G_1=129.9\text{kN}$，作用范围：$x=5.45\text{m}\sim x=8.45\text{m}$，产生均布荷载：$q=129.9/3=43.3$（kN/m）。

侧模板：$G_2=56.12\text{kN}$，作用范围：$x=5.3\text{m}\sim x=9.8\text{m}$，产生均布荷载：$q=56.12/4.5=12.47$（kN/m）。

外模滑梁自重：$G=14.88\text{kN}$，作用范围：$x=0\sim x=10\text{m}$，产生均布荷载：$q=14.88/10=1.49$（kN/m）。

支撑反力：$x=5.1\text{m}$ 处的翼板吊杆力 N_9，$x=9.80\text{m}$ 处的前上横梁吊杆力 N_{10}。

根据外模滑梁承受荷载和支反力及力学求解器计算结果为：

位移计算
杆端位移值（乘子＝1）

	杆端1			杆端2		
单元码	u（水平位移）	v（竖直位移）	转角	u（水平位移）	v（竖直位移）	转角
1	0.00000000	0.01523934	−0.00283310	0.00000000	0.00000000	−0.00345312
2	0.00000000	0.00000000	−0.00345312	0.00000000	−0.00069508	−0.00348347
3	0.00000000	−0.00069508	−0.00348347	0.00000000	−0.00121572	−0.00345055
4	0.00000000	−0.00121572	−0.00345055	0.00000000	−0.00411881	0.00222008
5	0.00000000	−0.00411881	0.00222008	0.00000000	0.00000000	0.00347970
6	0.00000000	0.00000000	0.00347970	0.00000000	0.00069593	0.00347966

内力计算
杆端内力值（乘子＝1）

	杆端1			杆端2		
单元码	轴力	剪力	弯矩	轴力	剪力	弯矩
1	0.00000000	0.00000000	0.00000000	0.00000000	−7.59900000	−19.3774500
2	0.00000000	113.250734	−19.3774500	0.00000000	112.952734	3.24289681
3	0.00000000	112.952734	3.24289681	0.00000000	110.858734	20.0287569
4	0.00000000	110.858734	20.0287569	0.00000000	−60.9212659	94.9349590
5	0.00000000	−60.9212659	94.9349590	0.00000000	−79.7672659	−0.02980000
6	0.00000000	0.29800000	−0.02980000	0.00000000	0.00000000	0.00000000

反力计算
约束反力值（乘子＝1）

节点约束反力合力支座
节点水平竖直力矩大小角度力矩

单元码	杆端1			杆端2		
	轴力	剪力	弯矩	轴力	剪力	弯矩
2	0.00000000	120.849734	0.00000000	120.849734	90.0000000	0.00000000
6	0.00000000	80.0652659	0.00000000	80.0652659	90.0000000	0.00000000

支反力 $N_9=120.85$ kN，$N_{10}=80.07$ kN。

当 $x=7.25$ m 时有：

$M_{max}=126.81$ kN·m

$\sigma=\dfrac{M_{max}}{W}=\dfrac{126.81\times10^3}{1406}=90.2$（MPa）$<[\sigma_{弯}]=215$ MPa（可以）

当 $x=7.20$ m 时，变形最大值为：

$f_{max}=5.3$ mm

$\dfrac{f_{max}}{l}=\dfrac{5.3\times10^{-3}}{4.7}=\dfrac{1}{887}<\left[\dfrac{f}{l}\right]=\dfrac{1}{400}$（满足要求）

ⓑ挂篮滑移阶段外模滑梁受力计算。按照挂篮滑移至下一段时的最不利情况考虑，此时荷载分别为：

外模滑梁自重：$G=14.88$ kN，作用范围：$x=0\sim x=10$ m，产生均布荷载：$q=14.88/10=1.49$（kN/m）。

侧模板：$G_2=56.12$ kN，作用范围：$x=5.3$ m $\sim x=9.8$ m，产生均布荷载：$q=56.12/4.5=12.47$（kN/m）。

后下横梁吊杆支反力：$N'_7=39.08$ kN，作用点：$x=4.65$ m。

支撑反力：$x=2.1$ m 处的翼板吊杆力 N'_9（滑轮），$x=9.80$ m 处的前上横梁吊杆力 N'_{10}。

根据侧模滑梁承受荷载和支反力及力学求解器计算结果为：

翼板吊杆处滑轮支反力 $N'_9=48.69$ kN，前上横梁吊杆支反力 $N'_{10}=57.97$ kN。

当 $x=5.75$ m 时有：

$M_{max}=120.27$ kN·m

$\sigma=\dfrac{M_{max}}{W}=\dfrac{120.27\times10^3}{1406}=85.5$（MPa）$<[\sigma_{弯}]=215$ MPa（可以）

当 $x=5.9$ m 时，变形最大值为：

$f_{max}=13.8$ mm

$\dfrac{f_{max}}{l}=\dfrac{13.8\times10^{-3}}{7.7}=\dfrac{1}{558}<\left[\dfrac{f}{l}\right]=\dfrac{1}{250}$（满足要求）

f. 内模滑梁计算。

浇筑混凝土阶段，内模滑梁承受荷载：

顶板 A_3 范围混凝土传递荷载：$G=204.5$ kN，作用范围：$x=5.2$ m $\sim x=8.2$ m，在每根内模滑梁上产生均布荷载：$q=204.5/3=68.2$（kN/m）。

7 连续梁悬臂浇筑法施工

顶板底模板及内模支架重量：假设 $G=30$kN（偏于保守估计），作用范围：$x=5.05 \sim x=9.55$m，在每根内模滑梁上产生均布荷载：$q=30/4.5/2=3.3$（kN/m）。

内模滑梁自重：$G=14.9$kN，作用范围：$x=0 \sim x=10$m，产生均布荷载：$q=14.9/10=1.5$（kN/m）。

支撑反力：$x=4.8$m 处的顶板吊杆力 N_{11}，$x=9.80$m 处的前上横梁吊杆力 N_{12}。

根据内模滑梁承受荷载和支反力及力学求解器计算结果为：

位移计算

杆端位移值（乘子=1）

单元码	杆端1			杆端2		
	u（水平位移）	v（竖直位移）	转角	u（水平位移）	v（竖直位移）	转角
1	0.00000000	0.02285675	−0.00463173	0.00000000	0.00000000	−0.00515211
2	0.00000000	0.00000000	−0.00515211	0.00000000	−0.00129126	−0.00515028
3	0.00000000	−0.00129126	−0.00515028	0.00000000	−0.00205849	−0.00506952
4	0.00000000	−0.00205849	−0.00506952	0.00000000	−0.00669795	0.00284842
5	0.00000000	−0.00669795	0.00284842	0.00000000	−0.00121133	0.00481192
6	0.00000000	−0.00121133	0.00481192	0.00000000	0.00000000	0.00486198
7	0.00000000	0.00000000	0.00486198	0.00000000	0.00097239	0.00486194

内力计算

杆端内力值（乘子=1）

单元码	杆端1			杆端2		
	轴力	剪力	弯矩	轴力	剪力	弯矩
1	0.00000000	0.00000000	0.00000000	0.00000000	−7.20000000	−17.2800000
2	0.00000000	141.477000	−17.2800000	0.00000000	141.102000	18.0423750
3	0.00000000	141.102000	18.0423750	0.00000000	140.382000	39.1536750
4	0.00000000	140.382000	39.1536750	0.00000000	−78.6180000	131.799675
5	0.00000000	−78.6180000	131.799675	0.00000000	−85.0980000	21.2913750
6	0.00000000	−85.0980000	21.2913750	0.00000000	−85.4730000	−0.03000000
7	0.00000000	0.30000000	−0.03000000	0.00000000	0.00000000	0.00000000

反力计算

约束反力值（乘子=1）

节点约束反力合力支座

节点水平竖直力矩大小角度力矩

单元码	杆端1			杆端2		
	轴力	剪力	弯矩	轴力	剪力	弯矩
2	0.00000000	148.677000	0.00000000	148.677000	90.0000000	0.00000000
7	0.00000000	85.7730000	0.00000000	85.7730000	90.0000000	0.00000000

支反力 $N_{11}=148.68$kN，$N_{12}=85.77$kN。

当 $x=7.0$m 时有：

$M_{max}=173.58$kN·m

$$\sigma=\frac{M_{max}}{W}=\frac{173.58\times10^3}{1406}=123.5（MPa）<[\sigma_{弯}]=215MPa（可以）$$

当 $x=7.20$m 时，变形最大值为：

$f_{max}=8$mm

$$\frac{f_{max}}{l}=\frac{8\times10^{-3}}{5}=\frac{1}{625}<\left[\frac{f}{l}\right]=\frac{1}{400}（满足要求）$$

g. 前上横梁计算。

前上横梁只检算最不利情况，即混凝土浇筑时的情况。该情况下，前上横梁承受荷载如下：

外模滑梁前吊杆支反力：$N_{10}=80.07$kN，作用位置 $x=1.125$m、$x=8.875$m。

前下横梁前吊杆支反力：$N_5=71.85$kN，作用位置 $x=0.5$m、$x=9.5$m；$N_6=304.9$kN，作用位置 $x=2.3$m、$x=7.7$m。

内模滑梁前吊杆支反力：$N_{12}=85.77$kN，作用位置 $x=3.4$m、$x=6.6$m。

前上横梁自重：$G=33.5$kN，产生均布荷载 $q=3.35$kN/m，作用位置 $x=0\sim x=10$m。

支撑反力：$x=1.125$m 和 $x=8.875$m 处的主梁支反力 N_{13}。

根据前上横梁承受荷载和支反力及力学计算器计算结果为：

位移计算

杆端位移值（乘子=1）

单元码	杆端1			杆端2		
	u（水平位移）	v（竖直位移）	转角	u（水平位移）	v（竖直位移）	转角
1	0.00000000	0.00432222	−0.00383518	0.00000000	0.00240461	−0.00383535
2	0.00000000	0.00240461	−0.00383535	0.00000000	0.00000000	−0.00387118
3	0.00000000	0.00000000	−0.00387118	0.00000000	−0.00436315	−0.00333109
4	0.00000000	−0.00436315	−0.00333109	0.00000000	−0.00735267	−0.00205888
5	0.00000000	−0.00735267	−0.00205888	0.00000000	−0.00735267	0.00205888
6	0.00000000	−0.00735267	0.00205888	0.00000000	−0.00436315	0.00333109
7	0.00000000	−0.00436315	0.00333109	0.00000000	0.00000000	0.00387118
8	0.00000000	0.00000000	0.00387118	0.00000000	0.00240461	0.00383535
9	0.00000000	0.00240461	0.00383535	0.00000000	0.00432222	0.00383518

内力计算

杆端内力值（乘子＝1）

单元码	杆端1			杆端2		
	轴力	剪力	弯矩	轴力	剪力	弯矩
1	0.00000000	0.00000000	0.00000000	0.00000000	－1.67500000	－0.41875000
2	0.00000000	－73.5250000	－0.41875000	0.00000000	－75.6187500	－47.0261718
3	0.00000000	403.651250	－47.0261718	0.00000000	399.715000	424.951500
4	0.00000000	94.8150000	424.951500	0.00000000	91.1300000	527.221250
5	0.00000000	5.36000000	527.221250	0.00000000	－5.36000000	527.221250
6	0.00000000	－91.1300000	527.221250	0.00000000	－94.8150000	424.951500
7	0.00000000	－399.715000	424.951500	0.00000000	－403.651250	－47.0261718
8	0.00000000	75.6187500	－47.0261718	0.00000000	73.5250000	－0.41875000
9	0.00000000	1.67500000	－0.41875000	0.00000000	0.00000000	0.00000000

反力计算

约束反力值（乘子＝1）

节点约束反力合力支座

节点水平竖直力矩大小角度力矩

单元码	杆端1			杆端2		
	轴力	剪力	弯矩	轴力	剪力	弯矩
3	0.00000000	479.270000	0.00000000	479.270000	90.0000000	0.00000000
8	0.00000000	479.270000	0.00000000	479.270000	90.0000000	0.00000000

主梁支反力 $N_{13}=479.27kN$。

当 $x=5.0m$ 时有：

$M_{max}=531.51kN \cdot m$

$$\sigma=\frac{M_{max}}{W}=\frac{531.51 \times 10^3}{6328}=84.0MPa<[\sigma_{弯}]=215（MPa）（可以）$$

当 $x=1.125m$ 时有：

$Q_{max}=403.65kN$

$b=17.8\ mm$

$S=1846600mm^3$

$$\tau=\frac{QS}{bI}=\frac{403.65/2 \times 10^3 \times 1846600}{17.8 \times 196160 \times 10^4}=10.7（MPa）<[\tau]=85MPa（可以）$$

当 $x=5.5m$ 时（前上横梁有效作用长度内），变形最大值为：

$$f_{max}=9mm$$

$$\frac{f_{max}}{l}=\frac{9 \times 10^{-3}}{7.75}=\frac{1}{861}<\left[\frac{f}{l}\right]=\frac{1}{400}（满足要求）$$

2. 挂篮设计结论

最终确定挂篮构造如下：

本挂篮由主桁架系、底模系、内外模系、悬吊系、底锚系、防护系、走行系和施工平台组成，这里简介其中七者。

(1) 主桁架系。主桁架系位于桥面竖向预应力筋位置。它是挂篮主要受力构件，在悬灌施工中主要承受底模系传来的竖向拉力。主桁系由四杆件铰接构成（其中前拉杆件为钢带），外形为三角形。各杆由型钢和钢板焊成，通过销子铰接在各节点块上。两片主桁架通过前横梁和主桁架横梁构成整体。主桁架采用轨道行走，后锚点采用精轧螺纹钢筋通过连接器与预埋在梁内的精轧螺纹钢锚固。

(2) 底模系。底模系位于悬灌箱梁底部，是挂篮主要受力构件，承受箱梁悬灌施工荷载。底模系由前后托梁及各纵梁、工作梁及上模板组成，与混凝土接触处铺设上模板。

前吊杆悬挂在前横梁上，后托梁由两个底锚锚固在已成梁段上。后托梁两端由两根吊杆悬挂在已成梁段翼板上，另有两根吊杆吊在外滑梁，再有两根吊杆吊在主桁架悬出的平杆上承吊底模以便走行。为便于设置施工防护，前后托梁加长 2~3m 满足设置挂篮防护的要求。

(3) 内外模系。外模系主要承受腹板混凝土产生的侧压力及翼板混凝土荷载。外侧模为一整体。外模系主要靠滑梁承吊。侧模开有对拉筋孔以连接两片侧模和内模，可抵抗腹板混凝土的侧压力又能保证侧模与已成梁段的很好密合。在梁段设 1~2 个预留孔将侧模拉紧以防止漏浆及错台。

内模系主要承受顶板混凝土荷载，通过两根内滑梁悬吊在前横梁和已成梁段上。内模分两块，可随腹板厚度变化进行调节。

(4) 悬吊系。悬吊系是挂篮的升降系统，位于挂篮的前部，其作用是悬吊和升降底模、侧模、内模及工作平台等，以适应悬臂梁段高度的变化。其由钢吊带（吊杆）、吊带（杆）座、千斤顶、手拉葫芦等组成。后锚杆采用 $\phi 32$ 精轧螺纹钢筋。用精轧螺纹粗钢筋做的各吊杆接长、锚固用的连接器和螺母均应采用相应的标准件。除顶升用的螺母为单螺母外，其余均应根据图示设置双螺母。各前、后吊杆（吊带）及后锚吊杆应使用符合规范要求的材料，各吊杆（吊带）在箱梁施工过程中严禁碰到电焊火花，前、后长吊杆最好用塑料硬管做保护套，防止碰到火花。前吊杆（吊带）下端与底模平台前横梁栓接，上端支撑于前上横梁，吊杆高度的调节靠螺帽及手拉葫芦，以实现底模及工作平台的升降。另外，悬吊系还将控制内模、侧模的前移和升降。

(5) 底锚系。底锚系位于底模后托梁和已成梁段底板上，主要承受底模系后部拉力。底锚杆通过预留孔把后托梁锚固在已成梁段上。底模后锚采用 $\phi 32$ 精轧螺纹钢筋锚固。

(6) 走行系。走行系桥面部分主要由钢枕、滑轮、反扣装置、悬吊平、斜杆和千斤顶顶座构成。走行时活动滑座坐在滑轨上，后部由反扣轮挂在滑轨上，整体形成稳定性。在滑轨上固定千斤顶顶座，通过千斤顶顶推活动滑座使整个挂篮顺滑轨前行。

走行系桥面以下部分为四根滑梁和滑梁后吊轮。后吊轮悬挂在已成梁段和滑梁上。挂篮走行时内模、外模、底模和主桁架同步前行，滑梁通过后吊轮向前滑动。

(7) 施工平台。施工平台分前施工平台、底施工平台和侧工作平台。前施工平台主要用于施工人员张拉、调整底模高度。底施工平台主要用于底锚的拆装及箱梁底面的混凝土表面处理。侧工作平台主要用于处理侧面混凝土和滑梁吊轮的拆卸。

3. 挂篮加工及安装

(1) 加工制作。挂篮在厂内加工制作，主要要求如下：

加工单位严格按设计图上的技术要求及公差配合进行挂篮杆件的加工制作。

主构架节点板及杆件必须制作样板，精确加工。

外侧模竖框架，制作时有工作平台及夹具，尽量消除焊接变形，确保连接模板后面板的平整度。

对于重要部位的焊接，如底模架前后横梁上的吊耳，应由有经验的焊工施焊，保证焊接质量。焊缝及加工件质量要求与验收办法参照《钢桥制造与检验规范》执行。

挂篮进场时，由分部组织，施工作业处和监理共同检查验收，不合格者禁止进场。

(2) 组装试拼。待所有杆件加工齐全后，在试拼台上全面试拼。主构架放样于试拼台上，尺寸合格后，拧紧各节点板的螺栓，施拧时要均匀施力，防止松紧不一。

底模架也进行试拼，检查前后横梁及纵梁的连接，检查前后吊点的尺寸及外形尺寸。

检查前后吊杆（吊带）与锚具的配合情况。

所有杆件齐全及相互连接均满足要求后应分组编号，做出明确标记，准备运往现场正式拼装。

(3) 现场拼装。

①准备工作。根据起重能力，能够拼装后整体吊装的，在工厂组装试拼后，有些部件可不再拆卸，直接运至施工现场；施工时准备好拼装工具及各种螺栓，拼装在 0 号段顶进行。

②拼装程序。

找平铺枕：待 1 号块段施工完毕后，用 1:2 水泥砂浆在 0 号块和 1 号块上找平铺轨部位。

铺设钢枕：前支座处铺 7 根。注意铺设时，下一梁段下扁担梁的位置，钢枕间距不大于 50cm。

安装轨道：从 1 号块向两侧安装 3m 长的轨道共 3 根，轨道穿入竖向筋，轨道中心距无误后，用螺母把轨道锁定。

安装前后支座：先从轨道前端穿入后支座，后支座就位后安放前支座。前支座安放前，在轨道顶面铺 1mm 厚的不锈钢板，不锈钢板上面的前支座位置放一块四氯乙烯滑板（500mm×500mm）。然后安放前支座。

吊装主构架：主构架分片吊装，先吊装一片，放至前后支座上，并旋紧连接螺栓，为防止倾倒，用脚手架临时支撑。按上述方法再吊装另一片主构架。

安装主构架之间的连接系：用长螺杆（Ⅳ级精轧螺纹钢）和扁担梁将主构架后端锚固在轨道上。

吊装前上横梁：前上横梁吊装前，在主构架前端先安放作业平台，作业平台应加设栏杆。前上横梁上的 8 个千斤顶、上下垫梁及 4 根钢吊带，可一起组装好后，整体起吊。

安装后吊杆：在 1 号块梁段底板预留孔内安装后吊杆，先安放垫块、千斤顶、上垫梁，后吊杆从底板穿出，以便于底模架连接。

吊装底模架及底模板：底模架吊装前应拆除 1 号块底部部分支架，底模架后部插入 1 号块箱梁底部，前端与前吊杆连接，如受起重能力限制，可先吊装底模架，然后再铺装底模板。

吊装内模架走行梁并安装好后吊杆，前吊杆采用钢丝绳和倒链吊在前上横梁上。

安装外侧模：挂篮所用外侧模可首先用于1号块施工，在上述拼装程序之前，将外侧走行梁先放至外模竖框架上，后端插入后吊架上，两走行梁前端用倒链和钢丝绳吊在前上横梁上。用倒链将外侧模拖至1号块段位置，在1号块中部两侧安装外侧模走行梁后吊架。

调整立模标高：根据挂篮预压测出的挂篮弹性及非弹性变形值，再加上设计立模标高，为2号块的立模标高。此项工作在挂篮预压后完成。

4. 挂篮压载试验

预压方案为：

（1）荷载。根据挂篮验算书求的挂篮最大荷载为472.27kN（见挂篮验算书）。

（2）三角主桁架受力模型。

①主桁架结构安全系数考虑为1.2，荷载冲击系数考虑为1.1：
$N=472.27\times1.2\times1.1=623.4$（kN）（1.2为安全系数，1.1为冲击系数）

②最终受力模型简化见图7-32。

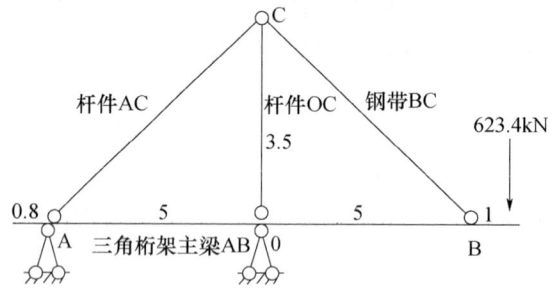

图7-32 三角桁架受力模型简化图

（3）预压。为了能够让预压的质量尽量接近实际质量，采用油压千斤顶预压。

现场预压方法采取将已经做好的两片三角主桁架对称横躺在地面上，前支点用型钢对顶，后支点用精轧螺纹钢筋对拉（符合实际应用时的支点情况），前端受力点用油压千斤顶对拉两片主桁架，张拉力按照设计的等级张拉，张拉每一级用钢尺量出读数（图7-33）。

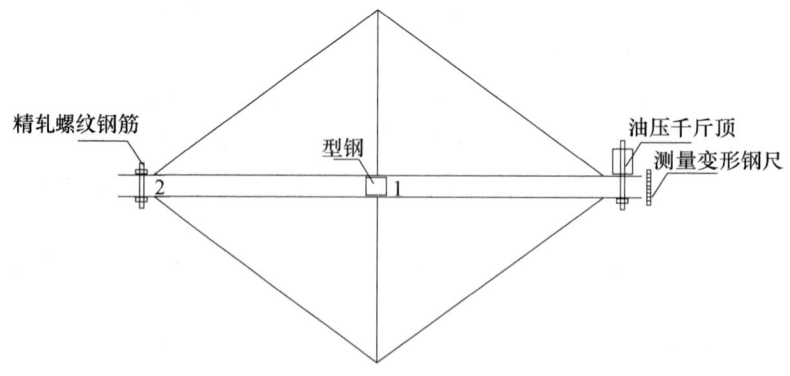

图7-33 三角桁架底面预压示意

5. 挂篮行走

挂篮行走采用反扣轮和轨道，轨道的长度为3m和4m一段，先将轨道铺设好，轨道用水准仪测量出标高，然后用钢板垫高调平，使一个挂篮的三条轨道保持在一个水平面上，误差不超过2mm，然后用精轧螺纹钢筋和连接器将其锚固在梁体的精轧螺纹钢筋上，对于轨道局部不平的地方，用打磨机将其打磨平，然后用黄油把轨道涂光滑。

待前一段施工完毕，挂篮即可行走，施工下一梁段行走程序如下：

找平梁顶面并铺设钢枕及轨道。松底模架。底模架完成后，横梁两侧的吊耳与外侧模走行梁之间安装10t的倒链，即底模架悬挂在走行梁上。拆除后吊杆与底模架的连接。解除挂篮后端锚固螺杆。轨道顶面安装2个10t倒链（一套挂篮）并标计好前支座的位置（支座中心距梁端50cm）。倒链牵引前支座使挂篮、立模架、外侧模一起向前移动。在2号块上安装外侧模走行梁后吊架，先解除一个2号块的后吊架，移至3号块，再解除另一个后吊杆移至3号块。调整立模标高：挂篮非弹性变形，通过4号块施工基本上已消除。在确定5号块的立模标高时，应根据挂篮弹性变形值、5号块设计立模标高及4号块的调整情况综合考虑。重复上述施工步骤进行6号块施工，直至16号块梁段。

6. 挂篮拆除

（1）边跨挂篮拆除。边跨两对挂篮在边跨合龙段附近直接解体，拆除后起重机吊至地面，拆除顺序和安装相反。

①拆除外侧模。挂篮所用外侧模连同走行梁捆绑一起，用倒链将外侧模放置地面。

②内模架走行梁合龙前从内部用倒链拉至梁顶，内模拆除后从梁端过人孔送至地面。

③松吊前、后吊杆（带），采用钢丝绳和倒链吊在前、后吊带孔上，将底模架及底模板整体徐徐放至地面。

④拆除前上横梁。

⑤拆除主构架之间的连接系，并先将主构架临时固定，拆除后解体。

⑥吊装主构架连同前后支座。

⑦拆除轨道。

（2）中跨挂篮拆除。中跨挂篮在中跨合龙施工完成后拆除。拆除之前先将挂篮后行至0号块处，在主墩附近进行拆除。具体拆除步骤与边跨拆除一致。

7.4.3 箱梁悬臂浇筑施工顺序

（1）上一节段预应力筋张拉、压浆。

（2）内、外侧模整体脱模并固定在滑梁上，滑梁临时吊挂于该段已张拉梁体上。

（3）解除锚固系统，挂篮走行，挂篮锚固，外侧模沿滑梁滑移就位。

（4）调整模板尺寸及标高。为保证现浇梁节段与节段之间的接缝平顺、无错台，在挂篮侧模和底模与先浇段混凝土接触面处贴设厚度不小于1.5cm的高压缩单面胶带，以保证在侧模和底模调整到位后，侧模、底模与混凝土面密贴，特别是曲线梁时更应注意。外模加固措施同上述0号段模板加固。

（5）绑扎底板、腹板钢筋及预埋件、预应力管道安装同前述。

（6）内模沿滑梁滑移就位，调整内模尺寸及标高。

（7）绑扎顶板钢筋、安装预应力管道、安装端模及堵头模板，从方便拆装角度考虑，底板端头模板上下分3块为佳；顶板及翼缘板端头模板以2块为佳。

（8）调整标高。

（9）自检和监理工程师检查。

(10) 两端对称灌注混凝土（其差值不得大于一块底板的质量）。

(11) 养护，拆除端模，凿毛。

(12) 穿束，（混凝土强度达到100％、7d龄期、100％设计弹模值）张拉。

(13) 压浆进入下一循环。梁底按设计图纸放样控制。顶板中及时预埋栏杆埋件、安装伸缩缝钢筋，预留泄水管孔位。

7.4.4 箱梁悬臂浇筑施工工艺流程

箱梁混凝土浇筑施工工艺流程详见图7-34。

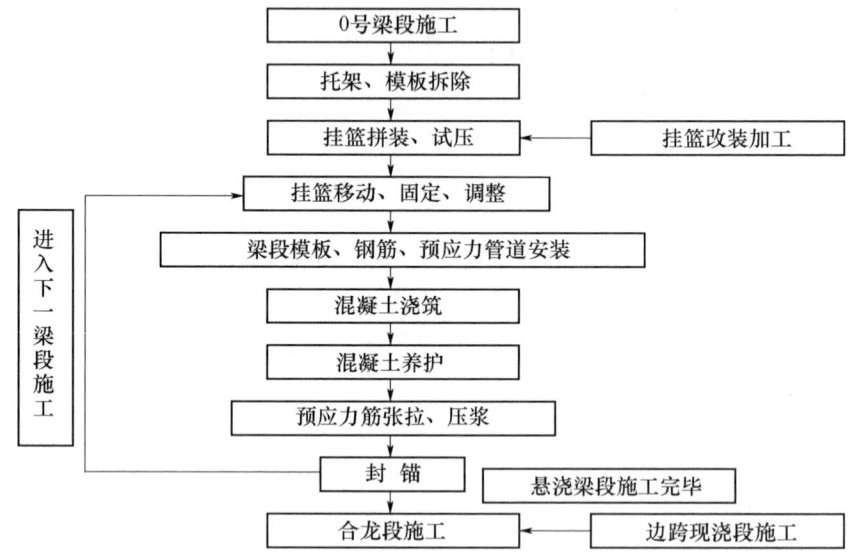

图7-34 箱梁混凝土浇筑施工工艺流程图

7.4.5 箱梁悬臂现浇施工技术质量措施

所有普通钢筋的施工、安装均应严格按照《铁路桥涵施工规范》的有关规定进行。预埋件包括：挂篮安装预留孔、挂篮锚固预埋粗钢筋、通风孔、泄水孔、接触网预埋钢筋、桥面垫层钢筋网、通信信号预埋钢筋、施工监测高程控制点预埋钢筋头及合龙段施工所需预埋件。

悬浇段的普通钢筋均采用现场绑扎。相邻段间的钢筋连接采用焊接时，焊接长度必须满足施工技术规范要求，焊接时必须注意不能损坏预应力管道。

当上、下层钢筋间距太大时，应在两层之间设置架立钢筋。梁顶面处钢筋保护层3cm，其余位置均为3.5cm。

当钢筋和预应力管道在空间发生干扰时，优先保证位置顺序为纵向预应力筋、横向预应力筋、竖向预应力筋、普通钢筋。钢束锚固处的普通钢筋如影响预应力施工，可适当弯折，但待预应力施工完毕后应及时复原。在钢筋施工过程中如发生钢筋空间位置冲突，可适当调整其布置，但应确保钢筋的根数和净保护层厚度。钢筋的保护层垫块材料的强度应与梁体相同。

如因浇筑或振捣混凝土需要，可对钢筋间距作适当调整。

如锚下螺旋筋与分布筋相干扰,可适当移动分布钢筋或调整分布钢筋的间距。

在混凝土浇筑前应仔细检查预埋件,确保其数量及位置正确,加固要牢固。当预埋件位置与普通钢筋位置发生冲突时,可适当调整普通钢筋的位置。预留孔洞设环状钢筋网。

所有预埋件外露部分都要进行防腐处理,按设计要求进行。

7.5 边跨现浇段施工

7.5.1 边跨现浇段施工工艺流程图

边跨现浇段施工工艺流程如图 7-35 所示。

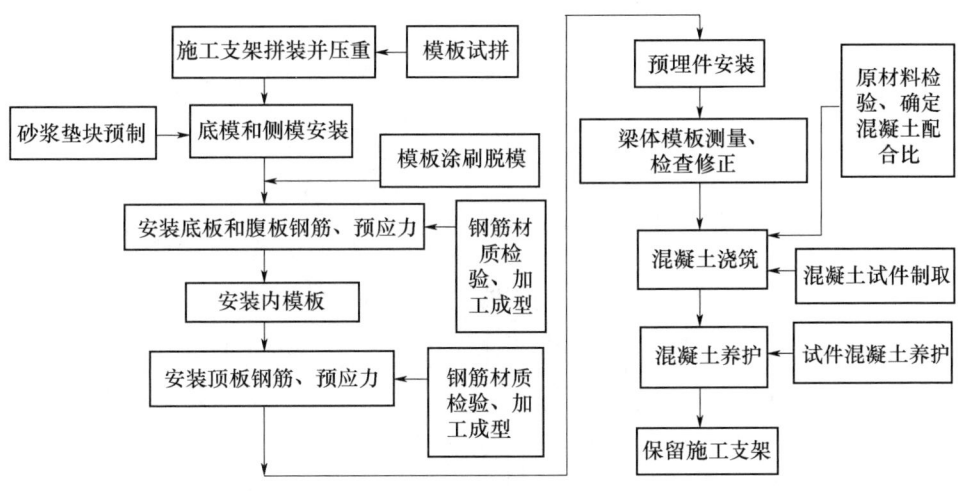

图 7-35 边跨现浇段施工工艺流程图

7.5.2 支架设计、搭设和预压

1. 支架设计

边跨现浇段纵桥向长 9.75m,梁宽 12m,箱梁高 4.85m,底板厚 0.4~0.8m,腹板厚 0.6~0.8m,两端隔板为 1.5m,节段体积为 138.803m³,节段质量为 360.887t。

边跨直线段支架采用 φ500mm×8mm 螺旋钢管柱+型钢+碗扣架的设计,共 8 根螺旋钢管,分两排,每排 4 根,排距为 450cm,柱距为 220cm+360cm+220cm,一排置于边跨桥墩承台基础上,距墩身 160cm,另一排置于 1100cm×140cm×80cm 的钢筋混凝土条形基础上,两排之间、管柱与墩身混凝土之间均采用Ⅰ12.6 的槽钢做剪刀撑及连杆连接,上下共 2 道,间距为 300cm。

螺旋钢管柱上面设置砂箱+40mm 工字钢+40mm 工字钢+碗扣架+顶托+方木,40mm 工字钢横向间距按照翼板 60cm、腹板 30cm、底板 60cm 布置,碗扣架主要布置于翼板部位,横向、纵向间距为 60cm,横杆步距为 120cm,方木采用 10cm×10cm,设置于顶托上。

2. 支架搭设

支架横桥向布置 4 根,间距为 220cm、360cm、220cm,详见图 7-36。

支架纵桥向布置 2 排,距墩身 160cm,2 排支架间距为 450cm,详见图 7-37。

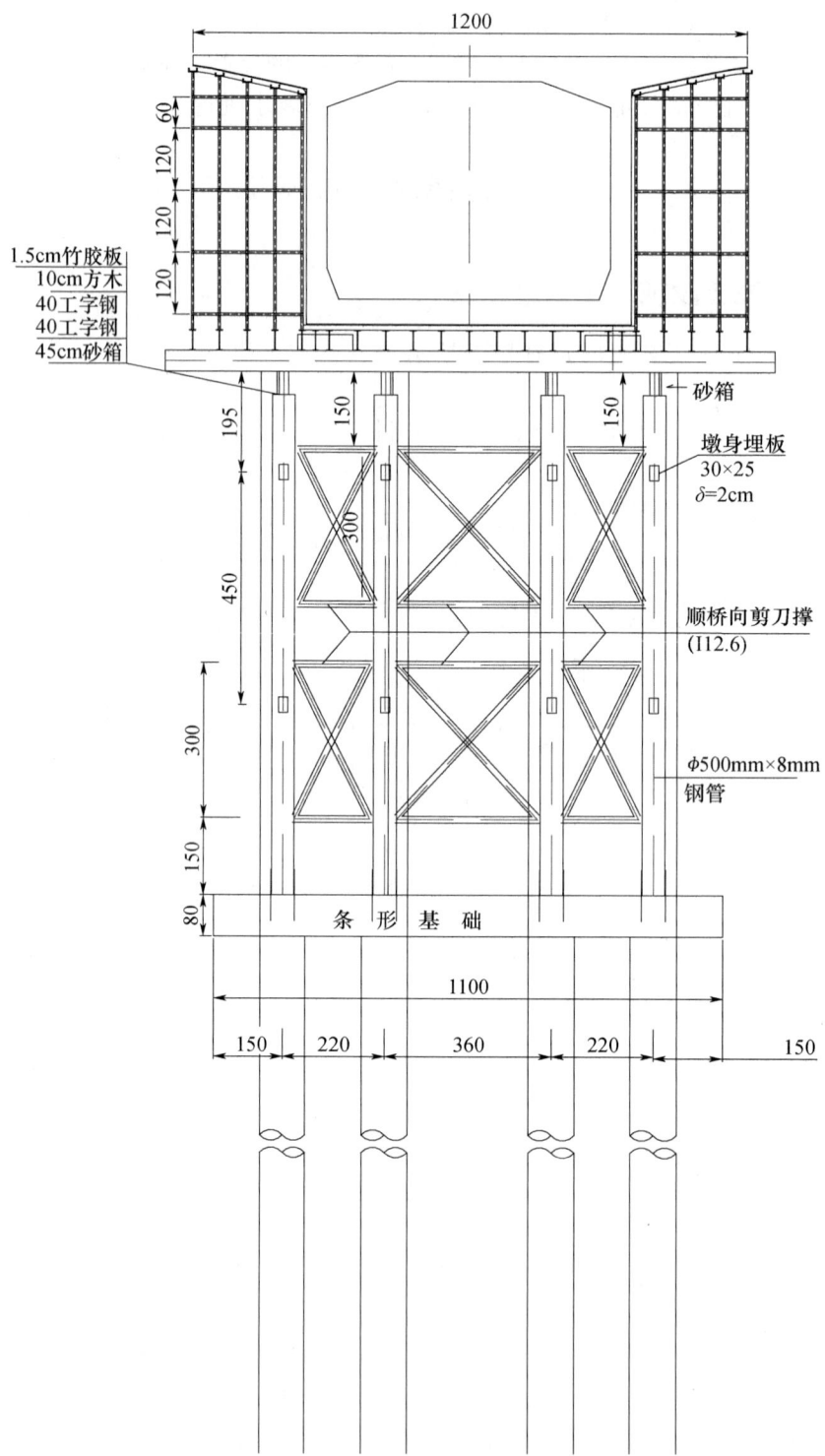

图 7-36 边跨现浇段支架横桥向布置图

7 连续梁悬臂浇筑法施工

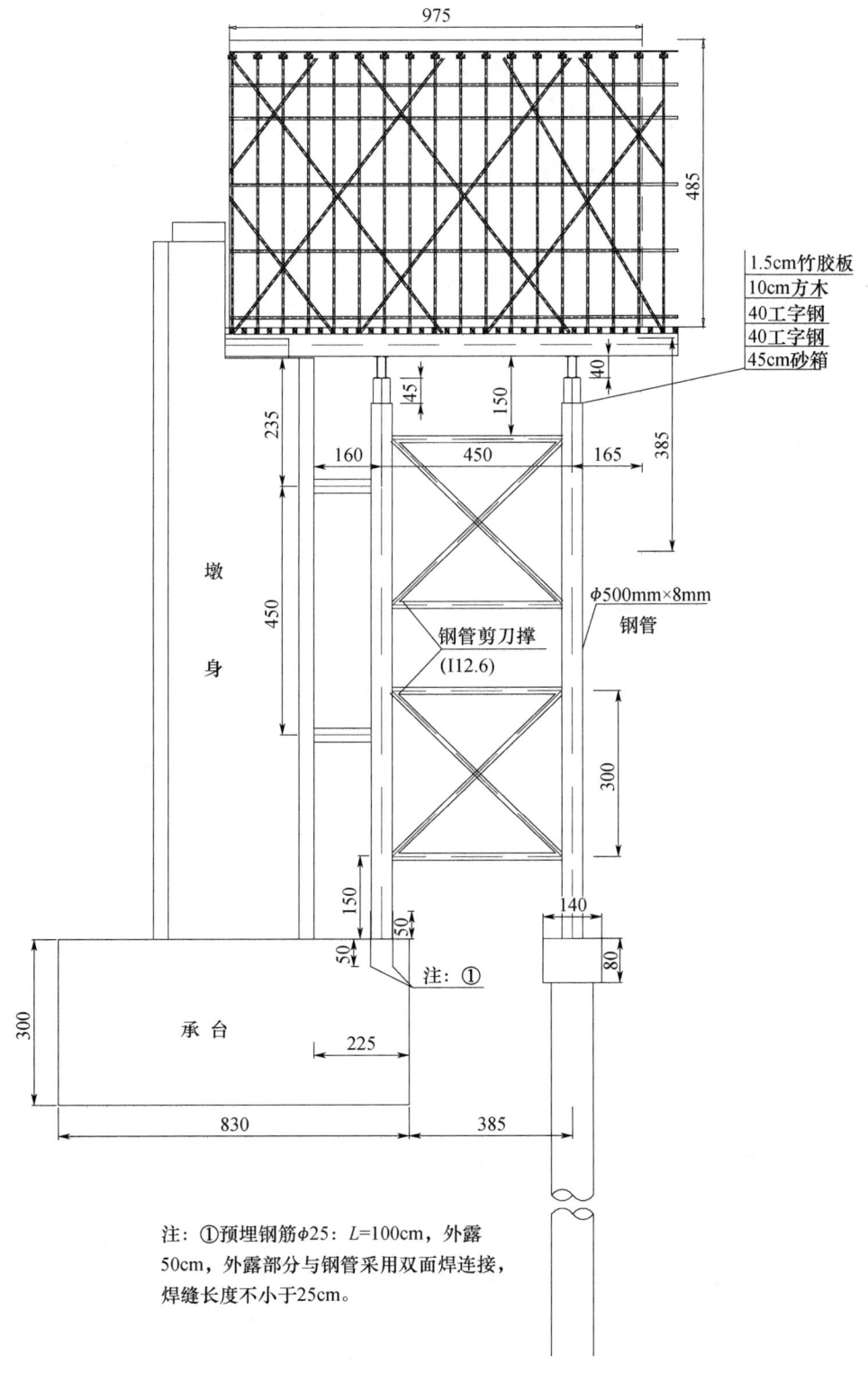

图 7-37 边跨现浇段支架纵桥向布置图

3. 支架预压

(1) 支架预压位置布置图（图 7-38）。

(2) 支架预压注意事项见 0 号跨预压注意事项。

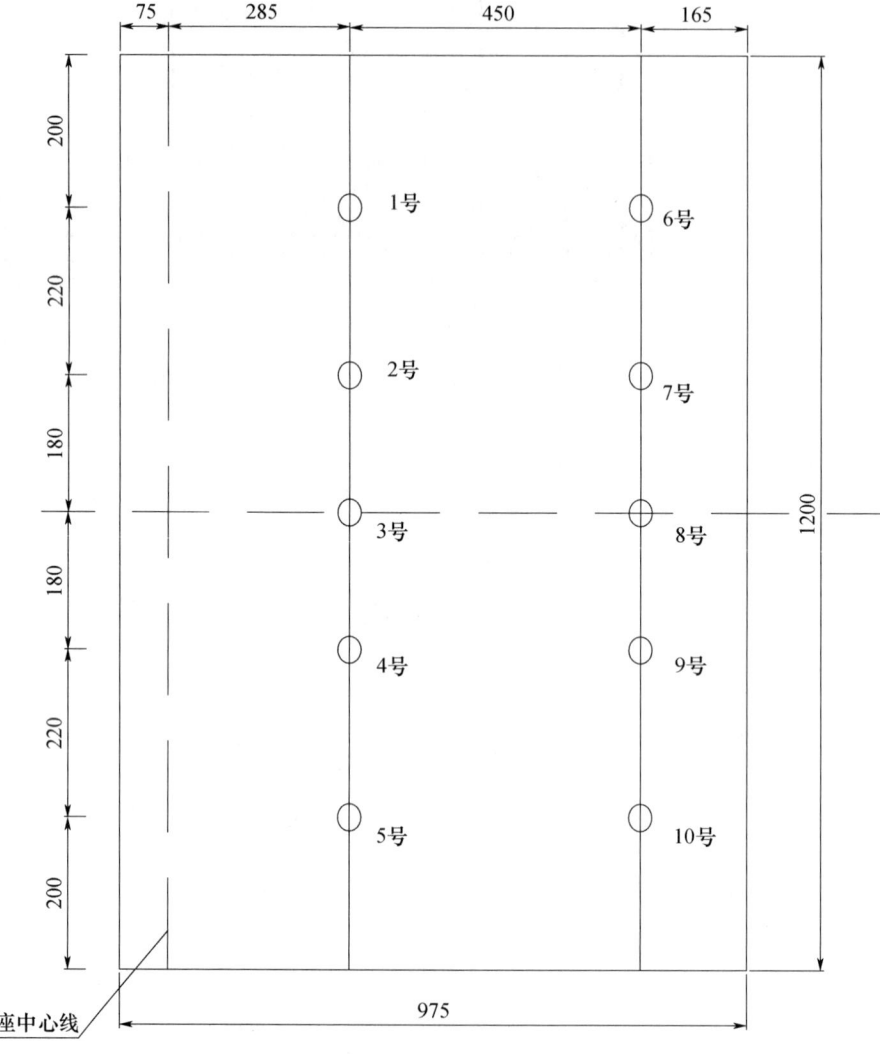

图 7-38 支架预压观测点布置图

7.5.3 基础处理

1. 边跨直线段地质情况简述

跨钟张运河 60m+100m+60m 连续梁边跨直线段中 414～415 号段地表为旱田地，417～416 号段地表为民房基地，基础条件相对较好。具体地质情况如下：

414～415 号墩地段：（由上至下顺序）表层为 3m 厚的粉质黏土，灰色、软塑，中压缩性，ω 为 30%，e 为 0.90，$[\sigma_0]$ 为 120kPa；下面为一层 3m 厚的粉土，灰色、中密，中压缩性，ω 在 30%，e 为 0.91，$[\sigma_0]$ 为 100kPa；下层为 3m 厚的淤泥质粉质黏土，灰褐色、流塑，高压缩性，ω 在 43%，e 为 1.23，$[\sigma_0]$ 为 60kPa。

417～416号墩地段：（由上至下顺序）表层为1.5m厚人工填土，灰褐色，稍密；下面一层为5m厚的粉土，灰色、中密，中压缩性，ω在30%，e为0.91，$[\sigma_0]$为100kPa；下层为3m厚的淤泥质粉质黏土，灰褐色、流塑，高压缩性，ω在43%，e为1.23，$[\sigma_0]$为60kPa。

2. 基础处理方法

承台上钢管柱直接与预埋$\phi25$螺纹钢筋焊接连接，承台外侧钢管柱基础采用4－$\varphi1.0m$钻孔灌注桩做基础，桩长为10m（414号）、10m（417号），间距为220cm＋360cm＋220cm，在钻孔桩顶部浇筑1100cm×140cm×80cm的C20钢筋混凝土条形基础，基础内预埋2cm厚65cm×65cm钢板与钢管柱焊接连接。

7.5.4 边跨现浇段施工

边跨现浇段模板、钢筋、预应力及混凝土施工工艺同0号块施工工艺，具体详见表7-12和表7-13。

表7-12 414～415号墩地段地质情况一览表

编号	名称	状态	层深（m）	岩层剖面	基本承载力（kPa）
（2）-1	粉质黏土	软塑	3		120
（2）-2	粉土	中密	3		100
（2）-3	淤泥质粉质黏土	流塑	3		60

表7-13 417～416号墩地段地质情况一览表

编号	名称	状态	层深（m）	岩层剖面	基本承载力（kPa）
（1）	杂填土	稍密	1.5		100
（2）-2	粉土	中密	5		100
（2）-3	淤泥质粉质黏土	流塑	3		60

7.6 合龙段施工

7.6.1 合龙段施工工艺流程

合龙段施工工艺流程如图 7-39 所示。

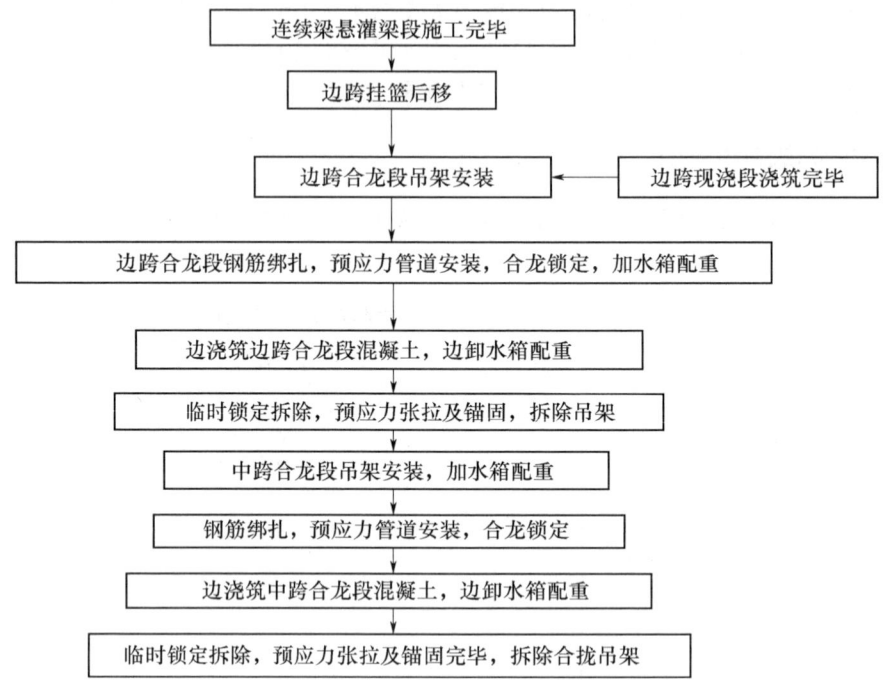

图 7-39 合龙段施工工艺流程图

连续梁合龙段分为 2 个边跨和 1 个中跨合龙段，共 3 个。

合龙顺序：先边跨合龙，边跨张拉完毕后，再进行中跨合龙。

边跨合龙和中跨合龙段采用吊架施工，为节省工期方便施工，利用合龙段一侧的挂篮和模板直接在现场改制成合龙段的吊架和模板。施工方法是先向 0 号块方向移动合龙段一侧的挂篮和模板适当距离，然后将另一侧挂篮主纵梁的一端穿越合龙段，使挂篮主纵梁支撑在合龙段两侧的箱梁悬臂端，形成合龙段施工吊架，挂篮底板和模板改制后，随前、后上横梁一起滑移就位。

合龙原则是低温灌注，又拉又撑又抗剪。合龙前使两悬臂端临时连接，保持相对固定，以防止合龙段混凝土在早期因为梁体混凝土的热胀冷缩开裂。同时选择在一天中的低温、变化较小时进行混凝土施工，保证混凝土处于升温、在受压的情况下达到终凝，避免受拉开裂。

按照设计的合龙顺序为先两个合龙顺序：先边跨合龙，边跨张拉完毕后，基础墩梁固结，再进行中跨合龙，而后张拉完成体系转换，合龙采用挂篮底模和内外模板充当合龙段模板。

7.6.2 边跨合龙

1. 吊装及模板安装

(1) 施工准备。

①悬臂梁段浇筑完毕,拆除悬臂挂篮主构架;

②清除箱顶、箱内的施工材料、机具,用于合龙段施工的材料、设备有序放至墩顶;

③在T构两悬臂端预备配重沙袋;

④近期气温变化规律测量记录。

(2) 边跨合龙段支架及模板。

边跨合龙梁段采用合龙吊架施工,合龙吊架和模板采用施工挂篮的底篮及模板系统。

2. 设平衡重

采用在悬臂端堆放沙袋的方法设平衡重,近端及远端所加平衡重吨位由施工平衡设计确定。

配重及合龙步骤见图 7-40。

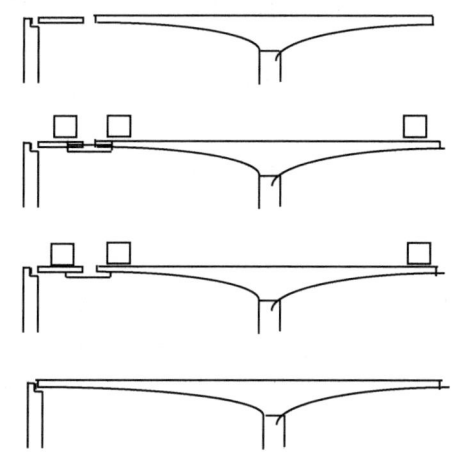

(1) T构悬臂浇筑及边跨等高度现浇段施工完毕,边跨合龙

(2) 加沙袋配重,钢筋绑扎,预应力管道安装,边跨合龙段锁定

(3) 选择当天最低温度时间浇筑混凝土,逐级卸除沙袋配重

(4) 边跨合龙段预应力张拉及锚固完毕,拆除合龙段吊架

图 7-40 边跨配重及合龙施工示意

3. 普通钢筋和预应力管道安装

普通钢筋在地面集中加工,运至合龙段绑扎安装。底板束管道安装前,应将所有底板束穿入,发现问题及时处理。合龙段底板束管道采用加强波纹管替代,以保证合龙段混凝土浇筑后底板束管道畅通。其余预应力束及管道安装同箱梁悬灌梁段。

4. 合龙锁定

合龙前使悬臂端与边跨等高度现浇段临时锁定,尽可能保持相对固定,以防止合龙段混凝土在浇筑及早期硬化过程中发生明显的长度改变,保证合龙段混凝土强度和弹性模量达到100%设计值时张拉混凝土不开裂。锁定时间按合龙段锁定设计执行,临时锁定是合龙的关键,合龙锁定遵循又拉又撑的原则,劲性骨架采用"预埋钢板+连接型钢+预埋钢板"结构,其断面面积及支承位置根据锁定设计确定。合龙时,在两预埋钢板之间设置连接工字钢,工字钢布置在箱梁顶板和底板顶部腹板附近各1个,共4个。合龙锁定布置见图 7-41。

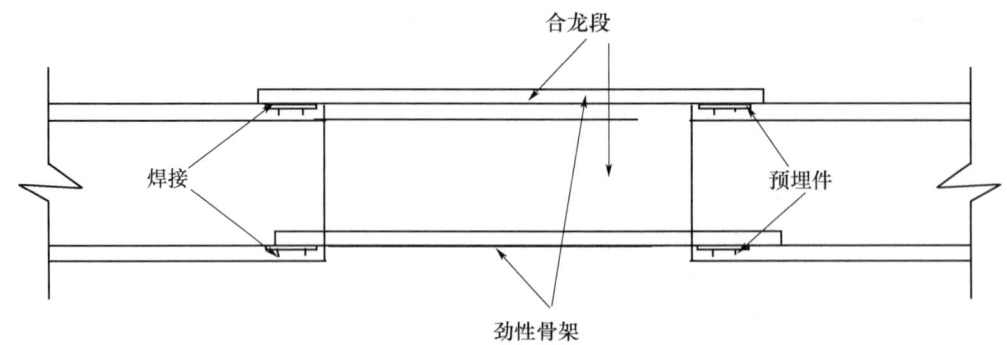

图 7-41 合龙段合龙锁定布置示意图

5. 劲性骨架施工

采用体外劲性骨架临时锁定的方式进行合龙段的施工。每个合龙段在顶、底板共设置 4 根双 32a 工字钢。其施工注意事项如下：

工字钢安装焊接前，应预先在预埋钢板的顶面放出钢接杆的轴线及端线，以确保位置准确，且与桥轴线平行。

工字钢与预埋板（$\delta=20mm$）应贴紧焊接，焊缝厚度不小于 10mm。施焊时，预埋板周边混凝土应浇水，避免烧伤混凝土。

工字钢在一天里低温时迅速焊接完成。为缩短焊接时间，拟投入 4 台焊机，同时连续焊接。

6. 浇筑合龙段混凝土

两边跨合龙段同时进行混凝土浇筑，以保证梁体平衡，体系转换稳定。混凝土浇筑过程中，按新浇筑混凝土的质量分级卸去平衡重，保证平衡施工。合龙段混凝土选择在一天中气温较低时进行浇筑，可保证合龙段新浇筑混凝土处于气温上升的环境中，在受压的状态下达到终凝，以防混凝土开裂。混凝土的浇筑速度每小时 $10m^3$ 左右，3~4h 浇完。

7. 预应力施工

合龙段永久束张拉前，覆盖箱梁悬臂并洒水降温以减小箱梁悬臂的日照温差，混凝土强度达到要求后拆除临时锁定，底板预应力束管道安装时要采取措施保证管道畅通，待合龙段混凝土达到设计强度和弹性模量达到 100% 后，先张拉边跨顶板预应力束，再张拉底板第一批预应力束，按照设计要求的张拉吨位及顺序双向对称进行张拉。横向、竖向及顶板纵向预应力施工同箱梁悬灌梁段施工。合龙段施工完毕后，管道压浆。

7.6.3 中跨合龙

（1）吊架及模板安装。同边跨合龙段。

（2）设平衡重。采用在悬臂端堆放沙袋的方法设平衡重，近端及远端所加平衡重吨位由施工平衡设计确定。配重及合龙步骤见图 7-42。

（3）钢筋与预应力管道安装。普通钢筋及预应力管道安装与边跨合龙段相同。

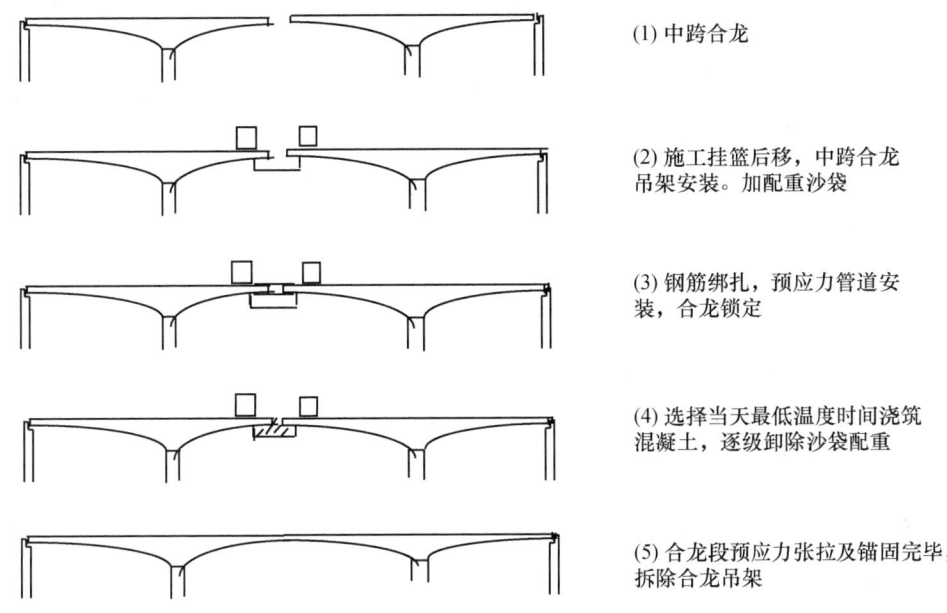

(1) 中跨合龙

(2) 施工挂篮后移，中跨合龙吊架安装。加配重沙袋

(3) 钢筋绑扎，预应力管道安装，合龙锁定

(4) 选择当天最低温度时间浇筑混凝土，逐级卸除沙袋配重

(5) 合龙段预应力张拉及锚固完毕，拆除合龙吊架

图 7-42　中跨配重及合龙施工示意图

（4）合龙锁定。合龙前使合龙段两悬臂端临时锁定，尽可能保持相对固定，以防止合龙段混凝土在浇筑及早期硬化过程中发生明显的长度变化，保证合龙段混凝土强度及弹性模量达到100％设计值且混凝土龄期不少于5d进行预应力张拉时混凝土不开裂。同时拆除主墩临时固结。合龙前除"T构"悬臂端按平衡要求设置平衡重外，如施工有要求还将对合龙段处采取调整措施。合龙段支撑劲性钢骨架施工同边跨合龙段施工。

（5）浇筑合龙段混凝土。中跨合龙段混凝土浇筑与边跨合龙段施工相同。

（6）预应力施工。中跨合龙段锁定拆除后，按设计先预张拉顶板、底板预应力束，合龙后补张拉到设计吨位，中跨合龙完成后，张拉中跨预应力束，再张拉边跨底板第二批预应力束，合龙段施工完毕后，管道压浆。

（7）拆除模板及吊架。

7.6.4　结构体系的转换

连续梁采用悬臂施工法，在结构体系转换时，为保证施工阶段的稳定，边跨先合龙，释放墩梁锚固，结构由双悬臂状态变成单悬臂状态，最后中跨合龙，形成连续梁受力状态。施工过程中存在梁的受力结构体系转换，施工时注意以下几点：

（1）结构由双悬臂状态转换成单悬臂受力状态时，梁体某些部位的弯矩方向会发生变化。所以在拆除梁墩锚固前，应按设计要求，张拉一部分或全部布置在梁体下部的正弯矩预应力束。对活动支座还需保证解除临时固结后的结构稳定，如需控制应采取措施限制单悬臂梁纵桥向发生过大水平位移。

（2）墩梁临时锚固的放松，应均衡对称进行，确保逐渐均匀地释放。在放松前应测量各梁段高程。在放松过程中，注意各梁段的高程变化，如有异常情况，应立即停止作业，找出原因，以确保施工安全。

（3）对转换为超静定结构，需考虑钢绞线张拉、支座变形、温度变化等因素引起结构的次内力。若按设计要求，需进行内力调整时，应以标高、反力等多因素控制，相互校核。如出入较大时，应分析原因。

（4）在结构体系转换中，临时固结解除后，将梁落于正式支座上，并按标高调整支座高度及反力。支座反力的调整，以标高控制为主，反力作为校核。

8 连续梁支架现浇法施工

8.1 跨甬宁石油管道段南河特大桥工程概况

8.1.1 结构型式和水文地质条件

南河特大桥22～25号桥墩采用40m+64m+40m的连续梁通过,该连续梁与甬宁石油管道成29°交角,与排洪沟成69.6°交角。正线里程为DK075+946.410～DK076+092.110,支架现浇联长145.5m,上部结构梁体为单箱单室、直腹板、变高度、变截面结构。箱梁顶宽12.0m,箱梁底宽6.7m。各控制截面梁高分别为:端支座处及边跨直线段和跨中处为3.05m,中支点处梁高为6.05m,梁底下缘按二次抛物线控制,抛物线方程为:$y=0.0045245x^2$;顶板厚40cm,腹板厚为48～80cm,按折线变化,底板厚40～80cm,按直线线性变化;全联在端支点、中支点和中间跨跨中处共设5道横隔板,横隔板设有进人孔洞。

纵向预应力钢束采用抗拉极限强度标准值为1860MPa的高强低松弛钢绞线,公称直径15.2mm,公称截面积140mm²;$E_p=1.95×10^5$MPa;其技术条件应符合GB/T 5224—2003标准。管道采用金属波纹管,夹片锚锚固体系。竖向预应力采用φ25预应力混凝土用螺纹钢筋,其技术条件符合GB/T 20065—2006标准,标准强度$f_{pk}=$830MPa,锚下张拉控制应力705MPa。采用φ35铁皮管成孔,锚固时锚具回缩量不得大于1mm。梁体钢筋采用HPB300级、HRB335级钢筋,分别符合《钢筋混凝土用钢 第1部分:热轧光圆钢筋》(GB 1499.1—2017)和《钢筋混凝土用钢 第2部分:热轧带肋钢筋》(GB 1499.2—2018)标准。

该连续梁主要跨越甬宁石油管道,与管道成29°交角,根据石油管道管理单位的要求,对管道进行防护,保证施工正常进行。在DK076+005.800～DK076+008.800处跨越排洪沟,与其夹角为69.6°,由于本联连续梁采用支架现浇法施工,需地基处理,所以对排洪沟进行加固处理,以保证支架基础稳定。

桥面宽度:防撞墙内侧净宽8.8m,桥上人行道栏杆内侧净宽11.9m,梁顶面宽12.0m,桥梁建筑总宽12.28m。梁顶面设置顶宽3100mm的加高平台,距梁端1.5m铺设泡沫塑料板区域加高平台15mm,其他区域加高平台高65mm,加高平台平整度满足3mm/4m及2mm/1m的要求。梁全长为145.5m(含边支座中心线至梁端0.75m),计算跨度为40m+64m+40m。箱梁采用C50高性能混凝土$f_c=33.5$MPa,$f_{ct}=3.10$MPa,$E_c=3.55×10^4$MPa,管道压浆所用水泥浆强度等级不低于M50,封锚采用C50无收缩混凝土,防护墙及人行道栏杆底座采用C40混凝土。

地质情况：连续梁施工区域从上至下主要为淤泥质粉质黏土（地基承载力为 50kPa，厚度为 0~9m）、粉质黏土（地基承载力为 220kPa，厚度为 5.7~10m）、全风化钙质泥岩（地基承载力为 200kPa，厚度为 1.2~3.0m）、强风化钙质泥岩（地基承载力为 350kPa）及弱风化钙质泥岩（地基承载力为 500kPa）。表层的淤泥质粉质黏土清理以后，承载力为 220kPa 的粉质黏土底层可直接作为地基换填的持力层。

气候情况：施工范围气候属亚热带季风气候，四季分明，温暖湿润，雨量充沛，湿度大，无霜期长。沿线全年平均气温在 15.0~18.0℃，全年无霜期 230 天左右，每年 7—8 月气温较高，1—2 月气温较低，极端最高气温为 38.8~43.0℃，极端最低气温为 −14.0~ −10.1℃。多年平均降雨量为 1027~1600mm，山区稍多，年降雨天数在 150~160d，年最大降雨量为 2356mm，年最小降雨量为 570mm，年蒸发量为 1130~1380mm，年平均相对湿度为 81%。春末夏初易生梅雨。7—9 月为台风活动期，常形成大风大雨的灾害性天气。沿线河流 5—9 月为主汛期，一般由梅雨及台风雨形成。

沿线地震动参数：根据《中国地震动峰值加速度区划图》（GB 18306—2015），本标段地震动峰值加速度如下：DK075+213.16~DK124+000 地震动峰值加速度 0.1g，动反应谱特征周期 0.35s；为保证梁部结构在地震力等特殊荷载作用下的安全性能，在梁与墩之间设置防落梁设施。

线路资料：本连续梁平面位于直线上，间距 5.0m，无声屏障；纵断面位于 −3.1‰ 的坡度上。

8.1.2　主要工程量、材料用量及主要技术指标

连续梁主要工程量及材料用量见表 8-1。

表 8-1　主要工程量、材料用量表

部位	项目	材料及规格	单位	数量
主梁	混凝土	C50/无收缩混凝土	m³	2240.4/12.6
	管道压浆	M50 水泥砂浆	m³	41.8
	f_{pk}=1860MPa 预应力钢绞线	ϕ^s15.20	t	118.1
	精轧螺纹钢筋	ϕ25	t	14.08
	普通钢筋	HPB300	t	0.78
		HRB335	t	322.69
	桥面防裂钢筋网	ϕ^R9mm	t	10.79
	金属波纹管	内径 ϕ90mm	m	6453.2
		ϕ70mm×19mm（扁）	m	3795.9
	铁皮管	ϕ内 35mm	m	3142.2
	锚具	M15-15	套	216
		BM15-4	套	342
		BM15P-4	套	342
		JLM25 型轧丝锚	套	1624

8 连续梁支架现浇法施工

续表

部位	项目	材料及规格	单位	数量
支座	球形支座	NHQZ-7000-DX	套	2
		NHQZ-7000-ZX	套	2
		NHQZ-25000-DX	套	1
		NHQZ-25000-ZX	套	1
		NHQZ-25000-HX	套	1
		NHQZ-25000-GD	套	1
桥面	防水层	喷涂型防护墙内侧/外侧	m^2	1499/480
防护墙	混凝土	C40	m^3	48.25
	钢筋	HPB300	t	21.38
竖墙预埋钢筋	无声屏障	HRB335	t	8.87
防落梁	钢料	Q235	t	4.65
接地端子			个	24
伸缩缝			道	2
桥面排水	泄水管	外径 $\phi125$	套	108
	PVC排水管	外径 $\phi125$	m	96.3

跨甬宁石油管道 40m＋64m＋40m 连续梁钢筋安装允许偏差见表 8-2；连续梁梁体外观质量的检验和允许偏差值见表 8-3；梁段模板安装的标准和允许偏差见表 8-4；支座安装的标准及允许偏差见表 8-5。

表 8-2 钢筋安装允许偏差

序号	项目	允许偏差（mm）	检验方法
1	桥面主筋间距及位置偏差（拼装后检查）	≤15	尺量检查不少于5处
2	底板钢筋间距及位置偏差	≤8	
3	箍筋钢筋间距及位置偏差	≤15	
4	腹板箍筋的不垂直度（偏离垂直位置）	≤15	
5	混凝土保护层厚度与设计值偏差	≤5	
6	其他钢筋偏移量	20	

表 8-3 模板尺寸允许偏差和检验方法

序号	项目	允许偏差（mm）	检验方法
1	侧、底模板全长	±10	尺量检查各不少于3处
2	底模板宽	+5	尺量检查不少于5处
3	底模板中心线与设计位置偏差	2	拉线量测
4	桥面板中心线与设计位置偏差	10	
5	腹板中心线位置偏差	10	尺量检查
6	隔板中心线位置偏差	5	

续表

序号	项目	允许偏差（mm）	检验方法
7	模板垂直度	每米高度3	吊线尺量检查不少于5处
8	侧、底模板平整度	每米长度2	1m靠尺和塞尺检查各不少于5处
9	桥面板宽度	±10	尺量检查不少于5处
10	腹板厚度	+10，0	
11	底板厚度	+10，0	
12	顶板厚度	+10，0	
13	隔板厚度	+10，-5	
14	端模板预留预应力孔道偏离设计位置	3	尺量检查

表8-4 梁体外形尺寸允许偏差和检验方法

序号	项目	允许偏差（mm）	检验方法
1	梁全长	±20	检查桥面及底板两侧，放张/终张拉30d后测量
2	梁跨度	±20	检查支座中心至中心，放张/终张拉30d后测量
3	桥面及防护墙内侧宽度	±10	检查1/4跨、跨中、3/4跨和梁两端
4	腹板厚度	+10，-5	通风孔测量，跨中、1/4跨、3/4跨各2处
5	底板宽度	±5	专用测量工具测量，跨中、1/4跨、3/4跨和梁两端
6	桥面偏离设计位置	10	从支座螺栓中心放线，引向桥面
7	梁高	+10，-5	检查两端
8	梁上拱	$L/3000$	放张/终张拉30d时
9	顶板厚	+10，0	专用工具测量，1/4跨、跨中、3/4跨、梁两端各2处
10	底板厚	+10，0	
11	防护墙厚度	±5	尺量检查不少于5处
12	表面垂直度	每米高度偏差3	侧量检查不少于5处
13	梁面平整度	每米长度偏差5	1m靠尺检查不少于15处
14	底板顶面平整度	每米长度偏差10	1m靠尺检查不少于15处
15	钢筋保护层	不小于设计值	专用仪器测量，跨中和梁端的顶板顶底面、底板顶底面、腹板内外侧、防护墙侧面和顶面以及梁端面各1处（每处不少于10点）

续表

序号	项目		允许偏差（mm）	检验方法
16	上支座板	每块边缘高差	1	尺量
		支座中心线偏离设计位置	3	
		螺栓孔	垂直梁底板	
		螺栓孔中心偏差	2	尺量每块板上四个螺栓中心距
		外露底面	平整无损、无飞边、防锈处理	观察
17	电缆槽竖墙、伸缩装置预留钢筋		齐全设置、位置正确	观察
	接触网支架座钢筋		齐全设置、位置正确	
	泄水管、管盖		齐全完整，安装牢固，位置正确	
	桥牌		标志正确，安装牢固	

表8-5 支座安装允许偏差和检验方法

序号	项目			允许偏差（mm）	检验方法
1	墩台纵向错动量	一般高度墩台		20	测量
2	墩台横向错动量	一般高度墩台		15	
3	同端支座中心横向距离	偏差与桥梁设计中心对称时		−10~30	
		偏差与桥梁设计中心不对称时		−10~15	
4	NHQZ球形支座	下座板中心十字线扭转	下座板尺寸＜2000mm	1	
			下座板尺寸≥2000mm	1‰边宽	
		固定支座十字线中心与全桥贯通测量后墩台中心线纵偏差	连续梁或跨度60m以上简支梁	20	
		活动支座中心线的纵向错动量（按设计气温定位后）		3	
		固定支座上下座板中线的纵横错动量		3	
		支座底板四角相对高差		2	
		活动支座的横向错动量		3	
		上下座板及摇轴、辊轴之间的扭转		1	

8.2 施工组织安排

8.2.1 施工管理目标

遵循"整体设计、系统建设、优质高效、一次建成"的方针，坚持设计高标准、科技高起点、工程高质量的要求，实现科技创新、管理创新、制度创新，达到"一流的设计、一流的工程、一流的技术装备、一流的运营管理"的建设目标，建成世界一流的客运专线连续梁工程，实现精品工程、安全工程的目标；达到工程合格，主体工程质量"零缺陷"，确保桥梁100年的使用期要求，竣工验收一次合格率100%的质量目标；消灭安全事故，杜绝较大及以上安全事故的安全生产目标；无集体投诉事件，环境监控达标，环境保护、水土保持设施与主体工程"先设计、后施工、再投入使用"的施工环保、水土保持目标；环境整洁、纪律严明、设备完好、物流有序、信息准确、生产均衡、创部级文明施工样板及安全标准工地的文明施工目标。

严格遵照职业安全健康管理体系的标准建立本项目职业健康体系，制定实施职业健康等各项制度和措施。保证职工生活及工作场所干净整洁、施工现场粉尘及有害气体不超过国家规定标准、劳动保护符合有关规定；防止食物中毒、区域性传染病扩散、职业病发生。施工计划在2009年10月27日开始，在2010年3月10日结束，施工进度计划及横道图见表8-6。

表8-6　40m＋64m＋40m连续梁支架现浇施工进度（d）

跨度	地基处理	支架搭设	A段施工	B、C段施工	D段施工	张拉封锚	合计
40m＋64m＋40m	30	35	72	86	18	16	257
时间安排	11-10—12-10	12-11—01-04	01-05—03-17	01-11—04-06	03-28—04-14	04-15—04-30	11-10—04-30

8.2.2　施工管理组织结构

施工管理组织结构详见图8-1。

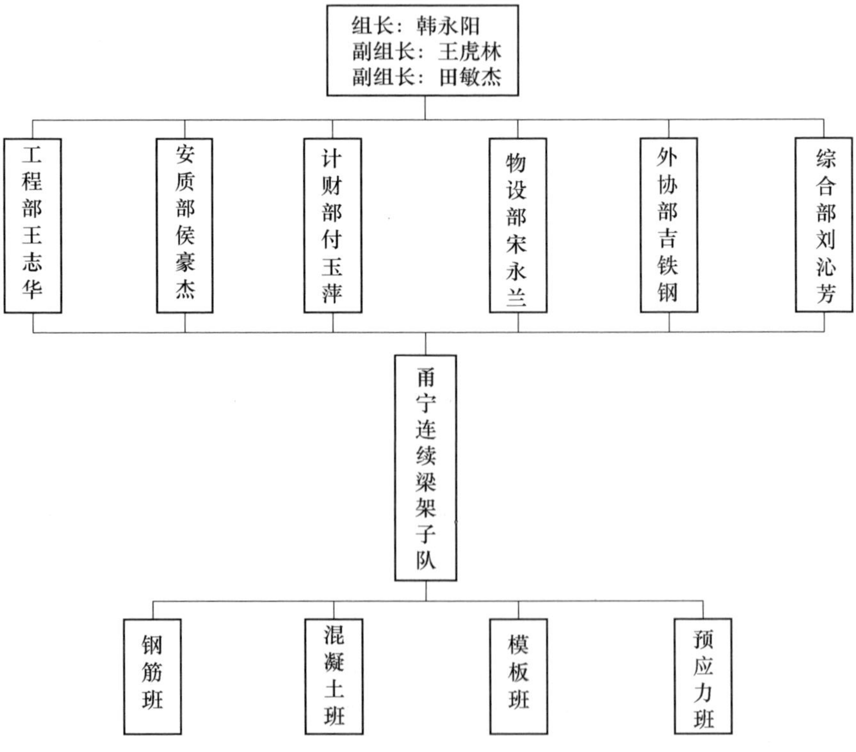

图8-1　施工管理组织结构

8.3 施工方法与工艺

本连续梁采用满堂支架现浇法施工，采用碗扣式支架。南河特大桥22～25号墩承台、墩身施工完毕后首先对整个支架搭设范围进行清淤换填，地基处理范围宽度为15.6m，混凝土面宽度14.4m，长度按照箱梁施工所需的范围处理至两边墩外侧承台处。确保地基承载力不低于设计要求，并在地基表面设置横桥向双面坡，在两侧设置边沟，保证施工场地不积水。再在处理好的地基上分层填筑三七灰土后搭设支架，支架立杆上设可调顶托，顶托内安装顺桥向Ⅰ10槽钢，调支托确定底板标高，槽钢内铺设10cm×5cm方木，再按设计间距安装横桥向方木（9cm×9cm红松）。然后对支架进行总荷载值的50％、80％、100％、120％四级预压，调整支架标高后安装模板，底模、外模、内模均采用1.5cm厚竹胶板。浇筑过程中腹板混凝土产生的侧压力较大，拟采取设计拉筋固定，斜杆支撑辅助措施进行腹板加固，局部尺寸变化采用木模。再按照施工顺序浇筑混凝土并张拉预应力（束）筋，压浆封锚，全桥张拉完成后拆除支架进行桥面系施工。梁体混凝土在浇筑过程中为预防停电等突发事件的发生，在现浇梁浇筑现场准备1台150kW的发电机。施工工艺流程见图8-2。

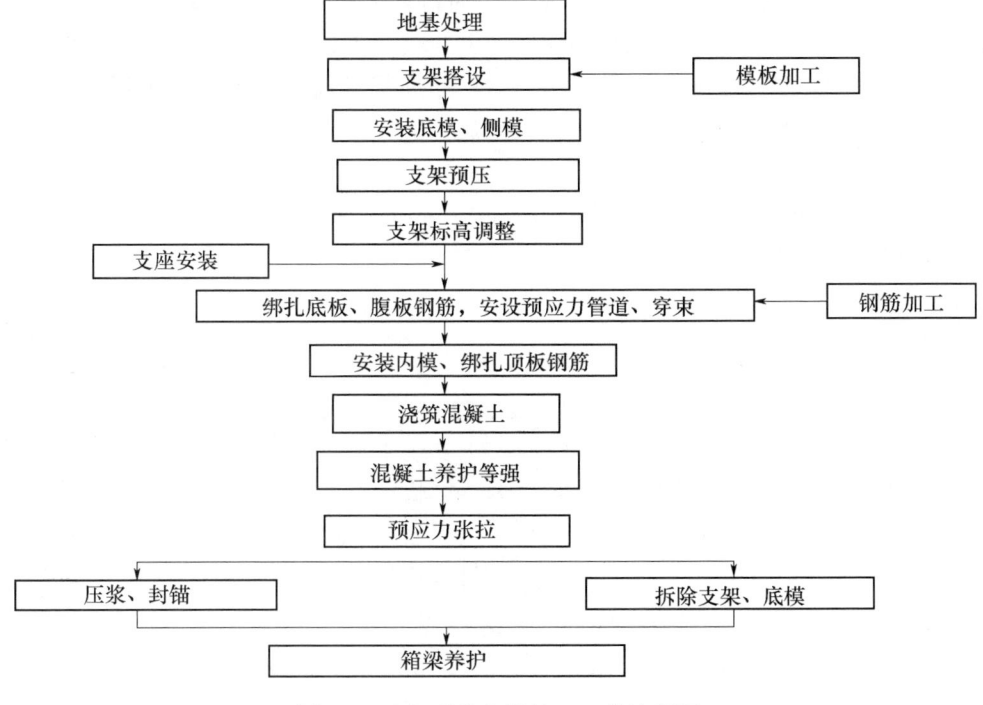

图8-2 支架现浇各段施工工艺流程图

8.3.1 地基处理

1. 地基处理要求

地基处理范围宽度按照梁宽12m，两侧各加宽1.8m即15.6m；长度为两边墩承台之间部分，按155m处理。该连续梁处地基以50kPa的淤泥质粉质黏土、220kPa的粉质黏土和200～350kPa的钙质泥岩为主。根据计算主墩两侧14.25m范围内和跨中横隔板处地基承载力达到300kPa，其他部分地基承载力达到280kPa才能满足要求。

2. 跨中至22号墩地基处理方法

首先测量人员对施工的地形进行测量，放出开挖边线，挖掘机开挖，自卸车将其运至指定的弃土地点。跨中至22号桥墩部分：清除软土层至基本承载力 $f_a=220$kPa的底层后振动碾压实，经过试验检测，地基承载力达到相应要求后，再进行换填处理。换填料为搅拌均匀的三七灰土，从低处开始分层换填，分层按松铺40cm进行控制，每一层的高程大致水平。灰土要拌制均匀，比例严格控制，保证回填土料的质量。经过碾压，试验合格后进行下一层的施工。达到设计高程后，填筑级配碎石，平整碾压。最后进行混凝土面层的施工，保证排水方向和顶面高程，及时进行混凝土养护。

3. 跨中至25号墩地基处理方法

跨中至25号桥墩部分：换填深度小于3m的部分，开挖至基本承载力达到 $f_a=220$kPa的黏土层，振动碾压实，经过试验检测，地基承载力达到相应要求后，按照换填要求进行上部的处理；开挖深度超过3m地基承载力仍达不到 $f_a=220$kPa要求的，在开挖3m的基面上换填10～30cm块石碾压，经过试验检测，地基承载力达到相应要求后，上部按照换填要求进行处理。换填块石时可掺入石灰，加速基地的固结。主墩横桥向轴线两侧14.25m、跨中横隔板及24～25号墩范围内面层设30cm厚的C25混凝土，顶面设 $\phi20@20\text{cm}\times20\text{cm}$ 防裂钢筋网，钢筋净保护层4cm。其余地段面层混凝土设25cm厚。放出支架搭设的中线，进行支架施工。

4. 甬宁石油管道防护施工

甬宁石油管道的处理经过与其管理单位进行沟通，采取混凝土涵洞的防护措施，典型断面如图8-3所见。

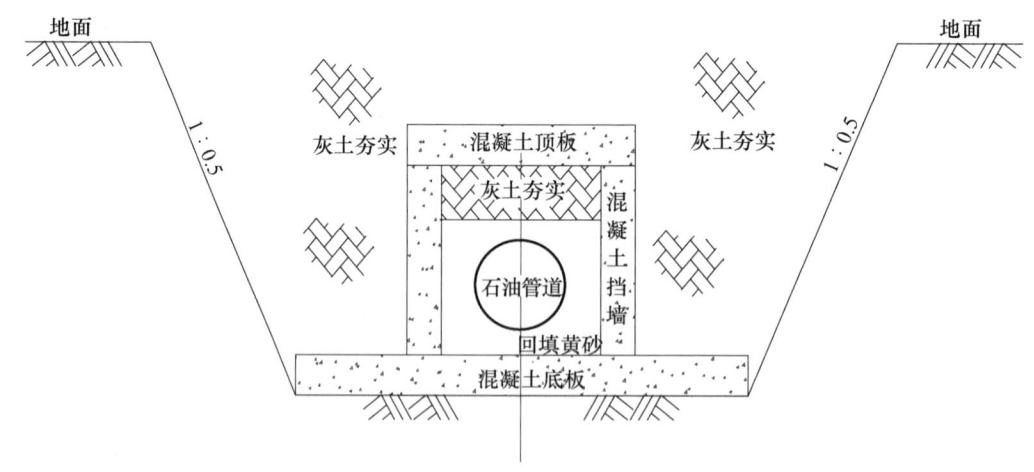

图8-3 甬宁石油管道防护横断面图

沿石油管道进行开挖，边坡按照1∶0.5进行放坡，接近管道时，人工辅助进行，防止机械设备破坏石油管道，酿成重大事故。开挖轮廓主要以石油管道进行控制，其尺寸均为石油管道的相对尺寸。达到高程后，打夯机夯实，进行底板、挡墙的施工。混凝土强度达到后，进行挡墙内外的回填，回填的质量要求同上，每层均要经过试验检验和验收。挡墙内先回填黄砂，顶部回填灰土，打夯机夯实。随后进行顶板和顶部灰土的填筑。为保证石油管道的安全，防护措施采用钢筋混凝土的结构，典型断面如图 8-4 所示。

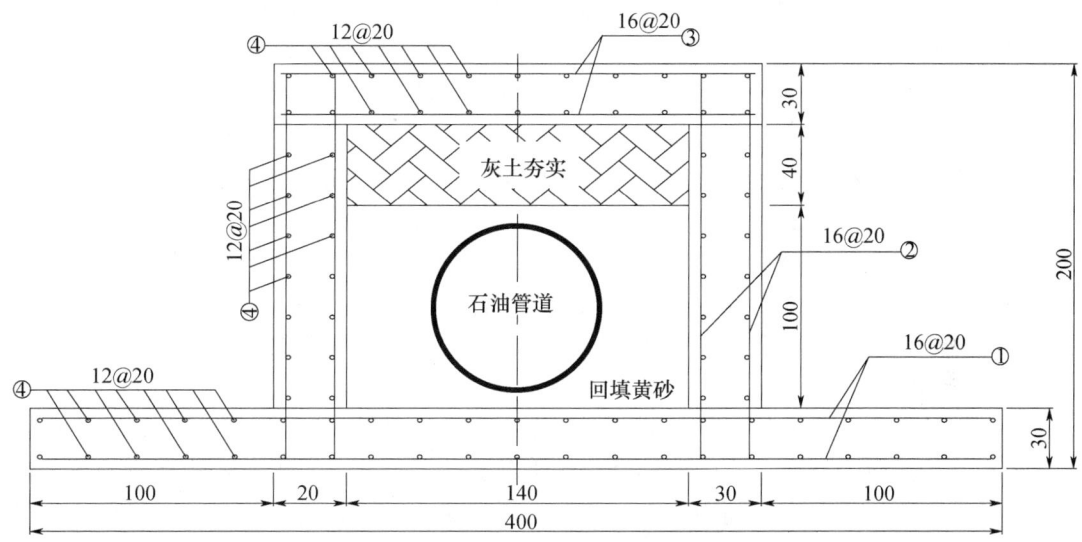

图 8-4　甬宁石油管道钢筋布置横断面图

5. 排洪沟施工

排洪沟处理，先将沟底淤泥挖除，回填三七灰土至原沟底 30cm，并碾压至要求承载力，然后进行底板和上部施工。底板、顶板和两侧边墙采用 30cm 厚钢筋混凝土，顶板、底板和 φ630 螺旋钢管之间空隙用三七灰土回填并用小型打夯机分层打夯至要求承载力。钢管放置要有 2‰坡度，横桥向每根钢管长 22m，排洪沟上游侧做混凝土面板挡水坡，坡比为 1∶0.75，混凝土面板厚 15cm，防止水流渗入承重地基段，下游直接引入原便道混凝土涵管内，典型断面图见图 8-5。

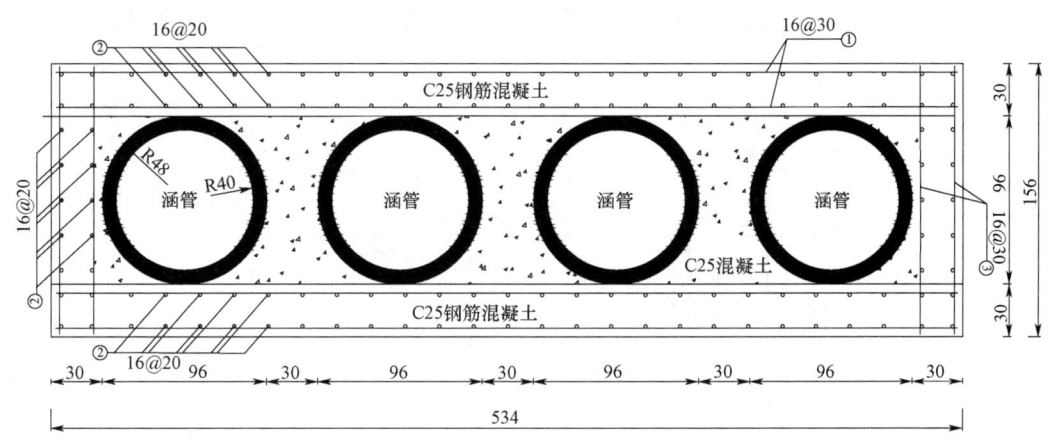

图 8-5　排洪沟处理横断面图

8.3.2 支架安装

1. 主要工艺

搭设支架前首先进行地基处理，使地基承载力满足设计要求。然后搭设支架，在支架顶托内安装顺桥向Ⅰ10槽钢，调支托确定底板标高，槽钢内铺设10cm×5cm方木，再按设计间距安装横桥向方木（9cm×9cm红松）。铺设底模，调整标高。安装完毕后采用堆载法对支架进行分级预压，以消除地基和支架的非弹性变形。预压荷载不得小于荷载总值（包括施工荷载）的1.2倍，加载时按照50%、80%、100%、120%预压荷载分四级加载，观测其变形和沉降，根据预压情况测得支架的弹性变形。以1d（24h）两次观测结果差值不大于2mm，且2d（48h）观测结果差值不大于3mm时，认为支架沉降处于稳定状态，沉降观测时间设为3d。预压完成并卸载之后，先调整底模，然后安装侧模，最后绑扎梁体钢筋；混凝土在混凝土拌和站集中拌和，混凝土罐车运输，混凝土泵泵送入模；混凝土振捣采用插入式振捣器结合平板振捣器振捣。

2. 支架布置

由于箱梁纵向和横向的不均匀分布，所以支架布置时纵向分为主墩部分、跨中横隔板部分和跨中部分，横向分为中间部分、腹板部分和翼板部分。支架结构型式如下：按支架处荷载大小，进行支架间距调整，桥梁主墩两侧14.25m范围内（主墩部分）中间部分立杆纵向间距为60cm，横向间距为60cm；翼板部分纵向间距为60cm，横向间距90cm；腹板部分立杆纵向间距为30cm，横向间距为30cm，如图8-6、图8-7所示。跨中横隔板部分立杆纵向间距为30cm，横向间距为60cm；翼板部分纵向间距为60cm，横向间距90cm；腹板部分立杆纵向间距为30cm，横向间距为30cm，如图8-8所示。除主墩两侧14.25m和跨中横隔板2.0m范围（跨中部分）外，跨中部分立杆纵向间距为60cm，横向间距为60cm；翼板部分纵向间距为60cm，横向间距90cm；腹板部分立杆纵向间距为60cm，横向间距为30cm。如图8-9所示。为确保支架的整体稳定性，每根立杆下端均设定方形立杆垫座，并在支架结构中用斜撑加固，斜撑纵桥向间距为6m，横向加固四排；横桥向间距1.8m，每断面加固10根或12根，见图8-10、图8-11、图8-12。立杆安装时应及时设置扫地横杆，将所装立杆连成一整体，以保证立杆的整体稳定性。

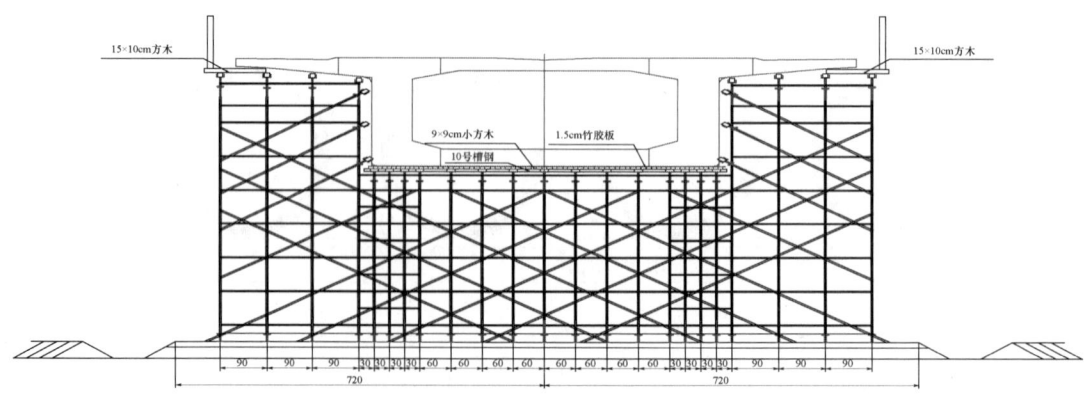

图8-6 主墩5-5断面支架布置图

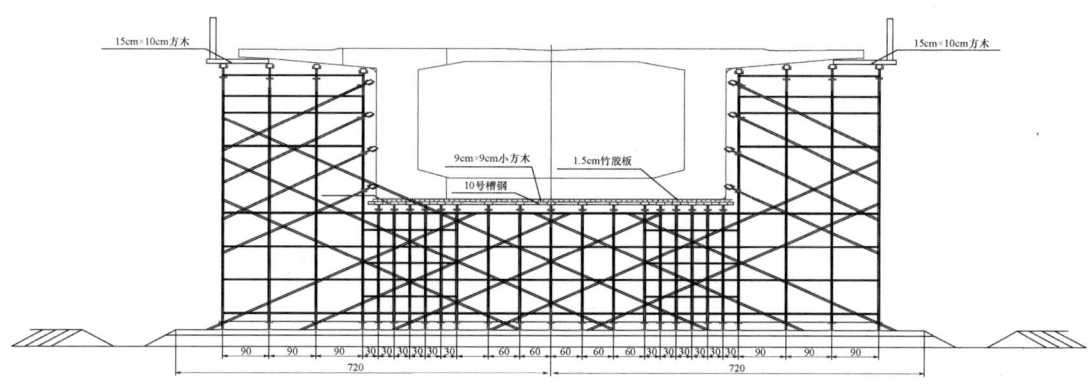

图 8-7　主墩 11-11 断面支架布置图

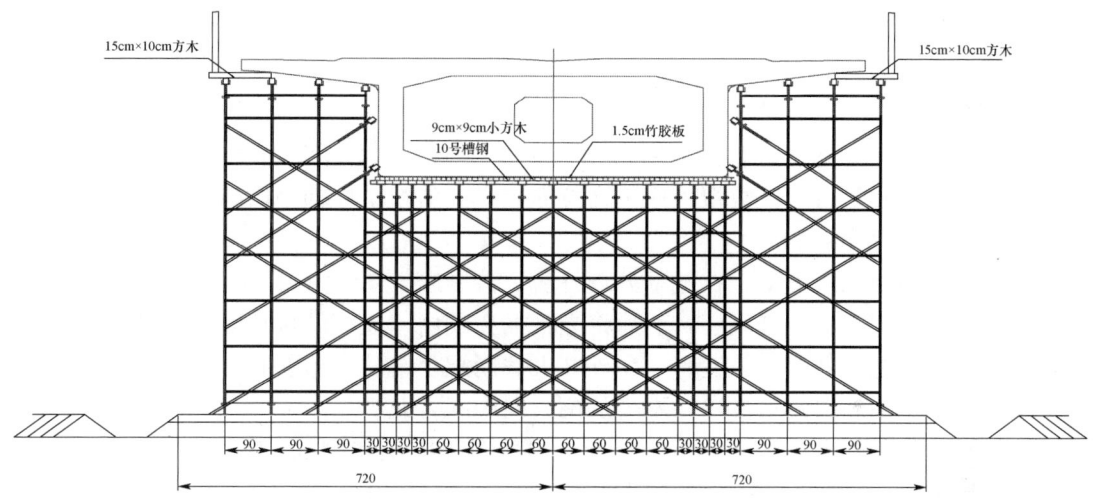

图 8-8　跨中横隔板支架布置图

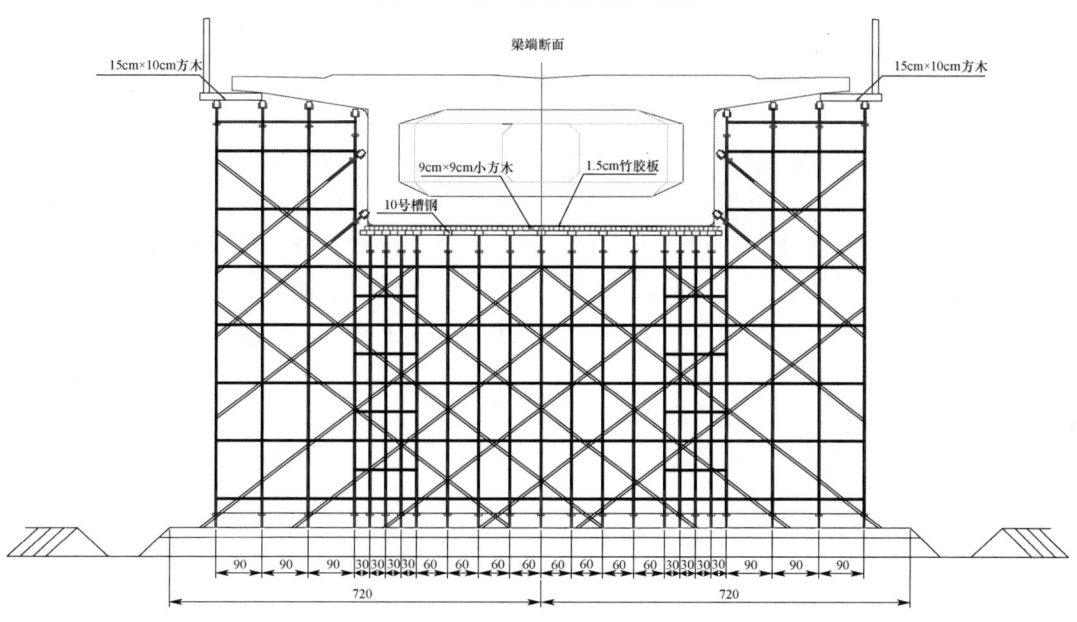

图 8-9　梁段断面支架布置图

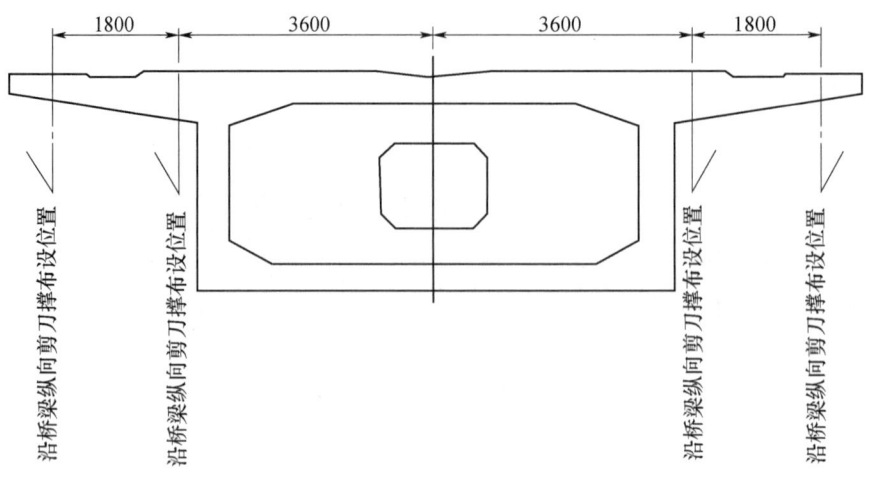

图 8-10　斜撑加固图

由于梁体较高，浇筑过程中腹板混凝土产生的侧压力较大，非常容易产生腹板外移，造成安全及质量事故，故拟采取设计拉筋固定、斜杆支撑辅助措施进行腹板加固。

3. 碗扣式脚手架搭设

本支架采用碗扣式支架，在地基处理好后，按照施工图纸进行放线无误后，便可进行支架搭设。首先安放立杆底座，然后将立杆插在其内，立杆的接长缝应错开。支架组装以 4 人为一小组，其中 2 人递料，另外 2 人共同配合组装。组装时，要求从一头向另一头组装，或由中间向两边推进，不得从两边向中间合龙组装。

碗扣接头是碗扣式脚手架的核心构造，组装时先将碗扣搁置在限位销上，将横杆、斜杆等接头插入下碗扣，使接头弧面与立杆密贴，待全部接头插入后，将上碗扣套下，并用榔头顺时针沿切线敲击上碗扣凸头，直至上碗扣被限位销卡紧不再转头为止。

杆件组装顺序为：立杆底座—立杆—横杆—接头锁紧—上层立杆—立杆连接销—横杆。接头连接牢固，再继续搭设上部脚手架。在搭设过程中，应注意调整支架的垂直度，要求整架垂直度小于 1/500，严格控制每层支架的垂直度和水平度，使支架立杆在两个方向的垂直偏差都控制在 2mm 以内，支架每部位的水平偏差控制在 5mm 以内，随后在支架的顶部和底部用大横杆和剪刀撑加以固定。为了确保脚手架的整体刚度，加设斜杆及剪刀撑，将各排支架牢固地连接在一起。在装立杆时应及时设置扫地横杆，将所装立杆连成一整体，以保证立杆的整体稳定性。立杆与横杆连接时，先将上碗扣滑至限位销以上并旋转，使其搁在限位销上，将横杆接头插入下碗扣，待应装横杆接头全部装好后，落下上碗扣并预缩紧。

支架搭设好后，测量放出高程控制点，然后带线，在立杆上口安装可调顶托。可调顶托是用来调整支架高度和拆除模板的。支架使用的可调顶托可调范围最大为 30cm 左右，留入立杆内的长度不小于 15cm。先在支托内安装顺桥向 I 10 槽钢，调支托确定底板标高，槽钢内铺设 10cm×5cm 方木，再按设计间距安装横桥向方木（9cm×9cm 红松）。钢管的整体稳定性由基础的不均匀沉降、支架结构的稳定性控制。横桥向按照支架的拼装要求，严格控制立杆的垂直度以及扫地横杆和剪刀撑的数量和间距。顺、横桥向支架和墩身连接牢固，以增加支架体系的稳定性。

8 连续梁支架现浇法施工

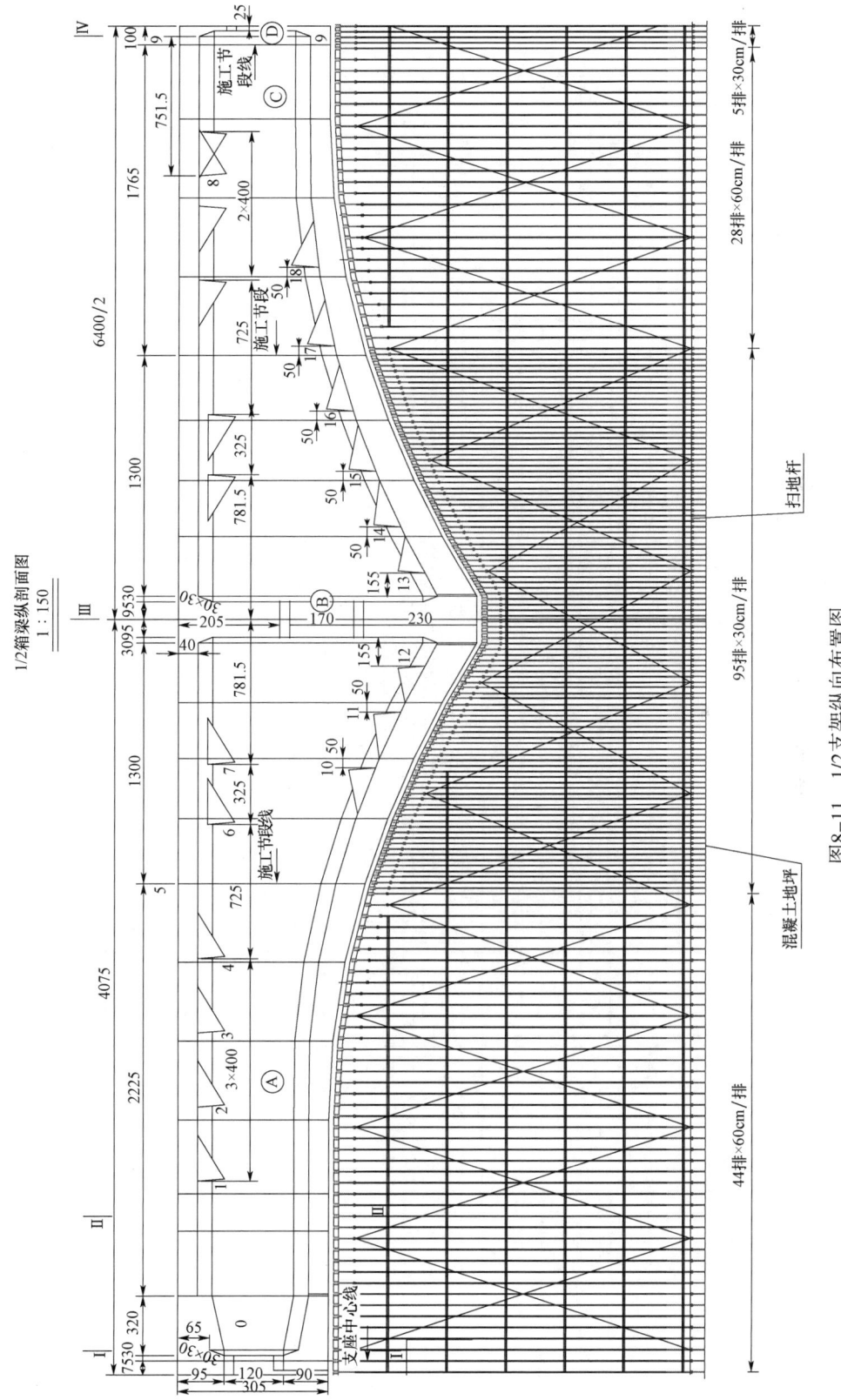

图8-11 1/2支架纵向布置图

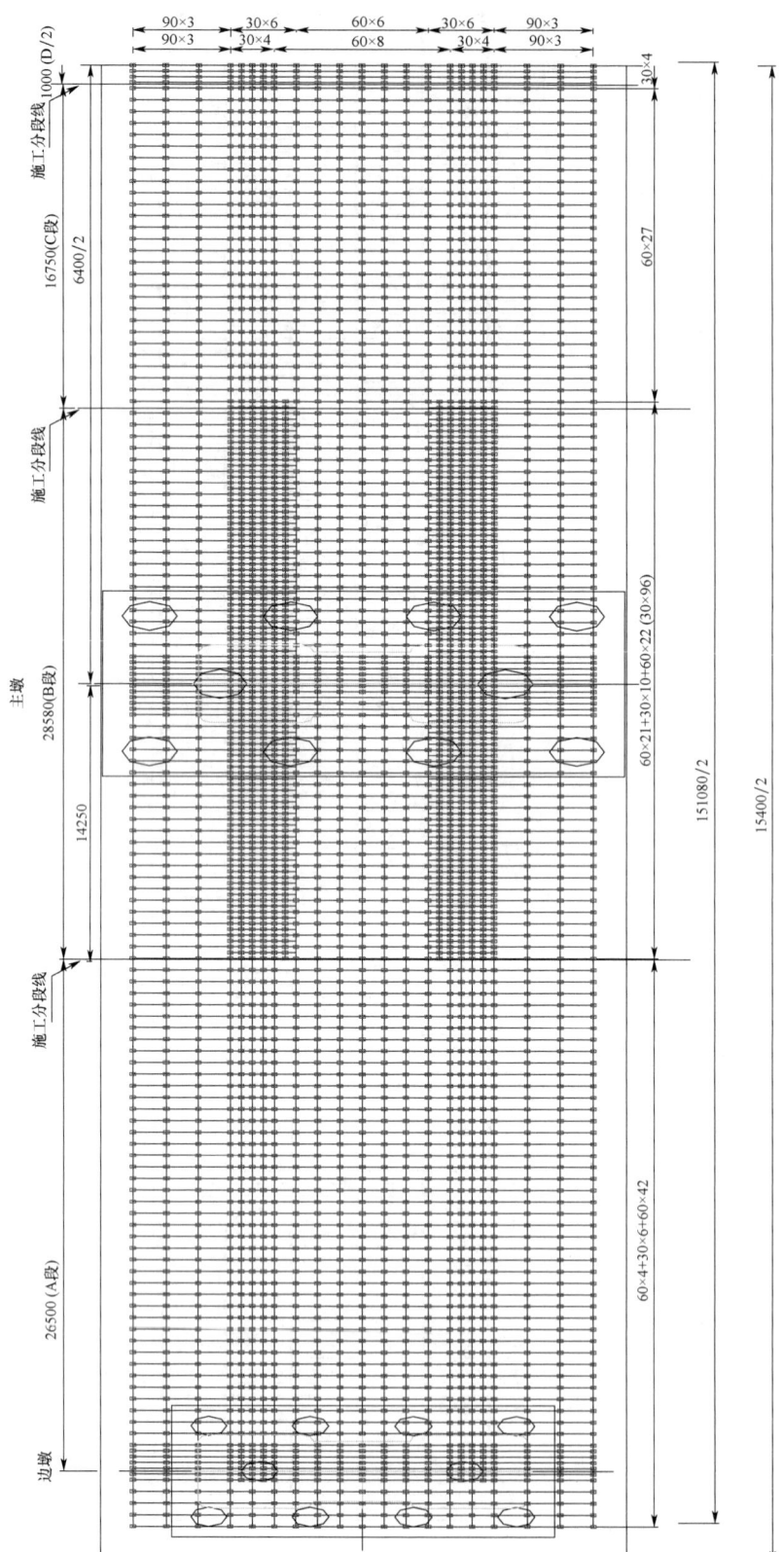

图8-12 1/2支架俯视图

8.3.3 支架预压

1. 支架预压目的

支架预压目的：一是消除支架（支墩）及地基的非弹性变形。二是得到支架（支墩）的弹性变形值作为施工预留拱度的依据。三是测出地基沉降，为采用同类型的桥梁施工提供经验数据。预压时间为 3~4d，预压过程随时测量和记录，根据预压测量确定施工预拱度。在箱梁支架搭设完毕，箱梁底模铺好后，对支架按 1.2 倍设计荷载（包括荷载）进行超载预压。施工荷载包括：梁体混凝土质量、梁体钢筋、预应力体系质量、内外模板质量、施工机具质量、施工人员荷载、混凝土施工动载、风载等。

2. 支架预压方法

A 段支架搭设与外模作业程序完成后，在纵桥方向按照梁体底板线形控制断面处布设 8 排观测点，每排观测点横桥方向在底板、腹板、翼缘板以及对应的地基上分别设置 5 个固定测量点，如图 8-13 所示，对地基及支架沉降进行观测，记录预压前的吊锤底部和对应的地基上的点标高和两点间竖向间距作为预压观测初始值。第一排观测点距主墩支座中心点水平距离为 4.5m（图中为 23 号主墩），其余各排设置间距按 3m、3.25m、3.5m 布置。

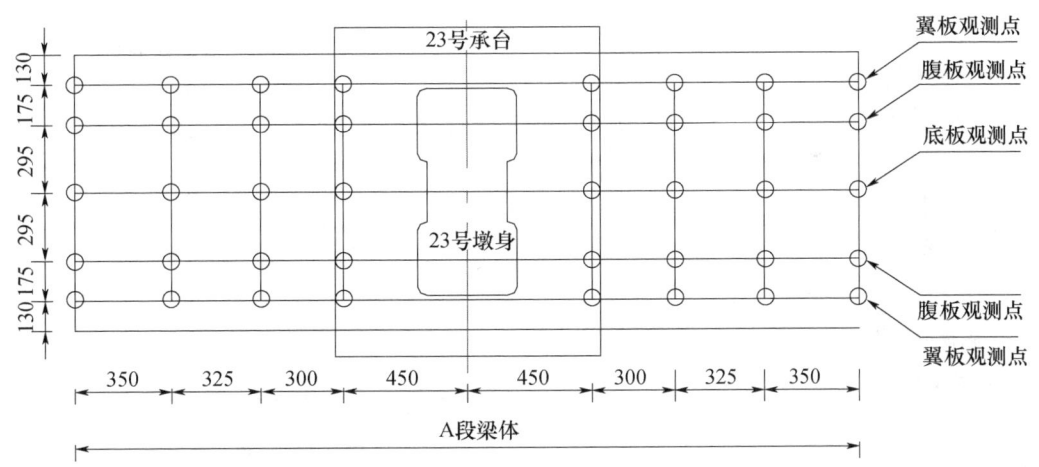

图 8-13 A 段支架沉降观测点布置图（cm）

在 A 段支架预压完毕开始下一工序施工时，进行 B 段支架预压。B 段支架搭设与外模作业程序完成后，在纵桥方向按照梁体底板线形控制断面处布设 7 排观测点，每排观测点横桥方向在底板、腹板和翼缘板以及对应的处地基上分别设置 5 个固定测量点，如图 8-14 所示，对地基及支架沉降进行观测，记录预压前的吊锤底部和对应的地基上的点标高和两点间竖向间距作为预压观测初始值。第一排观测点距边墩支座中心点水平距离为 3.5m（图中为 22 号边墩），其余各排设置间距按 3.5m、3.5m、4.0m、4.25m、4.25m、4.25m 布置。

C 段、D 段支架搭设与立模作业程序完成后，可以同时预压，以跨中为对称点，在纵桥方向按照梁体底板线形控制断面处各布设 5 排观测点，每排观测点横桥方向在底板、腹板和翼缘板以及对应的地基上分别设置 5 个固定测量点，如图 8-15 所示，对地基及支架沉降进行观测，记录预压前的吊锤底和对应的地基上的点标高和两点间竖向间距作为预压观测初始值。第一排观测点距跨中水平距离为 1.0m，其余各排设置间距按 4.0m、4.25m、4.25m、4.25m 布置。

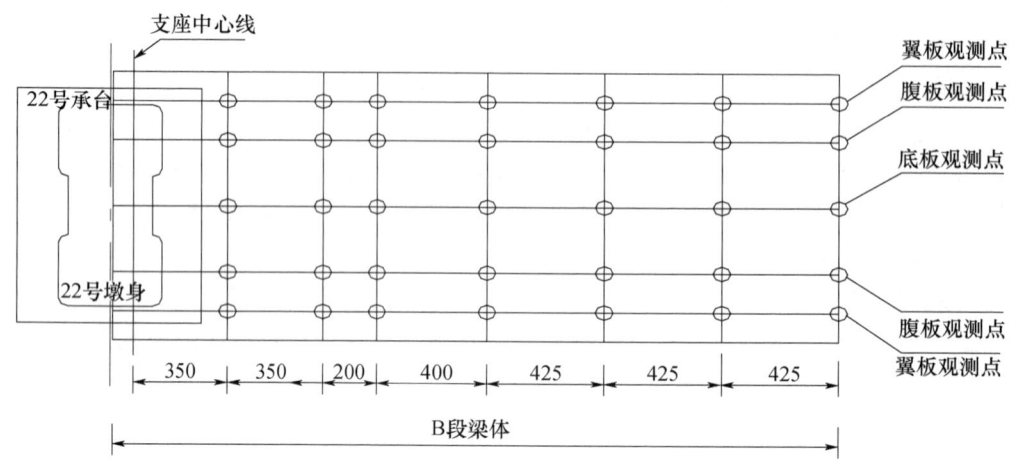

图 8-14　B 段支架沉降观测点布置图 (cm)

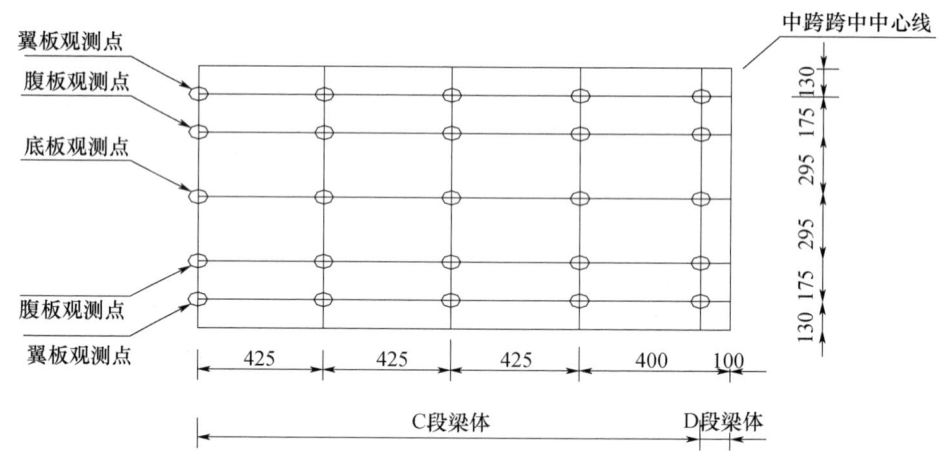

图 8-15　C 段和 D 段支架沉降观测点布置图 (cm)

预压顺序与浇筑顺序相同：A 段→B 段、C 段→D 段。预压顺序为：A 段→B 段、C 段、D 段。A 段梁体质量 1592t（含两侧翼板重），人群机具 51t，内外模及底模 85t，振捣荷载 68t，合计 A 段 1796t，按 1.2 倍安全系数考虑，应加载 2155.2t。B 段梁体质量 893t，人群机具 48t，内外模及底模 79.5t，振捣荷载 63.5t，合计 B 段 1084t，按 1.2 倍安全系数考虑，应加载 1300.8t。C 段、D 段梁体质量 635t，人群机具 32t，内外模及底模 53.5t，振捣荷载 42.5t，合计 C 段、D 段 763t，按 1.2 倍安全系数考虑，应加载 915.6t。

每个施工段上加载质量如图 8-16～图 8-18 所示。

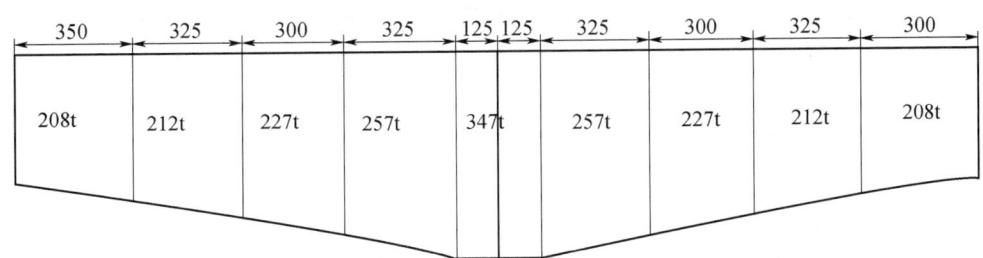

图 8-16 A 段加载质量（尺寸单位：cm）

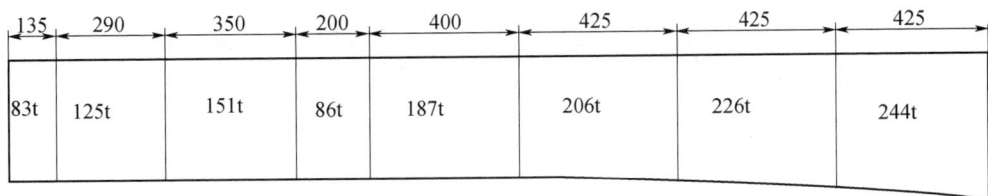

图 8-17 B 段加载质量（尺寸单位：cm）

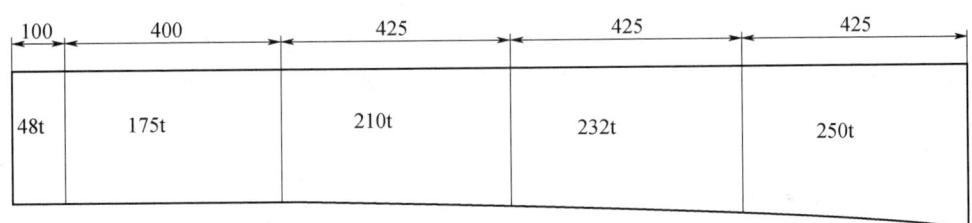

图 8-18 C 段和 D/2 段加载质量（尺寸单位：cm）

在底模上满铺彩条布进行防护，按混凝土浇筑顺序分段分层加载沙袋进行预压，每级持荷时间不少于 15min，加载顺序从支座向跨中依次进行。满载后支架沉降稳定并持荷时间不小于 24h 后卸载，沙袋总质量为设计荷载（包括施工荷载）的 1.2 倍，以消除支架、地基的非弹性变形，量测支架、地基的弹性变形。加载时按照 50%、80%、100%、120%预压荷载分四级加载，加载时注意加载质量的大小和加荷速率，使其与地基的强度增长相适应，待地基在前一级荷载作用下，观测地基沉降速度已稳定后，再施加下一级荷载，特别是在加载后期，更要严格控制加载速率，防止因整体或局部加载量过大、过快而使地基发生剪切破坏。要求沙袋预压从跨中开始分层平铺预压，左右均匀，如图 8-19 所示，分级观测稳定后再进行下一级加载。地基最大沉降量不能超过 10mm/d；水平位移不能大于 4mm/d。加压完成后，第二次测量固定点处的沉降量与第一次测量的沉降量进行对比计算出支架沉降量，每天 8：00、16：00 进行两次观测，当 1d（24h）两次观测结果差值不大于 2mm，且 2d（48h）观测结果差值不大于 3mm 时，认为支架沉降处于稳定状态，沉降观测时间设为 3d。根据沉降值并结合预拱度计算，重新校正支架和模板标高。

在预压前对箱梁固定测量点标高进行观测；在加载至设计荷载（包括施工荷载）的 50%、80%、100%、120%时，分别对箱梁固定测量点进行观测；卸载以后再对箱梁底模上表面进行测量。预压过程中，要测出梁段荷载作用下支架将产生的弹性变形值及地基下沉值，将此弹性变形值、地基沉降值与施工控制中提出的因其他因素需要设置的预拱度叠加，算出施工时应当采用的预拱度，按计算出的预拱度调整底模标高。

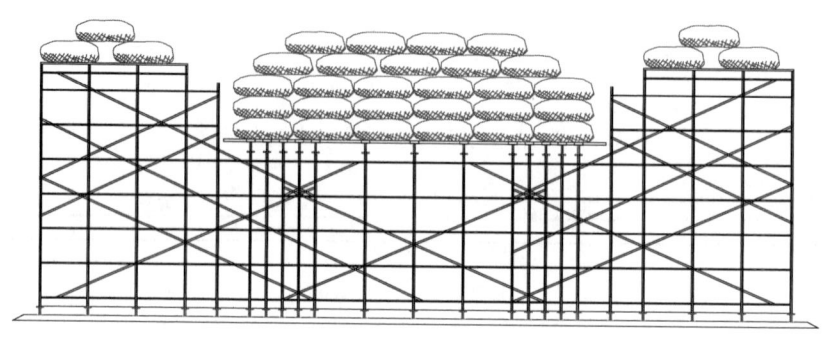

图 8-19 支架预压沙袋堆放示意图

3. 预设反拱及支架调整

为保证线路在运营状态下的平顺性，梁体应预设反拱，反拱值考虑预拱值和支架变形两方面，并根据具体情况充分考虑收缩徐变的影响以及二期恒载上桥的时间。预留拱度＝收缩徐变修正值＋支架弹性变形值，支架弹性变形值根据支架预压结果确定。

架体预压前，支架（底模）按照计算标高调整，确保支架各杆件均匀受力。预压后架体在预压荷载作用下基本消除了地基塑性变形和支架竖向各杆件的间隙即非弹性变形，并通过预压得出支架弹性变形值。根据以上实测的支架变形值，结合设计标高和梁底预拱度值，确定和调整梁底标高。梁底立模标高＝设计梁底标高＋预留拱度。为了保证线路的平顺性和梁体的线形控制，请监控单位，对支架弹性变形和预留拱度进行计算，提供立模标高，控制梁体线形。

8.3.4 模板工程

1. 模板的构造与设计

全联现浇梁的模板由侧模、内模、底模和端模组成。外侧和内侧模板采用竹胶板加工而成，面板规格为 1.22m×2.44m×1.5cm。由于主墩处梁体高达 6.05m，浇筑过程中腹板混凝土产生的侧压力较大，非常容易产生腹板外移，故拟采取设计拉筋固定，斜杆支撑辅助措施进行腹板加固。

(1) 侧模拉杆计算：

侧模荷载计算。新浇混凝土对侧模的压力公式为：

$$F=0.22rt_0k_1k_2v^{1/2}$$

其中：

混凝土重度：$r=26\text{kN/m}^3$。

新浇腹板混凝土的初凝时间，$t_0=9.5\text{h}$。

外加剂修正系数 $k_1=1.2$。

8 连续梁支架现浇法施工

混凝土入模时的坍落度修正系数 $k_2=1.15$。

混凝土浇筑速度：$v=1.0\text{m/h}$。

则：

$F=0.22\times 26\times 9.5\times 1.2\times 1.15\times 1^{1/2}=75$（$\text{kN/m}^2$）

倾倒混凝土时对侧模的水平压力为：

$P'=6\text{kN/m}^2$

$P=F+P'=75+6=81$（kN/m^2）

（2）拉杆验算：

拉杆采用 $\phi 20$ 圆钢。其竖向间距为 60cm，顺桥水平方向间距为 60cm。每片模板设有 8 个拉杆，则：

拉杆的轴向拉力为：$N=81\times 0.6\times 0.6/2=14.58$（kN）。

拉杆的有效截面积为：$A=3.14\times 1^2=3.14\text{cm}^2$。

强度为：$14.58\times 10^3/(3.14\times 10^{-4})=46.43$（MPa）$<215\text{MPa}$ 满足要求。

模板在设计制造时应满足以下要求：模板采用竹胶模板，特殊部位模板要制作小型模板，模板排列规则有序，线条美观，模板缝隙严密平整，不漏浆，支撑牢靠，满足强度和刚度的要求。模板的全长及跨度要考虑反拱度及预留压缩量，有足够的强度、刚度及稳定性，能够承受施工过程中可能产生的各项荷载及振动作用。确保梁体各部位结构尺寸正确及预埋件的位置准确，且具有能经多次反复使用不致产生影响梁体外形的刚度。构造和制造力求简单，拼装方便，提高装、拆速度和增加周转次数。接缝严实、紧密，保证在强烈振捣下不漏浆，模板表面平整、光滑。严格按照箱梁断面尺寸分节制作，接缝处采用玻璃胶或腻子密封，底角弧形段模板处理详见图 8-20。底角处理采用三角弧形木块作为支撑，间距按照 30cm 布置并用钉子将铁皮、木垫块和竹胶模板固定。

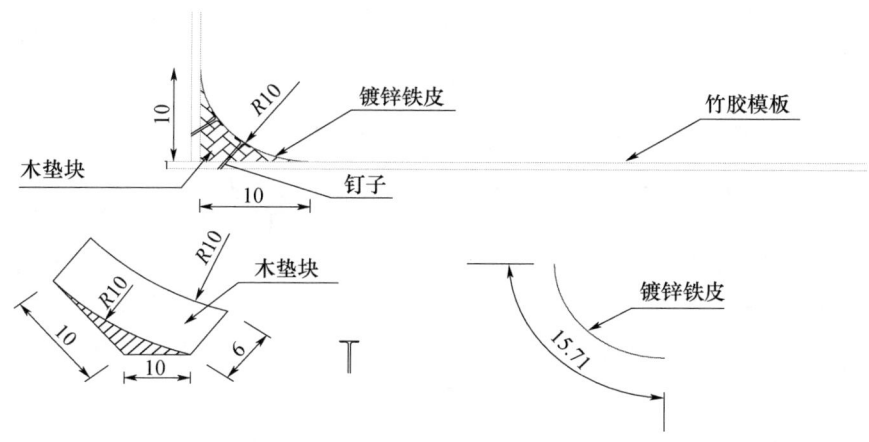

图 8-20 底角处理图（单位：cm）

翼板下部倒角模板采用定型制作的钢模板，钢模板上的角钢和方木每隔 0.5m 用 M14 螺栓连接固定，用碗口架顶托和 $\phi 40$ 钢管支撑，并与支架连成整体受力结构。详见图 8-21。

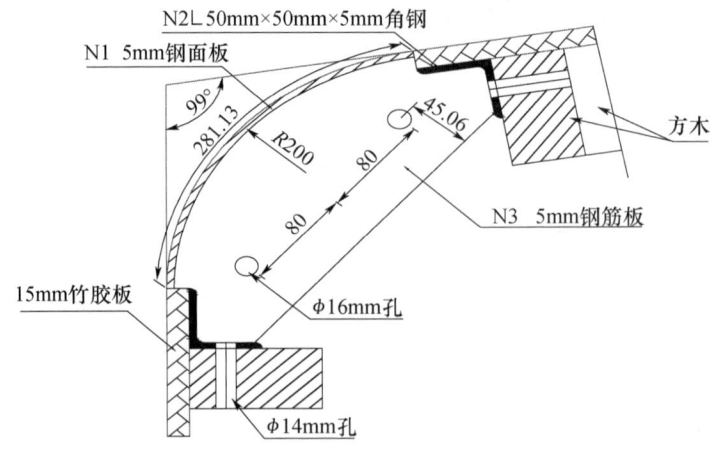

图 8-21 翼板倒角钢模图

2. 模板的安装

模板的安装要结合钢筋及预应力管道的埋设依次进行。安装前检查：板面是否平整、光洁、有无凹凸变形，模板接口处要清除干净；所有模板连接端部和底脚有无碰撞而造成影响使用的缺陷或变形，模板焊缝处是否有开裂破损，如有均要及时补焊、整修。采用竹胶模板，混凝土为一次性浇筑，对模板接缝、模板加固等应严格控制，确保混凝土外表面不错台、不胀模。

铺设底模：在支架上安装横向大方木，然后安装纵向方木再安装底模，底模各种接缝要紧密不漏浆，在模板接缝上贴密封胶带，保证接缝平顺，木板与木楞间采用木楔塞紧。底模安装前要考虑支架的预留拱度的设置调整、加载预压试验及支座板的安装。

侧模安装：采用人工为主、机械配合的方式施工，与底模的相对位置对准，用顶压杆调整好侧模垂直度。侧模安装完后，用螺栓连接稳固，并上好全部拉杆。调整其他紧固件后检查整体模板的长、宽、高尺寸及不平整度等，并做好记录。不符合规定者，要及时调整。

内模安装：内模采用 15mm 厚的竹胶板，严格按照箱梁断面尺寸分节制作，在底板、侧板钢筋绑扎完成，预应力钢束定位、穿束完成后开始安装内模。内模安装要根据模板结构确定。内模安装完后，严格检查各部位尺寸是否正确。内模与外侧模安装采取对拉、对撑固定，内模之间采用水平肋、斜撑等方法进行加固，内模自身采用横向、竖向、斜向支撑固定，部分拉杆利用通风孔对拉。模板拼装后板缝采用腻子或玻璃胶密封，防止漏浆，并保证拼装后的内模具有足够的强度、刚度及稳定性。内模系统支撑体系布置按照 0.6m 的间距布置，腹板外拉杆与翼板支架连接为整体结构，如图 8-22 所示。

端模安装：将波纹管及塑料衬管逐根插入端模各自的孔内，进行端模安装就位。安装过程中逐根检查是否处于设计位置。端模安装要做到位置准确，连接紧密，并计入预留收缩量。侧模与底模接缝严密且不漏浆。安装模板时要注意预埋件的安装，严格按设计图纸施工，确保每孔梁上预埋件位置准确无误、无遗漏。模板安装必须稳固牢靠，接缝严密，不得漏浆。模板与混凝土的接触面必须清理干净并涂刷隔离剂。浇筑混凝土前，模型内的积水和杂物应清理干净。

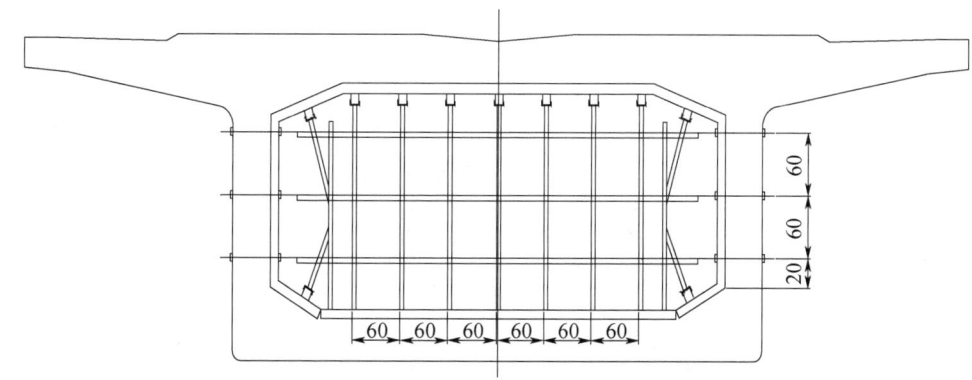

图 8-22 内模系统支撑体系

模板拆除时，混凝土强度应达到设计强度的 50% 以上，进行早期张拉拆模，内模只拆不移，待梁体早期张拉后移出内模，侧模可在早期张拉前松开。腹板经过预张拉后，可松开底模，终张拉后，拆除底模及支架。拆模时，梁体混凝土心部与表层、箱内与箱外、表层与环境温差均不大于 15℃，并保证梁体棱角完整。气温急剧变化时不宜拆模。

8.3.5 支座、支座板安装

本梁支座采用 NHQZ 球形支座，安装支座前复测桥墩中心距离及支承垫石高程，检查锚栓孔位置及深度是否符合设计要求，并将垫石表面凿毛。支座安装要保持梁体垂直，支座上下板水平，不产生偏位。支座与支承垫石间及支座与梁底间密贴、无缝隙。支座四角高差不大于 2mm，支座水平偏差不得大于 2mm，同一梁端的支座相对高差不应大于 1mm。在模板安装前详细检查支座位置，检查的内容有：纵、横向位置、平整度，同一支座板的四角高差，座板相对高差。再根据设计图纸及预计合龙时的气温校正支座偏移量，然后进行支座偏移量调整。

支座安装前，应检查支座连接状况是否正常，但不得松动上、下座板连接螺栓。安装时，凿毛支座就位部位的支承垫石表面，清除锚栓孔内的杂物，并将支承垫石表面浸湿，用钢楔块楔入支座四角，找平支座，并将支座底面调整到设计标高，在支座底面与支承垫石之间应留有 25~30mm 空隙，安装灌浆用模板。支座安装见图 8-23。仔细检查支座中心位置及标高后，用无收缩高强度灌注材料灌浆，灌浆材料性能要求详见表 8-7。

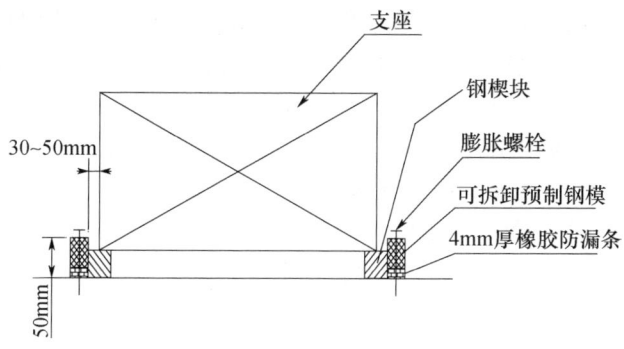

图 8-23 支座安装示意图

表 8-7 灌浆材料性能要求表

抗压强度（MPa）		泌水性	不泌水
8h	≥20	流动度	≥220mm
12h	≥25	温度范围	+5～+35℃
24h	≥40	凝固时间	初凝≥30min，终凝≤3h
28d	≥50	收缩率	<2%
56d 和 90d 后	强度不降低	膨胀率	≥0.7%

采用重力灌浆方式，灌注支座下部及锚栓孔处空隙，灌浆过程应从支座中心部位向四周注浆，直至从钢模与支座底板周边间隙观察到灌浆材料全部灌满为止。灌浆前，应初步计算所需的灌浆体积，灌注实用浆体数量不应与计算值产生过大误差，应防止中间缺浆。灌浆材料终凝后，拆除模板及四角钢楔块，检查是否有漏浆处，必要时对漏浆处进行补浆，并用砂浆填堵钢楔块抽出后的空隙。拧紧下支座板锚栓，待灌注梁体混凝土后，及时拆除各支座的上、下支座连接钢板及螺栓。重力灌浆见图 8-24。

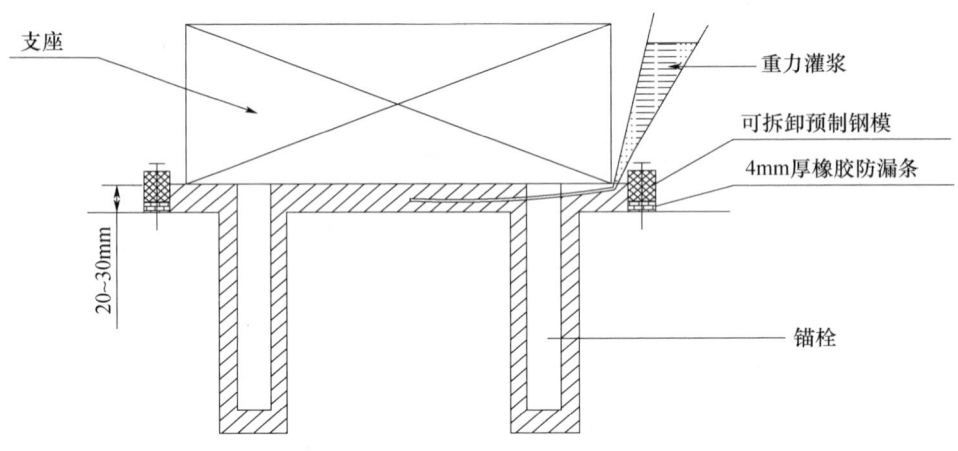

图 8-24 支座重力灌浆示意图

支座纵向预偏量。支座纵向预偏量是支座上板纵向偏离理论中心线的位置。设 Δ_1 为箱梁在预应力、二期恒载及收缩徐变作用下引起的各支点处的偏移量，Δ_2 为各支点处梁体由于实际灌注时的温度与设计温度（15℃）之间的温差引起的偏移量，各支点处的纵向预偏量由 $\Delta=(\Delta_1+\Delta_2)$ 求得。若式中出现负号，表示按计算所得的偏移量反方向设置预偏量。施工中应根据具体的合龙温度、预应力情况、施工工期等确定合理的支座预偏量。支座安装后即按规定锚固支座螺栓，灌浆固定。按照固定支座设在下坡端及曲线内侧的原则，设 24 号墩右侧支座为固定支座。计划灌注时间为 4 月 30 日，通过资料查询，历年平均气温为 10℃，按照公式 $\Delta_2=1.0\times10^{-5}\times$（浇筑温度－设计温度）$\times$ 梁长 l 计算出各支座的温度偏移量，各支座预偏量见表 8-8，以顺桥向方向为正。支座安装后即按规定锚固支座螺栓，灌浆固定。

表 8-8 支座预偏量表

支座号	边支座 （22号墩）	中支座 （23号墩）	固定支座 （24号墩）	边支座 （25号墩）
Δ_1 预偏量（mm）	−44	−28	0	+16
Δ_2 温度预偏量（mm）	+5	+3	0	−2
Δ 预偏量（mm）	−39	−25	0	+14

8.3.6 钢筋制作与绑扎

钢筋由钢筋加工场集中加工制作，运至现场绑扎成型。钢筋制作和加工前必须在钢筋加工场进行放大样，加工模具，经验收合格后方可大批量加工钢筋。梁体钢筋划分的浇筑梁段分段绑扎，每段先进行底板及腹板钢筋的绑扎，然后进行顶板钢筋的绑扎。在底模上进行钢筋绑扎时，为防止竹胶合板面划伤，底部以方木垫高，焊接时在局部采取衬垫隔离措施，防止焊渣灼坏板面。当梁体钢筋与预应力钢筋相碰时，可适当移动梁体钢筋或进行适当弯折。梁体钢筋除梁顶保护层不小于 30mm 外，其他均不小于 35mm。绑扎铁丝的尾段不应伸入保护层内，所有梁体预留孔处均增设相应的环状钢筋；桥面泄水孔处钢筋可适当移动，并增设井字形钢筋进行加强；施工中为确保腹板、顶板、底板钢筋的位置准确，应根据实际情况加强架立钢筋的设置，可采用增加架立筋数量或增设 W 形或矩形架立钢筋等措施。梁体钢筋保护层主要采用同强度等级的混凝土垫块的措施进行控制，垫块固定牢靠，均匀布置，腹板部位安装密度不小于 4 块/m²，底板及倒角圆弧区加密布置。

顶板、底板、腹板内有大量的预埋波纹管，为了不使波纹管损坏，一切焊接在波纹管埋置前进行，管道安装后尽量不焊接，当普通钢筋与波纹管位置发生矛盾时，适当移动钢筋位置，准确安装定位钢筋网，确保管道位置准确，在曲线处增加防崩钢筋。钢筋绑扎前由测量人员复测模板的平面位置及高程，其中高程包括按支架的计算挠度所设的预拱度，无误后方进行钢筋绑扎。纵向普通钢筋在两梁段接缝处的连接方法及连接长度满足设计及规范要求。先进行底板普通钢筋绑扎安装，再进行腹板钢筋的绑扎，底板、腹板内纵向金属波纹管及竖向预应力钢筋安装，最后进行顶板普通钢筋的绑扎、顶板内纵向波纹管的安装、横向钢绞线及扁形金属波纹管的安装。

为使保护层数据准确，保护层垫块不被压坏，用于控制保护层厚度的垫块应采用定型垫块且与梁体等强度等寿命的材料，垫块按 50cm 间距均匀布置，保证不小于 4 个/m²，倒角圆弧、底板等截面变化较大或受力较大的部位按 30cm 间距均匀布置，增加垫块的布置密度，保证保护层的准确。

8.3.7 预应力管道埋设及穿束

1. 预应力筋管道施工

纵向预应力钢束管道采用内径 90mm 金属波纹管，锚具采用 BM15-15 型，要求应符合《铁路工程预应力筋用夹片式锚具、夹具和连接器技术条件》。横向预应力钢束管道采用内径 70mm×19mm 扁形金属波纹管成孔，锚具采用 BM15-4 型和 BM15-4P 型。

竖向预应力筋采用 ϕ35mm 铁皮管成孔，锚具为 25 型轧丝锚（含锚垫板、螺母全套），并配有螺旋筋和锚筋。从场内把管道运输至现场，注意不能使波纹管变形、开裂，并保证尺寸，管道存放要顺直，不可受潮和雨淋锈蚀。在底侧板钢筋绑扎成型后，应按预应力钢束坐标定位预应力管道，接头采用接头管连接，并用宽胶带包缠紧密，以免漏浆。管道定位网纵向按 60cm 布置，应用 ϕ12 钢筋设置一道井字形定位网架。网架顶与钢筋骨架焊接牢固，防止管道上、下、左、右移动而改变预加应力的效果。安放后的管道必须平顺、无折角。

管道所有接头采用大一号的波纹管套接，要对称旋紧，并用胶带纸缠好接头处以防止混凝土浆渗入。本梁属三向预应力体系，由于钢筋、管道密集，当钢绞线、精轧螺纹钢筋等管道、普通钢筋互相发生冲突时，可进行局部调整，先调整普通钢筋，后调整精轧螺纹钢，然后是横向预应力钢筋，保证纵向预应力筋管道位置不变。锚具垫板及喇叭管尺寸正确，喇叭管的中心线要与锚具垫板严格垂直，喇叭管和波纹管的衔接要平顺，不得漏浆，并杜绝堵孔。在浇筑混凝土前仔细检查波纹管有无损坏之处，若有应及时修补，防止波纹管漏浆。压浆管道设置，对腹板束、顶板束在管道中部设三通管，边跨底板束在距支座 10m 附近设三通管，钢束长度超过 60m 的按相距约 20m 增设一个三通管，以利于排气，保证压浆质量。施工中人员、机械、振动棒不能碰撞管道。

纵向预应力管道中穿入外径相应的 PVC 管保持管道顺直，在混凝土浇筑过程中，经常转动 PVC 管，以防预应力波纹管漏浆"凝死"PVC 管。浇筑混凝土之前对管道仔细检查，主要检查管道上是否有孔洞，接头是否连接牢固、密封，管道位置是否有偏差，严格检查无误后，采用空压机通风的方法清除管道内杂物，保证管道畅通。

2. 预应力筋的加工及安装

预应力钢束必须保持清洁，在存放及搬运过程中避免机械损伤和锈蚀。制作和安装时避免污染和电火花损伤，张拉期间采取措施避免雨水或养护水浇淋。预应力筋即钢绞线采用定尺下料，长度按孔道的实际长度＋工作锚厚度×2＋限位板的有效高度×2＋油顶高度×2＋工具锚厚度×2＋200mm 计算，其误差为±30mm，必须保证锚具外露长度不小于 10cm。钢绞线下料采用砂轮机切割，塑料胶带包头。钢绞线下料够一束的数量后以梳筋板梳理后用细铁丝绑扎，每间隔 1.0～1.5m 绑一道，绑扎成束，按编号分类存放，以便运输和穿束。钢绞线下料的数量以满足梁段施工为准。

精轧螺纹钢筋制作。下料前预应力普通螺纹粗钢筋肉眼可见的弯折必须调直，清除表面的浮锈、污物、泥土，钢筋两端由钢厂剪切造成的扁头予以锯去。钢筋表面有明显凹坑、缺陷，予以剔除该段。下料时采用砂轮锯切割，禁止使用电焊切割。竖向精轧螺纹钢筋因其为刚性，直接置于设计位置将管道套上即可。竖向预应力筋管道，压浆嘴预先焊成三通状，三通端为 ϕ45 内镀锌钢管。待安放固定后，用塑料管把压浆嘴引到箱梁顶面，压浆时从一端压入另一端（利用垫板和螺母间的空隙排气）。

预应力筋钢绞线在穿束前应梳丝理顺，搬运时不得在地上拖拉，每束预应力筋钢绞线应对应编号。预应力筋在储存、运输和安装过程中，应采取防锈或防损伤措施。在浇筑混凝土前仔细检查波纹管有无损坏之处，若有应及时修补，防止波纹管漏浆。梁顶预应力管道最高处设置排气孔。钢绞线穿束前，清除孔道内的杂物及积水。穿束在混凝土养护结束后进行，防止锈蚀。清除锚具下支承垫板上的灰浆。孔口锚下垫板不垂直度大于1°时，用垫板垫平，防止切断钢绞线。

8.3.8 混凝土浇筑及养护

预压卸载后，根据观测值调整底模标高。模板、支架制作安装时的允许偏差应满足规范要求，内模定位准确、稳固，检查钢筋数量、形状是否符合设计要求，支架各支撑的水平、垂直方面是否连接牢固，有无变形。然后用高压风吹干净底板，清理杂物，对底板洒水润湿。浇筑前必须预埋好相关构造的预埋件，同时预留好伸缩缝的槽口。现浇连续梁施工必须保证混凝土保护层垫块强度和布置密度，钢筋加工和安装要准确，顶面高程要严格控制。在浇筑过程中，设专人用水准仪观测支架下沉情况，观察是否在允许变形范围内，同时分别设专人检查支架、模板，钢筋和预埋件等稳固情况，当发现有松动、变形、移动时应及时处理。严格控制封锚段的尺寸，封锚模板不得出现漏浆和跑模现象。

1. 混凝土配置和搅拌

本连续梁所用的混凝土通过南河梁场搅拌站进行供料。搅拌站现有2座120m^3/h的拌和楼。

（1）混凝土配制和搅拌为质量控制点，现场设实验室配齐相关原材料检测仪器，对混凝土原材料进行全程监控，由拌和站站长加强混凝土搅拌控制，确保拌制质量。

（2）混凝土开盘前，试验员对粗、细骨料，拌和料进行严格的含水率测量，准确测定粗、细骨料含水量的变化，及时调整施工配合比，含水量按照每班抽测两次，雨天随时抽测，并按照测定结果及时调整混凝土的施工配合比，将调整后的施工配料单报现场监理工程师签认。

（3）混凝土配料必须按实验室提供的施工混凝土配合比通知单执行，试验人员在开盘时、搅拌过程中值班，随时掌握和调整搅拌情况。采用自动传感器计量，计量系统每半年校检一次，每月校准一次，在使用前进行再次复核，如发现有异常必须及时校验。

（4）在配制混凝土拌和物时，水、水泥、掺和料、减水剂的称量误差应≤±1%，粗、细骨料的计量误差≤±2%（均以质量计）。开盘后，前三盘要逐盘检查实际下料质量，以后每10盘检查一次。如发现有问题，必须由试验人员查明原因后进行调整。

（5）搅拌时投料次序为：细骨料、水泥、矿物掺和料，搅拌均匀后再加入所需用水量，待砂浆充分搅拌均匀后再投入粗骨料，继续充分搅拌后再投入外加剂，搅拌均匀为止。上述每阶段的搅拌时间不少于30s，总搅拌时间控制在150s。不得随意增减搅拌时间，搅拌好的混凝土出机前，不得投入新料，混凝土出机后不得任意加水，以确保混凝土的和易性、黏聚性、保水性和流动性满足泵送要求。

（6）施工中根据气温、输送距离来考虑坍落度损失。混凝土在拌和过程中，及时进行混凝土有关性能（如坍落度、泌水率、入模温度、含气量）的试验与观察，测定前三盘混凝土，在浇筑地点每50m^3混凝土取样检验一次，混凝土搅拌要均匀，颜色要一致。

（7）拌制混凝土的进度必须与灌注进度紧密配合，拌制服从灌注。若灌注工序因故暂时停顿，则灌车内的混凝土就不能卸入输送泵中，避免影响灌注质量。

（8）经检验不合格的混凝土拌和物不能灌入模型内，混凝土施工配合比要用实验室当天的通知单，混凝土拌制记录要认真填写并注明所用水泥罐号和批号，签字必须齐全。

(9) 混凝土灌注完后,搅拌机及全部容器及时冲洗干净并检修好有关设备,以备下次再用。

2. 混凝土运输

混凝土运输前做好道路的维护工作,在混凝土施工时,禁止大型车辆进场,在主要交叉路口派人员值班,指挥大型车辆绕行或暂停。混凝土运输采用混凝土输送罐车。根据现场特定条件,混凝土运距按 800m 计算,选用 8 辆 8m³ 混凝土输送罐车,运输能力满足浇筑时间要求。混凝土场内运输线路平稳,保证了混凝土运输过程中保持均匀性,运到浇筑地点时不分层、不离析、不漏浆,并具有要求的坍落度和含气量。现场布置 3 辆混凝土泵车进行垂直运输,备用 1 辆。

3. 混凝土的灌注与振捣

混凝土配合比要根据设计要求和实验室配合比试验确定,应采取适当的缓凝措施,保证梁体混凝土在最先浇筑的混凝土初凝前全部浇筑完毕。浇筑顺序为由下到上,水平分层厚度不得大于 30cm,注意对称浇筑,见图 8-25。先灌注①层,待振捣后,从顶板天窗通过溜筒下料灌注②底板,封堵顶板天窗,然后再分层灌注腹板③层、顶板及翼板④层。采用水平分层,横桥向全断面推进。纵桥向从低处向高处分层浇筑,见图 8-26。在施工过程中应派专人负责支架和模板的变形及沉降观测,发现问题及时处理。现浇梁的浇筑最好安排在白天进行。

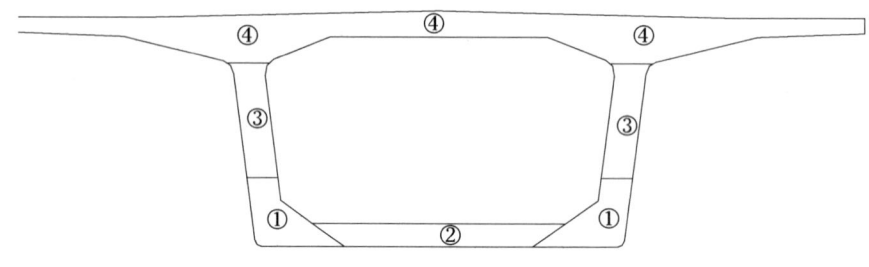

图 8-25 混凝土浇筑顺序图(横向)

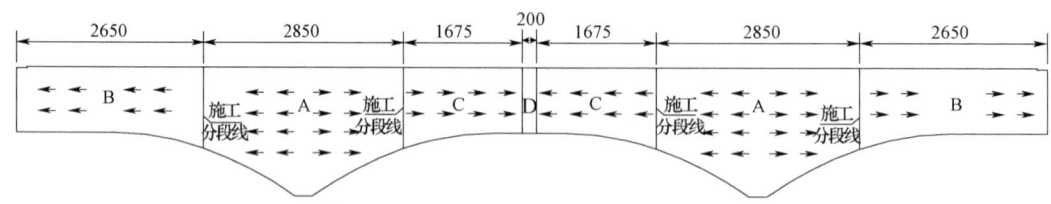

图 8-26 混凝土纵向浇筑顺序图

连续箱梁分段浇筑,浇筑顺序为:A→B,C→D。每段箱梁的混凝土浇筑采用混凝土输送泵分层浇筑施工,一次浇筑完成,当灌注底板等混凝土自流高度大于 2m 的部位时,采用溜筒输送混凝土。混凝土振捣采用插入式振动器,腹板振捣时,振捣棒从腹板的内模系统支撑体系插入,两边各有一排波纹管,避免振捣棒碰触波纹管;顶板及底板振捣时,避开提前做好波纹管位置的标记,保证波纹管的安全。同时注意其他预埋件的保护。灌注时,为保证混凝土振捣良好,划分区段,定人定岗,责任到人。梁体按照纵向 10m 分段，每段 6 人，对称两边各布置两台振捣器，内模中布置一台振捣器，梁段及隔板部位增加两台 $\phi 30$ 振捣器。插入式振捣器移动间距不应超过振动半径的 1.5 倍，与侧模、内模保持 5～10cm 的距离。振捣棒应快插慢拔，顶部混凝土采用插入式振捣器和平板式振捣器结合振捣。混凝土的浇筑采用连续浇筑、一次成型，浇筑时间不宜超过混凝土初凝时间。

灌注过程中，设专人观模，发现变形，及时停止灌注，并进行处理。对于模板、支架沉降观测点，2h 观测一次，对照各点灌注的放量对应支架预压沉降曲线，出现异常，应及时停止灌注，查找原因，处理完毕后，再进行灌注。梁体混凝土浇筑成型一段，应对混凝土裸露表面及时修整、抹平，等定浆后根据现场技术主管技术交底仔细进行收面，收面完成待技术主管验收合格后方可对梁面用塑料薄膜加土工布覆盖保温养护。混凝土灌注前到养护结束，每天收集天气预报信息等，预计后续的养护方式。每天按照 6：00、14：00、21：00 三次实测现场气温，气温高于 5℃时，采用土工布覆盖、洒水养护。

4. 混凝土试件制作、养护

试件模型须彻底清除灰渣，抗压试模尺寸标准为 150mm×150mm×150mm，弹模尺寸为 150mm×150mm×300mm，标准尺寸公差符合 GB/T 50081—2002 的要求；检查对角线尺寸合格后均匀涂油，不合格试模禁止使用，试件制作养护和试验方法按《普通混凝土拌和物性能试验方法标准》（GB/T 50080—2002）或《普通混凝土力学性能试验方法标准》（GB/T 50081—2002）中的有关规定执行。箱梁在灌注混凝土过程中，要随机取样进行温度（包括环境、模板、混凝土温度）和坍落度检验，同时随机取样制作混凝土强度、弹性模量试件，其中强度和弹性模量试件分别从箱梁底板、腹板及顶板取样。试件随现浇梁在同条件下振动成型，混凝土试件的制作要具有代表性。试件上标明梁号、标号、制作日期、混凝土浇筑部位及工序简写（或养护方法）。试件拆模后交专人负责保管，试件按梁号组别存放整齐。

标准养护试件脱模前随梁养护，脱模后放在标准养护室中养护，两阶段共养护 56d，同条件养护试件随梁体一起养护。标准养护室温度（20±2）℃，相对湿度 95% 以上，试件间隔为 10～20mm，并避免用水直接冲淋试件（表 8-9）。

表 8-9 节段试件制作数量计划表

序号	工序名称	部位	抗压试件组数	弹性模量试件组数
1	拆模（5d）	顶板	2 组	—
2	张拉（5d）	底板、腹板、顶板	各 3 组，共 9 组	—
3	张拉（10d）	底板、腹板、顶板	各 3 组，共 9 组	各 2 组，共 6 组
4	标准养护（56d）	底板、腹板、顶板	各 3 组，共 9 组	各 2 组，共 6 组
5	同条件养护（56d）	底板、腹板、顶板	各 3 组，共 9 组	各 3 组，共 6 组
	合计		38 组	18 组

8.3.9 张拉、压浆和封锚

1. 张拉

预施应力按设计图分阶段张拉完成，为避免混凝土开裂，在混凝土强度达到 60% 时，对腹板束进行预张拉，张拉应力为 500MPa。终张拉钢束在梁体混凝土强度及弹性模量达到设计值的 100% 后进行，且必须保证张拉时梁体混凝土龄期大于 10d。预应力张拉设备使用前应先委托有资质单位配套校定，测定千斤顶、油表线性回归方程，根据千斤顶的张拉力计算出油压表读数。设置张拉专用工作平台，平台上设置防护屏障，张拉区域设置明显的警示标志，禁止非工作人员进入。张拉时，千斤顶后面和油管接头部位附近不得站人，也不得踩踏高压油管。钢绞线制作和安装应采取措施避免受雨水或养护水浇淋。钢绞线、锚具必须经过检验合格，检验状态标识清楚，防止用错。

千斤顶在张拉前必须经过校正，校正系数不得大于 1.05，油压表精度不得低于 0.4 级，张拉千斤顶和油泵要匹配。拆修更换配件后的千斤顶必须重新校正，发现异常随时校验。千斤顶标定的有效期不得超过 1 个月，油压表不得超过一周；张拉次数不得大于 200 次。到期后，必须重新进行检定，得出回归方程，并做好更换使用记录。使用一定时间和次数后必须进行校准，使用前必须复核。

预应力应采用两端同步张拉（除一端张拉的钢索），并左右对称进行，最大不平衡束不应超过一束，张拉顺序按先张拉纵向后横向，先腹板束，后顶、底板束，从外到内左右对称进行，并及时压浆。同一节段预应力筋张拉按纵→横→竖的顺序进行，张拉必须保证预留管道、锚具、千斤顶三者同心。预施应力采用双控措施，预施应力值以油压表读数为主，以预应力筋伸长值进行校核。预施应力过程中应保持两端的伸长量基本与计算值一致。标准伸长量以 20%σ_{con} 为零起计。

预应力钢束及粗钢筋在使用前必须做张拉、锚固试验。以腹板系列钢索进行管道摩阻、喇叭口摩阻等预应力瞬时损失测试，确定预应力损失，以保证预施应力准确，如试验值与设计值偏差大时应分析原因，与设计单位进行联系，及时调整钢束施工控制张拉力。钢束伸长量两端之和不得超过计算伸长量的 6%，两端伸长量相差最大不得超过 10%。施工时所有备用孔道均需设计单位同意方可使用，施工完毕后，应对备用孔道进行压浆处理。

（1）纵向预应力钢束的张拉。纵向预应力采用 YCW400 型千斤顶整体张拉，预施应力采用两端同步张拉，并左右对称进行，最大不平衡束不超过 1 束，张拉顺序为先腹板束，后顶、底板束，从外到内左右对称进行，并及时压浆。预施应力采用双控措施，预施应力值以油表读数为主，以预应力筋伸长值进行校核，预施应力过程中应保持两端的伸长量基本一致。

（2）横向预应力钢束的张拉。横向预应力索采用低松弛高强预应力钢绞线，张拉端与固定端交错设置，YDB100-160 型千斤顶整体张拉，锚下张拉控制应力为 1302MPa。利用翼板的支架搭设工作平台，由墩顶中心向两侧逐束张拉。张拉前，先调整单束每根钢绞线的受力状态，达到受力一致，再整体张拉。横向预应力张拉时应注意梁端相接处的张拉次序，前一节段后端最后一根横向预应力在下一节段横向预应力张拉时进行张拉，防止由于节段接缝两侧横向压缩量不同引起开裂。

(3) 竖向预应力筋的张拉。竖向预应力筋的张拉采用 YC60A 型千斤顶，锚下张拉控制应力 705.5MPa，每根粗钢筋的张拉控制力为 346.3MPa，每延米张拉伸长量约为 0.353cm。为尽量减少竖向预应力的损失，应采用二次复张拉，即在张拉完 7d 后，进行第二次张拉，以弥补在操作及设备上造成的预应力损失。竖向精轧钢筋张拉应两端对称和左右两侧都对称同步进行，不平衡束不得超过 1 束。锚固时锚具回缩量不得大于 1mm，确保竖向预应力筋的永存应力满足设计要求：①张拉前首先清除端杆、垫板上的水泥浆，检查垫板是否水平。②将螺母拧至根部，并将连接螺母拧紧。千斤顶的张拉头拧入钢筋螺纹长度不得少于 40mm。③将千斤顶就位并对中，连接精轧螺纹筋，送油至控制应力的 20%，测量油缸外露量。④继续送油至控制应力的 100%，测量油缸外露量。⑤回油至应力为零。

(4) 张拉步骤。0→初应力 $0.2\sigma_{con}$（作伸长量标记）→设计值（持荷 5min，测伸长值）→锚固（张拉顶油压回零，测量总回缩量及夹片外露量）。钢束伸长量两端之和不得超过计算伸长量的 +6%，两端伸长量相差最大不得超过 10%。对伸长量不足的查明原因，采取补张拉措施，并观察有无滑丝、断丝现象，作好张拉记录。同一束钢绞线重复张拉次数不大于 3 次，终张拉完毕后，经 24h 观察确认无滑丝现象后，方可进入下道工序。

(5) 张拉要求。千斤顶、油压表按相关要求配对检验、标定，并配对使用，可一套千斤顶配 3 块油压表；严禁混合使用。纵向预应力钢束张拉应在梁体混凝土强度达到设计强度及弹性模量达到设计值的 100%，且必须保证张拉时梁体混凝土龄期大于 10d。预施应力采用两端同步张拉，并左右对称进行，最大不平衡束不超过 1 束，张拉顺序为先腹板束，后顶、底板束，从外到内左右对称进行，见表 8-10。各节段先张拉纵向后横向再竖向，并及时压浆。预施应力采用双控措施，预施应力值以油表读数为主，以预应力筋伸长值进行校核，预施应力过程中应保持两端的伸长量基本一致。张拉预应力钢束（筋）断丝、滑移限值，见表 8-11。

表 8-10 张拉次序表

钢索张拉序号	张拉钢索号	备注
1	T3	灌注 A 号梁端，养护完成
2	B3、B2、B1、T7	灌注 B 号、C 号梁端，养护完成
3	F1-F5、T8、T6-T4、T2、T1、T9	灌注 D 号梁端，养护完成
4	Z6-Z1	

表 8-11 张拉预应力钢束断丝、滑丝限制表

类别	检查项目	控制数
1	每束钢丝断丝或滑丝	1 根
2	每束钢绞线断丝或滑丝	1 丝
3	每个断面断丝之和不超过该断面钢丝总数	0.5%，并不应处于梁的同一侧

注：钢绞线断丝系指单根钢绞线内钢丝的断丝。

(6) 张拉安全。张拉现场应有明显的警告标志或绳索阻挡，严禁非工作人员靠近，张拉时千斤顶的前面 45°范围内严禁站人。张拉操作人员，应由熟悉本专业的人员或经培训合格的人员参加，操作中应有专业人员负责指挥。钢束锚固后，严禁摸、踏、踩、撞击锚具或钢束。卸油管时，先放松油管内油压，以免油压大而喷出伤人。

2. 管道压浆

(1) 压浆条件。

①张拉完成后，应在 48h 内进行管道压浆，压浆材料强度等级不低于 M50。

②孔道压浆前应用压力水冲洗，以排除孔内粉渣等杂物，保证孔道畅通，冲洗后用高压风吹去孔内积水，但要保持孔道内湿润，以使水泥浆和孔壁的结合良好。在冲洗过程中，如发现冒水、漏水现象，则应及时堵漏洞。当发现有串孔现象时，应判明串孔数量在压浆时几个串孔同时压浆，或者某一孔道压浆后，立刻对相邻孔道用高压水彻底冲洗。

③设备调试。检查锚头的封堵情况，再安装密封罩，最后连接真空泵和压浆泵及其他配套设备。施工前将锚垫板表面清理干净，保证平整，装上石棉密封圈，将密封罩与锚垫板上的安装孔对正，用螺栓拧紧；按真空辅助压浆装置布置图进行各单元体的密封连接，确保密封罩、管路各接头的密封性。

④浆体搅拌。首先在搅拌机中先加入实际拌和用水量的 80%~90%，开动搅拌机，均匀加入全部压浆剂，边加入边搅拌，然后均匀加入全部水泥。全部粉料加入后再搅拌 2min，然后加入剩余的拌和水，继续搅拌 2min。搅拌机上配有过滤装置，防止粒径过大的黏结块进入压浆泵。

⑤压入管道的水泥浆应饱满密实。浆体应具有流动性好、不泌水、可灌时间满足施工工艺要求的性能。在施工环境温度下，浆体在 6h 内应保持可灌性，并基本不泌水。

⑥压浆泵应采用连续式，压浆顺序为先下后上，同一管道压浆应连续进行，一次完成，水泥浆搅拌结束至压入管道的时间间隔不应超过 40 min。管道出浆口应装有三通管，浆体压入梁体孔道之前，应首先开启压浆泵，使浆体从压浆嘴排出少许，以排除压浆管路内的空气、水和稀浆。当排出浆体流动度和搅拌罐中的流动度一致时，方可开始压入梁体孔道。压浆前，清除孔道内的杂物和积水，进行抽真空，管道真空度应稳定在 $-0.10\sim-0.06$ MPa。压浆的最大压力不宜超过 0.6MPa，压浆充盈度应达到孔道另一端饱满并于排气孔排出与规定流动度相同的浆体为止。为保证管道中充满浆体，关闭出浆口后，应保持不小于 0.5MPa 且不小于 3min 的稳压期。压浆时，管道内水—浆悬浮液自由地从出口流出。

⑦压浆时及压浆后 3d 内，梁体及环境温度不得低于 5℃。压浆后从检查孔抽查压浆的密实情况，如有不实，应及时处理和纠正。

(2) 压浆操作注意事项。压浆操作人员在上岗前必须通过培训合格后，方可上岗；每次压浆施工前必须用空压机吹净孔道并疏通孔道；压浆操作人员应站在侧面，佩戴防护眼镜、胶皮手套及通信联系设备；锚垫板端板上与锚具盖帽连接的螺孔应清理干净，锚垫板与波纹管的连接处需专用的连接管连接；压浆材料应过筛，计量误差不大于 1%。水泥浆在使用前和压注过程中应连续搅拌，每次压浆完毕后应立即对机具、阀门进行冲洗。孔道压浆应填写施工记录。

3. 割束和封锚

(1) 割束方法。钢绞线割束在压浆前进行，终张拉后24h确认无误，切割多余钢绞线，外露长度不宜小于预应力筋直径的1.5倍，且不宜小于30mm。割束必须用砂轮机锯割，任何预应力钢筋均不能用电弧烧割。对于高强粗钢筋余留长度$L>3.5cm$。

(2) 封锚。压浆结束后，应及时采用C50钢筋混凝土对需封锚的锚具进行封闭。应先将锚具清洗干净，并对锚穴周边梁体混凝土凿毛，凿毛要全面并露出新鲜石子。为提高结构的耐久性，锚具与垫板表面及外露钢绞线采用防水涂料进行防水处理，并设置封锚钢筋网。利用锚垫板上安装螺栓孔，拧入带弯钩螺栓，封锚钢筋应与之绑扎形成钢筋骨架。在封锚及封锚范围内应采用防水涂料进行防水处理，防水涂料涂刷均匀，厚度满足1.5mm。

封锚前应先将锚具周围冲洗干净并凿毛，然后按图纸要求布置钢筋网，浇筑封锚混凝土。对于横向预应力钢筋封锚时还必须注意其颜色，必须和周围混凝土颜色一致，保持混凝土表面的美观。封锚混凝土采用与梁体同级别C50无收缩混凝土。必须严格控制封锚后的梁体长度。

8.3.10 预应力管道、钢束加工及安装的注意事项

1. 使用原材料的注意事项

预应力筋应进行验收。验收包括：质量证明书；包装标志是否齐全正确；是否有损伤、油污、锈蚀；对钢材进行原材料检验。夹具、锚具进场分批进行外观检查，不得有裂纹、伤痕、锈蚀，尺寸不得超过允许偏差，按批次进行检验。预应力筋存放也应采取防雨、干燥措施，妥善保管。

2. 管道施工中的注意事项

在制作及管道输送过程中，注意轻放，避免挤、碰变形和开裂，并保证尺寸。管道存放要顺直，不得受潮和雨淋锈蚀。要准确按照设计标高放置，并用定位钢筋固定，安放后的管道必须平顺，无折角。施工中人员、机械、振动棒等不得碰撞管道。管道接头要连接牢固，密封压浆管道要顺直畅通，分级浇筑的混凝土，在每次浇筑时，均应仔细检查管道的密封强度。接头长度以30cm为准，并用胶布缠紧，钢带平顺，不得翘起。

3. 穿束埋设的注意事项

整盘的钢绞线要安放在专用线盘上固定后，方可解捆散盘。切割钢绞线时应在切割处两边用铁丝扎好，以防散头。如有碰伤或缺陷应切除。在使用前必须清除泥土、油污，清理干净后方能使用。预应力钢绞线下料应用砂轮机切割，严禁电气焊切割，切割后应磨平去毛刺。预应力钢绞线采用人工配合卷扬机穿束，穿束前每束钢绞线头用绞带包缠。在浇筑混凝土前仔细检查波纹管有无损坏之处，若有应及时修补，防止波纹管漏浆。预应力筋的下料应严格按规定长度下料，同时要考虑施工中临时加长部分以便整束牵引而必要地加长尺寸。下料前预应力普通螺纹粗钢筋肉眼可见的弯折必须调直，清除表面的浮锈、污物、泥土，钢筋两端由钢厂剪切造成的扁头予以锯去。钢筋表面有明显凹坑、缺陷，予以剔除该段。下料时采用砂轮锯切割，禁止使用电焊切割。采用氧割时，要避免飞溅熔渣损伤其他钢筋表面，并对钢筋两端用砂轮或锉刀进行修整。

4. 张拉工序的注意事项

为确保预应力张拉准确，应定期对张拉设备进行检查校正，检验的周期：千斤顶为

一个月，液压表为一周，张拉次数小于 200 次。若施工中发生下列情况应重新校验：①张拉过程中整根钢束突然断裂；②千斤顶发生故障严重漏油；③油泵压力指针不能退回零点；④油泵车倒地或重物撞击油压表。任何时候千斤顶、油泵、油表必须配套，指定配套使用，不得更换变动；按设计要求，应做管道摩阻试验，以修正张拉力；当混凝土强度、弹性模量及期限达到设计要求时方可施加预应力；按张拉要求认真作好记录，并应当场计算，如双控伸长值超过规定值（±6%）则应暂停，待查明原因采取措施后方可继续张拉；张拉后，用油漆做好标记，2h 检查一次，查找滑丝、断丝情况，如出现滑丝、断丝应及时采取措施。在 24h 内无上述情况，即可进行压浆工序。

5. 压浆工序的注意事项

预应力钢材张拉后应尽早压浆，应在 48h 内进行管道压浆，如情况特殊不能及时压浆者，应采取保护措施，保证锚固装置及钢绞线不被锈蚀，以防滑丝；压浆要注意尽量避免高温时间进行，拌制的水泥浆温度<32℃；冬期压浆时采取保温措施，冬期压浆或压浆 3d 内，梁体及环境温度不得低于 5℃；水泥浆搅拌结束至压入管道的时间间隔应控制在 40min 之内；压浆要注意是否有串孔现象和漏浆发生；压浆泵的压力要逐渐加大，加压速度不能过快；压浆过程中出现异常，如管道堵塞、机械故障不能继续压浆时，应立即用清水将管道内的水泥浆冲洗干净，并用空压机吹干积水；操作完毕后机具和现场应及时冲洗干净；填写压浆原始记录要及时、认真、整洁，试件要按规定制取。

8.3.11 模板和支架的拆除

1. 拆模条件

梁体合龙段施工完毕后，进行早期张拉拆模时内模只拆不移，待梁体进行早期张拉后移出内模，侧模可在早期张拉前松开。拆模（内模和侧模）时混凝土强度应达到设计强度的 50%以上，混凝土心部与表层、箱内与箱外、表层温度与环境温度之差均不大于 15℃，且能保证构件棱角完整时方可拆除箱梁模板。若不满足要求，采取有效措施缩小温差，直至符合要求。底模及支架在腹板束张拉结束后进行拆除。拆除模板前先检查卷扬机等设备的性能，并清理好拟进入的作业面。模板拆除流程为：松开端模与侧模间拉杆→拆除端模→预张拉腹板束→拆除内模→拆除侧模→张拉腹板束→拆除底模、支架。模板拆下后，要及时清除模板表面和接缝处的残余灰浆并均匀涂刷隔离剂，与此同时要清点和维修、保养、保管好模板零部件，如有缺损及时补齐，以备下次使用。并根据消耗情况酌情配备足够的储存量。

2. 拆除支架

预应力混凝土箱梁应在混凝土强度达到设计强度的 100%且腹板钢索预应力张拉、压浆后方可拆除支架。支架拆除要求一次落架，脱模由一联的边跨向跨中对称进行，即先边跨后中跨、先边跨后支座，先内模、侧模后底模。支架拆除时在高度上尽量同步进行，即工作面安排在同一高度面上。

8.3.12 连续梁相关工程

1. 防护墙

防护墙采用相邻轨面等高设计，按桥上设置 CRTS-Ⅱ型轨道板确定，本梁防护墙高 750mm。梁体施工时按照设计图纸预埋防护墙钢筋，确保防护墙与梁体的整体性。防护墙每隔 2m 设 10mm 防护墙断缝，并以油毛毡填塞，同时在该处防护墙下端设泄水孔并进行防水处理，即在泄水孔周围涂刷防水涂料，泄水孔底部将电缆槽内保护层顺坡过渡到防护墙内侧施工。为便于作业人员通行，在支点处及中跨跨中设置过人槽口。

2. 电缆槽

根据对应专业设计图纸，在防护墙外侧分别设置通信、信号电缆合槽和电力电缆槽。电缆槽由竖墙和盖板组成，取消竖墙 B。电缆槽盖板为预制结构，竖墙在桥位现场浇筑。梁体浇筑时注意在电缆槽竖墙相应部位预埋钢筋，使竖墙与梁体连为一体，以保证电缆槽竖墙在桥面上的稳定性。为保证通信、信号电缆预留冗余长度的要求，局部范围在保证电力电缆适用空间的基础上竖墙外移，加大通信信号电缆合槽尺寸。

3. 接触网支柱

因桥梁支点处横向预应力较多，接触网支柱布置时避开支点位置。现浇梁施工时在相应的位置预埋接触网锚固螺栓及加强钢筋，支柱基础混凝土可与竖墙一同灌注。本梁上设置 LQJ-A2 接触网基础，共设 3 组，每组左右侧各一个，距线路中心 3.15m，位置分别为 DK75+974.71、DK76+024.71、DK76+072.71，无下锚拉线基础。预埋接触网锚固螺栓时，同时安装螺栓定位模板，保证螺栓的相对位置，预应力施工完成前，不得拆除定位模板。

4. 通风孔的设置

在结构两侧腹板上设置直径 100mm 的通风孔两层，上层通风孔距悬臂板根部 0.3m 左右，下层距上层 1.45m 左右，纵向间距 2m 左右。若通风孔与预应力筋相碰，应适当移动通风孔位置，保证预应力钢筋的净保护层大于一倍预应力管道直径，同时在通风孔处增设 $\phi 12$ 直径 170mm 的钢筋环。

5. 桥上排水及梁端排水系统

采用三列排水方式，分别在防撞墙与承轨台及两线承轨台间设置泄水管，电缆槽内积水通过防护墙流到防护墙内侧泄水孔内。中间排水坡面通过预埋刮轨控制，形成六面坡，积水顺畅排入排水管。跨越公路、铁路时，积水通过排水管导管引到桥下，当处于郊外时，外侧泄水管可以直接排水。

6. 梁底泄水孔

为保证箱梁内排水的需要，在中支点横隔板两侧底板最低处设置直径为 $\phi 100mm$ 的泄水孔，在灌注梁底板混凝土时，在底板上表面根据泄水孔的位置设置汇水坡，避免箱内积水。

7. 检查孔设置

根据维修养护的需要，在梁端底板设置 0.25m×1.5m 的槽口，同时在槽口设置半径为 250mm 的倒角减少槽口的应力集中。为便于检查人员上下，施工时在孔壁预埋螺母套筒 M20，层距 300mm。在施工完成后拧入螺栓，便于攀登。

8. 通信信号电缆过轨预留孔

每联梁的梁端电缆槽内设置外径为 110mm 的预留孔，预留孔采用外径为 110mm 的 PVC 管，兼作电缆槽的排水孔。在安装 PVC 管后进行防水层、保护层的施工，同时注意预留孔处 PVC 管的防水处理。PVC 管伸出桥面板下缘长度不应小于 30mm。

9. 伸缩缝构造

由于 CRTS-Ⅱ型板式轨道底座在梁缝处连续铺设，在梁端底座板处不设挡水台，梁端防水伸缩缝设置于梁面，预埋伸缩缝型钢。采用耐候钢伸缩缝，伸缩量±100mm。

10. 防落梁措施

为保护梁部结构在地震力等特殊作用下的安全性能，在梁与墩之间设置防落梁设施。梁体预埋钢板、套筒，梁与墩之间为钢板挡块，在梁体混凝土浇筑前安装。挡块与垫石和墩顶有一定间隙，充填弹性物质。

11. 综合接地措施

根据通信、信号、电力等专业要求，结合《铁路综合接地系统》（通号（2009）9301）进行综合接地安装。接地钢筋以非预应力结构钢筋为主，截面面积$200mm^2$，截面面积不能满足要求时，可将相邻的两根钢筋合并接使用（无须改变钢筋间距）或局部更换为直径16mm的钢筋。在梁体上表层（或保护层）设纵向接地钢筋，分别设于两侧防护墙下部及上行、下行无砟轨道底座板间的1/3处、2/3处并纵向贯通整座梁；轨道底座板间的纵向接地钢筋距混凝土表面小于100mm。纵向接地钢筋与梁端的横向结构钢筋连接，实现两侧贯通底线的横连。在桥墩处利用结构钢筋与横向连接钢筋相连，通过接地端子连通至桥墩接地系统。梁底的每个支点处布置两个接地端子，布置在小里程侧，大里程桥墩处不设接地端子。施工过程中，对接地钢筋做出明显标识，便于检查和连接准确。每个支点处梁顶布置6个接地端子，分别在竖墙、通信信号槽、防护墙内侧对称布置。接地端子采用桥隧型，连接采用"L"钢筋连接，焊缝要求单面焊接焊缝长度不小于10d，双面焊接焊缝长度不小于5d，焊缝宽度不小于4mm，贯通电阻检查电阻值不得大于1Ω。接触网支柱的接地采用桥梁的横向接地钢筋与接触网的预埋钢板焊接保证。

12. 封端

压浆结束后，应及时采用C50钢筋混凝土对需封锚的锚具进行封闭。应先将锚具清洗干净，并对锚穴周边梁体混凝土凿毛，凿毛要全面并露出新鲜石子。为提高结构的耐久性，锚具与垫板表面及外露钢绞线采用防水涂料进行防水处理，并设置封锚钢筋网。利用锚垫板上安装螺栓孔，拧入带弯钩螺栓，封锚钢筋应与之绑扎形成钢筋骨架。封锚混凝土浇筑完成后，在梁端底板及腹板的表面涂满聚氨酯防水涂料进行防水处理，防水涂料涂刷均匀，厚度满足1.5mm。

8.3.13 线形控制

连续梁灌注施工中，结构的线形控制是确保梁的施工质量的关键之一。施工中的线形控制要求比较精确，最大静活荷载挠度为－16.3mm，为跨度的1/3926＜1/1500；梁端最大竖向转角位0.614‰＜1‰。而影响桥梁挠度的因素极为复杂（主要有箱梁梁段自重、预应力施工、施工荷载、混凝土的收缩与徐变、日照温差与温度变化、二期恒载上桥时间、结构体系转换等）。施工中必须对挠度进行精确地计算和严格控制。为了保证梁体的线形符合要求，委托监控单位，提供立模标高，以及施工中的各项指标的控制。

1. 现浇箱梁的施工挠度控制

(1) 各参数的测定。根据对影响桥梁挠度的各因素及其影响机理的分析,确定施工现场待测参数。各参数及其测定如下:①支架的变形值。支架的变形难以准确计算,要通过预压荷载试验测定。在支架搭设及模板安装完毕后,验收合格,采用沙袋预压法进行荷载试验,加载量按各梁段质量及施工荷载计算确定。分级加载,加载过程中测定各级荷载下支架的变形值,可以得到荷载与挠度关系曲线。根据荷载与挠度关系曲线,可查出连续梁灌注施工中梁段荷载作用下支架将产生的变形。②施工临时荷载测定。施工临时荷载主要为人员机具等。施工人员机具按 $150kg/m^2$ 考虑。③箱梁混凝土容重和弹性模量的测定。混凝土重度随着施工的推进采用常规方法测试。混凝土弹性模量主要测定混凝土弹性模量 E 随时间 t 的变化过程,即 $E\text{-}t$ 曲线,采用现场取样通过万能试验机试压的方法,分别测定混凝土在 7d、14d、28d、60d 龄期的 E 值,以得到完整的 $E\text{-}t$ 曲线。④混凝土的收缩与徐变观测。混凝土的收缩与徐变采用现场取样,进行长期观测,在长期观测结果未出来时,采用以前其他桥梁施工中相同或相似条件下同强度等级混凝土的试验数据。⑤预应力损失的测定。该桥施工中,主要测定纵向预应力钢绞线的管道摩阻损失,以验证设计参数取值和实际是否相符,根据有效预应力计算由预应力施工引起的挠度。本梁施工时选取先施工完的 A 段梁体进行纵向预应力钢绞线的管道摩阻试验。⑥温度观测。温度观测分为大气温度观测和箱梁体内部温度观测,大气温度观测与高程测量同时进行,以便主梁高程代表性的确认。

(2) 施工预拱度计算。在支架预压阶段,取得地基、支架等弹性变形值,通过监测单位调整,再加上收缩徐变等计算出的修正值,即取得预拱度。梁段的预拱度=支架弹性变形调整值+修正值预拱度,由监测单位提供。

(3) 梁体现浇的施工挠度控制。根据预拱度及设计标高,确定梁体各截面的立模标高,严格按立模标高立模。成立专门的观测小组,加强观测梁体施工中混凝土浇筑前后、预应力张拉前后 4 种工况下的挠度变化。

2. 线形监控测量

在 21 号、26 号桥墩顶设置测量控制点作为施工测量的基准点,控制整个桥的施工。施工测量中采用的测量仪器必须经过鉴定合格方能使用。委托专业监控机构对从支架预压到梁体张拉完成进行施工模拟跟踪仿真分析和监控,通过室内计算及现场测试,对梁体进行线形控制。如发现测量数据出现问题,及时查找原因,对影响变形和内力的各种因素进行调整,确保线形控制达到设计要求。

高程测点布置与监测安排。梁体在立模完浇筑混凝土前,在箱梁腹板外侧对应的箱顶布设两个对称的高程控制点,纵向间距 4m,控制点采用承台型沉降观测标进行设置。既可以监测梁体灌注施工的挠度,又可以观测整个箱梁施工过程中是否发生变形。在梁体浇筑混凝土前、混凝土浇筑后、预应力筋张拉前、预应力筋张拉后,对已浇梁体的控制点高程进行测量,以便观察各点的高程(挠度)变化历程。

测量仪器选择与测量时间安排。采用电子水准仪来进行高程测量监控,测量时间安排在一天温度变化较小的时间里,即日出一小时后观测,以消除大气折光以及日照温差的影响,测量的工作持续时间越短越好,每次观测必须形成闭合水准路线,检验观测成果是否满足规范要求。梁体灌注施工高程控制程序见图 8-27。

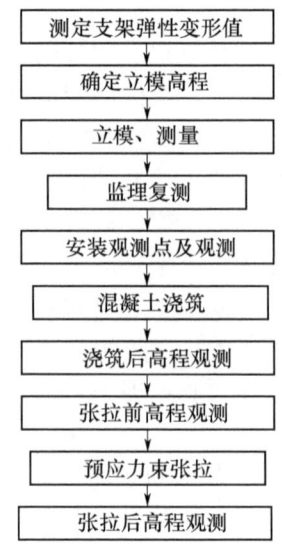

图 8-27 现浇梁施工高程控制程序图

3. 梁顶平整度控制措施

梁顶平整度控制主要是靠人工抹平来控制。在浇筑混凝土前，应在顶板钢筋网上焊接 1.5m×1.5m 的桥面横坡标高控制的钢筋头，并作上混凝土浇筑标高控制线，浇筑时严格按此线进行控制。混凝土在振捣平整后即进行第一次人工抹面。

4. 线形控制的关键

现浇梁线形控制主要为事前控制，准确取得各项与梁体线形有关的数值。首先准确取得地基、支架等荷载——弹性变化曲线，准确计算出实际荷载下的弹性值；根据二期荷载上桥时间、收缩徐变、张拉应力的影响以及天气状况等，修正施工拱度；立模标高＝设计标高＋弹性变形值＋修正值。根据实际情况，准确取得各项数值，精确控制立模标高，即能准确控制梁体线形达到设计要求。

8.3.14 变形观测

根据宁杭公司下发的《宁杭客运专线线下工程沉降变形观测及评估实施细则》、铁四院下发的《宁杭客运专线桥涵工程变形监测技术要求》，在连续梁上设置沉降观测标，对梁体徐变进行观测，安装承台型观测标。连续梁上的观测标，中跨跨度小于 80m，分别在支点、中跨跨中及边跨 1/4 跨中附近设置，3 跨以上连续梁中跨布置点相同，详见附图 8-28、图 8-29。

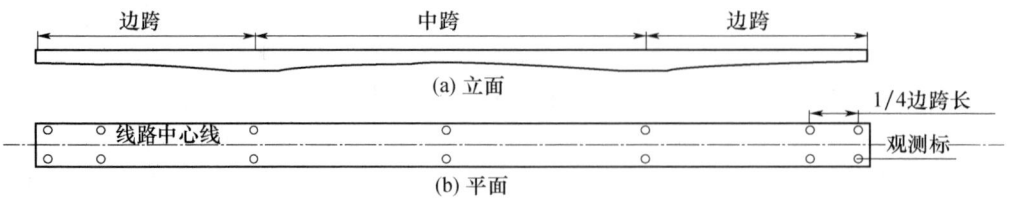

图 8-28 连续梁梁部测点纵向布置示意图

8 连续梁支架现浇法施工

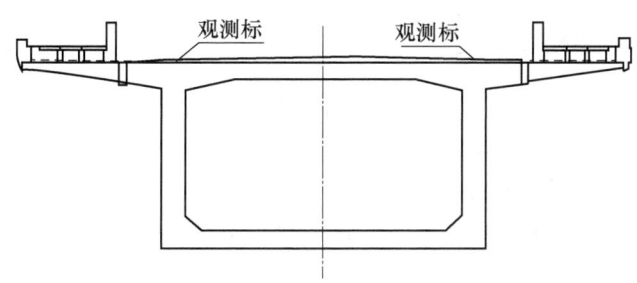

图 8-29 横断面布置图

桥梁梁部水准路线观测按二等水准精度要求形成闭合水准路线，沉降观测点位布设及水准路线观测示意图如图 8-30 所示，其中测点 1、2、3、4 构成第一个闭合环，测点 3、4、5、6 构成第二个闭合环。所有观测线路在形成闭合环以前必须置镜两次以上，以保证不会形成相关闭合环，详见图 8-30。

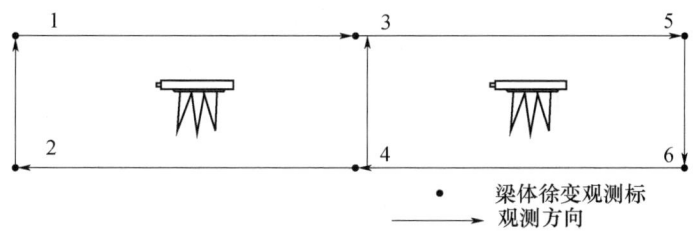

图 8-30 桥梁梁部徐变观测水准路线示意图

观测精度要求。梁体徐变沉降变形的观测精度为±1mm，读数取位至 0.01mm。梁体徐变观频率按照表 8-12 要求的时间间隔进行。

表 8-12 梁体徐变观测频次表

观测阶段	观测周期
预应力张拉	张拉前、后各 1 次
预应力张拉完成至无砟轨道铺设前	张拉完成后第 1d
	张拉完成后第 3d
	张拉完成后第 5d
	张拉完成后 1~3 个月，每 7d 为一测量周期
桥梁附属设施安装	1 次/周，要求安装前、后必须各有 1 次
无砟轨道铺设期间	1 次/周
无砟轨道铺设完成后	第 0~3 个月，每 1 个月为一测量周期
	第 4~24 个月，每 3 个月为一测量周期

注：架桥机（运梁车）通过时观测要求：1 次/d，连续 2 次；其后 1 次 3d，连续 3 次，以后 1 次/周。

梁体徐变量计算。对于梁体的徐变变形观测，每孔梁支点之间的梁体徐变应以两支点的连线为基准线进行观测计算，由于下部结构沉降变形的影响，该基准线的位置会发生变化，梁体观测点至该基准线的垂直距离利用几何方法计算取得，垂直距离差值就是梁体徐变变形值。

8.3.15 运梁车及架桥机通过

考虑运梁车过梁及架桥机架设相邻跨简支梁，主要与预应力张拉后压浆强度有关。通过时间以现场同条件养护的浆体试件达到设计强度为准，同条件养护试件的养护环境尽量与梁体相同，放置在梁体阴凉处，保证试验强度与实际强度一致。运梁车过梁及架桥机架梁通过时，按规定频率观测墩身的沉降情况，不均匀沉降不得大于 6mm。

8.4 施工质量保证措施

8.4.1 施工质量管理组织结构（图 8-31）

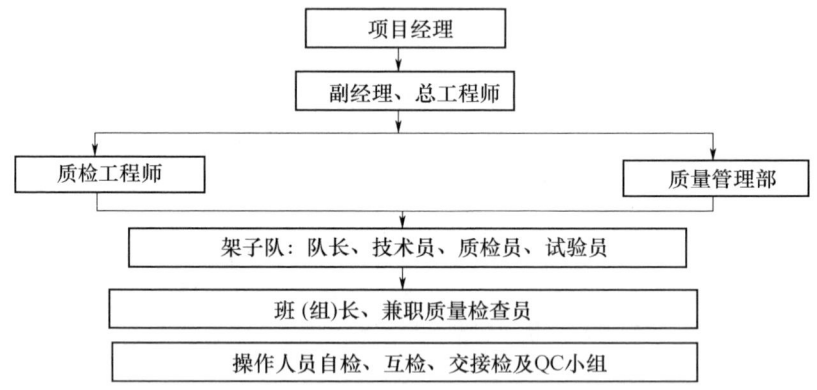

图 8-31 施工质量管理组织结构图

8.4.2 施工质量检查程序（图 8-32）

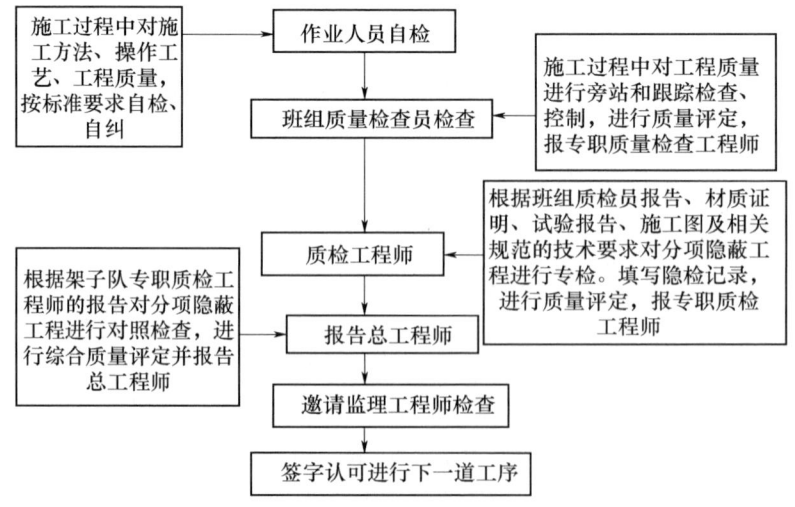

图 8-32 质量检查程序图

8.4.3 工程质量保证措施

1. 模板

箱梁模板的设计与施工必须根据设计图进行必要的刚度、强度和稳定性验算;模板拼装时必须吻合密实,并认真检查接缝处板面平整度,用角磨除锈机认真清除面板上的浮灰、锈渍,然后均匀地刷上脱模剂。拼装好后必须用标定后的钢尺认真测量各处尺寸以满足设计规范要求;拆模时间根据实验室提供的混凝土实际强度报告确定。

2. 钢筋

到场的钢筋必须按不同钢种、等级、牌号、规格及生产厂家分批验收、分批堆放,且存储在高于地面的平台、垫木或其他支承物上,并尽量保护它不受机械损伤和不暴露在可使钢筋生锈的环境中。机械接头时严格按技术要求施工,工人培训后上岗。在切断过程中,如发现钢筋有裂纹,立即停止工作并及时向主管工艺技术人员反映,技术人员通知实验室取样检测;钢筋断口不得有起弯现象。钢筋切断检查标准见表 8-13。

表 8-13 钢筋切断检查标准

序号	项目	标准
1	钢筋调直弯曲(1m 直尺靠量)	≤4mm
2	钢筋切断长度偏差	±10mm
3	钢筋外观	无氧化铁皮、无裂纹

3. 混凝土施工

梁体采用 C50 混凝土,封端采用 C50 无收缩混凝土,防护墙及竖墙采用 C40 混凝土。梁体混凝土所用的粗、细骨料及水泥、水、外加剂均符合技术规范要求,并具备相关的试验报告。在配制混凝土拌和物时,水、水泥、掺和料、减水剂的称量误差须≤±1%,粗、细骨料的计量误差≤±2%(均以质量计)。混凝土搅拌前先确定砂、石料仓为浇筑梁体标准料,如不是则必须先将料仓中的砂、石清空,装入符合浇筑使用的砂、石料。投料次序为:宜先向搅拌机投入细骨料、水泥、矿物掺和料和外加剂,搅拌均匀后,再加入所需用水量,待砂浆充分搅拌后再投入粗骨料,并继续搅拌至均匀为止。上述每一阶段的搅拌时间不宜少于 30s,总搅拌时间不宜少于 2min,也不宜超过 3min。

不允许用加水或其他办法变更混凝土的坍落度,浇筑时实测坍落度不在规定界限之内的混凝土不得使用,混凝土拌和时严格控制搅拌时间。浇筑底、腹板时两台混凝土泵车分别从跨中向的两端边移动边浇筑混凝土,两腹板对称上升,上、下两层混凝土浇筑间隔的时限不能超过 60min。梁腹板与底板及顶板连接处的承托、预应力钢材锚固端以及其他钢筋密集部位,宜特别注意振捣。

4. 预应力施工

施加预应力前,对混凝土构件进行检验,外观尺寸符合质量标准要求;张拉时混凝土强度及弹性模量达到设计强度及弹性模量的 100%。穿束前检查锚垫板和孔道,锚垫板位置正确,孔道内畅通且无积水和杂物。浇筑混凝土前穿束的孔道,在可能条件下,在管道安装后、浇筑混凝土前检查预应力钢材是否能在管道内自由滑动。千斤顶和压力表配套校验、使用,用于测力的千斤顶其精度不低于 1.0 级。用于预应力张拉的设备,应经监理工程师同意的校准设备检验校准后方可用于箱梁的张拉工作。预应力钢材在张拉控制应力达到稳定后方可锚固。预应力束张拉时做好张拉记录，填写张拉报告，报送监理工程师。

5. 压浆

压浆时必须根据实验室交付的配合比资料拌制浆液，水泥浆用水泥强度等级为42.5级低碱普通硅酸盐水泥，且压浆机必须以0.7MPa的常压连续进行作业。水泥浆自搅拌至灌入孔道的时间，一般不应超过40min。水泥浆在使用前和压注过程中经常搅动。压浆前，须将孔道冲洗干净、湿润，如有积水用吹风机排除。压浆时，对曲线孔道由最低的压浆孔压入，由最高点的排气孔排出。压浆缓慢、均匀地进行。比较集中和邻近的孔道，宜尽先连续压浆完成，以免串到邻孔的水泥浆凝固、堵塞孔道；不能连续压浆时，后压浆的孔道在压浆前用压力水冲洗畅通。压浆后从检查孔抽查压浆的密实情况，如有不实，及时处理纠正。压浆过程中及压浆后72h内，结构混凝土温度及环境温度不低于5℃，否则采取保温措施。

8.4.4 其他质量保证措施

收集天气预报资料，避开大风大雨天气，进行现浇梁施工。对整个施工过程均要进行工艺、安全、质量技术交底，施工时要有技术、安全、测量、试验人员现场旁站，并做好详细记录。加强原材料管理。所有砂石料进场全部进行验收，砂子进行清洗，石子进行筛分，拌和水使用保温装置，对水管及水箱加遮阳和隔热措施，提前将混凝土拌和用水加热。水泥、砂、石料搭设暖棚，以保证骨料温度，可在拌和混凝土前对砂石料加温。严格按施工配合比施工，确保计量准确。施工配合比应充分考虑每天不同时间的温度、砂石料的含水率。各种原材料的计量误差控制在以下范围内：水泥±1%，粗、细骨料±2%，水及外加剂±1%。地基处理严格按照作业指导书施工，严格控制换填厚度和浇筑混凝土厚度。支架底托、顶托露出支架立杆长度不得超过底托、顶托长度的2/3，立杆连接扣必须派专人检查是否旋紧；扫地杆、剪刀撑必须和支架立杆连接牢固；支架立杆和横杆在搭设过程中必须保证立杆竖直度和横杆水平度满足要求。模板和方木用铁钉固定牢固，防止由于温度变化模板发生变形；模板组装必须将顶托上方木调整到设计标高；模板加固完成后必须派专人检查模板水平支撑和拉杆是否受力，防止浇筑混凝土过程中模板发生变形。

混凝土浇筑前要将梁体模板内尘土、杂物、焊渣等清除干净，并洒水润湿。混凝土浇筑时，派专人精确测量支架和模板变化，并有专人及时调整、加固。现浇梁顶板混凝土标高采用纵向每2m、横向每3m布设标高点控制，顶面采用靠尺刮平，木抹抹面，保证顶板标高、厚度和平整度。严格控制混凝土浇筑时的分段长度和分层厚度。做好准备工作，保证施工连续进行；从拌和机到入仓的传递时间及浇筑时间要尽量缩短，并尽快开始养护。钢筋绑扎和预应力管道定位必须采用尺规，保证钢筋间距和预应力管道位置准确。严格控制初期养护水温与梁体温差不超过15℃，不能使梁体表面降温过快，防止温差裂缝。养护水温达不到要求，采用电加热的方式，保证温差。混凝土浇筑完，表面应立即覆盖清洁的塑料膜，初凝后撤去塑料膜，保温被覆盖保温。混凝土浇筑完成一个月内，要随时掌握天气预报，当气候急剧变化时，要提前采取有效的保温措施。

8.5 安全施工保证措施

8.5.1 安全管理机构

为加强安全领导，建立安全生产保证体系，成立安全生产委员会，由项目部各部门主任组成。制定切实可行的安全管理办法和奖惩制度。各级各类人员各负其责，定期检查、考核，奖惩兑现。图 8-33 为安全生产保证体系图。

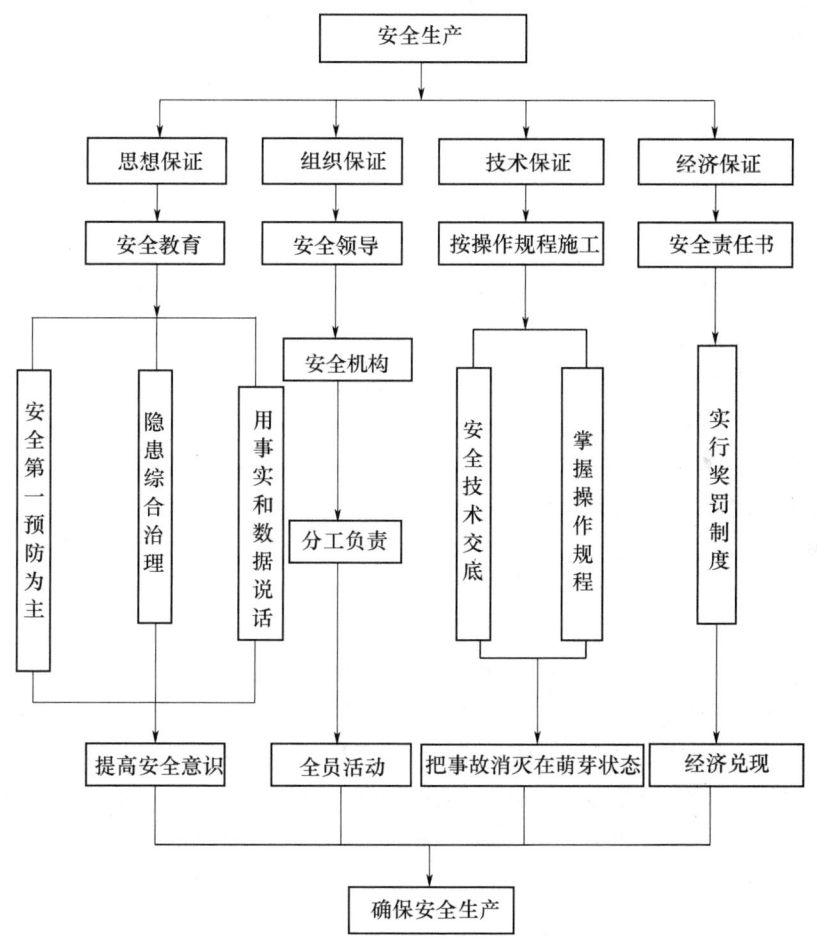

图 8-33 安全生产保证体系图

8.5.2 安全技术措施

1. 做好道路保通措施

连续梁端头紧邻水西线公路，为保证支架安全，两侧设置防撞墩和警示灯，按要求搭设好安全通道，防护网和防护栏搭设范围符合要求，材质合格、结实可靠。安排专人 24h 值班，出现状况及时采取解决方案。

2. 安全施工具体保证措施

碗扣支架安装时，按下面要求执行：支架安设前地基处理必须按设计进行，以满足受力要求；支架安装必须按步骤分步进行，支架拆除作业必须从上而下分层进行，严禁上下同时作业；每根立杆的底部设置底座或垫板；立杆步距不得大于1.20m，并应设置纵横水平拉杆；立杆接长必须按有关规定采用对接扣件连接，立杆对接接头交错布置，错开间距至少60cm；必须按规定的间距设置各种杆件，如剪刀撑、扫地杆等；杆件连接必须按规定进行，连接必须牢固；支架用材料必须满足施工要求，严禁不合格产品进入施工现场；支架安设高空作业人员做好安全防护措施，如安全绳等；支架预压过程做好沉降观测，防止架体局部失稳；严禁外径不同的架管混合使用。

混凝土施工中的安全措施：辅助结构如脚手架等，必须进行安全检算，采取相应的安全措施。施工中的特种作业人员，通过安全技术培训，并经考试取得合格证后，方可上岗工作，其他人员也要求进行安全技术培训和考核。

钢筋、模板安装前，搭设脚手架平台、栏杆及上下扶梯；人工搬运和绑扎钢筋时，互相配合，同步操作。在已安装的钢筋上不得行走，并架设交通跳板，或搭脚手架。模板就位后，立即用撑木等固定位置，以防倾倒伤人。当借助起重机吊模板合缝时，模板底端用撬棍等工具拨移。每节模板立好后，上好连接器和上下两道箍筋，打好内撑，方可暂停作业，以保持稳定。在竖立模板过程中，上模板工作人员的安全带拴于牢固地点，穿拉杆时，内外呼应。模板吊装前，使模板连接牢固，内撑、拉杆、箍筋上紧，吊点正确牢固。起吊时，拴好溜绳，并听从信号指挥，不得超载。

使用混凝土振捣器时，须检查振捣器的外壳接地装置及胶皮线情况；电线的端部与振捣器的连接情况；振捣器的搬移地点及在间断工作时电源开关关闭情况。检查合格方准使用。拆除模板之前，设立禁区，并按规定程序进行拆模。以上各工种进行上下立体交叉作业时，不得在同一垂直方向操作。

预应力施工中的安全措施：预应力钢绞线下料，在清理干净的硬化场地进行；场地内严禁动用电焊设备，防止电焊弧击伤钢绞线，造成钢绞线在张拉时断裂伤人；张拉时千斤顶送油或回油速度要缓慢均匀，两端张拉力要求同步，切忌突然加压或卸压，张拉行程不得超过额定行程，安全阀调整至规定值后方可开始张拉作业；采用油顶、油表相互匹配的预应力张拉施工设备，在使用一定时间或次数后及时校验，防止因油顶、油表不匹配造成张拉力控制不准确，产生安全事故；锚垫板安装角度位置严格按设计要求，并采取锚筋与梁体钢筋焊接的方法确保锚垫板角度、位置准确，以防应力过大，使锚垫板松动，造成预应力施工安全事故。

在张拉施工时，精确调整千斤顶位置确保预应力筋、锚具和千斤顶、锚垫板位于同一条线上，确保预应力施工安全。张拉油顶采用安全可靠的钢支架配合导链吊挂，以防油顶掉落，伤及张拉操作人员。张拉作业区设立钢筋栅栏及安全防护网，并设立安全防护标志，严禁非作业人员进入。张拉或退锚时，张拉油顶后面严禁站人，并在张拉作业区后方设置木防板以防预应力筋拉断或锚具、夹片弹出伤人。张拉作业时设置专人负责指挥，测量伸长量时，停止油顶张拉。张拉液压系统的高压油管的接头应加防护套，以防漏油伤人。高压油管在正式使用前作油管承压检查，保证油管的正常使用。操作千斤顶和测量伸长值的人员，应站在千斤顶侧面操作，严格遵守操作规程。油泵开动过程中，不得擅自离开岗位。

高空作业，雨天作业：安全网保持完好，使用宽度不小于3m，长度不小于6m，网眼不大于100mm的维纶、锦纶、尼龙等材料编织的标准安全网。每块网能承受不小于1600N的冲击荷载；高空作业时使用统一规定的信号、旗语、手势、哨等与地面联系；雨天进行高处作业时，采取可靠的防滑措施。强风、浓雾恶劣气候不得从事高处作业。强风、暴雨后，对高处作业设施逐一进行检查，发现有松动、变形、损坏等现象，立即修理完善。

支架拆除要求：支模的拆除必须经验算复核并符合其他有关规定，严格控制拆模时间，拆模前必须有拆模申请及经审批；支架拆除时应遵循先上后下、后搭先拆、一步一清的原则，部件拆除的顺序与安装顺序相反，严禁上下同时进行，拆除时应采用可靠的安全措施；卸料时应由作业人员将各配件逐次传递到地面，严禁抛掷；运至地面的构配件应及时检查、整修与保养，清除杆件及螺纹上的沾污物，变形严重的，送回修整；配件经检查、修正后，按品种、规格分类存放，妥善保管；拆除杆件时，要互相告知，协调作业，已松开连接的杆部件要及时拆除运出，避免发生误扶误靠。

8.5.3 安全防护措施

加强对工人的安全教育，提高职工的安全生产素质，并设专职安全员。起重指挥应站在能够照顾全面的地点，信号要统一、准确；严禁任何人员在起重臂和吊起的重物下面停留或行走；起重物件应使用交互捻制的钢丝绳，有打结、变形、断丝和锈蚀的钢丝绳应及时按规定降低使用标准或报废；起吊物件应合理设置溜绳。

架子作业人员必须佩戴安全带并站稳把牢，在架子上传递、放置杆件时应注意失衡闪失；剪刀撑及其他整体性拉杆应随架子高度的上升及时安装，以确保整架稳定；搭设中应统一指挥，协调作业；确保支架结构的尺寸。杆件的垂直度和水平度，各节点构造和紧固程度符合施工规范要求；禁止使用材质、规格不符合要求的杆配件。

在支架外侧引出高出翼板1.5m钢管，搭设钢管围栏，四周悬挂安全防护网，翼板两侧每隔20m设置灭火器一套。防护栏杆见图8-34。

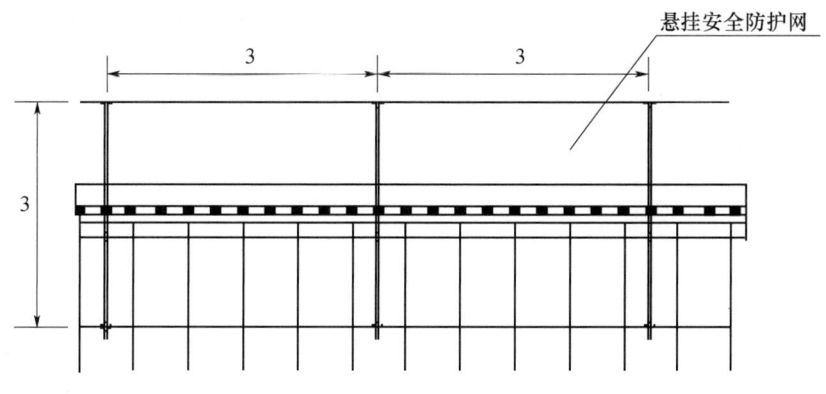

图8-34 钢管围栏图

预应力操作人员安全操作要点：锚具应逐个检验合格，张拉设备使用前应经过认真检修和标定，千斤顶的装设应平正对中，操作人员应站在两侧，防止断丝、滑丝时伤人；预应力筋两端应设置挡板和安全警戒区，在张拉时严禁一切人员通过。挂牢安全网，电线电缆等用电设备布设合理、有序、安全。支架拆除设专人指挥，施工人员统一有序进行，并配好相应的安装全防护用品。

8.5.4 安全交底

施工应按经审批的方案进行，方案未经审批不得施工。确保底架支撑稳固后，方可上架作业，作业人员必须佩戴安全带及安全帽，并在高架桥两侧搭设安全网。只有在确认安全网可靠后，方可进行上层作业。应通过设在支架外的人员通道上下架子。传递和安装杆件时，要尽量创造安全的作业条件，在操作时要站稳把牢，谨防失衡。

施工现场安全负责人负责施工全过程的安全管理工作，在支架搭设、拆除前向作业人员进行安全技术交底；支架施工现场搭设工作梯，作业人员不得从支撑系统爬上爬下；支架搭设、拆除和混凝土浇筑期间，无关人员不得进入支模底下，现场安全员在现场维护；支架搭设人员必须持证上岗、戴安全帽、系安全带、穿防滑鞋，恶劣天气时应停止模板支架的搭设与拆除，雨后上架作业应有防滑措施；整架拼装完成后，检查所有连接扣件是否扣紧，松动的要用手锤敲紧；需要多人配合的操作作业决不允许一人冒险作业，多人配合作业时要互相呼应、协调工作。

支架上人员应避免工具和材料的掉落，下面人员应避开危险区域，随时注意观察，发现有危险时及时避开。在支架上作业的人员要全神贯注，并注意适当休息，避免疲劳作业；身体状况不适的施工人员及有癫痫、心脏病史人员，绝不允许上架作业；支架上作业不要进行用力过猛的作业，谨防闪失；不得随意拆除紧固件，必须拆除时要有确保安全的措施；施工期间随时对支架进行全面检查，发现异常情况及时通报，必要时采取果断措施，制止异常现象的发生。

8.5.5 安全事故处理预案

1. 成立应急救援领导小组和专业处置组

应急救援领导小组由安质部、计财部、物资部、调度室、工程部、综合部组成，是处置施工安全事故的组织者和指挥者，负责组织、指挥事故应急救援处置工作。专业处置组包括综合协调组、安全保卫组、应急救援组、医疗救护组、后勤保障组、事故调查组、专家技术组、善后处理组，在发生施工安全事故时，负责事故现场应急处置和抢险救援及善后处理的组织指挥工作。

2. 相应事故应急处理措施

（1）支架及高处坠落事故应急处置。

支架出现变形事故征兆时的应急措施。因地基沉降引起的支架局部变形，要在横向截面上架设剪刀撑，隔一排立杆架设一组，直到变形区外排。剪刀撑下脚必须设在坚实、可靠的地基上。支架卸荷、拉接体系局部产生破坏，要立即按原方案制定的卸荷拉接方法将其恢复，并对已经产生变形的部位及杆件进行纠正。如纠正支架向外张的变形，先按每个开间设一个5t倒链，与结构绑紧，松开刚性拉接点，各点同时向内收紧倒链，直至变形被纠正，做好刚性拉接，并将各卸荷点钢丝绳收紧，使其受力均匀，最后放开倒链。

支架失稳引起倒塌及造成人员伤亡时的应急措施。迅速确定事故发生的准确位置、可能波及的范围、支架损坏的程度、人员伤亡情况等，以根据不同情况进行处置。划出事故特定区域，非救援人员未经允许不得进入特定区域。迅速核实支架上作业人数，如有人员被坍塌的支架压在下面，要立即采取可靠措施加固四周，然后拆除或切割压住伤者的杆件，将伤员移出。如支架太重可用起重机将架体缓缓抬起，以便救人。如无人员伤亡，立即实施支架加固或拆除等处理措施。以上行动须由有经验的安全员和架子工长统一安排。

发生高处坠落事故的抢救措施。救援人员首先根据伤者受伤部位立即组织抢救，促使伤者快速脱离危险环境，送往医院救治，并保护现场。察看事故现场周围有无其他危险源存在。在抢救伤员的同时迅速向上级报告事故现场情况。抢救受伤人员时几种情况的处理如下：

——如确认人员已死亡，立即保护现场。

——如发生人员昏迷、伤及内脏、骨折及大量失血：①立即联系120急救车或距现场最近的医院，并说明伤情。为取得最佳抢救效果，还可根据伤情送往专科医院。②对外伤大出血者，急救车未到前，现场采取止血措施。③对骨折者，注意搬运时的保护，对昏迷、可能伤及脊椎和内脏或伤情不详者一律用担架或平板，禁止用搂、抱、背等方式运输伤员。

——一般性伤情送往医院检查，防止破伤风。

(2) 触电事故应急处置。截断电源，关上插座上的开关或拔除插头。如果够不着插座开关，就关上总开关。切勿试图关上那件电器用具的开关，因为可能正是该开关漏电。若无法关上开关，可站在绝缘物上，如塑料布、木板之类，用扫帚或木椅等将伤者拨离电源，或用绳子、裤子或任何干布条绕过伤者腋下或腿部，把伤者拖离电源。切勿用手触及伤者，也不要用潮湿的工具或金属物质把伤者拨开，更不要使用潮湿的物件拖动伤者。

如果患者呼吸、心跳停止，开始人工呼吸和胸外心脏按压。切记不能给触电的人注射强心针。若伤者昏迷，则将其身体放置成卧式。若伤者曾经昏迷、身体遭烧伤，或感到不适，必须打电话叫救护车，或立即送伤者到医院急救。高空出现触电事故时，应立即截断电源，把伤人抬到附近平坦的地方，立即对伤人进行急救。

(3) 车辆火灾事故应急处置。车辆火灾事故发生后，应立即组织人员灭火，情况危急的情况下卸下车上货物。疏通事发现场道路，保证救援工作顺利进行，疏散人群至安全地带。在急救过程中，遇有威胁人身安全情况时，应首先确保人身安全，迅速组织脱离危险区域或场所后，再采取急救措施。为防止车辆爆炸，作业处人员除自救外，还应向社会专业救援队伍求援，尽快扑灭火情。定期检查维修车辆，检查车辆上灭火器的配备，保证良好的车况是防止车辆发生火灾的最好措施。

(4) 车辆撞击支架事故应急处置。事故发生后，迅速拨打急救电话，并通知交警。交警接到报警后，应立即组织自救队伍，迅速将伤者送往附近医院，并派人保护现场。立刻停止支架上的施工作业，施工人员安全撤离，检查支架安全状况，及时对支架进行加固。协助疏通事发现场道路，保证救援工作顺利进行，疏散人群至安全地带。做好事后人员的安抚、善后工作。

（5）火灾事故应急处置。火灾事故发生后，第一发现人应立即报警。一旦启动本预案，相关责任人要以处置重大紧急情况压倒一切的意识投入工作，绝不能以任何理由推诿拖延。各部门之间、各单位之间必须服从指挥、协调配合，共同做好工作。因工作不到位或玩忽职守造成严重后果的，要追究有关人员的责任。在接到报警后，应立即组织自救队伍，按事先制定的应急方案立即进行自救；若事态情况严重，难以控制和处理，应立即在自救的同时向专业队伍救援，并密切配合救援队伍。

疏通事发现场道路，保证救援工作顺利进行；疏散人群至安全地带。在急救过程中，遇有威胁人身安全情况时，应首先确保人身安全，迅速组织脱离危险区域或场所后，再采取急救措施。切断电源、可燃气体（液体）的输送，防止事态扩大。主管安全的副经理为紧急事务联络员，负责紧急事务的联络工作。事故处理结束后，主管安全的副经理应填写记录，并召集相关人员研究防止事故再次发生的对策。

（6）机械伤害事故应急处置。应急指挥立即召集应急小组成员，分析现场事故情况，明确救援步骤及所需设备、设施及人员，按照策划、分工，实施救援。需要救援车辆时，应急指挥组应安排专人接车，引领救援车辆迅速施救。迅速确定事故发生的准确位置、可能波及的范围、设备损坏的程度、人员伤亡等情况，以根据不同情况进行处置。划出事故特定区域，非救援人员未经允许不得进入特定区域。

9 连续梁桥施工监控

9.1 施工测量

9.1.1 概要

按照《客运专线无砟轨道铁路工程测量暂行规定》的要求，配备具有丰富施工经验的高素质专业技术人员，配置运行稳定、可靠的精密测量仪器，根据本标段的施工情况，完成施工过程中各阶段的各项测量工作，保证按设计要求进行施工，以确保施工质量。

本标段指挥部下设测控中心，负责人为杨芳云，负责本标段的相关测量及测量管理工作，按照路基、桥梁、隧道、站场以及无砟轨道等专业分设测量管理组，各分项目部配备现场施工测量作业组，负责施工范围内工程项目的现场测量工作，各分项目部总工程师为直接负责人（表9-1）。

表9-1 各分项目部测量负责人汇总表

序号	分项目部名称	测量工作负责人
1	第一分项目部	牛永胜
2	第二分项目部	熊别
3	第三分项目部	张臻芳
4	第四分项目部	邹渭宏
5	第五分项目部	马峰
6	第六分项目部	高毅勇
7	第七分项目部	尹国生
8	第八分项目部	王胜华
9	南河梁场项目部	牛永胜
10	徐舍梁场项目部	刘继宗
11	徐舍板厂项目部	刘继宗
12	丁蜀梁场项目部	尹国生
13	溧阳站项目部	邹渭宏
14	宜兴东站项目部	陈永红
15	运架分项目部	于建伟

1. 主要任务

根据本标段的施工任务情况，需要进行以下项目的测量工作：基础平面控制网（CPⅠ）、线路控制网（CPⅡ）、高程控制网的复测；线路控制网（CPⅡ）加密；高程控制网的加密；线下工程施工测量；站场测量；建立线下工程构筑物的变形观测网；线下工程构筑物的变形观测；无砟轨道施工基桩控制网（CPⅢ）建立和加密；无砟轨道施工测量；测量成果整理、分析及评估。

2. 主要技术要求

本标段施工测量的主要技术指标见表9-2～表9-4。

表9-2 各级GPS测量作业基本技术指标

等级	a（mm）	b（ppm）	相邻点间最小距离（km）	相邻点间最大距离（km）	平均距离（km）
B	≤8	≤1	15	250	70
C	≤10	≤5	5	40	10～15
D	≤10	≤10	2	15	10～15
E	≤10	≤10	1	10	2～5

表9-3 各等级导线测量主要技术指标

导线等级	附合导线长度（km）	平均边长（m）	每边测距中误差（mm）	测角中误差（″）	相邻点位中误差（mm）	导线全长相对闭合差	方位角闭合差
二等	30	3000	10	±1.0	15	1/100000	$±2.0\sqrt{n}$
三等	15	2000	13	±1.8	13	1/50000	$±3.6\sqrt{n}$
四等	5	800	5	±2.5	10	1/40000	$±5.0\sqrt{n}$
五等	1	200	3	±4.0	5	1/20000	$±8.0\sqrt{n}$

表9-4 各等级水准测量精度要求（mm）

水准测量等级	每1km水准测量偶然中误差 M_Δ	每1km水准测量全中误差 M_W	限差			
			检测已测段高差之差	往返测不符值	附合路线或环线闭合差	左右路线高差不符值
二等水准	≤1.0	≤2.0	$6\sqrt{L}$	$4\sqrt{L}$	$4\sqrt{L}$	—
精密水准	≤2.0	≤4.0	$12\sqrt{L}$	$8\sqrt{L}$	$8\sqrt{L}$	$4\sqrt{L}$
三等水准	≤3.0	≤6.0	$20\sqrt{L}$	$12\sqrt{L}$	$12\sqrt{L}$	$8\sqrt{L}$
四等水准	≤5.0	≤10.0	$30\sqrt{L}$	$20\sqrt{L}$	$20\sqrt{L}$	$14\sqrt{L}$

注：表中 L 为往返测段、附合或环线的水准路线长度，单位为km。

3. 应用范围

根据设计要求和规范的规定，确定施工测量各等级的适用范围，见表9-5。

9 连续梁桥施工监控

表 9-5 确定施工测量各等级的适用范围

控制网名称	等级	使用仪器	应用范围
GPS控制网	B	双频双精度GPS接收机	GPS基础平面控制网的复测及加密，5km以上线路控制网、桥梁控制网
	C	单频单精度GPS接收机	5km线路控制网、桥梁控制网
	D	单频单精度GPS接收机	2km线路控制网、桥梁控制网
	E	单频单精度GPS接收机	1km及以下线路控制网
导线平面控制网	二等	DJ0.7全站仪	10km及以上桥梁控制网
	二等	DJ1全站仪	5km桥梁控制网
	三等	DJ1全站仪	2km桥梁控制网
	四等	DJ2全站仪	1km线路控制网
	五等	DJ2全站仪	1km以下线路控制网，控制基桩导线网
水准测量控制网	二等	DS0.5精密电子水准仪	沉降观测
	精密	DS1精密电子水准仪	5km及以上桥梁高程控制网，无砟轨道施工测量
	三等	DS3精密电子水准仪	1～2km桥梁高程控制网，线路控制网

4. 仪器配置情况

在整个施工过程中，为满足设计要求，保证施工测量的精度，仪器配置严格按表 9-6 进行。

表 9-6 拟配置的施工测量仪器表

设备名称	制造厂家	仪器型号	测距精度	测角精度
双频GPS接收机	法国Thales	Z-MAX	$5+0.5\times10^{-6}$（静态）	
单频GPS接收机	美国ASHTECH	LOCUS	$5+1\times10^{-6}$（静态）	
全站仪	瑞士LEICA	TC2003	$1+1\times10^{-6}$	$\pm0.5''$
全站仪	瑞士LEICA	TC1202	$1+1\times10^{-6}$	$\pm1.0''$
全站仪	瑞士LEICA	TC1610	$2+2\times10^{-6}$	$\pm1.5''$
全站仪	瑞士LEICA	TC702	$2+2\times10^{-6}$	$\pm2.0''$
数字水准仪	瑞士LEICA	NA3003	配铟钢尺：±0.4mm	
数字水准仪	瑞士LEICA	DNA10	配铟钢尺±0.9mm，水准尺：±1.5mm	
光学水准仪	瑞士LEICA	NA2	配铟钢尺±0.7mm	

9.1.2 施工测量实施方案

1. CPⅠ、CPⅡ、高程控制网复测

基础平面控制网（CPⅠ）、线路控制网（CPⅡ）、高程控制网复测的主要工作内容包括：设计单位移交控制桩；对设计单位移交的基础平面控制网（CPⅠ）、线路控制网（CPⅡ）、高程控制网的复测；复测按照设计单位所交测量成果资料，在同精度的情况下进行；与相邻标段要进行贯通测量，共同确认施工交界处的测量共用桩点，以确保本标段与相邻标段的衔接正确；将复测成果上报设计、监理和建设单位，以确认测量成果是否正确；根据本标段的特点，需要根据施工情况，对基础平面控制网（CPⅠ）、线路控制网（CPⅡ）、高程控制网进行经常性复测。地基基础并不十分稳定，随着施工的进行和季节的变化，控制点位可能会发生变化，因此必须根据需要进行复测，以确定控制点的变化情况。

2. 线路控制网（CPⅡ）加密

线路控制网（CPⅡ）主要为勘测和施工提供控制基准，但点位一般离施工现场较远或点位数量不足，不一定能够满足施工放样的需要。为了便于施工，常常在线路控制网的基础上引出临时点，用于补充施工放样的经常性使用，将这些点用附合导线的形式连接起来，就形成了加密导线网。加密导线网的测量，可以用GPS按C级网要求进行，也可以用高精度全站仪按三等导线要求进行。用GPS测量时，其点位布置应选在离线路中线100~200m，稳固且不易被施工破坏的范围内，并每隔5km左右布设能相互通视的一对点，每对点的距离不宜小于1km。

根据本标段线路特点，平面控制网在加密时遵照分级控制和分段控制原则。①分级控制。控制网的布设应从整体考虑，遵循先整体、后局部，高精度控制低精度的原则进行布设。为保证线路连接的整体性，把基础平面控制网在本标段的控制点看作整个标段的首级平面控制网，而路、桥、隧道等又是相对独立的，所以有针对性地建立相应的平面控制网。②分段控制。在本标段中，由于线路过长，一个平面控制网难以保证整体的施工精度。在此情况下，将其分成几段，然后分别建立平面控制网。

3. 高程控制网的加密

按照本标段的测量要求，高程控制网要与平面控制网分开布设，这样有利于提高高程控制网的精度，使得网中的水准点不但可以作为高程控制，而且可以作为沉降观测点使用。特长桥梁，将全桥分成几段施工，每一桥段两端至少选设三个水准基点。为了保证水准基点的稳定性，其点位选设在不受施工影响又便于施工使用的地方，并尽量埋设在基岩上。若基岩上覆盖层较浅，用深挖基坑或地质钻孔的方法进行埋设；若覆盖层较深，则在开挖基坑后，打入若干根大木桩，以增加埋石的稳定性。

高程控制网的测设要进行精密水准点联测和跨河水准测量，为保证高程数据的稳妥、可靠，要求两端的高程系统必须一致。联测时，采用双处跨河测量，即分别在桥轴线的上游、下游处进行跨河水准测量，再通过陆上水准线路组成水准网。高程控制网精密水准点的联测和跨河水准测量按照二等水准测量要求进行。

4. 线下工程施工测量

（1）路基工程测量。复测成果批复后，根据设计单位所交的GPS点、导线点对路基控制点进行加密测量，以满足路基桩板结构及填筑开挖施工放样的需要。按四等导线测量对路基导线点进行加密。采用DJ2全站仪施测，加密时起闭于设计单位所布设的GPS点和导线点。角度采用方向观测法观测各1测回，距离对向观测2测回并进行加乘常数改正、气象改正和投影改正。

水准点加密与导线点加密同步进行，采用四等水准或采用四等光电测距三角高程施测，竖直角中丝法观测3测回，距离对向观测2测回并进行加乘常数改正、气象改正。

加密水准点起闭于设计水准基点。导线点加密与水准点加密测量在符合限差要求后用严密平差法平差。在填方路段以及设计有要求的地段，按要求密度布设沉降观测断面，并选布监测网点及观测路线。

（2）桥梁工程施工测量。其主要工作内容有：基坑开挖及墩台扩大基础放样；桩基础的桩位放样；大跨径桥梁水中墩施工测量；承台及墩身结构尺寸、位置放样；墩帽及支座垫石结构尺寸、位置放样；墩台竣工测量；各种桥型上部结构中线及细部尺寸放样；悬浇法连续梁桥施工各阶段线形控制测量及变形监测；桥面系结构的位置、尺寸放样；各阶段的高程放样。

施工测量的精度与桥的长度和梁型有关，在制定施工测量方案时，应先根据桥的长度和梁型，对桥的控制测量精度要求进行估算；高程控制在水准基点的基础上，再建立工作点，这些点不再单独埋石，而是利用导线点作为水准点。施工测量的放样采用全站仪极坐标法、高程控制采用水准仪进行测量。

（3）隧道工程控制测量。根据设计单位布设的 GPS 点、导线控制点以及水平基点构成的洞外控制网络，复核无误后进行加密控制，形成洞内外控制系统，然后在洞内布设主副导线进行控制测量。

①洞内控制网测量。隧道洞内导线测量采用二等导线进行。在隧道洞内布设多边形闭合导线环，考虑到旁折光对精密测角观测结果系统误差的影响，因此导线尽量沿隧道中线布设，每个导线环的边数设计为 4~6 条，控制网网形见图 9-1。

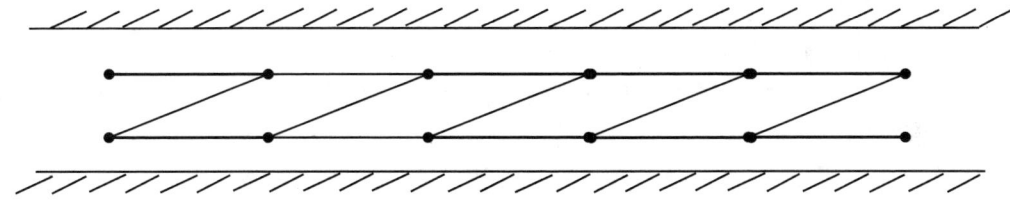

图 9-1 控制网网形

隧道的横向贯通误差随着测站数的增加而增大，在保证洞内通风、照明、通信问题解决的情况下，要求导线边长尽量设长，以减少方位角传递误差。根据洞内通视的实际情况，导线平均边长布设尽可能增大为 400~600m。导线折角采用方向观测法 12~15 测回。观测过程中的各项限差要求严格按二等导线测量实施，要求测角中误差控制在 0.7″以内。距离测量用对向观测 4 测回，并在测量边长的两端量取气象元素取平均值后对边长进行改正，最后投影到隧道平均高程面上进行改正。洞内高程测量采用二等精密水平测量，每 1km 水平测量的偶然中误差≤1mm，将洞内的 500m 一对的平面控制点同时作为高程控制点进行测量。

②提高测量精度的技术措施。严格按照二等导线测量的作业要求和仪器级别、技术精度指标、操作规程进行施测，坚持测量双检制和双仪器交叉复核制。洞外、洞内温差较大、明亮度反差强烈，这对测量极为不利。因此由洞外向洞内的引测时，需在夜晚或阴天进行，进洞定向边的选择必须大于 500m；在测定定向角、洞内外连接角时，洞内外高差和边长悬殊过大，水平角的观测不少于 15 个测回。在观测的过程中要自始至终选用一名操作熟练、有责任心的观测员负责观测，这样在保证相同的观测条件下，可有

效地提高测量精度，保证观测值为同精度观测。

为防止作业时对仪器的碰动及脚架自身下沉时对仪器测角精度的影响，在地面打入三个顶面有凹形、长 15cm 的钢桩，将脚架置于钢桩上面，以提高仪器在测角过程中的稳定性及测角精度。隧洞测量中为使仪器内部温度与外界温度充分一致，仪器应开箱 30min 后进行观测。测距时应防止强灯光直接射入照准头，应经常拭净镜头及反射镜上的水雾。导线向前延伸时必须符合原有三个或三个以上控制点确保无误后进行。每次观测采用的仪器、设备、观测方法、观测精度指标、观测条件、平差方法均相同。为较大程度消除仪器照准部旋转时可能产生的仪器底部带动误差对测角的影响，测角时，应按总测回数的奇数测回和偶数测回分别观测导线的左角和右角。

5. 站场测量

站场测量根据加密的控制网，平面位置采用全站仪极坐标法进行控制测量，高程采用水准仪进行控制测量。包括以下内容：车站基线测量；车站纵、横断面测量；岔心位置及主要尺寸测量；站台墙、工务房屋等定位测量。

6. 建立线下工程构筑物的变形观测网

变形观测网严格按照设计及相关规范标准的要求建立。采用设计院提供的二级国家水准网作为控制网。根据观测工作的需要，引观测基桩到线路两侧。观测基桩按照设计或有关规范标准的要求进行埋设，设置在离线路两侧超过 50m 的范围之外。每一个基桩由不多于 4 个的观测断面共用。基桩定时校核，确保基桩稳固可靠。

7. 线下工程构筑物的变形观测

（1）路基沉降变形观测。

观测内容：以路基面沉降和地基沉降观测为主。在线路两侧地基、路肩和线路中心设置观测桩，在地基和基床底层的顶面设置剖面沉降管，或在线路中心设置沉降板。严格按照设计的要求进行监测内容、断面的设置和元器件的埋设。路基填筑完成或施加预压荷载后应有不少于 9 个月的观测和调整期，必要时延长观测期。

观测精度：沉降水准的测量精度为 ±1mm，读数取位至 0.1mm，剖面沉降的测量精度为 8mm/30m。

观测频率：根据设计要求和规范标准结合施工的实际情况确定，以及时有效反映变形情况，确保观测精度和数据可靠性为原则。

（2）桥梁墩台和梁体变形观测。

观测内容：桥梁变形观测以墩台基础的沉降和预应力混凝土梁的徐变变形为主，地下通道观测包括自身沉降观测与地下通道洞顶填土的沉降观测。

观测时间：观测严格按照设计及有关标准的要求进行，桥涵主体工程完工后观测不少于 6 个月，岩石地基等良好地质区段的桥梁，沉降观测期不少于 2 个月，观测数据不足或工后沉降评估不能满足设计要求时，延长观测期直至达到要求。

观测精度：桥涵基础沉降和梁体徐变变形的观测精度为 ±1mm，读数取位至 0.1mm。

观测期内，基础沉降实测值超过设计值 20% 及以上时，应及时会同建设、勘察设计等单位查明原因，必要时进行地质复查，并根据实测结果调整计算参数，对设计预测沉降进行修正或采取沉降控制措施，评估时发现异常或对原始记录资料存在疑问，进行必要的检查，在进行桥梁墩台、梁体、地下通道的变形观测的同时记录结构或梁体的荷载状态、环境温度及天气日照情况。

墩台观测具体要求：观测点在墩顶、墩身或承台上布置，测点数及观测点的埋设严格按照设计及有关标准进行；墩台基础施工完成至无砟轨道铺设前，要系统观测墩台沉降，沉降观测阶段、频次满足设计与标准的要求，并根据现场观测的具体情况合理确定。

预应力混凝土梁观测具体要求：梁体变形观测点设置在支点和跨中截面，测点数及观测点的埋设严格按照设计及有关标准进行；自梁体预应力张拉开始至无砟轨道铺设前，系统观测梁体的竖向变形。预应力张拉前为变形起始点，观测阶段、频次满足设计与标准的要求，并根据现场观测的具体情况合理确定。

地下通道观测具体要求：地下通道边墙两侧设置沉降观测点，测点数及观测点的埋设严格按照设计及有关标准进行；地下通道施工完成至无砟轨道铺设前，应系统观测地下通道的沉降，沉降观测阶段、频次满足设计与标准的要求，并根据现场观测的具体情况合理确定；地下通道顶填土沉降的观测应与路基沉降观测同步进行，沉降观测阶段、频次满足设计与标准的要求，并根据现场观测的具体情况合理确定。

(3) 过渡段沉降观测。

观测内容：过渡段沉降观测以路基面沉降和不均匀沉降观测为主，严格按照设计要求设置沉降观测项目；一般按规范要求在不同结构物的起点应设置沉降观测断面，距结构物起点 5~10m 处、20~30m 处、50m 处应分别设置观测断面，剖面沉降宜沿线路斜向连续观测；沉降观测装置的具体埋设位置应符合设计要求，且埋设稳定，观测期间应对观测装置采取有效的保护措施。

观测精度：沉降水准的测量精度为 ±1mm，读数取位至 0.1mm，剖面沉降观测的精度不低于 8mm/30m。

观测频率：沉降观测阶段、频次满足设计与标准的要求，并根据现场观测的具体情况合理确定，当环境条件发生变化或数据异常时应及时观测。

8. 无砟轨道施工基桩控制网（CPⅢ）建立和加密

根据无砟轨道床施工测控体系的要求，在线下工程完成后、无砟轨道床施工前，还应重新建立控制基桩导线平面和高程控制网，并对已竣工路基、桥面进行全面的线路贯通测量，及时进行导线网平差和线路中线调整。同时在施区段分界处设加密控制点，作为趋近测量的公用控制点。控制基桩导线平面和高程控制网与线下工程平面和高程控制网建立的方法相同，分级分段，只是精度要求不一样，可以用 GPS 按 D 或 E 级网要求进行，也可以用高精度全站仪按四等或五等导线要求进行，水准测量采用三等水准测量精度要求。

9. 无砟轨道施工测量

无砟轨道施工前对已竣工的路基、桥面、隧道进行全面的线路贯通控制测量，控制测量以施工复测时的导线点和线路中心点作为线路的控制基点，形成闭合的导线网，使用全站仪进行精密导线测量，及时进行控制网平差和中线调整。同时在各施区段分界处设加密控制点作为趋近测量的公用控制点。

施工测量控制网完成后按规范要求的测量等级增设线路基标。基标分为控制基标和加密基标两种。控制基标一般间距 100m 设置，变坡点、竖曲线起止点位置处均设置控制基标。加密基标间距5.0m，加密基标间距偏差应在相邻两控制基标内调整。采用精密水准仪对路基面、桥面保护层进行无砟轨道施工前的标高测量。中线基标测设和水准测量的精度必须满足无砟轨道路基段底座混凝土施工的需要，保证一次成型和质量要求；满足桥上底座施工符合设计布置需要，并严格控制其施工质量。采用全站仪、精密水准仪等测量仪器控制轨道板铺设精度和质量要求；采用GRP1000测量系统检测无砟轨道铺设的几何形位，控制长钢轨铺设线形满足设计和铺设精度要求。

10. 测量成果整理、分析及评估

每个阶段控制测量完成后，要及时进行整理、分析和评估，通过验收后才能进行下一阶段的控制测量。路基沉降、桥梁墩台沉降和预应力混凝土梁徐变上拱监测见"无砟轨道铺设条件评估"。

9.1.3 施工测量成果质量保证措施

指挥部测控中心指导各分项目部、各架子队的测量组的日常工作，及时处理测量过程中的问题；每个专业工程队至少配备两名专业测量技术人员，其中一名必须具备工程师及以上专业技术资格；严格执行测量仪器年检制度，确保测量仪器处于良好的使用状态，能够达到标定的精度要求；建立控制网定期复测制度，随时确定控制点的变化情况；施工测量采用的测量方法必须满足相应规范、规定的要求，并得到监理工程师的认可；控制点测量采用附合和闭合的形式，每次测量放样前必须对所使用的控制点进行常规检核，导线点复核导线点之间的夹角和距离，水准点复核相邻水准点间的高差，确认资料、桩点无误后方进行放样；桥梁桩位放样完毕后，在陆地上直接丈量墩中心距进行复核，水中墩则采用GPS RTK动态实时差分定位技术对桥梁桩位进行复核测量。

9.2 连续梁施工监控

9.2.1 施工监控的意义及主要任务

1. 施工监控的必要性和意义

施工监控的目的是确保结构的安全和稳定，使成桥后的轴线和桥面线形达到设计要求，并且使结构的内力分布与设计理想的内力状态基本吻合。对于悬臂和支架施工的大跨度连续梁结构，所采用的施工方法和安装程序与成桥后的结构线形和结构恒载内力有着紧密的联系。在施工阶段随着桥梁结构和荷载状态的不断变化，结构内力和变形不断发生变化，且变化幅度值较大，因此需要对连续梁结构的每一施工阶段进行详尽的仿真分析和实测验证，并采用一定的方法对结构变形、应力加以控制，指导施工实践，以确保设计的施工过程或适当调整后的施工过程得以准确实现。

支架法施工多用于跨度小、地势平坦、桥下地基较好、便于搭设支架的连续梁桥。采用支架法施工连续梁桥，具有桥梁整体性好、施工简便可靠、对机具和起重能力要求不高的优点。支架在受荷后有变形和挠度，在安装前要有充分地估计和计算，安装时进行预压试验，消除非弹性变形，并在模板安装时设置预拱度，使就地浇筑主梁线形符合设计要求。

悬臂施工时梁体施工工序分为四个步骤进行：①在墩顶托架上浇筑 0 号块，并实施墩梁临时固结系统；②在 0 号段上安装悬臂挂篮，向两侧依次对称地分段浇筑主梁至合龙前段；③在临时支架或梁端与边墩间的临时托架上支模浇筑现浇梁段；④主梁合龙段可在改装的简支挂篮托架上浇筑。采用挂篮悬臂浇筑法施工的混凝土连续梁桥，因其跨径较大、影响因素较多，通过理论计算可得到各施工阶段的理论主梁标高值，但施工中存在着许多误差，这些误差将不同程度地对成桥目标实现产生干扰，并可能导致桥梁合龙困难、成桥线形及内力与设计要求不符等问题。因此，为确保桥梁施工安全，成桥线形与内力状态符合要求，在施工中必须实施有效的施工监控。

对于以上所有监控过程及阶段，都必须事先进行理论计算以指导施工，并于相应的施工阶段完成后将理论计算结果与实测结果进行对比和分析，为下阶段的施工提供改进或调整建议。

2. 施工监控的主要工作任务

施工监控的主要任务就是以设计图纸线形为目标，考虑施工中的各种因素，通过桥梁模型仿真计算获得理论高程与应力状态，通过在桥梁节段中安装传感器元件和线形的测量，使得桥梁在成桥后的轴线和桥面线形达到设计要求，并且使结构的内力分布与设计理想的内力状态基本吻合。

因此，监控工作的主要任务有：

(1) 施工过程仿真计算。按照设计施工图所确定的施工工序，以及设计所提供的基本参数，采用平面及空间有限元分析程序对施工过程进行分析，得到各施工状态以及成桥状态下的结构内力（应力状态）和变形等控制数据。主要有：各施工状态下以及成桥状态下状态变量的理论数据，主梁标高（变形）、控制截面应力应变状态；施工控制数据理论值，主梁各节段立模标高。

(2) 控制测量。包括：变形测量，在已成梁段距离端部某个位置的两侧腹板上设置观测点，做好标记、编号和记录，通过测量测点处的标高，掌握结构实际线形，为下一节段的高程控制提供依据；控制点的建立，挠度采用高精度水准仪观测，并在 T 构 0 号块设置两个临时施工水准点作为沉降参照点，每个节段横向设置三个观测点；应力测量，主要是对混凝土应力的测量，由于混凝土是逐段浇筑、逐段张拉的，因此，混凝土应力测量主要选用绝对式应力传感器；温度场测量，主要在梁体的顶板、腹板与底板埋置温度传感器，以测出梁体的温度场。

(3) 挂篮/支架预压。为了掌握挂篮变形的大小，要根据挂篮形式，按照不同梁段的质量及施工荷载（模板质量、施工人员数目等）分别计算相应变形。挂篮变形要通过预压试验才能最终获得。预压试验的方案由施工单位自行设计，并应将经现场监理审批的挂篮预压试验方案报施工控制组。边跨直线段和各主墩墩顶梁段采用支架现浇的施工。在支架投入施工使用前，需进行支架的静载试验。静载试验方案由施工单位自行设计，并应经现场监理审批后报施工监控组，在施工监控组的指导下完成。

3. 施工监控主要技术指标

(1) 沉降变形观测的主要技术指标。根据《工程测量规范》《建筑变形测量规范》有关技术要求确定沉降观测主要技术指标，见表 9-7。

表 9-7 沉降变形观测网主要技术要求

等级	相邻基准点高差中误差（mm）	每站高差中误差（mm）	往返较差、附合或环线闭合差（mm）	监测已测高差较差（mm）	使用仪器、观测方法的要求
三等	1.0	0.3	$0.6\sqrt{n}$	$0.8\sqrt{n}$	DS0.5 或 DS1 型仪器，按《工程测量规范》二等水准测量的技术要求施测

（2）节段施工沉降验收指标。依据《铁路桥涵工程施工质量验收标准》《客运专线铁路桥涵工程施工质量验收暂行标准》有关要求，悬臂浇筑法施工的混凝土梁节段验收指标见表 9-8～表 9-11。

表 9-8 沉降变形观测点的技术要求和观测方法

等级	高程中误差（mm）	相邻点高差中误差（mm）	观测方法	往返较差附合或环线闭合差（mm）
三等	1.0	0.5	按二等水准测量	$\leqslant 0.60\sqrt{n}$

表 9-9 二等水准测量精度要求（mm）

水准等级	每1km水准测量偶然中误差 M（mm）	每1km水准测量全中误差（mm）	限差			
			检测已测测段高差之差	往返测不符值	附合路线或环线闭合差	左右路线高差不符值
二等	$\leqslant 1.0$	$\leqslant 2.0$	$6\sqrt{L}$	$4\sqrt{L}$	$4\sqrt{L}$	—

注：表中 L 为往返测段、附合或环线的水准路线长度，单位为 km。

表 9-10 二等水准测量仪器主要技术要求

等级	仪器类型	视线长度	前后视距差	任一测站上前后视距累积差	视线高度
		光学	光学	光学	光学（下丝读数）
二等	AT-G2	$\leqslant 50$	$\leqslant 1.0$	$\leqslant 3.0$	$\geqslant 0.3$

表 9-11 连续梁悬臂浇筑梁段的允许偏差和检验方法

序号	项目	允许偏差（mm）	检验方法
1	悬臂梁段高程	+15，-5	测量检查
2	合龙前两悬臂端相对高差	合龙段长的1/100，且不大于15	测量检查
3	梁段轴线偏差	15	测量检查
4	梁段顶面高程差	±10	测量检查
5	竖向高强精轧螺纹筋垂直度	每1m高不大于1	吊线尺量检查不少于5处
6	竖向高强精轧螺纹筋间距	±10	尺量检查不少于5处

立模与预应力张拉必须在1d中相对稳定均匀温度场（一般为日出前）中完成。

（3）成桥线形验收指标。合龙时合龙段两端高差控制在10mm；成桥后主梁各控制点的标高与设计值最大相差控制在20mm以内；主梁各控制截面的内力与设计值最大相差控制在 10%。此处控制点与控制截面均指桥跨的墩顶测点、$L/4$、$L/2$、$3L/4$ 处。通过利用桥墩顶板上的工作基点对成桥后控制截面测点进行测量,绘制出桥梁线形图与设计线形进行比较分析。

4. 监测设备(见表 9-12)

表 9-12 监测设备

设备名称	型号	制造商	编号
光学水准仪	AT-G2/OM	Topcon	6Z3813
光学水准仪	AT-G2/OM	Topcon	6Z3604
光学水准仪	AT-G2/OM	Topcon	6Z3359
光学水准仪	AT-G2/OM	Topcon	6Z3438
光学水准仪	DSZ2	苏一光	279031
光学水准仪	DSZ2	苏一光	277747
应变采集仪	JY203	金源	3 台
应变/温度采集仪	A101	任丘	3 台
温度采集仪	JY202	金源	1 台

9.2.2 监控观测点布设方法

连续梁施工主要有支架现浇法与挂篮悬臂浇筑施工法。沉降观测点的设置方法依施工方法不同而不同。宁杭客运专线 2 标范围内共有 23 座连续梁,其中 4 座采用支架现浇法施工,其余 19 座采用挂篮悬臂浇筑施工法。现以南河特大桥跨南河段连续梁的施工监控过程为例,介绍本工程施工监控的测点布设方法。

概况:南河特大桥 60m+100m+60m 现浇预应力混凝土连续梁全桥长 221.5m,边跨 60.75m+中跨 100m+边跨 60.75m,箱梁顶宽 12m,底宽 6.7m,顶板厚度除梁端附近外均为 40cm,底板厚度 40~120cm,按直线形变化,腹板厚 60~100cm,按折线变化。全联在端支点、中跨中及中支点共设 5 个横隔板,横隔板设检查孔。中支点梁高 7.85m,跨中及边跨直线段梁高 4.85m。2 个 0 号梁段在钢管支架上现浇,边跨 9.75m 直线段在钢管支架上现浇,共有 2 个边跨合龙段及 1 个中跨合龙段,合龙段长度为 2m。悬浇节段长度最长为 4m,最短为 2.5m。

1. 水准基点的设置

水准基点是桥梁高程的基本控制点。每个桥的水准基点为设置在桥梁墩台最近的水准点,每个工点的水准基点由施工单位来提供(图 9-2)。

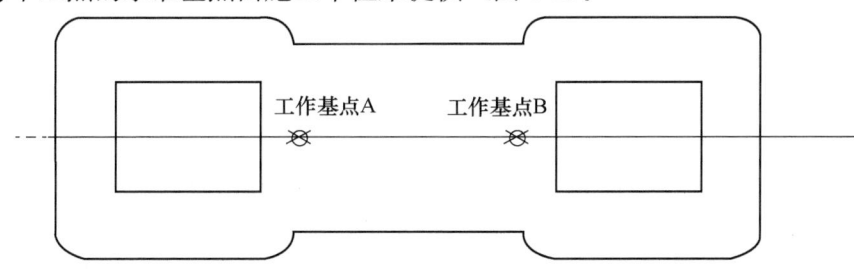

图 9-2 单桥墩水准工作基点设置

2. 工作基点的设置

工作基点是在水准基点的基础上设置的若干施工水准点,每个桥梁墩顶上设置两个工作基点,作为后期连续梁节段施工沉降观测与全桥通测的基本点,一个常用,另外一个作为备用基点。工作基点采用埋设标准参照《建筑沉降变形测量规程》(JGJ 8—2007);采用二级水准进行变形测量。工作基点的设置做好编号及备案登记,并定期进行相互校核。

3. 沉降观测点布设

(1) 支架现浇法施工中静载试验沉降观测点布设。悬臂浇筑法施工时,在边跨处有一直线段须采用支架现浇,支架搭设与立模作业程序完成后,在纵桥方向每个节段布置一个观测断面,每个观测断面布设 5 个点,底板底部布设 3 个,翼板底部各布设 1 个,每个观测点上挂有钢丝及垂球,垂球垂下部位布设地基沉降观测点,如图 9-3 所示。

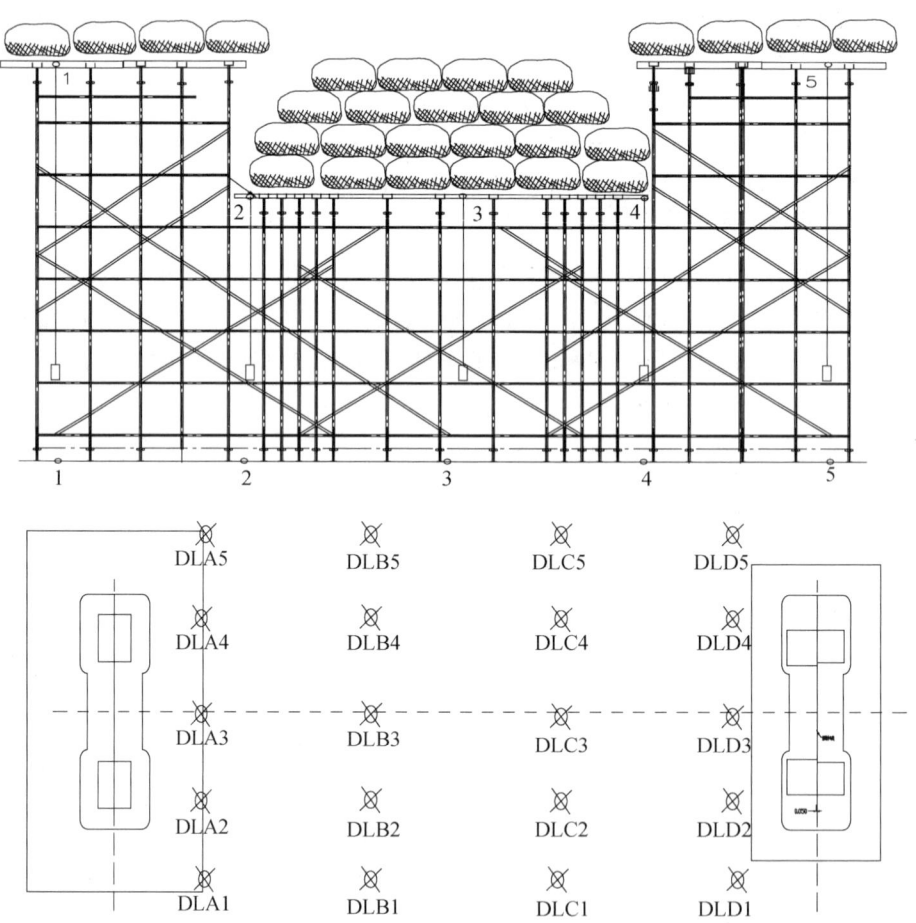

图 9-3 支架现浇法施工边跨直线段静载试验沉降测点布设

(2) 悬臂施工观测点布设。主梁混凝土节段施工中进行沉降(高程)监测,主梁沉降监测截面为每个桥每个悬臂施工梁段的端部截面。从箱梁 0 号节段开始,在梁段前端距端面 50cm 断面(桥纵向),沿横向对称布置 3 个沉降测点,测点与两侧翼缘边界保持一定距离(这个距离由各具体桥自行确定,且同一个桥要统一),且保证不妨碍行走挂篮。测点采用 $\phi 18\sim 25$ 钢筋头预埋，钢筋底部与顶板钢筋网焊接，上端头打磨光滑，露出梁面 1.5cm，便于放置测尺，并对测点喷红漆，做好登记与编号；在混凝土施工中严禁踩踏、碰撞如图 9-4、图 9-5 所示。

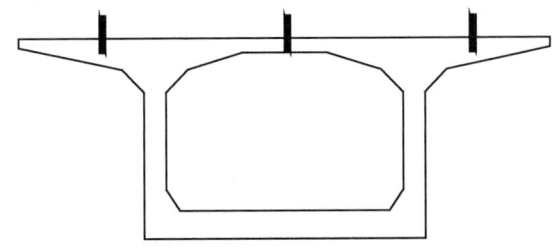

图 9-4　箱梁块段端部沉降测点横向布置

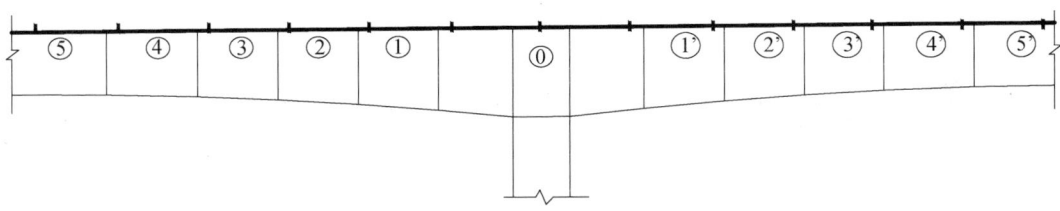

图 9-5　箱梁悬臂梁段沉降测点纵桥向布置

（3）桥墩 0 号块支架/托架静载试验沉降观测点布设。支架/托架搭设与立模作业程序完成后，开始沿桥梁纵向布置测点。0 号块支架沉降测点的布设方法与（1）相同，托架静载试验中的沉降测点布设为：在托架内外两侧布置至少两道观测断面，每个观测断面布设 5 个点，底板底部布设 3 个，翼板底部各布设 1 个，测点数量视具体情况可加密；每个观测点上挂有钢丝及垂球，如图 9-6 所示。

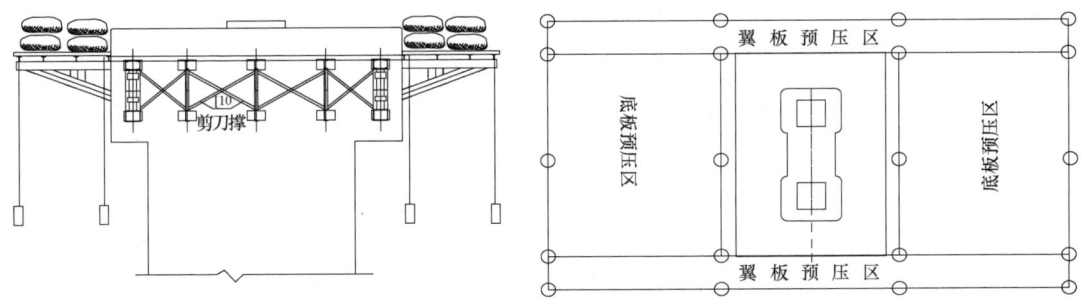

图 9-6　托架静载试验沉降观测点布置

（4）挂篮静载试验沉降观测点布设。通过预压的手段检验挂篮的整体稳定性，并检测挂篮自身的弹性变形和非弹性变形、整个系统在各种工况下的结构受力以及机具设备的运行情况，确保系统在施工过程中绝对安全和正常运行。挂篮全部构件安装完毕，底板底模、腹板侧模、翼缘板底模安装完毕后进行挂篮预压工作（不装内膜）。目前，该工程使用菱形挂篮和三角形挂篮两种。此处以三角形挂篮预压的工作测点布置进行说明。

沉降观测在挂篮两侧后锚、底模上分别对称布置沉降观测点，共计 6 个点。按照支架预压的方法分级加载和卸载测得挂篮主桁架及模板的弹性和非弹性变形。图 9-7 为挂篮测点布置图（图示为右侧沉降点，左侧沉降点布置方法与右侧相同）。由于挂篮底板在预压中堆满沙袋，所以挂篮底板测点依然使用吊垂球方法，同支架/托架测量方法。考虑到桥梁施工过程中高程监测的重要性，桥梁对称施工过程中高程均需要在温度较恒定时间段持续监测。

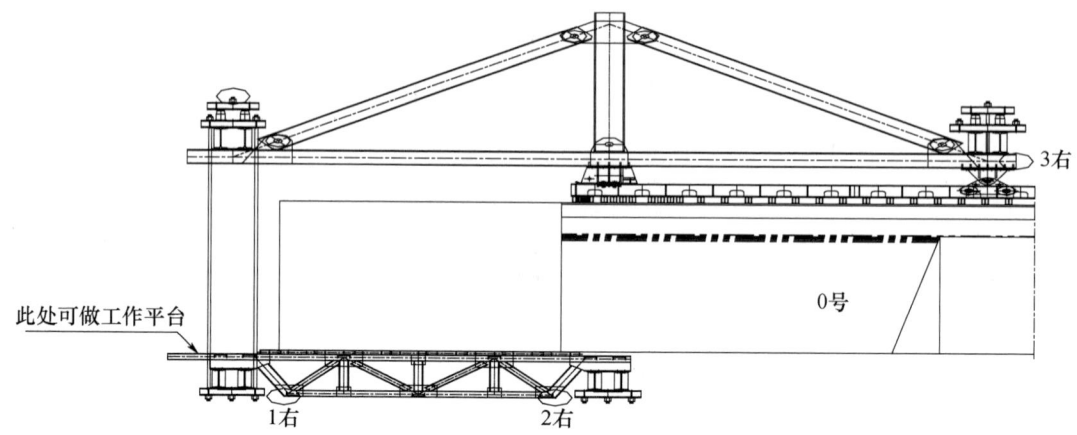

图 9-7 挂篮静载试验沉降观测点布置

4. 应力测试截面及测点布置

以三跨连续梁桥为例，施工过程中需对箱梁关键控制截面受力（应力）状态进行监测。关键控制截面选择为：左、右幅 0 号块前端截面，中跨的 1/4 截面及中跨跨中截面、边跨跨中截面。箱梁应力监测截面如图 9-8 所示。

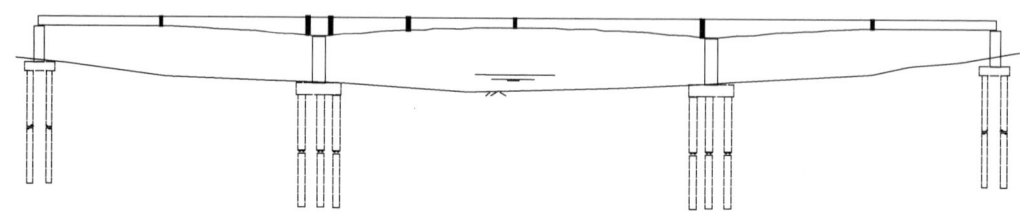

图 9-8 典型三跨连续梁桥应力监测截面布置

应力监测的内容为：按照设计图纸及规范的要求，在整个施工过程中连续监测关键控制截面混凝土正应力是否在设计要求范围内，监测预应力钢束张拉锚固、体系转换、二期恒载等作用下控制截面混凝土正应力变化情况等。

应力测点布置在控制截面的箱梁顶底板上，应变传感器埋设在混凝土顶板上层钢筋上和底板下层钢筋上。安装时将传感器的轴向对准拟测变形方向，用铁丝将混凝土应变计悬绑于周围钢筋上，将钢筋应力计与相应位置处构造钢筋对焊，如图 9-9 所示。

5. 温度测试截面及测点布置

因为所采用的应变传感器能够同时进行温度测量，故温度测量断面和应力测量断面位置相同。在每个截面上，传感器的埋设点为腹板与顶板、底板的交接处；对于柔性桥墩，墩底宜进行应力监测，传感器埋设点设置在距地面 1.5～2m 处。埋设位置如图 9-10 和图 9-11 所示。

图 9-9 混凝土应变计及钢筋应力计安装图

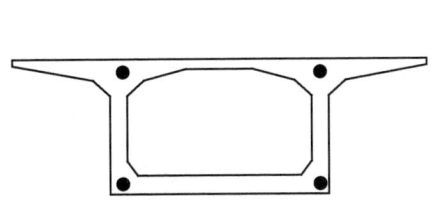

图 9-10 箱梁截面应变/温度监测点布置

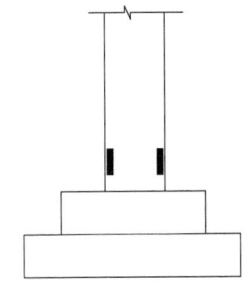

图 9-11 桥墩根部应变监测点布置

9.2.3 施工监控的作业方法及技术要求

1. 高程控制网建立

水准基点使用时应作稳定性检验，并以稳定或相对稳定的点作为沉降变形的参考点，且应有一定数量稳固可靠的点以资校核。沉降变形观测采用国家二等水准测量技术要求，结合沉降评估实施细则施测。采用双路线往返观测，每次观测均形成闭合检验条件。沉降变形观测网高程采用施工高程控制网系统，即在工点桥附近的 CPⅡ 工作基点出发，将桥墩上的观测基点联系起来，构成闭合回路，如图 9-12 所示。

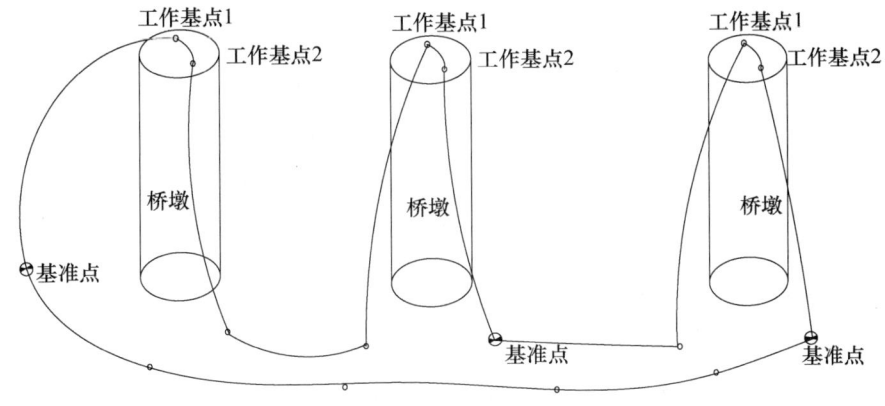

图 9-12 水准路线控制图

2. 高程传递

连续梁主墩和边墩成型后，为了保证高程系统的统一和确保后续工程的顺利施工，需要进行地面高程向桥墩顶部的传递，计划采用竖直传高法（水准仪＋钢带尺传递法）进行高程传递。为了保证高程系统的统一，竖直传高的高程基准点应起始于地面的工作基点上，并经过一段墩上的水准路线后下桥附合到另一基点上。具体操作方法如图 9-13 所示。

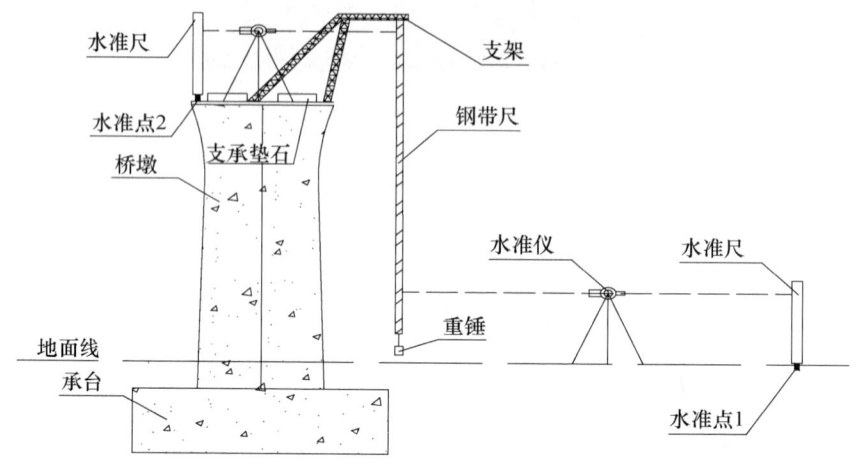

图 9-13　高程传递示意图

操作方法：高程引至桥墩旁后，水准仪架设在地面，后视水准点 1 上的水准尺，前视钢带尺（读数时应使钢带尺保持稳定），然后将水准仪搬至桥墩顶部，后视钢带尺（读数时应使钢带尺保持稳定），前视水准点 2 上的水准尺，即可将高程传递至桥墩顶部。通过往返观测测得的平均高差作为水准点 1 和水准点 2 之间的最终高差。

操作过程中应注意以下几点：操作过程严格按照国家二等水准规范要求执行；使用的钢带尺必须是经过检定，并在计算时进行尺长和温度改正，使用重锤的质量应与钢带尺检定时的拉力一致；高程传递到桥墩上后应通过墩顶的水准路线进行闭合；大风或其他不利于外业观测的天气下禁止作业；可以使用两台标称精度一致的水准仪同时作业。

3. 沉降观测作业方法

沉降观测采用相对观测，在桥墩 0 号块段顶板上设置工作基点，后续每个节段施工时测量该混凝土节段块相对于工作基点的沉降。测量采用精密水准仪与因瓦尺配合进行，利用高差法或仪高法来测量目标点的高程变化。

4. 沉降观测工况

连续梁施工中需要进行的沉降观测主要集中在静载试验阶段、支架/托架现浇施工阶段、主梁悬臂施工阶段（图 9-14）、合龙段施工阶段。

（1）支架/托架/挂篮静载试验阶段。支架/托架/挂篮是连续梁施工中主要的施工构件，监控的主要内容为静载前后的变形情况，进而确定其安全性能和弹性变形值，为后期的梁段施工高程控制服务。初拟以下两个工况：工况Ⅰ：加载过程中每级荷载加载后；工况Ⅱ：卸载后。

9 连续梁桥施工监控

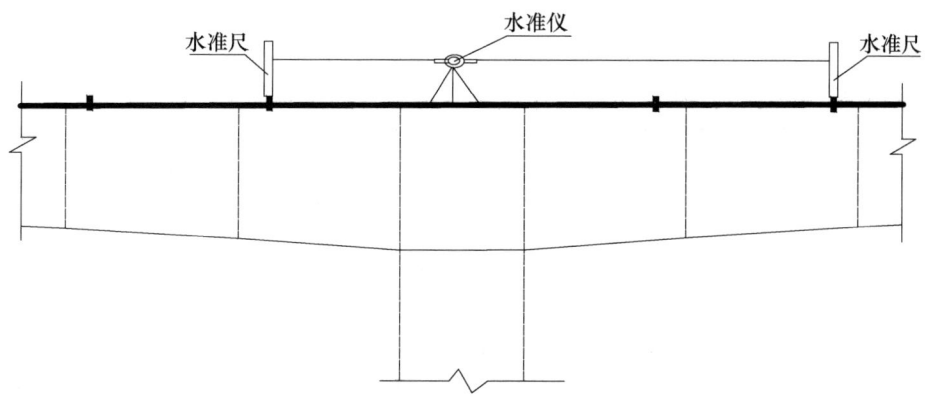

图 9-14 悬臂梁段沉降观测作业示意图

(2) 支架现浇施工阶段。采用支架现浇的施工工艺，监控的主要内容为落架前后主梁的标高变化。初拟以下三个工况：工况Ⅰ：在支架上浇筑完毕后；工况Ⅱ：张拉预应力束；工况Ⅲ：支架拆除后。

(3) 主梁悬臂施工阶段。该阶段包括主梁悬臂施工过程中混凝土浇筑后主梁节段块的沉降、节段施工后前续梁体节段块的沉降测量。初拟以下四个工况：工况Ⅰ：在梁体节段混凝土浇筑后；工况Ⅱ：在梁体节段预应力束张拉前；工况Ⅲ：在梁体节段预应力束张拉后；工况Ⅳ：挂篮前移后。

(4) 边跨合龙段施工阶段。边跨合龙段施工监测主梁的标高变化。拟分为以下三个工况：工况Ⅰ：全桥拆除施工支架后。工况Ⅱ：边跨合龙段预应力束张拉完毕。工况Ⅲ：拆除墩顶临时锚固。

(5) 中跨跨中合龙段施工阶段。合龙段施工是全桥的关键阶段，需对其进行严格的监控。其线形监测拟分为以下四个工况：工况Ⅰ：安装合龙段平衡重。工况Ⅱ：安装劲性骨架后。工况Ⅲ：浇筑合龙段混凝土。工况Ⅳ：合龙段预应力束张拉完毕。

5. 监控量测的频率

要求在以上工况施工环节均进行标高测试，观测各测点（断面）高程变化。在上述工况发生时，除了进行相应施工块段的沉降观测外，还须进行 T 构的通测，并做好记录工作。应力应变的监测频率为每梁体节段混凝土施工前后、预应力束张拉前后，因此，为方便工作，统一要求应力监测与沉降观测同时进行。

6. 测量程序

导线测量前测量人员对仪器及相关配套设备进行全面的检查，保证对中器的对中误差在 1mm 内；K 值及温度和气压（以该测站现场测量值）输入仪器中，仪器高和前后视标高在测量前量两次，较差小于 2mm 取中，本站测量完成搬站前再量一次仪器高检查校核，记录采用仪器自动记录，在测量前观测员按照《三、四等导线测量规范》在仪器里设置各项限差，利用仪器内置的平差程序进行自动判断，若有超限立即进行重测，直至通过方可搬站进行下一站作业。

对于支架现浇法浇筑混凝土梁桥施工来说，其施工步骤为：搭设支架、铺设模板、绑扎钢筋、浇筑混凝土、张拉预应力钢束，从而完成整体梁段的施工。因此，其施工控制测量的程序主要有：①支架预压前布设沉降测点，并在预压中测量沉降量，且计算出支架弹性变形与地基变形；②在预压完成后，按照监控指令进行模板的定位放样测量，由施工单位完成；③绑扎梁体钢筋时埋设应变传感器元件，采集初值；④混凝土浇筑完成后，对梁段的测点沉降量进行测量，并采集应变值；⑤张拉预应力钢束前，对梁段的测点沉降量进行测量，并采集应变值；⑥张拉预应力钢束后，对梁段的测点沉降量进行测量，并采集应变值。

对于挂篮悬臂施工混凝土梁桥来说，其混凝土块段悬灌的施工步骤为：挂篮预压、立模、绑扎钢筋、浇筑混凝土、张拉预应力束，从而完成整体梁段的施工。其施工控制测量的程序主要有：①挂篮预压，在挂篮预压中监测测点沉降量，并计算挂篮弹性变形量；②按照监控指令进行挂篮上梁段底模定位放样，由施工单位完成；③绑扎梁体钢筋时埋设应变传感器元件，采集初值；④浇筑混凝土，在箱梁顶板上预埋测点标记；⑤混凝土浇筑完成后，对梁段设置的所有测点沉降量进行测量，并采集应变值；⑥张拉预应力钢束前，对梁段的所有测点沉降量进行测量，并采集应变值；⑦张拉预应力钢束后，对梁段的所有测点沉降量进行测量，并采集应变值。

根据沉降测量的成果和应力监测结果，与计算机模型中的理论数值进行对照，对有误差的节段进行识别，并进行参数的修正，进而计算、预报下一梁段立模标高。工作程序的关键是：每个施工循环过程的结束都必须对已完成的节段进行全面的测量，分析实际施工结果与预计目标的误差，从而及时地对已出现的误差进行调整，达到要求的精度后，才能对下一施工循环做出预报。

7. 立模高程的计算

（1）计算原则。大跨径连续梁桥的施工控制是一个施工→识别→修正→预告→施工的循环过程。施工控制的最基本要求是确保施工中结构的安全，其次必须保证结构的外形和内力状态符合设计要求。由于在施工控制中存在着各种误差，包括系统误差和随机误差。系统误差比较容易处理，可采用参数识别法加以消除，如修正弹性模量、表观密度、有效预应力等；随机误差可采用最小二乘法或卡尔曼滤波法加以滤波。通过误差分析，尽可能消除或减小误差对结构的影响。在此基础上，开展施工控制计算，预测立模标高和桥梁线形。

（2）立模高程计算。在建立了正确的模型和性能指标之后，就要依据设计参数和控制参数，结合桥梁结构的状态、施工工况、施工荷载、二期恒载、活载等，输入前进分析系统中。从前进分析系统中可获得结构按施工阶段每阶段的内力和挠度及最终成桥状态的内力和挠度。接着，假设成桥时为理想状态，对桥梁结构进行倒拆分析，利用前进分析所得的数据，可获得使桥梁结构最终成为理想状态的各阶段的预抛高值，得出各施工阶段的立模标高以及混凝土浇筑前、混凝土浇筑后、钢筋张拉前、钢筋张拉后的预计标高。立模标高为：

$$H_{lmi} = H_{sji} + \sum f_{1i} + \sum f_{2i} + f_{3i} + f_{4i} + f_{5i} + f_{gl} \tag{9-1}$$

式中 H_{lmi}——i 节段立模标高；

H_{sji}——i 节段设计标高；

$\sum f_{1i}$——由各梁段自重在 i 节段产生的挠度总和；

$\sum f_{2i}$——由张拉各节段预应力筋在 i 节段产生的挠度总和；

f_{3i}——混凝土收缩徐变在 i 节段产生的挠度；

f_{4i}——其他临时施工荷载在 i 节段产生的挠度；

f_{5i}——使用荷载在 i 节段产生的挠度；

f_{gl}——挂篮变形值。

$\sum f_{1i}$、$\sum f_{2i}$、f_{3i}、f_{4i}、f_{5i} 五项在前进分析和倒退分析计算中已经加以考虑，倒退分析输出结果中的预抛高值 H_{ypgi} 即为这五项挠度的总和。公式 9-1 可改为：

$$H_{lmi} = H_{sji} + H_{ypgi} + f_{gl} \tag{9-2}$$

节段 i 浇筑完成后的预计标高为：

$$H_{yji} = H_{lmi} - f_{gl} - f_i \tag{9-3}$$

式中　H_{yji}——i 节段预计标高；

　　　f_i——块件浇筑完成后，i 节段的弹性挠度值。

事实上，公式 9-3 仍然为理想的立模标高，实际每个箱形截面的立模高程还需要做适当的修正，主要是由于预应力张拉后箱梁高程往往低于理论计算值。对此，我们在其他连续梁桥的施工控制中，还需进行一定的修正，以反映这种差异。

9.2.4　施工监控数据

宁杭客运专线 2 标范围内共有 23 座连续梁，其中有 19 座采用挂篮悬臂浇筑施工，施工过程中施工监控的主要内容有连续梁的线形监控、梁体控制截面的内力和温度监测。

1. 施工线形监控数据

采用挂篮悬臂施工时，为获得挂篮的弹性变形值以及消除挂篮的不可逆变形，须对挂篮进行预压并观测沉降。沉降观测点的布置如图 9-15 所示。采用精密水准仪，对图中 8 个测点在预压过程中的沉降进行测量，测量方案中要求测量观测点在挂篮空载（初始值）、20%、40%、60%、80%、100%、120%最大悬臂段质量时的沉降，同时观测其卸载以后的累积沉降，以消除挂篮非弹性变形和获得挂篮弹性变形。

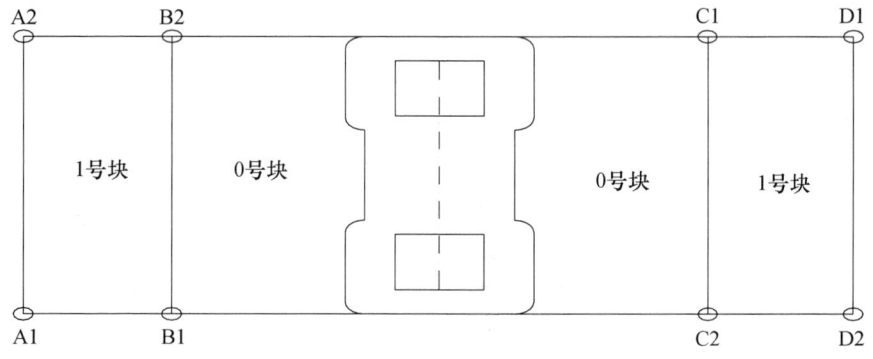

图 9-15　沉降观测点布置

表 9-13～表 9-15 分别为挂篮在空载、120%以及卸载时挂篮的沉降观测值。

表 9-13 空载时挂篮的初始标高观测值

2010 年 5 月 31 日 18:00 空载（初始值）

点号	前视	后视	高差	高程	本次沉降	累计沉降
JD		122.76		1000		
		422.32				
A1	181.2		−58.44	941.56		
A2	453		−330.24	669.76		
B1	240.98		−118.22	881.78		
B2	43.81		78.95	1078.95		
JD		95.6				
		495.14				
C1	118.26		−22.66	977.34		
C2	325.39		−229.79	770.21		
D1	218.07		−122.47	877.53		
D2	388.34		−292.74	707.26		

表 9-14 120%满载时挂篮的沉降观测值

2010 年 6 月 2 日 9:00 120%

点号	前视	后视	高差	高程	本次沉降	累计沉降
JD		139.83		1000		
		442.37				
A1	202.17		−62.34	937.66	0.03	3.9
A2	474.18		−334.35	665.65	0.01	4.11
B1	259.91		−120.08	879.92	0.03	1.86
B2	62.81		77.02	1077.02	0.01	1.93
JD		108.81				
		410.37				
C1	133.74		−24.93	975.07	0.03	2.27
C2	340.74		−231.93	768.07	0	2.14
D1	234.72		−125.91	874.09	0.01	3.44
D2	405.4		−296.59	703.41	−0.02	3.85

表 9-15 预压卸载后挂篮的沉降观测值

2010 年 6 月 3 日 9:00 空载

点号	前视	后视	高差	高程	本次沉降	累计沉降
JD		141.12		1000		
		442.68				
A1	200.57		−59.45	940.55	−2.89	1.01

续表

2010年6月3日9：00 空载

点号	前视	后视	高差	高程	本次沉降	累计沉降
A2	472.4		−331.28	668.72	−3.07	1.04
B1	259.87		−118.75	881.25	−1.33	0.53
B2	62.72		78.4	1078.4	−1.38	0.55
JD		88.5				
		390.06				
C1	112.05		−23.55	976.45	−1.38	0.89
C2	319.23		−230.73	769.27	−1.2	0.94
D1	212.07		−123.57	876.43	−2.34	1.1
D2	382.79		−294.29	705.71	−2.3	1.55

挂篮的监控指令见表9-16。

表 9-16　南河特大桥上部结构施工控制指令表

表格编号：	293-01号	表格序号	JZ050
项目名称及编号：	南河特大桥291～294号墩连续梁		
施工段号：	跨南河航道293-1号块	施工工况：	挂篮预压后

预报内容	测点编号	预报值			修正值 (mm)	最终预报值 (m)
		设计值 (m)	挂篮弹性变形（mm）			
			观测值	调整值		
主梁立模标高 (m)	A1	—	28.9	29.8	9.5	—
	A2	—	30.7	29.8	9.5	
	B1	—	13.3	13.6	8.5	
	B2	—	13.8	13.6	8.5	
	C1 C2	—	13.8	12.9	2	
	C2	—	12	12.9	2	
	D1	—	23.4	23.2	2	
	D2	—	23.0	23.2	2	

说明：
1. 表中的设计值依据设计院给定的设计标高确定；
2. 修正值部分为考虑收缩徐变下的预拱度；
3. 梁段其余控制点挂篮预压弹性变形值与修正值可进行内插获取；
4. 梁段的预报值＝设计高程＋挂篮弹性变形调整值＋修正值。

2. 施工应力监控数据

应力监测的内容为：按照设计图纸及规范的要求，在整个施工过程中连续监测关键控制截面混凝土正应力是否在设计要求范围内，监测预应力钢束张拉锚固、体系转换、二期恒载等作用下控制截面混凝土正应力变化情况，见表9-17。

表 9-17 各个传感器在预应力筋张拉后的应力值

应力应变实测数据记录表

项目名称	南河特大桥连续箱梁应变		施工工况		张拉后	
测试日期	2010年8月9日		天气	晴	温度	
测试编号	测试频率	应力（MPa）	温度（℃）	本次变化值（MPa）	累计变化值（MPa）	备注
E10165	2201.0	−8.58		0.01	−8.58	
E10135	1999.6	−7.04		0.16	−7.04	
E10118	2296.1	−8.93		−0.05	−8.93	
E10139	2247.8	−9.73		−0.18	−9.73	
E10213	2160.5	−8.20		−0.07	−8.20	
E10220	1896.1	−7.60		0.25	−7.60	
E10182	2245.0	−8.68		0.18	−8.68	
E10210	2110.7	−7.95		0.21	−7.95	
E10387	2210.3	−0.71		−0.71	−0.71	
E10157	2310.3	−1.79		−1.79	−1.79	
E10301	2070.3	−1.27		−1.27	−1.27	
E10383	2140.3	−0.83		−0.83	−0.83	
E10133	2510.3	−0.14		−0.14	−0.14	
E10199	2180.3	−1.21		−1.21	−1.21	
E10130	2210.3	−1.36		−1.36	−1.36	
E10195	2210.3	−1.07		−1.07	−1.07	

3. 施工监控成果

在此连续梁上存在纵坡，变坡点里程DK85+010，上坡坡度4.2‰，下坡坡度7‰，合龙段设计梁端高差8～14mm。

（1）主梁边跨合龙精度。南河特大桥跨南河连续梁边跨合龙段为边跨14号节段，长2m。边跨合龙前该节段前后端设计标高差分别为8mm和14mm，而两侧边跨实测标高差分别为20mm（南京侧）和24mm（杭州侧），因此边跨合龙精度分别为12mm（南京侧）和10mm（杭州侧）。满足边跨合龙偏差控制在15mm范围内的要求。

(2) 主梁中跨合龙精度。

南河特大桥跨南河连续梁中跨合龙段为中跨14号节段，长2m。中跨合龙前该节段前后端设计标高差为8mm，而中跨实测标高差为4mm，因此中跨合龙精度为4mm。满足中跨合龙偏差控制在15mm范围内的要求。合龙段梁端高差测量数据见表9-18。

表9-18 合龙段梁端高差测量数据（mm）

		南京侧	杭州侧	平均高差	高差平均值	备注
南京侧边跨	1	138.28	135.86	2.42	2.01	
	2	144.41	142.47	1.94		
	3	141.65	139.98	1.67		
中跨	1	140.82	142.17	−1.35	0.44	
	2	145.57	144.01	1.56		
	3	141.74	140.62	1.12		
杭州侧边跨	1	133.05	136.15	−3.10	−2.44	
	2	131.75	133.51	−2.24		
	3	133.72	135.64	−1.92		